Berichtigungen

Durch ein bedauerliches Versehen wurden im Personenregister einige Initialen falsch angegeben. Im folgenden steht nur die richtige Schreibweise:

Babeuf, F. N.
Bastiat, F.
Berry, Ch.-F. de Bourbon, Duc de
Bismarck, O. Fürst von
Blanc, J.-J.-L.
Bucchleugh, F. Scott, Duke of
Cabanis, P.-J.-G.
Condorcet, M.-J.-A.-N. de Caritat, Marquis de
Considerant, P.-V.
Dunoyer, B.-Ch.-P.-J.
Fourier, F.-M.-Ch.
Grün, K.-Th.-F.
d'Holbach, P.-H.-Th., Baron
Kant, I.
La Fayette, M.-J.-P., G. de Motier, Marquis de
Marshall, A.
Montesquieu, Ch.-L. de Secondat, Baron de la Brède et de
Sismondi, J.-Ch.-L. Simonde de
Stavenhagen, G.
Sully, M. de Béthune, Baron de Rosny, Duc de
Tocqueville, Ch.-A.-H. C. de
Tugan-Baranovskij, M. I.

Utopischer Sozialismus und Ökonomiekritik

Lola Zahn

Akademie-Verlag
Berlin 1984

Lola Zahn

Utopischer Sozialismus und Ökonomiekritik

Eine ökonomiegeschichtliche Untersuchung zu den theoretischen Quellen des Marxismus

Erschienen im Akademie-Verlag, DDR-1086 Berlin, Leipziger Str. 3—4

Lizenznummer: 202 · 100/28/84
Printed in the German Democratic Republic
Gesamtherstellung: VEB Druckerei „Thomas Müntzer“, 5820 Bad Langensalza
Umschlaggestaltung: Michael Roggemann
LSV 0305
Bestellnummer: 7534712 (6487)
01800

Inhalt

Teil III

Einleitung

Unter dem Begriff des kritisch-utopistischen Sozialismus und Kommunismus[1] faßten Karl Marx und Friedrich Engels im Kommunistischen Manifest von 1848 die drei großen modernen utopistischen Sozialisten[2], die Franzosen Claude-Henri de Saint-Simon (1760—1825) und Charles Fourier (1772—1837) sowie den in England geborenen und wirkenden Robert Owen (1771—1858) zusammen. In dieser Zusammenfassung dreier nach sozialer Herkunft, nationalem Wirkungskreis, innerem Gedankenaufbau und nicht zuletzt nach Charakter und Tätigkeit so sehr unterschiedlichen Denkerpersönlichkeiten zu einer Strömung scheint mir bereits eine geniale Leistung der beiden Klassiker des Marxismus zu liegen. Die Betonung der historisch relevanten Grundgemeinsamkeiten dieser drei Denker, ihre Charakterisierung als utopische Vorläufer des wissenschaftlichen Sozialismus hat im Kampf um die Durchsetzung der Marxschen Lehre eine große Rolle gespielt. Aber zugleich kam es dahin, daß die Bezeichnung „utopischer Sozialismus" seinen drei Vertretern wie ein Etikett aufgeklebt und jeder von ihnen in eine Schablone gepreßt wurde, so daß die sozial- und ideengeschichtliche wie individuell-persönliche Entstehung und Wirkung ihrer Ideengebäude im Halbdunkel verblieb.

Kam es nach der Revolution von 1848 über ein Jahrhundert lang darauf an, die Marxsche Lehre in ihrer Einheit von Philosophie, Politik und Ökonomie oder anders gesagt, in der Einheit ihrer drei Bestandteile dialektischer und historischer Materialismus, Lehre vom Klassenkampf; von der sozialen Revolution und der Errichtung von Sozialismus und Kommunismus sowie der politischen Ökonomie in der Arbeiterbewegung zu verbreiten und zur festen weltanschaulich-theoretischen Grundlage des Kampfes der Arbeiter in der ganzen Welt zu machen, so stellt sich heute — nach dem welthistorischen Sieg des Marxismus — die Aufgabe, die Einheit des Marxismus-Leninismus im Kampf gegen alle Versuche ihrer Zerstörung zu bewahren. Dazu ist unter anderem die einseitig verzerrte, ver-

[1] Vgl. K. Marx/F. Engels, Manifest der Kommunistischen Partei, in: Karl Marx/Friedrich Engels, Werke (im folgenden: MEW), Bd. 4, Berlin 1959, S. 489.

[2] F. Engels, Zur Wohnungsfrage, in: MEW, Bd. 18, Berlin 1962, S. 243.

fälschende Inbezugsetzung des Marxismus zu seinen theoretischen Quellen zu entlarven.

Auf die Geschichte und Methoden der Verfälschung der Lehre von den theoretischen Quellen des Marxismus geht Kapitel 1 kurz ein. Damit soll deren Platz in den ideologischen Auseinandersetzungen unserer Zeit angedeutet werden.

Das Problem der theoretischen Quellen des Marxismus spielt im ideologischen Kampf der Gegenwart schon lange eine große Rolle. Während aber das ganze Spektrum der Beziehungen zwischen Philosophie und politischer Ökonomie sowie zwischen Philosophie und wissenschaftlichem Kommunismus untersucht worden ist und der enge systematische Zusammenhang zwischen marxistischer politischer Ökonomie und wissenschaftlichem Kommunismus als Ergebnis zweier sich durchdringender Ideenströme wohl begriffen wird, ist die genetische Bedeutung des vorwissenschaftlich-utopischen Sozialismus für die Umwälzung der politischen Ökonomie durch Marx ungenügend beachtet worden. In den ersten ökonomischen Schriften von Engels und Marx aus dem Jahre 1844, den „Umrissen zur Kritik zur Nationalökonomie" und den „Ökonomisch-philosophischen Manuskripten aus dem Jahre 1844" wird nur ihre Auseinandersetzung mit Smith und Ricardo, und die „Manuskripte" betreffend, vor allem mit Hegel gesehen. Es sind dies aber auch und sehr wesentlich Zeugnisse kritischer Verarbeitung der Ideen der „modernen utopischen Sozialisten", wenn auch ihr Name nur vereinzelt (bei der Behandlung von Arbeit, Reichtum und Privateigentum sowie von Konkurrenz und Wetteifer) genannt wird.

So weist das zugängliche deutschsprachige marxistische Schrifttum eine große Lücke in der Erhellung des utopischen Sozialismus als einer theoretischen Quelle in der Erarbeitung sowohl der Grundlagen wie einzelner Züge der politischen Ökonomie der Arbeiterklasse durch Marx und Engels auf.

Zu einem späteren Zeitpunkt (1868) nannte Engels als Vorbereiter der von Marx im „Kapital" niedergelegten Erkenntnisse der Beziehungen von Kapital und Arbeit besonders drei Namen: „Wertvoll wie die Schriften eines Owen, Saint-Simon, Fourier sind und bleiben werden — erst einem Deutschen war es vorbehalten, die Höhe zu erklimmen, von der aus das ganze Gebiet der modernen sozialen Verhältnisse klar und übersichtlich daliegt, wie die niederen Berglandschaften vor dem Zuschauer der auf der höchsten Kuppe steht."[3] Des weiteren ist bei der Einschätzung der Bedeutung der drei großen modernen utopistischen Vorläufer des wissenschaftlichen Sozialismus und Kommunismus für die Entwicklung der marxistischen politischen Ökonomie zu beachten, daß Marx sich in den „Theorien über den Mehrwert" ausdrücklich nicht mit dem in der Ricardoschen Periode der politischen Ökonomie entstandenen Gegensatz Kommunismus (Owen) und Sozia-

[3] F. Engels, Rezension des Ersten Bandes „Das Kapital" für das „Demokratisches Wochenblatt", in: MEW, Bd. 16, Berlin 1962, S. 235.

lismus (Fourier/Saint-Simon) befassen will, sondern „nur zu tun (hat) mit dem Gegensatz, der selbst von den Voraussetzungen der Ökonomen ausgeht“[4].

In den nicht sehr zahlreichen Schriften über einzelne utopische Sozialisten wird mehr ihre gesellschaftstheoretische und historisch-praktische Wirksamkeit dargestellt[5] als ihre Bedeutung für die Geschichte der politischen Ökonomie. In die so gekennzeichnete weiße Stelle in der marxistischen Literatur zu den theoretischen Quellen des Marxismus sucht unser Beitrag einige Konturen einzuzeichnen. Es geht also nicht um eine auf der Ebene ökonomischer Analyse verbleibende vergleichende Betrachtung, sondern um eine verschiedene Betrachtungsebenen — die gesellschaftstheoretische und die ökonomisch-theoretische — in Beziehung setzende Untersuchung.

Die vorliegende Arbeit enthält sowohl eine historische Darstellung als auch eine theoretische Analyse und ökonomiegeschichtliche Wertung. Im ersten Teil wird die sozialökonomische, politische und ideologische Bedeutung der bürgerlichen Revolution in England und in Frankreich für die Herausbildung von politischer Ökonomie und utopischem Sozialismus aufgezeigt. Diese Darstellung bekannter Zusammenhänge ermöglicht in einem zweiten Teil die Gegenüberstellung einiger Hauptvertreter des utopischen Sozialismus — nämlich von Saint-Simon und Fourier — und der bedeutendsten Ökonomen sowohl ihrer Zeit als der wissenschaftlichen bürgerlichen Ökonomie überhaupt: Adam Smith und David Ricardo.

Die weitgehende Beschränkung der Betrachtung auf Saint-Simon und Fourier, die beide durch ihr Erlebnis der bürgerlichen Revolution von 1789 in Frankreich (vgl. Kapitel 2) und die Hauptbezugspersonen ihrer Kritik, Smith und Ricardo, geprägt wurden, scheint uns berechtigt. Diese Beschränkung auf die Hauptvertreter der vor allem in England als dem klassischen Land des Kapitalismus entstandenen politischen Ökonomie und auf die Repräsentanten des im Gefolge

[4] K. Marx, Theorien über den Mehrwert. Dritter Teil, in: MEW, Bd. 26.3, Berlin 1968, S. 234.

[5] Auf diesem Gebiet haben sich J. Höppner durch seine Herausgabe der Schrift von August Bebel, Charles Fourier. Sein Leben und seine Theorien, Leipzig 1978, sowie J. Höppner/W. Seidel-Höppner mit ausgewählten Texten utopischer Sozialisten und Kommunisten, Von Babeuf bis Blanqui, Band 1: Einführung; Band 2: Texte, Leipzig 1975, sehr verdient gemacht. Höppners Nachwort zur Bebelschen Schrift ordnet sich in die Rezeptionsgeschichte ein, während die Werkeinführung Leben und Wirken der zu Wort kommenden Denker in ihrer Zeit beleuchtet. Von Saint-Simon und Fourier sind unter vorwiegend ökonomiegeschichtlichem Aspekt ausgewählte Schriften vom Autor dieser Monographie herausgegeben und eingeleitet worden; sie erschienen 1977 und 1980 im Akademie-Verlag, Berlin. — Stellten besonders Engels und Bebel die Bedeutung der drei großen „modernen utopischen Sozialisten“ im letzten Viertel des 19. Jahrhunderts in das rechte Licht, so wurde ihre Bedeutung im marxistischen Schrifttum seit 1945 eher unterbelichtet. Das speziell ökonomische Denken des utopischen Sozialismus und schon gar ihr ideengeschichtlicher Beitrag zur Vorbereitung der Umwälzung der politischen Ökonomie durch Marx und Engels ist weitgehend unerforscht geblieben.

der klassischen bürgerlichen Revolution in Frankreich entstandenen theoretischen utopischen Sozialismus erleichtert den Zugang zu dem von uns aufgeworfenen Problem. Die zugespitzte Fragestellung wirft nicht zuletzt das Problem des Nationalen und Internationalen in der Genesis des Marxismus auf.

Die Klassiker des Marxismus haben die Problematik der Verschmelzung national entstandener bürgerlicher Ideenströmungen zu der internationalistischen Lehre der Arbeiterklasse immer wieder im Kampf gegen Individualismus und engstirnigen Nationalismus betont. Die vorgenommene thematische Beschränkung erfordert natürlich die Beachtung sowohl der englischen, sich auf Ricardo beziehenden utopischen Sozialisten, wie der französischen Physiokraten, als auch der kleinbürgerlichen Kritiker der politischen Ökonomie wie ihrer vulgärökonomischen Epigonen. Der Beziehungsreichtum der ausgewählten Ideenvertreter, die Einflüsse, denen sie unterlagen, die Richtstrahlen ihrer Kritik erfordern im Interesse einer begründeten Abgrenzung eine sich immer wieder erweiternde sozial- und ideengeschichtliche Sicht.

Wie konnten klassenmäßig so konträre Auffassungen, so unterschiedliche Widerspiegelungen praktischer Lebensbereiche — des bürgerlichen Geschäftslebens aus der Sicht der sich bereichernden Geschäftsleute und ihrer theoretischen Interessenvertreter, des Arbeitslebens aus der Sicht notleidender arbeitender Menschen und ihrer Fürsprecher — in die von Marx und Engels ausgearbeitete, in sich geschlossene Weltanschauung und Theorie der internationalen Arbeiterklasse eingehen? Klingt das Moment der Dialektik von Nationalem und Internationalem im mehr historisch angelegten ersten Teil dieser Monographie an, so befaßt sich der zweite Teil mit einem Vergleich der beiden Konzeptionen eigenen Kategorien. Viele Kategorien bieten sich für einen Vergleich an, so die Kategorien Praxis, Fortschritt, Arbeit und die zahlreichen von der Kategorie Arbeit abgeleiteten Kategorien, wie Arbeitsteilung und Reichtum oder sozialökonomische Kategorien, wie Produktion und Industrie, Eigentum, Produktionsverhältnisse, Klasse und andere.

Zunächst erhebt sich die Frage der Vergleichbarkeit der von bürgerlichen Ökonomen und frühproletarischen Interessenvertretern verwendeten Kategorien. Damit wird die Dialektik von ökonomischem und philosophischem Denken ins Spiel gebracht. Da das philosophische Denken als das Allgemeine das Besondere in sich enthält und das Besondere — die Widerspiegelung des Ökonomischen im gesellschaftlichen Bewußtsein — ohne das Allgemeine, ohne positionsbestimmende philosophische Vorstellungen nicht möglich ist, können strikt ökonomische Kategorien und die — ökonomische Beziehungen wesentlich mit umfassenden — allgemein gesellschaftlichen Kategorien sehr wohl einander gegenübergestellt und miteinander verglichen werden.

Ein Kategorienvergleich wäre uns jedoch nicht möglich gewesen, hätten wir uns nicht im wesentlichen auf die theoretischen Hauptvertreter des utopischen Sozialismus und der politischen Ökonomie sowie auf ausgewählte Kategorien beschränkt. „In der Beschränkung zeigt sich erst der Meister." Dieses Goethe-Wort von 1802 beherzigend, hoffen wir, uns auf auserlesene Meister ihres Faches beschränkend, den Kategorienvergleich zu meistern.

Die ausgewählten Kategorien sollen mehr beispielhaft als umfassend zeigen, daß ein vergleichender kategorialer Ansatz wissenschaftshistorische analytische Untersuchungen zu fördern und die Erkenntnis zu präzisieren vermag, welche Denkelemente der Vorläufer im Einzelnen von den Schöpfern des proletarischen Denksystems kritisch übernommen und verarbeitet wurden.

Beim kategorialen Vergleich ausgewählter Denker von Theorienrichtungen, die zu theoretischen Hauptquellen der Ideen von Marx und Engels wurden, wird es unausbleiblich sein, auch die ökonomisch besonders relevanten Kategorien Hegels in die Betrachtung einzubeziehen, was besonders in Kapitel 11 erfolgen wird.

Kategorien sind Knotenpunkte der Erkenntnis; die Verknüpfung von Kategorien und Begriffen spiegelt wesentliche, notwendige, dauerhafte, sich wiederholende Beziehungen zwischen den Dingen wider und bildet den Inhalt der von der Wissenschaft erfaßten Gesetze der objektiven Realität. Es soll versucht werden, zu einem tieferen Verständnis der Bedeutung der herangezogenen Denker für die Entwicklung der wissenschaftlichen Theorien — der Wissenschaft der politischen Ökonomie einerseits, der Wissenschaft des Sozialismus/Kommunismus andererseits — zu gelangen, indem ihre Auffassung und Anwendung der Kategorie Gesetz untersucht wird.

Mit Adam Smith und David Ricardo wurden die von ihren Vorläufern aufgedeckten Gesetze in einen Systemzusammenhang gebracht. Erst als System von Gesetzen ihres Gegenstandes erlangt eine Wissenschaft jenen Reifegrad, der berechtigt, von Klassizität zu sprechen. Läßt sich vom Systemcharakter des utopischen Sozialismus sprechen? Wieweit handelt es sich um die Wirklichkeit richtig widerspiegelnde Ideen, wieweit um spekulative Ideen, um Gedankenkonstruktionen, eine Fragestellung, die bereits ausdrückt, daß im utopisch-sozialistischen Denken nicht von einem wissenschaftlichen System gesprochen werden kann. Dies wurde durch „die Entwicklung des Sozialismus von der Utopie zur Wissenschaft" erst durch Marx und Engels geschaffen; sie aber waren Klassiker der Wissenschaft des Proletariats und überwanden auch die sozial bedingten historischen Erkenntnisgrenzen der klassischen bürgerlichen politischen Ökonomie. Die Überlegenheit Saint-Simons und Fouriers gegenüber den bewundernswerten Repräsentanten der bürgerlichen politischen Ökonomie auf der Höhe ihrer Entwicklung liegt darin, daß sie aus ihrer über den Gipfeln schwebenden Wolkenhöhe weiter als jene von ihrem Gipfel aus zu sehen vermochten, daß sie fernere Horizonte erblickten, daß sie — um das Bild zu verlassen — in historischen Dimensionen dachten. So sollen in Kapitel 13 die Auffassungen beider Denkergruppen vom Fortschritt der Gesellschaft und der Wissenschaft, von Aufgaben und Ziel der Wissenschaft einander gegenübergestellt werden und auch aus diesem Verhalten der Erkenntnissubjekte zum Erkenntnisobjekt Gesellschaft im letzten Kapitel Schlußfolgerungen für ihre Bedeutung bei der Herausarbeitung der marxistischen Wissenschaft von der Gesellschaft und ihrer revolutionären Veränderung gezogen werden.

Die kategoriale Betrachtung soll also im Rahmen unserer Untersuchung bis zu Marx und Engels weitergeführt werden (Kapitel 14). *Die vorliegende Untersuchung wird aus der Sicht der Geschichte der politischen Ökonomie vorgenommen und soll nachweisen, daß der französische utopische Sozialismus, wie er im Werk Saint-Simons und Fouriers Gestalt angenommen hat, einen nicht fortzudenkenden Beitrag zur Kritik der politischen Ökonomie vor Marx geleistet und wesentliche Elemente zur Grundlegung der politischen Ökonomie der Arbeiterklasse bereitgestellt hat.*

Die vorliegende vergleichende Untersuchung berührt die Geschichte der Gesellschaft wie der Gesellschaftswissenschaft — der politischen Ökonomie und der Sozialismuslehre — und benötigt philosophische Erkenntnisse. Grundkenntnisse auf diesen Gebieten werden vorausgesetzt und nur insoweit erläutert, als die eigentliche Thematik dies erfordert.

Trotz der Begrenzung auf zwei theoretische Quellen der Marxschen Lehre und der Beschränkung auf entscheidende Denkerpersönlichkeiten hoffen wir, mit unserer Untersuchung zur Lehre von der Entstehung der politischen Ökonomie des Marxismus beizutragen. Wir bitten den Leser, die klassische deutsche bürgerliche Philosophie als nicht wegzudenkende theoretische Quelle trotz der monographischen Anlage unserer Analyse nicht aus dem Auge zu verlieren und appellieren an sein Verständnis für unser spezielles Anliegen.

Teil I

Kapitel 1

Die Ausarbeitung der Lehre von den theoretischen Quellen des Marxismus als Antwort auf revisionistische und bürgerliche Angriffe auf seine Einheit und seinen Erbeanspruch

Mit dem Übergang des freien Konkurrenzkapitalismus zum Monopolkapitalismus entstand der Bernsteinsche Revisionismus der Lehren von Marx und Engels. Dieser Angriff gegen den sich in der deutschen Arbeiterbewegung durchsetzenden wissenschaftlichen Sozialismus bewog Friedrich Engels zu seiner Feststellung, daß „der deutsche theoretische Sozialismus nie vergessen wird, daß er auf den Schultern Saint-Simons, Fouriers und Owens steht, dreier Männer, die bei aller Phantasterei und bei allem Utopismus zu den bedeutendsten Köpfen aller Zeit gehören und zahllose Dinge genial antizipierten, deren Richtigkeit wir jetzt wissenschaftlich nachweisen . . .“[1]

Eduard Bernstein wollte der Arbeiterbewegung das angeblich nur moralische Endziel des Sozialismus nehmen und berief sich dazu auf dessen utopischen Charakter; er erklärte die Arbeiterbewegung zum Selbstzweck. Marx und Engels wiesen darauf hin, daß nicht das Ziel, sondern nur der Weg ihrer Vorläufer sie utopische Sozialisten zu nennen berechtigt. „Von dem Moment an, da die Bewegung der Arbeiterklasse Wirklichkeit wurde, schwanden die phantastischen Utopien, nicht weil die Arbeiterklasse das Ziel aufgegeben hatte, das diese Utopisten anstrebten, sondern weil sie die wirklichen Mittel gefunden hatte, sie zu verwirklichen.“[2] Und bei der Beschäftigung mit der Frage der bei den kleinbürgerlichen und auch bei den französischen utopischen Sozialisten anzutreffenden Umgehung des politischen Kampfes betonte Karl Marx: „Wenn wir aber kein Recht haben, diese Patriarchen des Sozialismus zu verleugnen, ebensowenig wie die modernen Chemiker das Recht haben, ihre Väter, die Alchimisten zu verleugnen, so müssen wir uns doch hüten, in ihre Fehler zurückzufallen, die, würden sie von uns begangen, unverzeihlich wären.“[3]

Im Kommunistischen Manifest von 1848 kam es Marx und Engels vor allem

[1] F. Engels, Ergänzung der Vorbemerkung von 1870 zu: „Der deutsche Bauernkrieg“, in: MEW, Bd. 18, Berlin 1962, S. 516.

[2] K. Marx, Entwürfe zum „Bürgerkrieg in Frankreich“, in: MEW, Bd. 17, Berlin 1962, S. 557.

[3] K. Marx, Der politische Indifferentismus, in: MEW, Bd. 18, a. a. O., S. 636.

darauf an, sich von fehlerhaften Auffassungen der utopischen Sozialisten abzugrenzen. Ihre „in der ersten unentwickelten Periode des Kampfes zwischen Proletariat und Bourgeoisie“ entstandenen Ideen spiegeln „hauptsächlich das Interesse der arbeitenden Klasse als der leidendsten Klasse“ wider. Das konnte auch nicht anders sein, waren doch die materiellen Bedingungen für die Emanzipation des Proletariats noch nicht entstanden. „Die Bedeutung des kritisch-utopistischen Sozialismus und Kommunismus“, erklärten Marx und Engels, „steht im umgekehrten Verhältnis zur geschichtlichen Entwicklung. In demselben Maße, worin der Klassenkampf sich entwickelt und gestaltet, verliert diese phantastische Erhebung über denselben ... allen praktischen Wert, alle theoretische Berechtigung. Waren daher die Urheber dieser Systeme auch in vieler Beziehung revolutionär, so bilden ihre Schüler jedesmal reaktionäre Sekten.“[4] Und gegen diese, die inzwischen herangewachsene Arbeiterbewegung und ihren Klassenkampf negierende Sekten der Saint-Simonisten und Fourieristen in Frankreich sowie der Owenisten in England polemisieren Marx und Engels 1848 — ein viertel Jahrhundert nach dem Tode Saint-Simons, zehn Jahre nach dem Ableben Fouriers. So erklärt der Zeitpunkt der Auseinandersetzung mit dem nunmehr historisch überlebten „kritisch-utopistischen Sozialismus und Kommunismus“, daß im Kommunistischen Manifest und in anderen Schriften von Marx und Engels vor 1870 die positiven Leistungen der utopischen Sozialisten weniger Raum einnehmen als ihre kritisierten falschen Auffassungen. Aus späterer Zeit, als es Marx und Engels um eine historische Würdigung der großen Denker, deren Erbe sie angetreten hatten, ging, liegen uns historisch stärker abwägende Äußerungen vor. Sie entsprechen der späteren Leninschen Forderung: „Historische Verdienste werden nicht danach beurteilt, was historische Persönlichkeiten gemessen an den heutigen Erfordernissen *nicht geleistet haben*, sondern danach, was sie im Vergleich zu ihren Vorgängern *Neues geleistet haben*.“[5]

So zeugt Marx' Bezeichnung der utopischen Sozialisten als „Patriarchen des Sozialismus“ und als „Väter“ des Marxismus von der außerordentlichen Wertschätzung ebenso wie Engels' Hinweis auf ihre Genialität. Engels vermochte „bei Saint-Simon eine geniale Weite des Blicks“ zu entdecken, „vermöge deren fast alle nicht streng ökonomischen Gedanken der späteren Sozialisten bei ihm im Keime enthalten sind“; er gilt ihm wie Hegel als „der universellste Kopf seiner Zeit“.[6] Engels rühmte Fouriers „echt französisch geistreiche, aber darum nicht minder tief eindringende Kritik der bestehenden Gesellschaftszustände“. Indes: „Fourier ist nicht nur Kritiker, seine ewig heitre Natur macht ihn zum Satiriker,

[4] K. Marx/F. Engels, Manifest der Kommunistischen Partei, in: MEW, Bd. 4, Berlin 1959, S. 491.

[5] W. I. Lenin, Zur Charakteristik der ökonomischen Romantik, in: Werke, Bd. 2, Berlin 1961, S. 180.

[6] F. Engels, Die Entwicklung des Sozialismus von der Utopie zur Wissenschaft, in: MEW, Bd. 19, Berlin 1962, S. 196, 206.

und zwar zu einem der größten Satiriker aller Zeiten." Bei der Aufdeckung von Widersprüchen „handhabt (Fourier) die Dialektik mit derselben Meisterschaft wie sein Zeitgenosse Hegel".[7]

Für „die Entwicklung des Sozialismus von der Utopie zur Wissenschaft", das heißt für die Entstehung der Lehre des „modernen Sozialismus", gab es zwei Ansatzpunkte. „Wie jede neue Theorie, mußte er zunächst anknüpfen an das vorgefundne Gedankenmaterial, so sehr auch seine Wurzel in den materiellen ökonomischen Tatsachen lag."[8] Engels behandelte in drei getrennten Abschnitten als erste Quelle den von der Aufklärung herkommenden utopischen Sozialismus, als zweite Quelle „die neuere deutsche Philosphie", die „in Hegel ihren Abschluß gefunden" hatte,[9] und als dritte theoretische Quelle die politische Ökonomie. An diese Dreigliederung der unmittelbaren theoretischen Quellen der Marxschen Lehre durch Engels knüpfte später Lenin an. Karl Marx, so würdigte Lenin ihn 1914, „war der Fortführer und geniale Vollender der drei geistigen Hauptströmungen des 19. Jahrhunderts in den drei fortgeschrittensten Ländern der Menschheit: der klassischen deutschen Philosophie, der klassischen englischen politischen Ökonomie und des französischen Sozialismus in Verbindung mit den französischen revolutionären Lehren überhaupt"[10].

So wie Marx und Engels die Bedeutung des utopischen Sozialismus als eine der theoretischen Quellen des wissenschaftlichen Sozialismus unmißverständlich zu dem Zeitpunkt deutlich machten, als Kräfte innerhalb der deutschen Sozialdemokratie revisionistische Verfälschungen begingen, so machte auch Lenin in dem Moment auf die theoretischen Quellen und die voneinander untrennbaren Bestandteile des Marxismus aufmerksam, als der internationale Revisionismus verstärkt und in vielfältigen Formen um sich griff, also mit dem Beginn des imperialistischen Stadiums des Kapitalismus. Die Herauslösung der Marxschen Philosophie aus dem Gesamtsystem und seine Verbindung mit dem Kantianismus, die damit einhergehende Verabsolutierung der politischen Ökonomie und die Propagierung eines mechanistischen Ökonomismus — Karl Kautsky wäre für beide Tendenzen zu nennen — sowie die Trennung des Sozialismus als moralischen Imperativs von den historischen Entwicklungsgesetzen — solche und ähnliche Versuche bewogen Lenin, sich gründlich mit Imperialismus, Reformismus, Opportunismus und Revisionismus auseinanderzusetzen und die historisch nicht zurücknehmbare Verbindung der Marxschen Lehre zu ihren theoretischen Quellen zu unterstreichen. „Die Lehre von Marx . . . ist die rechtmäßige Erbin des Besten, was die Menschheit im 19. Jahrhundert in Gestalt der deutschen Philo-

[7] Ebenda, S. 196/197.
[8] Ebenda, S. 189.
[9] Ebenda, S. 202.
[10] W. I. Lenin, Karl Marx, in: Werke, Bd. 21, Berlin 1960, S. 38.

sophie, der englischen Ökonomie und des französischen Sozialismus hervorgebracht hat."[11]

Wenn Lenin die „nationale" Herkunft gerade des „Besten", was die Lehre von Marx von der Philosophie, der Ökonomie und dem utopischen Sozialismus als theoretischem Erbe zu nutzen vermochte, auch betonte und die allgemeinere Feststellung von Engels zuspitzte, so darf man nicht den Fehler machen, etwa den mit der praktischen Bewegung der Arbeiter und ihren ökonomischen und politischen Kämpfen verbundenen *englischen* utopischen Sozialismus oder die *französische* Ökonomie oder gar den englischen und französischen Materialismus usw. zu übersehen. Denn die klassische deutsche Philosophie brachte wohl das Element der Dialektik und des Historischen, nicht aber den Materialismus in den dialektischen Materialismus ein. Und die Wirksamkeit der von Lenin genannten drei nationalen theoretischen Quellen in der Herausarbeitung der Lehre von Marx ist nicht allein ideengeschichtlich, sondern in untrennbarer Verbindung mit der Geschichte der Gesellschaft und besonders der Arbeiterbewegung, das heißt mit den sozialen Quellen der Entstehung des Marxismus zu untersuchen.

Kein anderer nach Marx hat diesen Zusammenhang zwischen Idee und Wirklichkeit, Theorie und Praxis, System und Genese in der wissenschaftlichen Analyse so klar, eindringlich und überzeugend dargelegt wie Lenin, dem wir ja auch die erkenntnistheoretische Ausarbeitung dieses Zusammenhanges als ideelle subjektive Widerspiegelung realer objektiver Prozesse im Bewußtsein und die meisterhafte Handhabung der Methode der Einheit von Historischem und Logischem verdanken.

Zwischen dem in sein höchstes Stadium eintretenden sterbenden Kapitalismus, dem Imperialismus, und dem Sieg des Marxismus und seiner massenhaften Verbreitung in der Arbeiterbewegung sowie dem Revisionismus — der als Marxismus verkleideten bürgerlichen Ideologie in der Arbeiterbewegung — besteht ein innerer Entwicklungszusammenhang. Lenin hat diesen Zusammenhang zwischen den verschiedenen Stadien des Kapitalismus, der internationalen Arbeiterbewegung und der Art und Weise der versuchten Durchsetzung der Arbeiterbewegung mit bürgerlicher Ideologie in seiner Schrift „Die historischen Schicksale der Lehre von Karl Marx" und in seiner Analyse von Imperialismus und Opportunismus dargelegt. „Gegen Ende der ersten Periode (1848—1871), der Periode der Stürme und Revolutionen, *stirbt* der vormarxsche Sozialismus."[12] In dieser Zeit wurden die Lehren von Marx von der Bourgeoisie und ihren Ideologen totgeschwiegen. In der zweiten Periode, die nach der Zerschlagung der Pariser Kommune einsetzte und durch die Bildung proletarisch-sozialistischer Massenparteien und die Vorbereitung von Massenaktionen der Werktätigen gekennzeichnet war, begann

[11] W. I. Lenin, Drei Quellen und drei Bestandteile des Marxismus, in: Werke, Bd. 19, Berlin 1962, S. 3, 4.

[12] W. I. Lenin, Die historischen Schicksale der Lehre von Karl Marx, in: Werke, Bd. 18, Berlin 1962, S. 57.

der Prozeß des Eindringens der bürgerlichen Ideologie in marxistischer Verkleidung. „Die Dialektik der Geschichte ist derart, daß der theoretische Sieg des Marxismus seine Feinde zwingt, sich als Marxisten zu *verkleiden*."[13] Die bürgerliche Ideologie kann sich nicht mehr auf die Bekämpfung von Theorie und Ideologie der Arbeiterklasse von außen beschränken, sondern führt ihre Angriffe auf den Marxismus auf seinem ureigenen sozialen Boden, im Rahmen der Arbeiterbewegung, und in verhüllter Form, als Pseudomarxismus.

Der revisionistische Angriff auf den Marxismus beginnt mit der Herauslösung, Verabsolutierung und Umformung eines Bestandteiles des Marxismus; er ist meist auch gekennzeichnet durch eine Zerreißung, Entstellung, Verzerrung und Verfälschung des Zusammenhanges der Marxschen Lehre mit ihren ideengeschichtlichen Quellen. Daher kann man sagen, daß der Revisionismus — unabhängig von seinem jeweiligen Hauptinhalt — durch eine Methodologie gekennzeichnet ist, die den dialektischen Zusammenhang zwischen den Bestandteilen des Marxismus sowie zwischen ihm und seinen Quellen zerreißt.

Die Etappen und Arten revisionistischer Vorstöße unterscheiden sich dabei im einzelnen. Oft setzt der Angriff bei der Philosophie ein; es wird behauptet, bei ihr handle es sich um moralische Werte und Postulate, um Ideologie und nicht um Wissenschaft.

Man behauptet, der Marxismus sei weltanschaulich indifferent und bezöge sich lediglich auf die — zuvor von der einheitlichen Philosophie des dialektischen und historischen Materialismus losgerissenen — ökonomischen und sozialistischen Lehren von Marx und Engels. Die aus dem System herausgelöste Marxsche Philosophie wird dann mit dieser oder jener gerade vorherrschenden bürgerlichen Modephilosophie verbunden, „ergänzt", angeblich „verschmolzen"; so zum Beispiel mit dem Neukantianismus durch Karl Kautsky und Eduard Bernstein sowie Viktor Adler und andere „Austromarxisten". In der Periode der allgemeinen Krise des Kapitalismus gibt es Versuche, die Philosophie von Marx mit dem Empiriokritizismus von Mach und Avenarius oder späteren Formen des Positivismus (Szientismus, kritischer Realismus der Frankfurter Schule, Strukturalismus usw.) oder der Lebensphilosophie (vor allem mit dem Freudismus) zu verbinden.

Obwohl es sich immer um die versuchte Verbindung des dialektischen Materialismus mit einer idealistischen, daß heißt bürgerlichen, Philosophie handelt, ist die Stoßrichtung des daraus entstandenen Amalgams, der jeweiligen Marxverfälschung, stets etwas anders angelegt. Das ergibt sich nicht zuletzt daraus, daß zu einer Zeit die Philosophieverfälschung, zu anderer Zeit die Falschinterpretation der Marxschen Ökonomie oder der Sozialismuslehre im Vordergrund stehen.

Wenn wir von der Methodologie der Falschinterpretation von Marx durch die Zerreißung des Zusammenhanges zwischen seiner einheitlichen Lehre und ihren theoretischen Quellen ausgehen, so lassen sich verschiedene Verfahren unterschei-

[13] Ebenda, S. 578.

den, die es ermöglichen, zu sehr unterschiedlichen Schlußfolgerungen über die historische Stellung von Marx bzw. von Engels oder Lenin zu gelangen.

Erstens handelt es sich — besonders in der Frühperiode der Geschichte des Revisionismus — um die Verabsolutierung einer Quelle und die eklektizistische Verbindung des Marxismus mit ihm fremden Strömungen — und dies unter Berufung auf Gedankengut der Quelle. Die Verbindung des Marxismus mit dem Neukantianismus oder einer anderen Variante des Idealismus erlaubt wiederum eine dem vormarxschen mechanistischen Materialismus Vorschub leistende deterministische Interpretation der Marxschen politischen Ökonomie; als Ökonomismus wurde sie der ihr immanenten Subjekt-Objekt-Dialektik und damit ihrer revolutionären politischen Explosivkraft beraubt. Der philosophische Idealismus gestattet es des weiteren, Marx eine moralbestimmte Sozialismuskonzeption zu unterstellen.

Um dem Schein besonderer Echtheit und ideengeschichtlichen Traditionsbewußtseins bemühen sich besonders Versuche, aus dem Ganzen des Marxismus herausgelöste Bestandteile mit jenen Elementen der Quelle zu verbinden, die nicht in ihn eingingen, also z. B. den historischen Materialismus mit dem Kantschen Agnostizismus, den dialektischen Materialismus mit dem Hegelschen Idealismus, den Sozialismus mit der christlichen Morallehre, die oft in vormarxschen Sozialismusideen anklingen (auch bei Fourier und Saint-Simon). So wird Wahrheit in Lüge verkehrt, Echtes zur Fälschung genutzt und damit eine Ausgangsposition für die eklektizistische Rückführung von Marx und Engels auf ihre idealistischen und ahistorischen Vorgänger sowie für weitere Verfälschungen gewonnen.

Zweitens unterstreicht die revisionistische Herauslösung und Verabsolutierung eines Bestandteils des Marxschen Systems die auch unter Marxisten noch vorhandene Vorstellung vom linearen Zusammenhang zwischen theoretischen Quellen und Marxschen Lehren. Während sich der Marxismus tatsächlich in einem umfassenden komplexen Prozeß der Verarbeitung der theoretischen Quellen herausgebildet hat, während die Dialektik kritischer Verneinung und positiver Bewahrung des Erbes sowie die gegenseitige Beeinflussung der verschiedenen Quellen zugehörigen Gedankenströme von Bedeutung war, geht die in Frage stehende bürgerliche Falschinterpretation des Marxismus von der simplifizierenden Vorstellung aus, daß die deutsche klassische Philosophie im dialektischen und historischen Materialismus ihre direkte Fortsetzung gefunden hätte, so, wie die englische Ökonomie in der Ökonomie von Marx und der utopische Sozialismus im Marxschen Sozialismus. Diese Vorstellung eines linearen Zusammenhanges zwischen den drei Bestandteilen und den drei theoretischen Quellen des Marxismus führte zu der Behauptung, Marx und Engels seien Epigonen von Hegel beziehungsweise von Smith und Ricardo oder der sozialistischen Utopisten. Auffassungen, wonach Hegel bereits alle wesentlichen Erkenntnisse vor Marx gewonnen habe, sind besonders verbreitet. Sowohl Georg Lukács wie auch Ernst Bloch glauben den ganzen Marx schon im Hegelianismus oder in der Naturrechtsvorstellung der klassischen deutschen Philosophie zu finden. Dabei gehen sie mit Vorliebe vom „jungen Marx“ aus, von den „Ökonomisch-philosophischen Manuskripten von 1844“, von einem Entwicklungsstadium von Marx, in dem er sich noch nicht von seinem Anthropologismus und vom Hegelianismus befreit hatte.

Karl Kautsky, den man (trotz ihm nicht abzusprechender Verdienste um die Arbeiterbewegung) geradezu einen Klassiker der Verfälschung von Marx im allgemeinen und des Zusammenhanges zwischen dem Marxismus und seinen theoretischen Quellen im besonderen nennen könnte, hat M. Tugan-Baranowski folgend, die lineare Beziehung zwischen utopischem und Marxschem wissenschaftlichem Sozialismus behauptet. In seiner Schrift „Vorläufer des neueren Sozialismus“ beginnt der erste Band mit dem platonischen Kommunismus und endet der zweite Band mit den Wiedertäufern. Dazwischen gibt Kautsky sicher nicht uninteressante Fakten wieder über den mittelalterlichen Kommunismus ketzerischer Sekten und die Bewegung des Thomas Müntzer. In einem besonderen Band behandelte Kautsky Thomas More und seine Utopie. Thomas More und Thomas Müntzer — so behauptete Kautsky — „stehen an der Schwelle des Sozialismus“, haben den Ruhm, „die Geschichte des Sozialismus zu eröffnen“[14]. Marx und Engels unterscheiden jedoch die „modernen utopistischen Sozialisten“, von den früheren utopistischen Kommunisten, die weder an der Schwelle des Kapitalismus noch des modernen Sozialismus standen, sondern aus frühbürgerlichen revolutionären Tendenzen erwuchsen. Aber die utopischen Sozialisten Saint-Simon, Fourier und Owen, die unmittelbaren Vorläufer des wissenschaftlichen Sozialismus, hat Kautsky weder behandelt noch auch nur erwähnt. Die von Marx und Engels auf der Grundlage des dialektischen und historischen Materialismus verarbeiteten modernen utopistisch sozialistischen Ideen spielen in seiner „Geschichte des Sozialismus“ überhaupt keine Rolle. Er legte die aus einem umfassenden Verschmelzungs- und Umwälzungsprozeß philosophischer, ökonomischer, politischer und sozialtheoretischer Ideen gewonnene Sozialismusidee einer höheren Qualität, des wissenschaftlichen Sozialismus, im Sinne des vorwissenschaftlichen Sozialismus aus. Marx und Engels seien nur Fortsetzer und Vollender von jahrtausendealten Ideen gewesen, mehr nicht. Damit wird der Marxismus im Grunde genommen von seinen wirklichen unmittelbaren theoretischen Quellen getrennt und einseitig Ideenströmen zugeordnet, denen eine strenge historische Kontinuität fehlt. Das Verständnis für die Entwicklung des Sozialismus von der Utopie zur Wissenschaft wird untergraben, der Erfassung des Formationsprozesses des Marxismus aus dem Weg gegangen und sowohl seine Überlegenheit wie sein Erbeanspruch mißachtet.

Die Rolle von Gesellschaftsutopien für die im Laufe einer langen ideologischen Entwicklung sich herauskristallisierende wissenschaftliche Theorie von der klassenlosen Gesellschaft wird geleugnet, ihr historisch-rationaler Kern negiert und der Begriff des Utopischen von jeder Realität losgelöst. Die Begriffsbestimmung

[14] K. Kautsky, Thomas More und seine Utopie, Berlin 1947, S. 11.

des sozialen Utopismus durch den Revisionismus Bernsteins führte „zu einem sozialen Utopismus ..., der noch hinter den der utopischen Sozialisten zurückfiel, ,ein Utopismus, der die Zukunft nicht inhaltlich ausmalte, sondern als inhaltlich leere, in der Wirklichkeit nie erreichbare, aber ständig anzustrebende Idee bestimmte"[15].

Ein solcher Utopiebegriff findet sich z. B. bei Ernst Bloch, der Utopie für geschichtslos hält und im Marxismus eine konkrete Utopie (im Unterschied zu früheren abstrakten Utopien), also das Prinzip Hoffnung, Intention auf Utopisches, sieht. Diesen inhaltsleeren Utopiebegriff hat Karl Mannheim und die von ihm begründete Wissenssoziologie in den Mittelpunkt der Betrachtung gestellt und versucht, von der Begriffsbestimmung der Ideologie als falschem Bewußtsein ausgehend, zu einer von allen Klassen zu akzeptierenden dritten Ideologie zu gelangen. Dieser ahistorische, unwissenschaftliche Utopiebegriff durchzieht die ganze gegenwärtige bürgerliche Philosophie.

Kommen wir zur Behandlung des Zusammenhangs zwischen der klassischen bürgerlichen politischen Ökonomie und der ökonomischen Lehre von Marx durch die bürgerliche Theorie. Aus der Fülle von Beispielen gängiger Verfälschung der zwischen dem fortschrittlichen bürgerlichen Erbe und dem Marxismus bestehenden Dialektik von Kontinuität und Diskontinuität wählen wir die gegenwärtige bürgerliche Ökonomiegeschichtsschreibung. War sie bis in die jüngste Zeit vorwiegend als Dogmengeschichte angelegt, so treten stärkere Bemühungen auf, sie als empirisch-historische, also als positivistisch-soziologische und statistische Tatsachenforschung zu betreiben. Diese nicht weniger einseitige Richtung führt den Wechsel der Ideen nicht wie die subjektivistische Dogmengeschichte auf Charakterzüge, Erlebnisse, Neigungen und Vorurteile der Ökonomen zurück, sondern auf gesellschaftliche Oberflächenbedürfnisse. Das Zufällige beherrscht in jedem Fall die Entwicklung, nicht aber die Dialektik von Zufall und Notwendigkeit. Darin kommt schon zum Ausdruck, daß die Gesetzmäßigkeit der Entwicklung des gesellschaftlichen Denkens weitgehend geleugnet wird. Diese Geschichtsschreibung verabsolutiert nach der einen oder anderen Seite. So betont die dogmengeschichtliche Darstellung zumeist die Kontinuität der Ideenentwicklung, während die historisch-soziologische Ökonomiegeschichtsschreibung zur Behauptung von vorherrschender Diskontinuität neigt.

Nicht wenige bürgerliche Ökonomen — wir führen D. F. Gordon, G. Routh und G. J. Stigler an — sehen die kontinuierliche Entwicklung der politischen Ökonomie ganz allgemein darin, daß das Smithsche Modell des sich selbst anpassenden ökonomischen Mechanismus das Denken aller Ökonomen im Grunde

[15] Philosophischer Revisionismus, Hrsg. Akademie für Gesellschaftswissenschaften beim ZK der SED, Berlin 1977, S. 201.

beherrsche.[16] Nicht wenige bürgerliche Betrachter haben damit einen Ansatz gefunden, um die politische Ökonomie von Marx voll und ganz auf Smith und Ricardo zurückzuführen und die zwischen bürgerlicher und proletarischer politischer Ökonomie stattgehabte revolutionäre Umwälzung zu leugnen.

Der in der analytischen Weiterentwicklung vom Arbeitswertgesetz zum Mehrwertgesetz liegende Fortschritt der Erkenntnis wird geleugnet. Gestützt auf das vulgäre exoterische Element bei Smith wird seiner Wertlehre entweder keine zentrale Bedeutung beigemessen oder überhaupt bestritten, daß Smith den Arbeitswert anerkannt hätte. Das Werk Adam Smith' wird vorrangig als historisch-empirische Abhandlung, der kein theoretisches Verdienst zukomme, angesehen. So behauptet Schumpeter: „Der ‚Reichtum der Nationen' enthält keine einzige analytische Idee, kein Prinzip oder keine Methode, die im Jahre 1776 völlig neu gewesen wäre."[17] Damit wird die geistige Ahnenreihe von Marx herabgewürdigt: Es gab von Smith und Ricardo nichts zu erben. Als Kronzeugen für diese Theorieleugnung in bezug auf Smith und für allgemeine Theoriefeindlichkeit möchten wir T. W. Hutchinson, Professor der Universität Birmingham, anführen. Sein Buch „On Revolutions and Progress in Economic Knowledge" (Über Revolutionen und Fortschritt des ökonomischen Wissens) kann wohl als eine Art Standardwerk gelten. Die pragmatische Theoriefeindlichkeit dieses Historikers ökonomischer Theorien liegt darin, daß er dem von einem Denker entwickelten Gesetz der Ökonomie nur eine ideologische oder eine praktische Funktion zuspricht. Hutchison zufolge „hat die Pseudotheorie des Arbeitswertes bei keiner Art praktischer oder unternehmerischer Entscheidung der Leiter von Privatfirmen oder öffentlichen Ämtern auch nur die geringste Hilfe geleistet. In der Marxschen Anpassung der Arbeitswerttheorie hat sie nur eine rein ideologische Funktion." Hutchison schlußfolgert, daß für die Anklage des Kapitalismus und seiner Verteilung des Reichtums „eine Arbeitswerttheorie völlig unnötig und über-

16 Vgl. D. F. Gordon, The Role of the History of Economic Thought in the Understanding of Modern Economic Theory, AEA/S, Bd. 55, S. 119—127, Mai 1965. Gordon sagt: „In der Ökonomie gab es niemals eine größere Revolution; ihr grundlegendes Maximierungsmodell ist niemals ersetzt worden" (zitiert in: T. W. Hutchison, On Revolutions and Progress in Economic Knowledge, Cambridge—London—New York—Melbourne 1978, S. 288 Anm. 2). —G. J. Stigler, The Influence of Events and Policies on Economic Theory, Essays in the History of Economics, o. O., 1965: „Die Orientierung auf ‚interne' Werke und Wirkungskräfte der Lehre übt den entscheidenden Einfluß auf den Arbeitsbereich ökonomischer Theoretiker aus. Der jeweilige Untersuchungsgegenstand wird durch den Verlauf wissenschaftlicher Entwicklungen bestimmt ... Die Natur ökonomischer Denksysteme hat sich seit der Zeit von Smith wenig verändert" (zitiert bei T. W. Hutchison, On Revolutions and Progress in Economic Knowledge, a. a. O., S. 301). Ähnlich G. Routh, The Origins of Economic Ideas, London 1975, S. 27, zitiert bei T. W. Hutchison, ebenda.

17 J. A. Schumpeter, History of Economic Analysis, New York 1954, S. 371, zitiert in: Adam Smith gestern und heute. 200 Jahre „Reichtum der Nationen", Hrsg. Peter Thal, Berlin 1976, S. 168.

flüssig ist, da politische oder moralische Urteile über die Verteilung ... unabhängig von irgend einer Art (positiver oder ‚Pseudo'-) Arbeitswerttheorie getroffen werden können"[18].

Wenn Hutchison die Erkenntnisfunktion der von der politischen Ökonomie entwickelten Gesetze leugnet, so spricht er damit einen für die begrenzte Erkenntnisfähigkeit der Bourgeoisie gegebenen Tatbestand aus und verkennt die — nur von der Position des Proletariats als ausgebeuteter Klasse voll erkennbare — wissenschaftliche Wahrheit der von bürgerlichen Ökonomen entwickelten Arbeitswertlehre.

Der Kontinuität in der Anerkennung des (Arbeits-)Wertgesetzes durch Smith, Ricardo und Marx stellt Hutchison seine Auffassung der Diskontinuität der Entwicklung ökonomischer Systeme infolge sich ändernder Anforderungen an das Wirtschaftsmanagement und die Wirtschaftspolitik entgegen. Wie unter vielen Ökonomen üblich, haben sich auch in seiner Sicht in der Geschichte der politischen Ökonomie immer wieder „Revolutionen" ereignet. Er bekennt sich ausdrücklich zu „der Smith-Revolution oder dem laissez-faire, zur Jevons-Revolution oder der Grenznutzenlehre und zur Keynes- oder makroökonomischen Revolution"[19]. Dazu spricht er anderen folgend von einer Marx-Revolution, einer Sraffa-Revolution und räumt ein, daß von einer „methodologischen Ricardo-Revolution" gesprochen werden könne. Seine Aufgaben sieht er in der Suche nach den diese „Revolutionen" und Mischlehren auslösenden zeithistorischen Faktoren und ideologischen Bedürfnissen. Er wünscht, daß die ökonomische Wissenschaft in „einer Periode grundlegender kritischer Diskussion ... sich einen reicheren historischen und institutionellen Inhalt erschließen möge, statt sich auf leere und unfruchtbare neo-ricardianische Abstraktionen zurückzuziehen"[20].

Theoriefeindlichkeit oder anders ausgedrückt vulgärökonomische Oberflächenverhaftung liegen dem bürgerlichen Verständnis der „Revolution" des ökonomischen Wissens zugrunde. „Eine Revolution" — so Hutchisons Definition — „ist ein Prozeß einer vergleichsweise grundlegenden oder umfassenden und/oder vergleichsweise schnellen Veränderung, die einen Teil oder das Ganze des Gegenstandes betrifft."[21]

Eine nach Umfang und Tempo gemessene Veränderung im ökonomischen Denken genügt nach dieser Definition, um von einer Revolution im Denken sprechen zu können. Die auch angeführte „grundlegende" Veränderung beinhaltet keineswegs, daß es sich um den Reflex einer sozialen Revolution handeln müsse. Nur wenn das theoretische Bewußtsein eine andere Gesellschaftsformation widerspiegelt (oder sie ideell vorwegnimmt), kann aus marxistischer Sicht von einer

[18] T. W. Hutchison, On Revolutions and Progress in Economic Knowledge, a. a. O., S. 267, 268.

[19] Ebenda, S. 318.

[20] Ebenda, S. 275/276.

[21] Ebenda, S. 286.

Revolution im Denken gesprochen werden. Eine Revolution des Denkens bildete z. B. der epochale Prozeß der bürgerlichen Aufklärung. Sie war der geistige Ausdruck der beginnenden Durchsetzung des Kapitalismus und der bürgerlichen Gesellschaft gegenüber der Feudalgesellschaft. Und weil die klassische bürgerliche politische Ökonomie aus diesem Prozeß hervorging, trug sie fortschrittlichen Charakter. Sie trug Wesentliches zum Sieg des Kapitalismus bei und bildete den Höhepunkt in der wissenschaftlichen Widerspiegelung der ihm innewohnenden ökonomischen Beziehungen durch die Bourgeoisie. Es ist aber theoretischer Unsinn, von einer „Smith-“ oder einer „Keynes-Revolution“ usw. zu sprechen. Smith und Ricardo ordnen sich in die Kontinuität der bürgerlichen ökonomischen Reflexion bürgerlicher Produktionsverhältnisse ein.

Sicher gibt es Zäsuren in der Entwicklung der kapitalistischen Gesellschaft und ihrem ökonomischen Denken. So bezeichnet das Jahr 1830 den welthistorischen Sieg des Kapitalismus und den Übergang von der wissenschaftlich sich bewährenden zur vulgären Ökonomie und das Jahr 1870 den beginnenden Übergang vom Kapitalismus der freien Konkurrenz zum Monopolkapitalismus, der in der sogenannten „neuen Ökonomie“, in der subjektiven Wertlehre und der Konstruktion mathematischer Gleichgewichtsmodelle Ausdruck findet. Diese gesellschaftlichen Wandlungen und sie wiedergebenden Wendungen im ökonomischen Denken sind keine sozialökonomischen Revolutionen und bringen daher keine Denkrevolution mit sich. Was für die „Say-Mill-Revolution“ und die „Jevons-Revolution“ gilt, trifft ebenso auf die „Keynes-Revolution“, den ökonomisch theoretischen Reflex des Eintritts des Kapitalismus in seine allgemeine Krise zu, oder auf die „Sraffa-Revolution“, die seinen Eintritt in eine neue Etappe ausdrückt.

Es zeigt sich, daß die Geschichte der politischen Ökonomie zu einem immer bedeutsameren Feld der ideologisch-theoretischen Auseinandersetzung zwischen bürgerlichen und marxistischen Theoretikern wird. Sowohl die einseitige These der Kontinuität, durch die Marx in eine lange rein ideengeschichtliche Reihe als einer von vielen hingestellt wird, wie auch die einseitige These der Diskontinuität, die Behauptung einander ablösender „Revolutionen“, die den Revolutionsbegriff seiner Potenz beraubt, zeigt, daß die Beschäftigung mit den theoretischen Quellen, aus denen Marx und Engels schöpften, und mit den Prozessen, in denen sie das vorgefundene Gedankenmaterial umwälzten, aktuelle Bedeutung hat. Werden nur ideengeschichtliche Betrachtungen angestellt, und wird die Entwicklung der Wissenschaft lediglich von internen Wirkungsfaktoren abhängig gemacht, so liegt darin eine ebensolche Verfälschung der wirklichen Geschichte wie in der nur sozialhistorischen Sicht und der These von lediglich externen Wirkungsfaktoren als Quelle der Entwicklung wissenschaftlichen Denkens.

Wie der Verfälschung des Zusammenhanges des Marxismus mit seinen theoretischen Quellen eine Funktion im ideologischen Überbau der bürgerlichen und kleinbürgerlichen Klassenkräfte zukommt, so übt die Erberezeption der marxistischen Arbeiterbewegung und des real existierenden Sozialismus eine nicht zu unterschätzende politisch-ideologische und zugleich wissenschaftlich-theoretische Funktion sowie eine eminent moralisch-erzieherische Wirkung auf die Kräfte des gesellschaftlichen Fortschritts aus.

Die gedankliche Rekonstruktion des Formierungsprozesses des Marxismus, die Aufdeckung seiner ideellen Wurzeln in Verbindung mit den sozialökonomischen Bedingungen seiner Entstehung schärft *erstens* den Blick für den Zusammenhang zwischen der Entstehung neuer gesellschaftlicher Bedürfnisse im historischen Entwicklungsprozeß und der dadurch hervorgerufenen kritischen Verarbeitung des „vorgefundenen Gedankenmaterials" zu neuen Ideen. *Zweitens* vertieft und bereichert die Rezeption der die Wissenschaft vom Kommunismus konstituierenden Ideen die Erkenntnis des Zusammenhanges zwischen dem Kampf der Ideen und der Rolle der Moral der kämpfenden Klassen. *Drittens* ergeben sich aus der Rezeption Erkenntnisse über die Gesetze der Ideenentwicklung und des Fortschritts der Erkenntnis. Diese allseitige Befruchtung des gegenwärtigen Erkenntnisprozesses hilft der Partei der Arbeiterklasse sowie allen an der Leitung und Lenkung gesellschaftlicher Prozesse im Sozialismus beteiligten Kräften, herangereifte Aufgaben und ihre Lösungswege, insbesondere im ideologischen Kampf und in der Erziehung, sowie Fragestellungen in den Gesellschaftswissenschaften besser und rechtzeitiger zu erkennen. Unnötig ist zu betonen, daß die Rezeption der Ideen, die zum Marxismus führen, nur in Verbindung mit der gründlichen Analyse der gegenwärtigen Entwicklungsbedingungen und -prozesse zu fruchtbaren Schlußfolgerungen beitragen.

Angesichts der aufgezeigten Funktionen der Erberezeption bei der Lösung von Gegenwarts- und Zukunftsaufgaben wird klar, daß der um das Kulturerbe geführte theoretisch-ideologische Klassenkampf Bestandteil des revolutionären Weltprozesses ist. Für die Bourgeoisie liegen systemerhaltende Aufgaben darin, einerseits die ideologische Überzeugungskraft, welche ihr proletarischer Widersacher aus dem humanistischen Ideenerbe der fortschrittlichen Bourgeoisie und daran anknüpfende Strömungen wie dem utopischen Sozialismus zieht, zu schwächen, und andererseits die eigene spätbürgerliche Ideologie historisch zu rechtfertigen und die Lebensfähigkeit des kapitalistischen Systems nicht zuletzt auch aus einer angeblichen ideengeschichtlichen Kontinuität abzuleiten.

So beruft sich die spätbürgerliche Industriegesellschaftstheorie mit Vorliebe außer etwa auf Tocqueville auch gerne auf Saint-Simons „Industriezeitalter" oder die „industrielle Gesellschaft". Der Neofreudismus knüpft an Fouriers Trieblehre an und behauptet eine theoretische Kontinuität, obwohl eingeräumt wird, daß weder eine ideengeschichtliche Wirkung noch eine rezeptive Anknüpfung zu entdecken sei. Nicht anders muß die liberalistische Lehre Adam Smith' herhalten, um die Marktwirtschaftstheorien angeblich neoliberalistischer Prägung historisch zu rechtfertigen, obwohl die Anpassung liberalistischen Gedankenguts an die Bedürfnisse der staatsmonopolistischen Regulierung mit den auf die Entwicklung des Kapitalismus der freien Konkurrenz gerichteten Bestrebungen Adam Smith' sehr wenig zu tun hat. Zerstörung des historischen Erbeanspruchs der marxistischen politischen Ökonomie wie eigene historische Ideenlegitimation werden auch hier unternommen.

Diese bruchstückhaften Andeutungen darüber, welche große Bedeutung das Problem der theoretischen Quellen des Marxismus für den ideologischen Kampf hat, sollen unser Thema: die Beziehung von utopischem Sozialismus und politischer Ökonomie, in einen größeren Rahmen stellen. Wie bereits einleitend gesagt, ist der Prozeß der Verarbeitung der sehr unterschiedlichen theoretischen Quellen durch Marx und Engels zu Bestandteilen des wissenschaftlichen Kommunismus keineswegs als Summe linearer Vorgänge zu betrachten. In Wirklichkeit vollzogen Marx und Engels die kritische Aneignung der Ideen ihrer Vorgänger erstens schon auf Grund einer gewissen Auseinandersetzung der fraglichen Strömungen selber, zweitens halfen ihnen die neuen Ideen einer Strömung oder späteren Quelle, andere Strömungen oder Quellen zu verarbeiten. So trug auch die Bekanntschaft von Marx und Engels mit den utopisch-sozialistischen Ideen vor allem in Frankreich zur Ausarbeitung des dialektischen und historischen Materialismus bei, und ohne ihn und die Gesellschaftskritik des utopischen Sozialismus in Frankreich und auch in England hätte die marxistische politische Ökonomie nicht entstehen können. Es handelt sich also nicht um getrennte Prozesse der Weiterentwicklung von ökonomischen Zusammenhängen oder philosophischen Anschauungen oder gesellschaftskritischen und -theoretischen Ideen und den dabei eintretenden Umschwung von quantitativer Anreicherung zu neuer Qualität, sondern um einen komplexen Erkenntnisprozeß, in welchem bestimmte Elemente dieser oder jener spezifischen Denkweise und -struktur kritisch angeeignet und in einen neuen wechselseitigen Zusammenhang gebracht werden. Erst in diesem umfassenden Umschmelzungsprozeß bringen „Zutaten" die neue Substanz, das heißt ein Denksystem von neuer Qualität auf einer höheren Stufe der Erkenntnis hervor. Diese wechselseitige Beeinflussung der Ideenströme, auf die Marx und Engels zurückgreifen konnten und innerhalb veränderter Gesellschaftsbedingungen kritisch betrachteten und verarbeiteten, soll in der vorliegenden Studie anhand zweier Quellen erörtert werden. Die Bedeutung ihrer Wechselbeziehung für die Entstehung des Marxismus ist wie gesagt noch wenig untersucht worden. Die Beschränkung auf die genannten zwei Quellen ist als erster Schritt zu einer komplexeren Erforschung der theoretischen Quellen des Marxismus anzusehen.

Es bedarf jedoch der Begründung, warum die Beschäftigung mit dem „französischen Sozialismus" (Lenin) als theoretischer Quelle des Marxismus auf die französischen utopischen Sozialisten Saint-Simon und Fourier beschränkt wird. Engels erwähnt in der „Entwicklung des Sozialismus von der Utopie zur Wissenschaft" sowohl gewisse „selbständige Regungen" der „Vorgängerin des modernen Proletariats" wie die von Babeuf unternommene „Verschwörung der Gleichen" in der großen französischen Revolution, als auch den „revolutionären Schilderhebungen einer noch unfertigen Klasse . . . entsprechende theoretische Kundgebungen" wie die utopisch-kommunistischen Theorien Morellys und G. B.

de Mablys im 18. Jahrhundert. Gewiß spielen vorproletarische und proletarische politische Bewegungen als auch utopische Gesellschaftsschilderungen eine bestimmte Rolle für die Entwicklung der Sozialismusidee, aber die historisch bedeutsamste *theoretische* Quelle (und nur sie haben wir im Auge) stellen die Werke und das Wirken Saint-Simons und Fouriers dar.

Die vorliegende Schrift kann nur ein Einzelbeitrag zum Problem der Quellen des Marxismus sein. Im übrigen scheint es mir nur von einer Vielzahl nicht zu eng spezialisierter marxistischer Gesellschaftswissenschaftler zu bewältigen zu sein.

Die bisherige Marx- und Engels-Forschung hat gezeigt, daß die Entwicklungsetappen des Marxismus als einheitlicher Lehre von anderen Zäsuren bestimmt werden als die Entwicklung des einen oder anderen Bestandteils des Gesamtgebäudes. Während die Grundlagen der marxistischen Philosophie und des wissenschaftlichen Sozialismus/Kommunismus 1848 erarbeitet waren, lag zu diesem Zeitpunkt nur die erste Etappe der beginnenden Kritik der politischen Ökonomie hinter Marx und Engels und sollten die Etappen der Grundlegung der proletarischen politischen Ökonomie sich bis in die sechziger Jahre des 19. Jahrhunderts hinziehen. Die Periodisierung der Geschichte der Arbeiterbewegung und der Entstehung ihrer Theorie und Weltanschauung unterscheidet sich also von der Periodisierung der Genesis von philosophischer, politischer und ökonomischer Lehre des Marxismus. Aus dieser zeitlichen Differenz ergibt sich, daß der utopische Sozialismus zunächst — in der ersten Etappe (1844—1847) — mit seiner Kritik der bürgerlichen Ökonomie vor allem Englands auf Marx und Engels eine Wirkung ausübte und sein Beitrag zur Herausbildung der Marxschen Ökonomie des Kapitalismus und einzelner Elemente der späteren Politischen Ökonomie des Sozialismus erst in den späteren Ausarbeitungsetappen wirksam wurde.

Im Zusammenhang mit der zeitlichen Differenz ist der nationale Aspekt der Genesis der verschiedenen Bestandteile des Marxismus zu sehen. „Die deutsche Arbeiterbewegung ist die Erbin der deutschen klassischen Philosophie" (Engels), wie die englische Arbeiterbewegung die erste und unmittelbare Erbin der englischen politischen Ökonomie war, indem nämlich die ersten Vertreter der Arbeiterinteressen unter den Ökonomen, die sogenannten ricardianischen Sozialisten, sich auf die von Ricardo entwickelten Kategorien und Gesetzesaussagen stützten, um die Ansprüche des Proletariats geltend zu machen. Und der erste unmittelbare Erbe des utopischen Sozialismus von Saint-Simon und Fourier sowie aller früheren und späteren Lehren des utopischen bzw. rohen Kommunismus war das französische Proletariat und seine Bewegung. Es ist kein Zufall, wenn sowohl Engels wie Lenin den zunächst nationalen Charakter jener verschiedenen Quellen betonten, die zu der internationalen Lehre des Marxismus führten. So wie es Philosophen in England und Frankreich gab, die Ausdruck des klassischen bürgerlichen Humanismus sind, so gab es utopische Sozialisten auch in England, deren Ideen für die Entwicklung des wissenschaftlichen Kommunismus und der politischen Ökonomie der Arbeiterklasse fruchtbar wurden. Aber die Strömung hatte ihren hauptsächlichen Boden in Frankreich, so wie die politische Ökonomie trotz eines Boisguilbert, Quesnay und Turgot im wesentlichen und in ihrer Hauptlinie in England entstanden war. Dieser keineswegs zufällige, sondern zutiefst in der sozialökonomischen und politischen Entwicklung Englands und Frankreichs liegende Unterschied in der Hervorbringung der einen bzw. der anderen Quelle bedarf einer eingehenden Untersuchung. Ihr bleibt das zweite Kapitel vorbehalten.

Wie die historische Entwicklung die Logik der Entstehung der bürgerlichen politischen Ökonomie bzw. des utopischen Sozialismus in sich trägt, ist aufgrund der Unterschiede in England und Frankreich — sowohl national und zeitlich wie sozial und klassenmäßig — darzulegen. Das Problem der bürgerlichen Revolution und der Klassen, vor allem das Problem des Dritten Standes und seiner Auflösung, stellt sich hinsichtlich unserer Thematik. Natürlich werden bei aller theoretischen Entschiedenheit der Zuordnung der politischen Ökonomie zur bürgerlichen Revolution in England und der frühen sozialistischen und revolutionären politischen und sozialen Lehren zu Frankreich, wo es sich anbietet, sowohl die französischen bürgerlichen Ökonomen wie die englischen utopischen ricardianischen Sozialisten erwähnt werden.

Es wird aber im wesentlichen darauf ankommen, inhaltliche Gemeinsamkeiten und Unterschiede in den Auffassungen von englischen klassischen bürgerlichen Ökonomen und französischen utopischen Sozialisten zu untersuchen. Hier lagen die Ansätze zu einer Kritik der politischen Ökonomie zunächst durch Saint-Simon und Fourier und später — teilweise durch sie vermittelt — durch Engels und Marx.

Da die Vulgärökonomie erst nach 1830 voll in Erscheinung trat und das Lebenswerk der französischen Utopisten zu jener Zeit bereits abgeschlossen (Saint-Simon) oder inhaltlich vollendet (Fourier) war, wurde die vergleichende Betrachtung weitgehend auf die klassische bürgerliche Ökonomie beschränkt. Die Problematik des historischen Übergangs der theoretischen Wahrheiten der bürgerlichen Klassik in den Marxismus und der vulgären Elemente der Klassikerlehren in die Vulgärökonomie, das heißt das Problem der relativen Verselbständigung des esoterischen bzw. exoterischen Smith sowie vulgärer Vorstellungen von Ricardo, kann nur am Rande behandelt werden. In der Geschichte der politischen Ökonomie bezeichnet das Jahr 1830 eine Zäsur; aber auch in der Geschichte des Sozialismus zeichnet sich eine entscheidende Wandlung ab: die Auflösung der Schulen der Begründer des utopischen Sozialismus und ihre Entartung zu Sekten.

Die theoretisch und ideologisch bedingte Notwendigkeit der Beschäftigung mit den theoretischen Quellen des Marxismus-Leninismus schließt den Vergleich der ihn befruchtenden Strömungen und ihrer Hauptrepräsentanten sowohl aus sozialökonomischer wie aus wissenschaftstheoretischer Sicht ein. Die vergleichende Gegenüberstellung der Entwicklung in England und in Frankreich, vor allem der bürgerlichen Revolution in beiden Ländern, erklärt wie und warum im *England* des 17. und 18. Jahrhunderts eine *bürgerliche Konzeption* der sich kapitalistisch entwickelnden ökonomischen Beziehungen entstand und in *Frankreich* im ersten

Drittel des 19. Jahrhunderts eine durch volkstümliche Streit- und Kampfschriften und die Ideen der bürgerlichen Aufklärung vorbereitete *vorproletarische Konzeption gesamtgesellschaftlicher Entwicklung* sich herausbildete.

Da wir meinen, daß die Dialektik von Allgemeinem, Besonderem und Einzelnem, von Gesellschaft, Klasse und Individuum es nicht zuläßt, von der Persönlichkeit eines in die Geschichte eingegangenen Denkers in ihrer Einmaligkeit, von seinem individuellen Lebensweg, von den ihn bewegenden konkreten Erlebnissen und Erfahrungen, aus denen ihm die Motivation für sein Werk erwuchs, sowie von seinem Charakter und seinen Beziehungen zu anderen Menschen abzusehen, stellen wir Biographisches in Verbindung mit der vom Atem der Revolution getragenen Zeitgeschichte an den Anfang unserer Betrachtungen.

Kapitel 2

Die Bedeutung der Revolution von 1789 bis 1794 für Leben und Werk Saint-Simons und Fouriers

Als die Pariser Volksmassen — ruinierte Handwerker, brotlose Gesellen, hungernde Tagelöhner, aus den Dörfern gekommene Stadtarme — am 14. Juli 1789 die Bastille stürmten und die Gefangenen, Aufsässige gegen das Ancien Régime wie sie selber, befreiten, war der einer verarmten Adelsfamilie entstammende Claude-Henri de Saint-Simon noch keine dreißig Jahre alt, und sein um zwölf Jahre jüngerer geistiger Gefährte Charles Fourier zählte erst 17 Lebensjahre. Ihre Lebensdaten: Saint-Simon lebte vom 17. Oktober 1760 bis zum 19. Mai 1825 und Charles Fourier vom 7. April 1772 bis zum 10. Oktober 1837. Sie wurden beide fünfundsechzig Jahre alt und waren, obwohl nicht gleichaltrig, dennoch Zeitgenossen, Angehörige der Revolutions- und Nachrevolutionsgeneration.

Beide hatten noch das vorrevolutionäre Frankreich erlebt, der ältere als junger Mensch, der jüngere als Heranwachsender. Sie hatten das Ancien Régime mit seinen feudal verknöcherten Verhältnissen, seinem schreienden Gegensatz von üppigem Luxus und verzweifelter Armut kennengelernt, hatten verspürt, daß Willkür und nackte Gewalt in ihm herrschten. Saint-Simon hatte begierig die Ideen Montesquieus und Voltaires aufgenommen, wünschte nichts inniger als die Beseitigung der Geburtsprivilegien, obwohl er selbst zum privilegierten Adel gehörte; er forderte Freiheit und Menschenrechte, ein Leben nach dem Gesetz, und er hatte persönliche Konsequenzen aus seinen Überzeugungen gezogen. Siebzehnjährig, so alt wie Fourier bei Ausbruch der Revolution, hatte Saint-Simon sich als Freiwilliger zu den Waffen gemeldet, um unter dem Kommando des damals zwanzigjährigen Generals Marquis La Fayette am amerikanischen Unabhängigkeitskrieg 1777 teilzunehmen. Die Kampfziele hatten Saint-Simon begeistert, das Kriegführen aber war ihm, wie er selbst sagte, zutiefst zuwider. So quittierte er als Oberst den Dienst, versagte sich eine vielleicht erfolgreiche Militärlaufbahn. Der mit einer militärischen Auszeichnung nach Frankreich zurückgekehrte unternehmungslustige junge Mann hatte den Kopf voller Ideen. So schlug er der spanischen Regierung ein Kanalbauprojekt vor, er unternahm Finanzspekulationen mit den zu Nationalgütern erklärten sequestrierten Feudalgütern — aber alle seine von bürgerlichem Unternehmungssinn getragenen Vorhaben und Tätigkeiten schlugen letztendlich fehl. Von den großen

Ideen der Zeit mitgerissen, erkannte er im Grunde nicht, wo die Kräfte waren, die das erträumte Ideal der Freiheit, Gleichheit und Brüderlichkeit zu verwirklichen imstande wären.

Die von Saint-Simon im Department Somme durch Verkäufe mitbewirkte Aufteilung des ehemaligen Großgrundbesitzes ließ ihn wahrscheinlich mit dem im Distrikt Mondidier als Verwalter amtierenden späteren utopischen Kommunisten François Gracchus Babeuf zusammentreffen.

Auch Babeuf war Jahrgang 1760, stammte aber, anders als der Adlige Saint-Simon, aus armer Familie. Er nannte sich Volkstribun, verhieß „das Reich des Glückes für alle" in seiner 1794 unter diesem Namen herausgegebenen Zeitschrift und suchte den von ihm vertretenen Gleichheitskommunismus durch Verschwörung und Aufstand zu erreichen. Babeuf wollte durch die „Verschwörung der Gleichen" im Frühjahr 1796 die von den Jakobinern unter Robespierre von politischen zu sozialen Zielsetzungen übergeleitete Revolution vollenden. Verrat, Prozeß, Hinrichtung waren das Ende Babeufs im Jahre 1797. Anders als Saint-Simon und Fourier mußte der revolutionäre Volkstribun als Siebenunddreißigjähriger dem Kampf für das Glück des Volkes sein Leben opfern.

1789 hatte Babeuf in seiner Schrift „Das ewige Grundbuch" die Aufteilung des Großgrundbesitzes zugunsten der Dorfarmen gefordert; Saint-Simon hatte durch seine Tätigkeit helfen wollen, bewegliches (bürgerliches) Grundeigentum zu schaffen und setzte sich dafür noch 1817 — da ihm „das Wohlgedeihen der französischen Industrie" am Herzen lag — ein.[1]

Mit weit über das bürgerliche Revolutionsziel hinausgehenden politischen Kampfforderungen tritt Babeuf in der Revolution von 1789 auf; der bürgerlichen Gesellschaft angemessene ökonomische Entwicklungen dagegen suchte Saint-Simon noch im ersten Fünftel des neuen Jahrhunderts durchzusetzen. Im Bild des utopischen Kommunismus spiegelt sich der Lebenslauf des einen, im Bild des utopischen Sozialismus der des anderen Vorkämpfers der Befreiung der Menschheit wider.

Der geschäftige Adlige der Revolutionsjahre fühlte sich indes zum Volke hingezogen, besuchte in den Jahren 1792/93 unter dem angenommenen Namen Claude Bonhomme (Biedermann) Volksgesellschaften; in seinem Nachlaß findet sich aus dieser Zeit ein regierungsamtliches Leumundszeugnis.[2] In einem von Stufe zu Stufe sich radikalisierenden Revolutionsprozeß, in dem die Guillotine die Köpfe derer rollen ließ, die sie zuvor noch selbst in Gang gesetzt hatten, entging der durch seine Zugehörigkeit zu einer Adelsfamilie, durch seine Finanzgeschäfte und durch seine gleichzeitig dem Volk bekundeten Sympathien ins Zwielicht geratene Saint-Simon während der Jakobinerherrschaft nicht der Verdächtigung und Denunzia-

[1] Vgl. C.-H. de Saint-Simon, Ausgewählte Schriften, Hrsg. L. Zahn, Berlin 1977, S. 235. („Das Gesetz, das die landwirtschaftlichen Industriellen befugt, ihnen anvertraute Mittel einzusetzen, muß gleichzeitig den Übergang des Bodeneigentums so billig und leicht wie möglich machen.")

[2] Vgl. ebenda, Einleitung, S. XXVII/XXVIII.

tion. Nach elf im Gefängnis verbrachten Monaten verhalf ihm der Sturz Robespierres wieder zur Freiheit. Noch hatte der auf die Mitte des Lebens zugehende Saint-Simon seinen Weg im Leben trotz eifrigen Suchens nicht gefunden. Erst der Vierzigjährige ließ sich durch die erfolglos versuchte Gründung zunächst eines Handels-, dann eines Transportunternehmens sowie durch seine sporadisch gebliebene Mitwirkung bei diplomatischen Verhandlungen — er bewegte sich dabei im Dreieck Péronne—Paris—Lille — belehren, daß er sein Wirkungsfeld anderswo als in ökonomischer und politischer praktischer Tätigkeit suchen müsse.

Hatte der an Jahren und Erfahrungen reichere Saint-Simon in den Revolutionsjahren keinen Bezugspunkt für sich finden können, so vermochte der jüngere Fourier noch weniger eine ihn befriedigende Tätigkeit, ja nicht einmal den Zugang zu einer solchen zu finden.

Charles Fourier wurde am 7. April 1772 in einer wohlhabenden Kaufmannsfamilie in Besançon geboren. Er war unter vier Kindern der einzige Sohn und wurde von seiner Familie (auch die Mutter entstammte einer bekannten Handelsfamilie) für den Kaufmannsberuf bestimmt. Der Vater, Präsident des Handelsgerichts, duldete kein Aufbegehren des sich gegen den verhaßten Händlerberuf wehrenden Sohnes. Dem Despotismus des vorzeitig — 1781 — verstorbenen Vaters stand die ungebildete Mutter durch Bigotterie und Geiz nicht nach. 1789, beim Ausbruch der Revolution, weigerte sich der siebzehnjährige Charles, in ein Bankunternehmen in Lyon einzutreten, ein Jahr darauf verließ er eine ihm aufgezwungene kaufmännische Lehrstelle in Rouen. Aber 1791 trat er doch als Handlungsreisender in eine Lyoner Firma ein und tat sich in Rouen, Marseille, Bordeaux um; in Deutschland, Holland und der Schweiz und 1793 — volljährig — konnte er das Erbe des väterlichen Vermögens antreten. Er gründete ein eigenes Handelsunternehmen in Lyon. Von dem neuen Handelsherrn in Marseille bestelle Kolonialwaren trafen während des royalistischen und girondistischen Aufstandes in Lyon ein und wurden von den Aufständischen beschlagnahmt. Die von den Konventionstruppen belagerten Aufständischen verwendeten die für Fourier bestimmten Baumwollballen zum Schutz ihrer Verteidigungsanlagen, verbrauchten Reis, Zucker, Kaffee für sich selber oder für die in Hospitäler überführten Verwundeten.[3]

Fourier hatte sich handgreiflich gegen das ihn mit Ruin bedrohende Verhängnis zu wehren gesucht. Er kam ins Gefängnis, zuerst in Lyon und später in seiner Heimatstadt Besançon; er wurde zur Armee eingezogen und fand sich nach Beendigung der Revolution — 1797 — vermögenslos wieder; sein Onkel hatte ihm die zweite Hälfte seines Erbteils von 800000 Franken in entwerteten Assignaten ausgezahlt. Wieder wurde Fourier Handelsreisender, war von 1800 bis 1809 lizenzloser Makler ohne Bürgschaftsleistung. Das Jahr 1811 sah ihn als Kontrolleur militärischer Tuchlieferungen; 1814/15 war er Leiter des statistischen Büros

[3] Vgl. Pellarin, François Marie Charles Fourier, sa vie et sa théorie, Paris 1849.

der Präfektur, 1825 Kassierer. Eine untergeordnete kaufmännische Tätigkeit war ihm zur zutiefst verhaßten Quelle eines kärglichen Lebenserwerbs geworden.

Wie Saint-Simon hatte auch Fourier, der das humanistische Gymnasium in Besançon besucht hatte, sich bemüht, die eine oder andere Idee zu verwirklichen. Aber wie seine Erfindung eines neuen Musiknotensystems oder die Idee einer von von Drahtseilen gezogenen Schienenbahn blieben auch der von Fourier nach 1796 in Briefen, Bittgängen und selbst finanzierten Zeitschriftenartikeln vorgeschlagene Reformplan für die Militärintendantur oder ein Plan der Städteerneuerung nur Produkte seiner Phantasie.

Beiden Zeitgenossen der Französischen Revolution ist gemeinsam, daß sie sich im Zuge der Ereignisse um ihre Stellung in der Gesellschaft und ihr Vermögen gebracht sahen. Im ersten Jahr des neuen Jahrhunderts hatte z. B. Saint-Simon noch eine luxuriöses Wohlleben geführt und im Stil der Zeit berühmte Persönlichkeiten in sein Haus eingeladen: Größen der Chemie, der Mathematik und der Medizin, wie Claude Louis de Berthollet, Gaspard Monge und Georges Cabanis, Schöpfer von Dramen und Opern wie Alexandre Duval und André E. Modeste Grétry.

1802 befand er sich völlig mittellos und war seinem ehemaligen Kammerdiener Diard dankbar, daß dieser ihn in seine armselige Behausung aufnahm und seine nunmehr beginnende literarische Tätigkeit durch Sicherung eines kärglichen Lebensunterhaltes und Bestreitung von Druckkosten ermöglichte.

Die beiden Denker, die als gedankliche Vorreiter des Übergangs von der bürgerlichen zur proletarischen Ideologie in die Geschichte eingehen sollten, fanden sich in der nachrevolutionären Zeit deklassiert wieder. Obwohl findige Köpfe und voller Energie standen sie vor dem Nichts. Der ehemalige Angehörige des Adels aus den Tagen *vor* der Revolution, der *in* den Tagen der Revolution eine kurzlebige bürgerliche Existenz als Geschäftsmann gefunden hatte, war *nach* der Revolution zum brotlosen Außenseiter der Gesellschaft des beginnenden 19. Jahrhunderts geworden. Der Sohn und Erbe einer gutsituierten Kaufmannsfamilie *vor* der Revolution war durch das Hin und Her der Kämpfe *in* der Revolution um sein Vermögen und seine selbständige Existenz gebracht; auch er sah sich *nach* der Revolution zu einem proletarischen Dasein verurteilt.

Aber ausgezogen waren beide — im wörtlichen oder im bildlichen Sinn —, um das Versprechen der Revolution: Freiheit, Gleichheit, Brüderlichkeit, einzulösen. Dieses Streben verließ sie nicht, obwohl sie sich um ihre Hoffnungen und Erwartungen, um die Erfüllung ihrer beruflichen Lebenspläne betrogen sahen.

Aus der am Anfang der Revolution gehegten Illusion und der am Ende der Revolution erwachsenen Desillusion erwuchs ihr Lebenswerk. Obwohl sie nunmehr an allem zu zweifeln begannen, verzweifelten sie nicht. Ihre Kritik am Bestehenden und ihre Hoffnung auf Kommendes, noch zu Schaffendes haben ihren gemeinsamen Ursprung in dem Widerspruch zwischen dem humanistischen Ideal, das die Revolution geistig vorbereitete und ideologisch beherrschte und der

Verwirklichung der revolutionären Ideen in Gestalt der engen Klasseninteressen der Bourgeoisie.

Saint-Simon und Fourier zogen aus ihren Erlebnissen in der Revolution Lehren für ihr eigenes Wirken. Sie wollten die Krise der nachrevolutionären Gesellschaft überwinden helfen und kamen schließlich zur Erkenntnis, daß es einer neuen Gesellschaftsorganisation bedurfte, um die von der Französischen Revolution verkündeten Menschenrechte als echte Bürgerrechte für alle zu verwirklichen.

Obwohl sie ein etwas zwiespältiges Verhältnis zur Revolution hatten — sie bejahten die revolutionären Ziele der Volksmassen, lehnten aber ihre Gewaltanwendung ab — sind das Werk der Vorläufer der Theorie der revolutionären Arbeiterbewegung ebenso wie diese selbst nicht ohne Kampf der plebejischen Massen in der bürgerlichen Revolution zu verstehen.

Nachdem die im Gesellschaftlichen wurzelnden individuellen sozialen und psychologischen Grundlagen der Lebensaufgabe, vor die Saint-Simon und Fourier sich gestellt sahen, aufgedeckt sind, ist der gesellschaftliche Prozeß, den mitzugestalten Saint-Simon und Fourier angetreten waren, näher zu beleuchten.

KAPITEL 3

Besonderheiten der bürgerlichen Revolutionen in England und Frankreich im Hinblick auf die Entstehung von politischer Ökonomie und utopischem Sozialismus

Es genügt natürlich nicht, die französische Revolution von 1789 bis 1794 aus der Erlebnissicht der großen modernen utopischen Sozialisten oder als bloßen sozialen Untergrund ihres Lebens und Wirkens darzustellen. Die Große bürgerliche Revolution in Frankreich, aber auch die ihr sehr viel früher vorausgegangene bürgerliche Revolution in England von 1640 und 1688 bestimmten den Gang, den das Denken der frühen Vertreter des Proletariats nehmen sollte. Im Gegensatz zu den meisten bürgerlichen Darstellungen, die das Werk Saint-Simons oder Fouriers höchst einseitig entweder aus dem persönlichen Erleben oder aus der Geschichte der Ideen ableiten, wollen wir es uns angelegen sein lassen, Leben, Werk und Wirken in der Einheit von objektivem Lebensprozeß der Gesellschaft, persönlicher Entwicklung und Genesis der Ideen darzustellen. Dabei wollen wir versuchen, der Entstehung und Bedeutung des utopischen Sozialismus als einer Quelle des Marxismus in Verbindung mit einer anderen Quelle, der klassischen englischen politischen Ökonomie, nachzugehen.

Als erstes stellt sich die Frage, warum die politische Ökonomie im wesentlichen — und vor allem in ihren großen Vertretern Smith und Ricardo — in England, der utopische Sozialismus dagegen, an dessen Spitze die bereits behandelten beiden französischen Denker stehen, vor allem in Frankreich entstand.

Marx regte in seiner „Kritik der politischen Ökonomie" von 1859 „die genetische Darstellung des nationalen Kontrastes zwischen englischer und französischer politischer Ökonomie" an. Diese „vergleichende Arbeit" würde mit William Petty und Boisguilbert zu beginnen und mit Ricardo und Sismondi zu beenden sein. Damit wären die „mehr als anderthalbjährigen Forschungen der klassischen politischen Ökonomie" in ihrem nationalen Kontrast, im „Schlaglicht, das sie auf den sozialen Gegensatz Englands und Frankreichs am Ende des 17. Jahrhunderts und Anfang des 18. Jahrhunderts werfen" würden, umrissen.[1] In Analogie zu der Marxschen Aufgabenstellung möchten wir eine vergleichende genetische Darstellung der englischen klassischen bürgerlichen politischen Ökonomie und des

[1] Vgl. K. Marx, Zur Kritik der Politischen Ökonomie, in: MEW, Bd. 13, Berlin 1961, S. 37.

französischen utopischen Sozialismus an den Anfang unserer Untersuchung stellen. Anders ausgedrückt, es soll gezeigt werden, daß die bürgerliche Revolution in England der sozialökonomische Boden war, der die klassische politische Ökonomie in ihren Hauptvertretern hervorbringen mußte, während die bürgerliche Revolution in Frankreich mit zahlreichen politischen und gesellschaftstheoretischen Lehren Entscheidendes zur Genesis des vormarxschen utopischen Sozialismus zu leisten vermochte. Es gilt also, den zunächst nationalen Ursprung von zwei der drei konstituierenden theoretischen Quellen der internationalen Lehre der Arbeiterklasse im Vergleich darzustellen.

Der Begriff Revolution wurde, wie sehr viele andere gesellschaftswissenschaftliche Begriffe, aus den Naturwissenschaften abgeleitet.[2] Dem Begriff der historischen Revolution haftete diese Herkunft noch lange an. So gebrauchte Charles Fourier das Wort cataclysme oder cataracte, das heißt Wörter wie Überschwemmung, Wassersturz, um plötzliche gesellschaftliche Wandlungen anzuzeigen, gesellschaftliche „Katastrophen" oder geschichtliche Revolutionen. Ihnen wird eine ebensolche Notwendigkeit wie den Naturrevolutionen zuerkannt. Auch der Begriff der historischen Revolution, darunter der Begriff der bürgerlichen Revolution, ist im Laufe der Entwicklung von der marxistischen Wissenschaft vertieft, präzisiert und in seinem Beziehungsreichtum erschlossen worden. Die Unterscheidung zwischen Revolution im engeren und im weiteren Sinn ermöglicht, die Gesamtheit und den genetisch-funktionellen Zusammenhang aller Revolutionen zu erfassen, die ein Land bis zur mehr oder minder vollständigen Ausprägung der kapitalistischen Gesellschaftsformation durchlaufen hat.[3] Die politische Revolution, die Phase des Durchbruchs der Bourgeoisie, wird auf diese Weise abgehoben von dem länger andauernden Prozeß der Entfaltung und Ausprägung der kapitalistischen Gesellschaftsformation sowie von der auf die Revolutionen folgenden Phase der Formationskonsolidierung. Die Klassiker des Marxismus-Leninismus haben den Begriff des bürgerlichen Revolutionszyklus geschaffen. Er erstreckte sich z. B. in England von 1642 bis 1689, in Frankreich von 1789 bis 1848. Ausgehend von diesem Begriff des Revolutionszyklus lassen sich vergleichende Betrachtungen der nationalen bürgerlichen Revolutionen anstellen.

Für unser Thema ist es wichtig, sowohl die Gemeinsamkeiten wie die Unterschiede der bürgerlichen Revolutionen in England und in Frankreich zu skizzieren. Die Gemeinsamkeiten ergeben sich aus der historischen Aufgabenstellung der bürgerlichen Revolution, die feudale Ordnung der Gesellschaft zu zerstören und die bürgerlich-kapitalistische Ordnung durchzusetzen. Dieses sozialökonomische We-

[2] Vgl. M. Hahn/H. J. Sandkühler (Hrsg.), Bürgerliche Gesellschaft und theoretische Revolution. Zur Entstehung des wissenschaftlichen Sozialismus, Köln 1978, S. 35/36.

[3] Vgl. M. Kossok, Vergleichende Revolutionsgeschichte der Neuzeit. Forschungsprobleme und Kontroversen, in: Zeitschrift für Geschichtswissenschaft, 1/1978, S. 10/11.

sen, die antifeudale Haupttendenz, kennzeichnet jede bürgerliche Revolution; in ihrem Mittelpunkt steht die Bourgeoisie.

Geht man beim Vergleich zwischen der englischen und der französischen Revolution vom bürgerlichen Revolutionszyklus aus, so springen analoge Entwicklungen stärker ins Auge als bei der vergleichenden Betrachtung einzelner nationaler Revolutionen. Allgemeine Gesetzmäßigkeiten der Genesis des sozialökonomischen, politischen und ideologischen Systems des Kapitalismus werden erkennbar. So zeigen sich z. B. unter politischem Aspekt gewisse Gesetzmäßigkeiten in der Entstehung und Entwicklung der Finanzbeziehungen zwischen Bourgeoisie und dem von ihr ganz oder teilweise eroberten Staat. Zur Illustration seien zwei Beispiele aus dem Kampf um die staatliche Steuer-, Zoll- und Bankpolitik erwähnt. Bei der Errichtung der Staatsbank in England am Ende des 17. und in Frankreich zu Beginn des 19. Jahrhunderts waren die Regierungen darauf angewiesen, sich auf die neue Form des Reichtums, den Kapitalreichtum, zu stützen. So zog die englische Regierung Großkapitalisten heran, die das Grundkapital der Staatsbank als Anleihe zur Verfügung stellten; 1804 wurde die Bank von Frankreich auf Betreiben Napoleons durch den Zusammenschluß von sieben Privatbanken ins Leben gerufen. Als zweites Beispiel zeigt die Geschichte der Steuer- und Zollpolitik im Rahmen des Revolutionszyklus, daß auch von Restaurationskräften geschaffene Regierungen die Herausbildung kapitalistischer Produktionsverhältnisse durch ihre Wirtschaftspolitik unterstützen müssen. Die Bourbonen mußten gegen ihren Willen eine Schutzzollpolitik zur Förderung der Industrie betreiben, und da sie es unzureichend taten, wurde die von der Bourgeoisie abhängige Restaurationsmonarchie 1830, ebenso wie die Karls I. im Jahre 1688/89, gestürzt. Wachsende ökonomische Gewalt unterwirft sich die politische Gewalt und sprengt die Fesseln der verbliebenen Verhältnisse des alten Gesellschaftssystems. Nach den politischen Revolutionen des 17. Jahrhunderts „beginnt erst mit der Konsolidierung der konstitutionellen Monarchie die großartige Entwicklung und Umwälzung der bürgerlichen Gesellschaft in England". Die Manufaktur dehnte sich aus; ihr entwuchs die große Industrie. Marx schildert diesen Prozeß des Aufbrechens der neuen Gesellschaftsordnung: „Ganze Klassen der Bevölkerung verschwinden, neue treten an ihre Stelle, mit neuen Lebensbedingungen und neuen Bedürfnissen. Eine neue, kolossalere Bourgeoisie entsteht; während die alte Bourgeoisie mit der französischen Revolution kämpft, erobert sich die neue den Weltmarkt ... ihre Gegner zwingt (sie), fast nur in *ihrem* Interesse und nach *ihren* Bedürfnissen, Gesetze zu erlassen. Sie erobert sich direkte Vertretung im Parlament und benutzt sie zur Vernichtung der letzten Reste reeller Macht, die dem Grundbesitz geblieben sind."[4] Marx schildert hier, wie der lange vor der Revolution beginnende Prozeß der sozialökonomischen Ausformung der bürgerlichen Gesellschaft sich erst *nach*

[4] K. Marx/F. Engels, Rezensionen aus der „Neuen Rheinischen Zeitung. Politisch-ökonomische Revue", Zweites Heft, Februar 1850, in: MEW, Bd. 7, Berlin 1960, S. 211.

der politischen Revolution mit größerer Vehemenz vollzieht. In der konsolidierten konstitutionellen Monarchie „sind in England die Klassengegensätze in der Gesellschaft zu einer Höhe entwickelt wie in keinem andern Lande, steht hier einer Bourgeoisie mit Reichtum und Produktivkräften ohnegleichen ein Proletariat gegenüber, das an Macht und Konzentration ebenfalls ohnegleichen ist"[5].

Die politischen Revolutionen des 17. Jahrhunderts in England wirkten sich dort im 18. und 19. Jahrhundert ökonomisch unvergleichlich stärker aus als in Frankreich die Revolutionen vom Ende des 18. bis zur Mitte des 19. Jahrhunderts. Das hängt wesentlich damit zusammen, daß die sozialökonomischen Ausgangsbedingungen für die Herausbildung kapitalistischer Produktionsverhältnisse in England sehr viel früher herangereift waren und diesem ersten kapitalistischen Land zu monopolistischer Beherrschung des Welthandels und Ausplünderung überseeischer Rohstoffquellen verhalfen. Damit hängen nicht zuletzt die trotz gemeinsamer Grundzüge des bürgerlichen Revolutionszyklus auftretenden nationalen Besonderheiten der Gesellschaftsentwicklung in Frankreich und in England zusammen.

Die der bürgerlichen Revolution in England und in Frankreich gemeinsamen Grundzüge erklären, daß Denker dort wie hier zur Entwicklung sowohl der politischen Ökonomie wie auch des modernen utopischen Sozialismus beitrugen. Aber erst die *Besonderheiten* der Revolution in England und in Frankreich lassen verstehen, daß der wesentliche Beitrag zur klassischen bürgerlichen Ökonomie aus England und zum utopischen Sozialismus aus Frankreich kamen. So erklären Entwicklungsunterschiede, warum beide geistigen Strömungen in ihrer nationalen Färbung zu Quellen des Marxismus wurden.

Zu den für unser Thema relevanten Besonderheiten beider Revolutionen gehören:

- der unterschiedliche Reifegrad der bürgerlichen Produktionsverhältnisse zu Beginn des Revolutionszyklus;
- die damit zusammenhängende Stellung und politische Rolle der Bauern;
- die sich aus den genannten Besonderheiten ergebende Konstellation der Klassenkräfte;
- Charakter und Grad der Teilnahme der plebejischen Volkskräfte an der Revolution.

Da die Revolution ein unerhört dynamischer, brisanter und raschem Wandel unterworfener Prozeß ist, in dem die Klassengruppierungen ihre Funktion und ihre Position ändern, kann es sich hier nur um eine sehr summarische Hervorhebung der wesentlichen Unterschiede handeln. Sie werden lediglich im Hinblick auf das Problem der Genesis der Quellen des Marxismus grob zu umreißen versucht.

[5] Ebenda.

Reifegrad bürgerlicher Produktionsverhältnisse

Einige vergleichende Fakten werfen ein Schlaglicht auf die *unterschiedliche stadiale Reife* der Produktionsverhältnisse Englands und Frankreichs vor dem Beginn des bürgerlichen Revolutionszyklus. Da die statistischen Angaben sehr unterschiedlichen Quellen entstammen, können sie nur eine ungefähre Vorstellung der Größenordnung geben.

England besaß zu Beginn des 17. Jahrhunderts bereits 800 Hochöfen.[6] In Frankreich wurden die ersten Hochöfen in den Jahren 1773 und 1778 bei Nantes und in Creusot errichtet.[7] England trat mit einem stärker entwickelten Produktionsstand in die Revolution ein und hatte bereits in Europa eine beherrschende Stellung inne. Gegen Mitte des 17. Jahrhunderts lieferte England vier Fünftel der zu dieser Zeit in Europa gewonnenen Steinkohle.[8] In einem Jahrhundert (1551—1651) hatte die englische Kohlenförderung das Vierzehnfache erreicht und betrug 3 Millionen Tonnen jährlich.[9]

Die Kohle wurde bereits im 17. Jahrhundert in England als Energiequelle in einigen Manufakturen verwendet (Eisenvitriol-, Alaun-, Seifen-, Farben- und Stärkeerzeugung, Metallbearbeitung). Die Eisenschmelze mit Koks war bereits 1750 in einigen Werken eingeführt.[10] Nach 1760 ging die Eisenschmelze mit Holzkohle sehr schnell zurück. Von der zwischen 1788 und 1806 verdreifachten Eisenproduktion kam der größte Teil aus Koksöfen; die Dampfmaschine fand Anwendung.[11]

In Frankreich hingegen war die Eisenschmelze mit Holzkohle noch in der zwanziger Jahren des 19. Jahrhunderts üblich; es wurden im ganzen Land und in der ganzen Industrie 1815 nur 15 Dampfmaschinen eingesetzt (1820: 65; 1830: 625; 1848: 5200).[12]

In Saint-Etienne, dem Hauptzentrum der Eisenerzeugung, waren 1830 erst 7 Prozent der Öfen (29 von 408) und 1840 noch keine 9 Prozent (41 von 462) Koksöfen. Erst 1874 wurden drei Viertel aller Hochöfen mit Koks gespeist,[13] ein in England bereits zu Beginn des Jahrhunderts erreichter Stand.

Nehmen wir den Außenhandel; er wuchs von 1600 bis 1640 in England auf das Doppelte an, während er sich in Frankreich von 1715 bis 1789 vervierfachte.

[6] Weltgeschichte in 10 Bänden, Hauptredaktion J. M. Shukow, Bd. 5, Berlin 1966, S. 14.

[7] A. Philipp, Histoire des faits économiques et sociales de 1800 à nos jours, Paris 1964, S. 88.

[8] Weltgeschichte in 10 Bänden, Bd. 5, a. a. O., S. 14.

[9] Ebenda, S. 14.

[10] Darby-Werke in Coalbrokedale u. a., zitiert bei: W. H. B. Court, A concise economic history of Britain from 1750 to recent times, Cambridge 1964, S. 46.

[11] Ebenda, S. 52.

[12] H. Sèe, Französische Wirtschaftsgeschichte, Bd. 2, Jena 1936, S. 185, 189, 190.

[13] H. Cunow, Allgemeine Wirtschaftsgeschichte, Berlin 1931, S. 480.

Mit dem schnelleren Wachstumstempo holte Frankreich sein Zurückbleiben auf. Betrachtet man aber den Charakter der gehandelten Ware, so handelt es sich in England um Erzeugnisse seiner großen zentralen Manufakturen wie Tuchindustrie und Bergbau; sie hatten sich neben der dezentralisierten Manufaktur entwickelt. Aus Frankreich wurden Wein und Seide ausgeführt, Edelhölzer und Baumwolle eingeführt; hier handelte es sich bei der Manufaktur wie beim Außenhandel weitgehend um Luxusprodukte. In England hatte sich, verbunden mit den fortbestehenden lokalen Märkten, bereits früh ein nationaler Markt entwickelt.

So kann der Verfasser einer kurzgefaßten „Wirtschaftsgeschichte Großbritanniens von 1750 bis in die neueste Zeit" feststellen: „Die Luxusgewerbe der großen kontinentalen Zentren (Paris, Wien, Rom) stellen für Großbritannien im nächsten Jahrhundert (1750 bis 1850) keine Bedrohung dar."[14]

Mit dem Einsetzen der industriellen Revolution (1760 bis 1830) festigte sich Englands Rolle als Werkstatt der Welt und seine Vormachtstellung im Welthandel und im Welttransport. Noch um 1600 war ein Drittel der Ausfuhr auf ausländischen, vor allem holländischen Schiffen erfolgt. Die Navigationsakte von 1651 und der nachfolgenden Jahre behielt englischen Schiffen die Ausfuhr einheimischer Waren vor.[15]

Die unterschiedliche stadiale Reife der Entwicklung kapitalistischer Produktionsverhältnisse in England und in Frankreich fand ihren zugespitztesten Ausdruck darin, daß der etwa 60 Jahre währende Prozeß der industriellen Revolution in England (1760—1830) *rund 30 Jahre früher begann als in Frankreich* (1789—1848) und dies zu einer Zeit eines bereits ansehnlichen internationalen Handels.[16] Frankreich führte — noch im Jahr 1825, vor Aufhebung des englischen Verbots — Spinn-, Web- und andere Maschinen sowie Facharbeiter aus England ein und holte nur allmählich seinen Rückstand auf.

Rund 100000 mechanischen Webstühlen in England im Jahr 1833 standen in Frankreich 1834 nur 5000 mechanische Webstühle gegenüber.[17]

1850 hatte Frankreich erst das englische Niveau von 1830 erreicht. Auch 1870 blieb es noch um 20 Jahre hinter England zurück.

[14] W. H. B. Court, A concise economic history of Britain from 1750 to recent times, a. a. O., S. 44/45.

[15] Vgl. Weltgeschichte in 10 Bänden, Bd. 5, a. a. O., S. 17.

[16] Vgl. J. Kuczynski, Industrielle Revolution, in: Studien zur Geschichte des Kapitals, Berlin 1956, S. 21.

[17] Ebenda, S. 12; H. Sèe, Französische Wirtschaftsgeschichte, a. a. O., S. 192.

Bestand an Dampfmaschinen (in 1000 PS)[18]

	Frankreich	England	Verhältnis
1840	90	620	1:7
1850	370	1290	1:3,5
1860	1120	2450	1:2
1870	1850	4040	1:2

Rolle der Bauern

Die Lösung der *Bauernfrage* bestimmt den besonderen Charakter dieser oder jener bürgerlichen Revolution.[19] Am Ausgang des Mittelalters verband sich in England die Landwirtschaft immer mehr mit einem für einen Lokalmarkt betriebenen häuslichen Handwerk. Der Unterschied zwischen Stadt und Land verwischte sich allmählich. Dörfer mit isolierten Eisenwerken oder kleinen Kohlengruben neben Dörfern mit einer von Heimarbeitern für Aufkäufer betriebenen Textilindustrie bestimmten das Bild der sich im 16. und 17. Jahrhundert in England entwickelten Industrie.[20] Noch am Ende des 17. Jahrhunderts war England ein Agrarland. Rund drei Viertel der 5,5 Millionen zählenden Bevölkerung lebte auf dem Lande.[21]

Die von den Landlords betriebenen Einhegungen, der Raub des Bauernlandes und des bäuerlichen Gemeindebesitzes (Wälder, Moore, Weiden) beschleunigte die Entwicklung der zerstreuten Manufakturen, die Auflösung der Zünfte und die Entstehung einer kapitalistischen Landwirtschaft. Die auf dem Land betriebene ursprüngliche Akkumulation verschaffte den aus feudalen Grundeigentümern in Unternehmer verwandelten Landlords nicht nur ausgedehnte Schafweiden, sondern auch um Boden und Besitz gebrachte Lohnarbeiter. Darüber hinaus führte sie zur Kapitalbildung.

Anfang des 17. Jahrhunderts waren zwei Fünftel der Bauern freeholders (Bodeneigentümer) und drei Fünftel copyholders. Die meisten von ihnen hatten kein Erbrecht, aber ein verbrieftes Recht, gegen Zahlung einer feststehenden Feudalrente 21 Jahre auf dem Boden zu verbleiben. Diese Rente betrug Ende des 16. Jahrhunderts unter einem Schilling und um die Mitte des 17. Jahrhunderts etwa 5 bis 6 Schilling pro acre. Die sich in bürgerliche Grundeigentümer ver-

18 J. Kuczynski, Studien zur Geschichte des Kapitals, a. a. O., S. 83.

19 Vgl. W. Markov/A. Soboul, Die Große Revolution der Franzosen, Berlin 1973, S. 32: „Die Landwirtschaft war die Grundfrage des französischen Wirtschaftslebens; dabei bestimmte die Bankenfrage ganz wesentlich den Verlauf der gesellschaftlichen Umwälzung."

20 Vgl. W. H. B. Court, A concise economic history of Britain from 1750 to recent times, a. a. O., S. 44.

21 Vgl. Weltgeschichte in 10 Bänden, Bd. 5, a. a. O., S. 17.

wandelnden Landlords führten zahlreiche Geldleistungen ein (Abgabe bei Tod eines Familienmitgliedes, Mahl-, Weide-, Waldnutzungszins, Zahlung eines Betrages bei der Bodenübertragung vom Vater auf den Sohn, Gerichtsstrafen usw.) und erschlossen sich so kleine und größere Quellen der ländlichen ursprünglichen Akkumulation.[22]

Der größere Teil der ansässigen Bauern wurde durch unmittelbare Gewaltausübung oder ökonomischen Druck vom Boden vertrieben, und nur eine kleine Zahl der frei über ihr Land verfügenden Bauern (freeholders), sowie der copy- und späteren leaseholders oder Inhaber eines kündbaren Besitzrechts (gegen Zahlung eines marktabhängigen variierenden Zinses), das heißt von Pächtern, konnte sich auf ihrem Stück Boden behaupten. So vollzog sich eine große Differenzierung vor allem unter den copyholders. Wenige wurden zu freien Landeigentümern; die meisten waren jetzt landlose oder landarme Bauern und waren auf Pacht oder Teilpacht angewiesen; viele wurden früher oder später ins Proletariat gestoßen. Sie traten in die Fußstapfen des landlosen Kötters, der Hauptfigur der von den sogenannten Diggers und den Levellers angeführten Bauernaufstände im 16. und Anfang des 17. Jahrhunderts. Ende des 16. Jahrhunderts waren die copyholders in England verschwunden.

Auch im ursprünglichen feudalen Adel waren Veränderungen eingetreten. Der Kreis des Hochadels war durch den Übergang der jüngeren Söhne in den niederen Adel sehr klein gehalten worden. Viele Angehörige dieser Gentry bereicherten sich als Grundeigentümer durch die feudale Bodenbelastung wie durch die bürgerliche Grundrente in Gestalt von Pachtzinsen. Der Pächter wurde zum Träger der kapitalistischen Entwicklung in der Landwirtschaft, und ländliche Grundeigentümer der Gentry verwandelten sich in Inhaber von Profit verschaffenden gewerblichen Unternehmen. „So wurden die Ritter des Degens zu Profitrittern."[23] Hingegen verarmte der alte nur feudal ausbeutende Adel des Königs, die Peers.

In den 80 Jahren vor der Revolution (von 1561 bis 1640) verlor der König drei Viertel, der Hochadel die Hälfte seines Grund und Bodens, während die Gentry schon in dieser Zeit ihr verbürgerlichtes Grundeigentum um ein Fünftel erhöhen konnte.[24] An Luxus gewöhnt, suchten König und alter Adel ihre Lebensführung durch Erschließung immer neuer Geldquellen aufrechtzuerhalten, der König durch Steuern, seine Peers durch königliche Geld- und Landzuwendungen; der König verschuldete den Staat durch Anleihen, die Peers sich selbst durch unbeglichene Rechnungen, Zins- und Amortisationsschulden aufgenommener Kredite usw.

Auch in der jungen Bourgeoisie bestanden unterschiedliche Interessen. Die Mehrheit dieser neuen Klasse bestand aus mittleren Kaufleuten, erfolgreich

[22] Vgl. ebenda, S. 20.

[23] Ebenda, S. 23.

[24] Vgl. ebenda.

selbständig arbeitenden Zunftmeistern, Vorgängern von Manufaktur-Industriellen. Diese bürgerlichen Kräfte kämpften gegen die feudalabsolutistische Monarchie und konnten sich mit der Mehrheit des Adels, der Gentry, verbünden. Es gab aber auch nicht wenige Angehörige der Bourgeoisie, die als Pächter staatlicher Ämter, Geldverleiher, Inhaber königlicher Monopole und Patente sowie als Teilhaber privilegierter Handelskompanien mit König und Feudaladel verbunden waren.

So waren die feudalen Klassengruppierungen in starke Bewegung geraten, ergaben sich verhältnismäßig fließende Klassengrenzen und vollzog sich der Übergang zwischen einem Stand zum anderen im vorrevolutionären England viel leichter als am Vorabend der Revolution in Frankreich mit seiner feudal verknöcherten Gesellschaftsstruktur.[25]

In England war durch die Auflösung der feudalen Bauernklasse bereits eine Bourgeoisie entstanden. „Die französische Bourgeoisie" — so Karl Marx — „begann mit der Befreiung der Bauern. Mit den Bauern eroberte sie Europa."[26] Diese Entwicklung setzte erst mit der Revolution und durch die Revolution ein.

Anders als in England, wo die alte ökonomische Struktur bereits im 16. Jahrhundert zu bröckeln begann, erhielt sich das erstarrte Feudalregime in Frankreich bis zum Ende des 18. Jahrhunderts. Weder die Jacquerie noch andere Bauernrevolten hatten etwas an der feudalen Abhängigkeit und unerträglichen Belastung der Bauern durch Fronarbeit, Natural- und später Geldabgaben ändern können. Mit der Verkündung des allgemeinen Grundsatzes der Aufhebung der persönlichen Unfreiheit durch Abschaffung der seigneurialen Rechte hatte die Konstituante am 4. August 1789 mit einem Federstrich jahrhundertelang gültige Beziehungen der Knechtschaft aus der Welt schaffen wollen, aber noch tobte ein hartnäckiger Kampf zwischen Bauern und Feudaladel um die praktische Verwirklichung der Agrarrevolution.

Das Dekret vom 15. März 1790 erklärte die Ablösung der Grundlasten für fakultativ. Zudem wurde angeordnet, daß nicht nur der Grundzins, sondern auch die Besitzänderungsabgaben und die sogenannten droits casuels (feudale Einzelabgaben) ablösungspflichtig seien. Einerseits wurde dadurch die Ablösungssumme so hoch, daß viele Bauern sie nicht aufbringen konnten, andererseits wurden durch die Unterscheidung von entschädigungslos abzuschaffenden und ablösungspflichtigen Feudalrechten die Befreiung der Bauern durch spitzfindige juristische Klauseln erschwert. Die Bauern wehrten sich, verweigerten die Zahlung und setzten durch Brandschatzungen von Schlössern und andere Verzweiflungstaten Warnzeichen. Die gesetzgebende Versammlung verurteilte die Durchführungsdekrete von 1790 und forderte Maßnahmen zur echten Auf-

[25] Vgl. ebenda.

[26] K. Marx, Die Bourgeoisie und die Konterrevolution, in: MEW, Bd. 6, Berlin 1961, S. 121.

hebung der „Überreste der Sklaverei, die das Eigentumsrecht bedrücken“[27]. Das Dekret vom 18. Juni 1792 hob die „droits casuels“ entschädigungslos auf und erklärte ihre Geldablösung nur auf Grund von Verleihungsurkunden seitens der Grundbesitzer für zulässig. Ein kurz darauf angenommenes Dekret bezog alle jährlichen Leistungen ein. Die Bauern wehrten sich gegen eine Willkür, die ihre persönliche Lage von der zufälligen Vernichtung oder Erhaltung von Urkunden abhängig machte. Mit Dekret vom 17. Juli 1793 wurden alle Prozesse eingestellt, konnten alle Urkunden vernichtet werden und am 21. September 1792 wurden sämtliche Feudalrechte aufgehoben. Drei Jahre waren nach der „Nacht vom 4. August“ bis zur rechtlichen Aufhebung der Feudalverfassung vergangen.

Die Bauern wurden zur Eigentümern des von ihren Familien seit Urgedenken bearbeiteten Bodens. Auch die 1669 durch die Feudaladligen geraubten Gemeindeländereien wurden an die Gemeinden zurückgegeben. Die beschlagnahmten ehemaligen Feudalgüter von Kirche und Adel (1/5 bis 1/4 der Gesamtbodenfläche) sollten ursprünglich vorzugsweise an die große Masse der kleinen Bauern durch auf 12 Jahre verteilte Ratenzahlungen verkauft werden (Dekret von 1790). Tatsächlich ging ein wesentlicher Teil dieses Bodens an Kaufleute, Handwerker und andere bürgerliche Gruppen; sie konnten die ganze Summe sofort zahlen und profitierten vom später erlassenen Verbot der Parzellierung von Großpachten und Meiereien. 17600 Bauern erwarben (kurzfristigen Wiederverkauf einbezogen) die Hälfte des Nationalgüterbodens und 5500 Bürger die andere Hälfte.[28]

Die später zurückkehrenden adligen Emigranten erhielten eine Staatsentschädigung in Höhe von einer Milliarde Francs; sie verhalf ihnen dazu, bürgerliche Grundeigentümer oder Unternehmer zu werden. Unter der Restaurationsregierung setzten Bestrebungen der Refeudalisierung ein; der Kampf der Bauern flammte wieder auf.

Konstellation der Klassenkräfte

Was die Lösung der Bauernfrage in England und Frankreich unterscheidet, war nicht allein ein Zeitgefälle von 150 Jahren, sondern auch der zur Lösung beschrittene Weg. Im 15. und 16. Jahrhundert waren die Bauern in England eine ständische Klasse; wie für jeden Stand war für sie eine besondere Rechtsstellung im Feudalstaat festgelegt. In der Verwandlung der copyholders in leaseholders kam zum Ausdruck, daß diese ständische Klasse wie die ganze Feudalordnung in Bewegung geriet, sich zu wandeln begann. Die Bauern wurden zu einer Übergangsklasse.[29] Ein kleiner Teil sowohl von freeholders wie von ehemaligen

[27] J. Kulischer, Allgemeine Wirtschaftsgeschichte des Mittelalters und der Neuzeit, Bd. 2, Berlin 1954, S. 429.

[28] Vgl. ebenda, S. 433.

[29] Vgl. W. I. Lenin, Das Agrarprogramm der russischen Sozialdemokratie, in: Werke, Bd. 6, Berlin 1956, S. 103.

copyholders und späteren leaseholders entwickelte sich — wie bereits erwähnt — im Prozeß der Differenzierung kleiner Warenproduzenten zu bürgerlichen Grundeigentümern sowie zu kapitalistischen ländlichen und gewerblichen Unternehmern. Sie gingen in der im Entstehen begriffenen Bourgeoisie auf. Der größere Teil aber wurde — auch als Folge der Differenzierung und nicht nur von Maßnahmen der ursprünglichen Akkumulation — vom Boden und anderen Produktionsmitteln „befreit". So *bedeutete die „Bauernbefreiung" in England für die Masse ihre „Freisetzung" als Eigentümer und ihre Verwandlung in Proletarier.*

In Frankreich mit seiner erstarrten Klassenstruktur blieben die Bauern bis zur Revolution eine feudal-ständische Klasse, wenn diese auch durch die manufakturielle Heimarbeit der Bauernfamilien schon zersetzt, durch die Produktion für den Markt und die Entrichtung der feudalen Geldrente schon untergraben war. Die Revolution veränderte die Klassenlage der Bauern mit einem Schlag. *Aus feudal abhängigen Bauern wurden in Frankreich Bauern auf eigenem Land*; eine große Bauernklasse entstand, die nunmehr sich in reich und arm zu differenzieren und zu polarisieren begann. Als Übergangsklasse bildete sie das Reservoir der sich herausbildenden Hauptklassen der kapitalistischen Gesellschaft. Die Bauernschaft in Frankreich wurde erst jetzt zur Zwischenklasse, zur Übergangsklasse.[30] Das hatte, wie Engels 1843 schrieb, zur Folge, „daß zu derselben Zeit, wo in Frankreich der große Grundbesitz gewaltsam parzelliert wurde, in England die Parzellen von dem großen Grundbesitz attrahiert und verschlungen wurden. Neben den Yeomen (freeholders) standen kleine Pächter, die gewöhnlich außer ihrem Landbau noch Weberei betrieben; auch sie sind im heutigen England nicht mehr zu finden; fast alles Land ist jetzt in wenige und große Güter geteilt und so verpachtet. Die Konkurrenz der großen Pächter schlug die kleinen Pächter und Yeomen aus dem Markt und verarmte sie; sie wurden Ackerbautagelöhner und vom Arbeitslohn abhängige Weber und lieferten die Massen, von deren Zufluß die Städte mit so wunderbarer Schnelligkeit zunahmen."[31]

Honoré de Balzac, der große Romancier Frankreichs, schilderte die Zäsur, welche die Revolution in Status und Bewußtsein der Bauern bewirkte: „Historisch befinden sich die Bauern noch am Tag nach der Jacquerie; ihre Niederlage hat tiefe Spuren in ihrem Gehirn hinterlassen. Dieser Gedanke der Niederlage lebt im Blute der Bauern wie der Gedanke der Überlegenheit einst im Blute des Adels. Die Bauern haben vom Boden, den das Feudalgesetz ihnen tausendzweihundert Jahre lang versagte, Besitz ergriffen. Daher rührt ihre Liebe zur Erde, und sie teilen sie unter sich so sehr auf, daß sie eine Ackerfurche in zwei Teile schneiden, was oft die Steuererhebung hinfällig macht, weil der Bodenwert nicht ausreichen würde, die Kosten der Zwangsbetreibung der Steuern zu decken . . . Die Wurzel dieser Liebe reicht tief ins Herz des Volkes und heftet sich ungestüm

[30] Vgl. W. Küttler, Zur Anwendung des marxistisch-leninistischen Klassenbegriffs auf das mittelalterliche Stadtbürgertum, in: Zeitschrift für Geschichtswissenschaft, 6/1974, S. 608, 614.

[31] F. Engels, Die Lage Englands, in: MEW, Bd. 1, Berlin 1956, S. 558.

an die Person Napoleons. In den Augen des Volkes lebt Napoleon, mit dem Volk durch seine Million Soldaten fest vereinigt, als aus dem Schoß der Revolution hervorgegangener König, als der Mann, der ihm den Besitz der Nationalgüter sicherte."[32]

Der durch die Revolution zum Eigentümer gemachte kleine und mittlere Bauer kennzeichnet bis heute die Klassenstruktur der französischen Gesellschaft. Diese Entwicklung hat auch in Frankreich zu einer besonders starken und noch bis in die zwanziger Jahre des 19. Jahrhunderts andauernden Verbindung der aufkommenden Industriebourgeoisie mit den Massen der Bauern, städtischen Handwerkern und vorproletarischen Elementen geführt. Weitere Revolutionen waren nötig, um den Kern der Bourgeoisie, die Industriellen, zu einer mitregierenden politischen Kraft zu machen und alle Überreste oder neu belebten Feudalkräfte zu beseitigen.

In England war die bürgerliche Revolution mit der erfolgreichen Revolution von 1640, den Kämpfen um die Sicherung des Errungenen und dem deklarativen Schlußakt von 1688 abgeschlossen. „... das Rätsel des konservativen Charakters der englischen Revolution . . . ist die fortwährende Allianz, worin sich die Bourgeoisie mit dem größten Teil der großen Grundbesitzer befindet, eine Allianz, welche die englische Bourgeoisie wesentlich von der französischen unterscheidet, die den großen Grundbesitz durch die Parzellierung vernichtete. Diese mit der Bourgeoisie verbundene Klasse großer Grundbesitzer, die übrigens schon unter Heinrich VIII. entstanden war, befand sich nicht, wie der französische feudale Grundbesitz 1789, im Widerspruch, sondern vielmehr in vollständigem Einklang mit den Lebensbedingungen der Bourgeoisie. Ihr Grundbesitz war in der Tat kein feudales, sondern bürgerliches Eigentum. Sie stellten einerseits der industriellen Bourgeoisie die zum Betrieb der Manufaktur nötige Bevölkerung zur Verfügung und waren andererseits imstande, dem Ackerbau diejenige Entwicklung zu geben, die dem Stande der Industrie und des Handels entsprach. Daher ihre gemeinsamen Interessen mit der Bourgeoisie, daher ihre Allianz mit ihr."[33]

Im weiteren Verlauf nahm die Entwicklung kapitalistischer Produktionsverhältnisse einen unerhörten Aufschwung. Auch der verarmende Hochadel ließ sich immer mehr in den Kreislauf des in Geld verwandelten Kapitals hineinziehen und verbürgerlichte durch den Austausch von Land und Geld, von wohlklingenden Adelsnamen und -titeln und bürgerlichem Familienvermögen im Zuge neu geknüpfter geschäftlicher Verbindungen und familiärer Bindungen. Angehörige alter und neuer Ausbeutungsklasse standen gemeinsam im Kampf gegen geschröpfte und ruinierte Bauern, gegen verarmte Handwerker und Tagelöhner.

[32] H. de Balzac, Les Paysans, Kapitel V, zit. in: R. Remond, La Vie politique en France depuis 1789, Bd. 1, Paris 1965, S. 405.

[33] K. Marx/F. Engels, Rezensionen aus der „Neuen Rheinischen Zeitung. Politisch-ökonomische Revue", in: MEW, Bd. 7, a. a. O., S. 210, 211.

Rolle der Plebejer

Träger der bürgerlichen Revolution ist immer die Bourgeoisie, aber die *Teilnahme der Volksmassen* an den Kämpfen der bürgerlichen Revolution ist unabdingbar, damit sie über die alte Feudalordnung siegen kann. Marx und Engels wiesen wiederholt darauf hin, daß es „eines der Entwicklungsgesetze der bürgerlichen Gesellschaft" sei, daß „die Revolution bedeutend über das Ziel hinausgeführt" werden müsse, „damit selbst nur diejenigen Siegesfrüchte vom Bürgertum eingeheimst wurden, die damals erntereif waren . . ."[34] Für dieses Übermaß an revolutionärer Aktivität sorgten in England die revolutionären Bauern, die allen gleiche Staatsrechte — unbeschadet der Größe ihres Eigentums — verschaffen wollten (die Levellers oder Gleichmacher) und die darüber hinausgehenden bäuerlich-plebejischen Kräfte (die Diggers oder Grabenden), die soziale Gleichheit erkämpfen wollten und brachliegende Ländereien unter den Pflug nahmen. In Frankreich kämpften die kleinbürgerlich-vorproletarischen Massen für soziale Maßnahmen, die der Spekulationswut der Getreidehändler und der dadurch verursachten Hungersnot ein Ende setzen wollten; sie fanden in Robespierre und dem von ihm geleiteten „Wohlfahrtsausschuß" 1793/94 einen Vollstrecker dieser sozialen Mission.

Diese Teilnahme von plebejischen Kräften, deren reale Bedingungen der Emanzipation wesentlich verschieden sind von denen der Bourgeoisie, deren Zielvorstellungen im Ansatz über die begrenzten Ideale der Bourgeoisie hinausweisen, ist deshalb unerläßlich, weil die zur Macht drängende Bourgeoisie eine potentielle Ausbeuterklasse ist und zum Kampf gegen und zum Sieg über die alte überlebte feudale Ausbeuterklasse einer sie vorwärtstreibenden Kraft bedarf. Die Volksbewegung ist nicht nur das große Kräftereservoir der Bourgeoisie, das die „Armee zum Schlagen" stellt; durch den Druck der Volksmassen wird die Bourgeoisie manchmal sogar in die Revolution hineingezwungen.

Die Volksbewegung ist eine nicht wegzudenkende Triebkraft der bürgerlichen Revolution.

Die Siegesfrüchte heimst indes die Bourgeoisie ein, denn die Kampfziele der Volksbewegung liegen bereits jenseits der bürgerlichen Klassenschranken, enthalten die Forderung nach Aufhebung von Ausbeutung und Unterdrückung und weisen über die beginnende Epoche hinaus. Die „äußerste Linke" der bürgerlichen Revolution tritt mit dem Postulat des Noch-nicht-Möglichen als Garant des Schon-Möglichen auf und antizipiert künftige Klassenfronten.[35]

In *England* sicherte die herangewachsene Bourgeoisie sich in langen parlamentarischen Auseinandersetzungen um die Gesetzgebung das von ihr erstrebte bürgerliche Eigentum. Mit den Mitteln des Rechts wurde die bereits 1646 vom

[34] F. Engels, Die Entwicklung des Sozialismus von der Utopie zur Wissenschaft. Einleitung zur englischen Ausgabe, in: MEW, Bd. 22, Berlin 1963, S. 301, 307.

[35] Vgl. W. Markov/M. Kossock, Vergleichende Revolutionsgeschichte der Neuzeit: Forschungsprobleme und Kontroversen, in: Zeitschrift für Geschichtswissenschaft, 1/1978, S. 27.

Langen Parlament erlassene Akte über die Aufhebung der Ritterlehen schließlich im gesellschaftlichen Leben gegen Widerstände aller Art durchgesetzt und das bürgerliche Eigentum im Einvernehmen mit den später entschädigten enteigneten ehemaligen Feudaleigentümern abgesichert. Die aufständischen Landarmen und landlosen Bauern gingen leer aus: sie wurden verfolgt, ihr geringer Besitz vernichtet, sie selbst vom Land vertrieben. Das war das Ende des von dem Führer der Diggers, G. Winstanley, 1652 geforderten „law of freedom". Freiheit den Eigentümern, Ausbeutung und Unterdrückung den Arbeitenden — so das Rechtsgesetz. Es bekräftigte das ökonomische Gesetz, nach dem die Bourgeoisie angetreten war und die Früchte des Kampfes der Volksmassen für sich einheimste.

Eine wesentliche Besonderheit der englischen bürgerlichen Revolution lag darin, daß das Organ der Revolution in ihrer ersten Etappe das Parlament war, ein Parlament, das die Interessen der Bourgeoisie und des neuen Adels im kompromißlerischen Kampf gegen den alten Adel und die Kirche durchsetzte. Diese Auseinandersetzung erfolgte im Alltag und auf den Bänken des Parlaments; sie lag auf ökonomisch-rechtlicher Ebene. In England wurde die Volksbewegung niedergeschlagen; der Antagonismus der Hauptklassen der bürgerlichen Gesellschaft brach sich jedoch allmählich Bahn, die sozialen Gegensätze traten immer schroffer hervor und führten zu ökonomischen Kämpfen der Lohnarbeiter und zur Entstehung einer organisierten Arbeiterbewegung, der in den dreißiger Jahren des 19. Jahrhunderts begründeten Chartistenbewegung.

In *Frankreich*, wo die Revolution die festgefügte Bastille des Ancien Régimes zu erstürmen und niederzureißen hatte, wo die Revolution ideologisch durch ein Jahrhundert der Aufklärung vorbereitet worden war, wo die revolutionären Klubs der verschiedenen politischen Richtungen wichtige Organe der Revolution waren, kurz, *wo der politische Kampf um Ideen, Ideale und Verwirklichungen auf das heftigste tobte, dort hatte die Volksbewegung ihre historische Aufgabe in weit höherem Maße wahrnehmen können als im ökonomisch bereits vor der Revolution in Bewegung geratenen England.* So standen in Frankreich die plebejischen politischen und sozialen Losungen und Kämpfe stark im Vordergrund und wurden soziale Forderungen zur Bekämpfung von Hunger und Arbeitslosigkeit, wenn auch nur ansatzweise, durchgesetzt wie das „Maximum" (des Getreidepreises), die Arbeitsbeschaffung durch die Errichtung von Arbeitsateliers 1793 und von Nationalwerkstätten 1848.

Die zwischen England und Frankreich aufgezeigten Unterschiede im Reifestadium der sozialökonomischen Entwicklung, in der Herauslösung der Bauern aus feudaler Fessel und der Entstehung der Klassen der kapitalistischen Gesellschaft sowie hinsichtlich der Rolle der Volkskräfte in der bürgerlichen Revolution machen verständlich, daß sich diese Entwicklungen und die sie widerspiegelnden Ideenströmungen nach Inhalt und Form unterscheiden. Einige Aspekte des ideologischen Reflexes des gesellschaftlichen Umwälzungsprozesses werden im nächsten Kapitel beleuchtet.

KAPITEL 4

Widerspiegelung der sozialökonomischen und politischen Entwicklung in England und Frankreich in den Lehren englischer und französischer Ökonomen

Während die Bourgeoisie in den beiden hier betrachteten Revolutionen ihren Hegemonieanspruch durchzusetzen hatte, war der Grad ihrer Konstitution als sozialökonomische Klasse sehr unterschiedlich. Die frühe Herausbildung der Warenproduktion und Hervorbringung kapitalistischer Produktionsverhältnisse ließen England zum klassischen Land des Kapitalismus werden.

Als allseitig ausgeprägte theoretisch-ideologische, politische und ökonomische Revolution, als globaler gesellschaftlicher Umwälzungsprozeß hat die Französische Revolution sich die Beifügung „klassisch" erworben. Sie wurde zur Leitrevolution für alle anderen bürgerlichen Revolutionen des europäischen Kontinents und darüber hinaus. Die Französische Revolution von 1789 bis 1795 hat einen historischen Stellenwert als Höhe- und Wendepunkt in der Geschichte der bürgerlichen Revolutionen, denn die nun folgenden bürgerlichen Revolutionen begannen ihren Zyklus, als die Bourgeoisie bereits um ihre Herrschaft als neue Ausbeuterklasse angesichts des selbständig kämpfenden Proletariats bangte, teilweise sogar, bevor sie noch die politische Macht erobert hatte. Sie wurde zum schwachen Hegemon der bürgerlichen Revolution und vorzeitig kompromißbereiten Partner der historisch abtretenden Feudalklasse (Deutschland) oder überließ die Funktion des Hegemons dem heranwachsenden Proletariat (Rußland).

Obwohl die Ablösung des Feudalismus durch den Kapitalismus welthistorischen Charakter hatte, trägt sowohl die Entstehung wie auch die Entwicklung des Kapitalismus in den einzelnen Ländern starke, wenn auch sich immer mehr abschwächende nationale Züge. Die Tatsache, daß Marx von England als *klassischem* Land des Kapitalismus in seiner Entstehungszeit und von der Revolution von 1789 in Frankreich als *klassischer* bürgerlicher Revolution sprach, zeugt von der Anerkennung des spezifisch Nationalen innerhalb einer ihrem Wesen nach internationalen Entwicklung. Denn der Kapitalismus hat, von England in seinem Siegeszug ausgehend, ihn in Frankreich krönend, einem universellen gesellschaftlichen Entwicklungsgesetz folgend, sich zu einem Weltsystem entwickelt.

Der sozialökonomischen und politischen Entwicklung entspricht eine ideologische Entwicklung, die in England und Frankreich gemeinsame, aber auch besondere Züge aufweist. Wir beschränken uns hierbei auf politische Ökonomie und utopischen Sozialismus und möchten dabei die besondere Relevanz der Entwicklung für die Herausbildung der ökonomischen Lehre von Marx nachweisen.

Marx und Engels knüpften an „drei geistige Hauptströmungen des 19. Jahrhunderts in den drei fortgeschrittensten Ländern der Menschheit" (Lenin) an. Das vor allem von England, Frankreich und Deutschland eingebrachte, von Marx und Engels einer kritischen Sichtung unterzogene Gedankengut wurde Bestandteil einer internationalen Gesamttheorie von Natur und Gesellschaft, einer Anschauung der Welt als materiell, einheitlich, erkennbar und gesellschaftlicher Umwälzung zugänglich.

Die drei theoretischen Quellen des Marxismus enthalten die vorgenannten Elemente. Gemeinsam ist ihnen, die Welt als einheitlich anzusehen, aber es ist noch die undifferenzierte Einheitlichkeit einer als Natur begriffenen Welt, in der alles Gesellschaftliche als bloß Natürliches angesehen wird. Erst die Dimension des Historischen, die in der klassischen bürgerlichen Philosophie und im utopischen Sozialismus entwickelt wird, macht die Differenzierung von Natur und Gesellschaft möglich. Ihr steht in den beiden, das historische Prinzip entwickelnden Geistesrichtungen aber deren Selbstverständnis als Entwicklung des Geistes, deren Idealismus (trotz materialistischer Ansätze im utopischen Sozialismus) entgegen. Die materialistisch orientierte politische Ökonomie ist noch in der Tradition des englischen und französischen *mechanistischen* Materialismus befangen, da sie in ihrem Naturalismus der Dialektik, dem Begreifen der historischen Bewegung gesellschaftlicher Beziehungen, fernsteht. Der vormarxistische Materialismus ist undialektisch, die vormarxsche Dialektik idealistisch. Erst durch die Vereinigung des dialektischen und historischen Materialismus wird eine neue Qualität im Verständnis der Einheitlichkeit der Welt, ihrer Erkennbarkeit und ihrer Beherrschung und Veränderung durch die Menschen erreicht. Auf die Bedeutung der hier behandelten theoretischen Quellen des Marxismus ist bei der vergleichenden Behandlung der Kategorien Fortschritt und Gesetz zurückzukommen.

Die Französische Revolution wurde, wie wir sahen, durch das Zeitalter der Aufklärung, durch atheistische Ideen von Recht und Moral, Politik und Erziehung vorbereitet; sie war die Kampfansage der Volksmassen gegen das Gottesgnadentum der Könige und gegen eine angeblich von Gott offenbarte Weisheit. Sie setzte göttlichen Rechten und göttlicher Machtvollkommenheit die Menschenrechte und die Souveränität des Volkes entgegen.

„Eine der wichtigsten Besonderheiten der englischen Revolution bestand gerade darin, daß ihre ideologische Vorbereitung, die ‚Aufklärung' der Volksmassen — der Armee der kommenden Revolution —, nicht durch rationalistisch begründete politische und moralphilosophische Lehren, sondern durch die Gegenüberstellung der Religionslehren, der Riten sowie der alten und neuen kirchlichen Organisationsprinzipien erfolgte."[1] So wurde die anglikanische elisabethanische

[1] Weltgeschichte in 10 Bänden, Bd. 5, Berlin 1966, S. 26.

Staatskirche der absolutistischen Monarchie von den zumeist kalvinistischen Puritanern befehdet. Sie traten politisch als Presbyterianer (gemäßigt) oder Independente (radikal) in Wahrnehmung bürgerlicher Interessen auf. Als independentistische Republik unter dem Protektor Oliver Cromwells, in offene Militärdiktatur übergehend, als erneuertes Königtum, als konstitutionelle und als restaurierte Stuart-Monarchie und Wiedereinführung der englischen Staatskirche durch die zuvor mit dem Katholizismus eng verbundene Herrschaftsfamilie — immer verflochten sich Politik und Religion, traten ökonomische Interessen religiös verkleidet auf. Die reformierte Religion, die die Verantwortung des Individuums vor Gott deklarierte, pries Habgier und Geiz als Tugenden; sie würden der Nation zu Reichtum verhelfen. „Den Handel und die gewerbliche Tätigkeit betrachteten die kalvinistischen Puritaner als göttliche ‚Berufung' und die Bereicherung selbst als ein Zeichen besonderer ‚Auserwähltheit' und als Offenbarung göttlicher Gnade."[2] Das reformierte Christentum, ob in kalvinistischer oder lutheranischer Gestalt, war die Ideologie des sich herausbildenden Kapitalismus, insbesondere in seiner Vorbereitungsphase, der Periode der ursprünglichen Akkumulation. Der Erfolg des geschäftstüchtigen, kein Erbarmen kennenden Kaufmanns wurde als der Lohn für gute Werke erachtet. Der einzelne wurde aus der festen Bindung an Boden und Herrn, an eine hierarchisch gegliederte Kirche herausgelöst und auf sich selbst gestellt. Damit wurden alle ideologischen Hemmnisse beiseite geschafft, die der in alle Sprachen übertragenen Losung: Enrichissez-vous! — Bereichert Euch! — entgegenstanden.

So entstand auf englischem Boden aus dem als Religionskämpfe zwischen Protestanten und Katholiken geführten ideologischen Kampf von aufsteigender Bourgeoisie und sich zersetzender und wandelnder Grundeigentümerklasse der ökonomische und politische Liberalismus. So wurde die Niederlage der auf soziale Gesetzgebung und Verwaltung, auf Hilfe und Förderung angewiesenen Volksmassen durch eine ihren Interessen zutiefst feindliche Ideologie besiegelt. Politisch entstand ein Zweiparteiensystem, ein System der Machtteilung und des Regierungswechsels von konservativen Torys und liberalen Whigs, das heißt von verbürgerlichtem Adel und der mit dem neuen Adel durchsetzten Bourgeoisie.

Aus dieser Entwicklung des Kapitalismus, in der ökonomische und politische Prozesse sich besonders stark mit moralisch-religiösen und rechtlichen Aspekten verbanden, war die klassische bürgerliche Ökonomie hervorgegangen, deren Begründer in England Sir William Petty (1623—1687) war, und die ihren Zenit mit den Hauptwerken Adam Smith' und Ricardos erreichte.

Die bereits im 16. Jahrhundert einsetzende, kontinuierlich fortschreitende Entwicklung des Kapitalismus in England brachte die für die Bourgeoisie überhaupt erreichbare Widerspiegelung der ökonomischen Gesetze. Als die Bourgeoisie ihre historische Erkenntnisschranke um 1830 erreicht hatte und sich aus einer fort-

[2] Ebenda, S. 27.

schrittlichen in eine konservative und reaktionäre Klasse zu verwandeln begann, war die französische Bourgeoisie in ihrer politischen und vor allem in der Herausbildung der ihr eigenen Wirtschaftsordnung erst soweit gelangt, daß sie die politischen Interessen der Industrie- und kapitalistischen Handelsbourgeoisie institutionell zu sichern vermochte. Der französische Bankier Jacques Laffitte von der Bank Perregaux — sie hatte auch im bewegten Leben Saint-Simons eine Rolle gespielt — ließ in den Julirevolutionstagen von 1830 den Herzog von Orléans im Triumph auf das Stadthaus geleiten, damit er als der „Bürgerkönig" Louis Philippe das gekrönte Haupt der bürgerlichen Geschäftswelt bilde. Dazu Laffitte: „*Von nun an werden die Bankiers herrschen.*"[3]

Dieser erstmalig in Frankreich politische Macht ausübende Repräsentant des Kapitals war neun Jahre alt, als Adam Smith seine ökonomische Analyse der Quelle des bürgerlichen Reichtums vorlegte; für die Bank, in der er zu Reichtum und Ansehen gelangte, hatte in den Revolutionstagen von 1792/93 auch ein gewisser Claude Henri de Saint-Simon, der sich damals gut bürgerlich Claude Bonhomme nannte, Aufträge für Grundstücksverkäufe aus Nationalgüterbesitz ausgeführt. Und noch Anfang der zwanziger Jahre des neuen Jahrhunderts gehörte der Bankier Laffitte zu den Freunden und Anhängern des sich für die staatliche Förderung der Industrie einsetzenden Schriftstellers und Pamphletisten Saint-Simon.[4] In Frankreich, dessen Produktion sich noch zu Beginn des 19. Jahrhunderts feudaler Fesseln zu entziehen suchte, verlief die Entwicklung anders als in England. Diese Entwicklungsunterschiede spiegeln sich im ökonomischen Denken Englands und Frankreichs wider.

Die englischen Ökonomen waren meist zugleich erfolgreiche Geschäftsleute und wurden, ihre eigenen Erfahrungen und die von anderen im Geschäftsleben gemachten Erfahrungen verallgemeinernd, zu Vertretern der neuen Wissenschaft: der politischen Ökonomie.

Die Direktoren der Ostindischen Companie, Thomas Mun (1571—1641), Sir Joshua Child (1630—1699) und Charles Davenant (1656—1714) begründeten das politökonomische theoretische System des Merkantilismus und bereiteten ebenso wie Edward Misselden in der ersten Hälfte des 17. Jahrhunderts die klassische bürgerliche politische Ökonomie vor. Sir William Petty (1623—1687) war ein abenteuerlicher Ritter der ursprünglichen Akkumulation, indem er die im Krieg gegen Irland geraubten Ländereien als königlicher Landvermesser vermaß und sich selbst zum Großgrundbesitzer machte, bevor die königliche Regierung ihn zum Ritter des sich in die bürgerliche Ära hinüberrettenden Adels schlug. Marx nannte Petty „einen frivolen, plünderungssüchtigen und charakterlosen Aben-

[3] K. Marx, Die Klassenkämpfe in Frankreich 1848 bis 1850, in: MEW, Bd. 7, Berlin 1960, S. 12.

[4] Vgl. C.-H. de Saint-Simon, Ausgewählte Schriften, Berlin 1977, S. LXIII/LXIV.

teurer"[5] und Engels bezeichnete ihn als „einen der genialsten und originellsten ökonomischen Forscher"[6]. Er rühmte seine geniale Denkkühnheit und Meisterschaft.[7]

So universell gebildet wie Petty war auch Adam Smith, Professor der Moralphilosophie in Glasgow; er kannte sich in Recht und Politik und anderen Wissensgebieten hervorragend aus, nahm an der Edinburgher Universität praktische ökonomische Verwaltungsaufgaben wahr und begann aus Langeweile während seiner Hauslehrerzeit bei den Söhnen des Herzogs von Buccleugh in Frankreich 1764 ein Buch zu schreiben, das die junge Wissenschaft der Ökonomie auf ein höheres Niveau hob: The Wealth of Nations. Und schließlich war auch David Ricardo ein sehr erfolgreicher Spekulant und Börsenmakler, der durch seinen Handel mit Staatsanleihen Gewinn aus der Staatsschuld zu schlagen wußte. Dieser geschickte Finanzier, erfolgreiche Geschäftsmann und spätere Großgrundbesitzer, der Reichsten einer, war zugleich der scharfsinnigste und denkkonsequenteste Ökonom, den die bürgerliche Ökonomenschule aufzuweisen hatte.

Aber schließlich entwickelten sich auch im feudalaristokratischen Frankreich eine immer ausgedehntere Warenproduktion und Geldwirtschaft. Sie führten zu einer über ländliche Gebiete verstreuten Manufaktur, indem Aufkäufer und Händler ihr Kapital in produktives Kapital verwandelten, sowie zu einer im Prozeß ursprünglicher Akkumulation aus staatlichen Finanz- und Außenhandelsoperationen erwachsenden königlich-staatlichen Luxusmanufaktur.

Die englischen Merkantilisten und die klassischen Ökonomen von Petty bis Ricardo spiegelten in ihrem Denken die rasche Entwicklung des Kapitalismus in der englischen Landwirtschaft und die Herausbildung bürgerlicher Privatmanufakturen im Mühlen-, Textil-, Metallgewerbe usw. wider. Aus ihnen ging die industrielle Fabrik hervor, die zur Revolutionierung der Produktivkräfte und zur vollen Ausbildung kapitalistischer Produktionsverhältnisse führte, ein Prozeß, der im Werk Ricardos seinen theoretischen Niederschlag fand.

Anders in Frankreich. Die französischen Ökonomen waren keine Geschäftsleute wie fast alle englischen Ökonomen. Sie waren Staatsbeamte in einem zunehmend von Ware und Geld durchdrungenen feudalabsolutistischen Staatswesen und mit Verwaltungs-, Rechts- sowie Finanzaktionen betraut. Pierre Le Pésant de Boisguilbert (1646—1714) war Stadtoberhaupt, Richter und Polizeichef in Rouen. Jean-Baptiste Colbert (1619—1683) war Wirtschafts- und Finanzminister Ludwigs XIV. und entwickelte ein merkantilistisches System,

[5] K. Marx, Zur Kritik der Politischen Ökonomie, in: MEW, Bd. 13, Berlin 1961, S. 40 Anm. 19.

[6] F. Engels, Herrn Eugen Dührings Umwälzung der Wissenschaft (Anti-Dühring), in: MEW, Bd. 20, Berlin 1962, S. 218.

[7] Vgl. K. Marx, Zur Kritik der Politischen Ökonomie, in: MEW, Bd. 13, a. a. O., S. 38/39 Anm.

das zur beschleunigten Akkumulation des Kapitals durch die finanzielle Ausplünderung der Bauern führte. Dieser Ausplünderung und dem Ruin der Landwirtschaft widersetzte sich Boisguilbert und nahm damit die Interessen der ländlichen und gewerblichen Warenproduzenten und der aus ihrer Mitte hervorgehenden kapitalistischen Unternehmer wahr. Schließlich war Anne Robert Jacques Turgot (1727—1781) als fortschrittlicher Minister einer feudal-ständischen Monarchie, der sozusagen das Finanz-, Staatsverwaltungs- und Wirtschaftsressort innehatte, Physiokrat und befürwortete eine der kapitalistischen Produktion förderliche Verteilung des Nationaleinkommens entsprechend dem natürlichen Fluß des Nationalprodukts und der zu ihm beitragenden Vorschüsse an Kapital und Arbeit.

Das ökonomische Denken der englischen Vertreter der neuen Wissenschaft stellte eine theoretische Verallgemeinerung der im Geschäftsleben gewonnenen Erfahrungen dar; es war der Reflex der von ihnen oder anderen getätigten Grundstücksspekulationen oder Kapitalinvestitionen. Mit ihren kritischen Einwendungen suchten sie die Warenproduzenten von der Bedrängung durch die staatliche Steuer-, Zoll-, Geld- und Handelspolitik und staatlich geförderten Kreditwucher usw. zu befreien. Sie richteten ihre Angriffe gegen die Boden und Geld besitzenden, nicht produzierenden, sondern bloß akkumulierenden und spekulierenden Eigentümer.

Die französischen Ökonomen führten ihren Kampf von einer ganz anderen Position aus, nicht als private Geschäftsleute in einem bereits verbürgerlichten Staat, sondern als hochgestellte, besoldete Amtsinhaber eines feudal-absolutistischen Staates, in dem Königtum und Unternehmertum zu einer gewissen Allianz gezwungen waren. Die ganzheitliche Betrachtung gerade der Physiokraten rührt nicht aus privater ökonomischer Aktivität, sondern aus öffentlicher ökonomischer und politischer Tätigkeit. Während es für Pettys ökonomisches Denken nicht entscheidend war, daß er seine abenteuerliche Laufbahn als Arzt und Naturforscher begann, erklärt das Werk Quesnays, wie schon die Bezeichnung seiner Reproduktionslehre und der von ihm begründeten Ökonomenschule als Physiokratie erkennen läßt, sich wissenschafts-geschichtlich aus seiner Sicht als Arzt. Quesnay war als Chirurg und Leibarzt am Hofe Ludwigs XV. tätig. Die ganzheitliche Sicht auf die Physis des Menschen, auf die ihn am Leben erhaltenden Prozesse des Blutkreislaufs und des Stoffwechsels inspirierten Quesnay zur Frage nach dem den ökonomischen Organismus funktionsfähig und gesund erhaltenden Kreislauf. Die Betrachtung der Wirtschaft als Organismus, als bewegtes Ganzes vielfältiger Beziehungen von Elementen, als System also, führten Quesnay zur Problematisierung der volkswirtschaftlichen Reproduktion, das heißt des Austausches naturaler Fonds, der Rolle der verschiedenen Klassen für den volkswirtschaftlichen Stoffwechsel und die für eine harmonische, gleichgewichtige Gesamtbewegung günstigste Einkommensverteilung und Besteuerung. Die im feudal-absolutististischen manufakturiellen Frankreich schwach entwickelten Beziehungen zwischen Kapital und Lohnarbeit konnten von den Physiokraten nur unter feudalem Aushängeschild, also implizit, aber nicht explizit, wie bei Smith und insbesondere bei Ricardo, erörtert werden.

Petty wie Boisguilbert standen am Anfang einer anderthalb Jahrhunderte währenden Untersuchung des Wertes, seiner Genesis und Formwandlungen. Beide steckten erst mit einem Fuß in der Warenproduktion; sie begann sich in der Feudalgesellschaft unter den Bedingungen der ursprünglichen Akkumulation erst zu kapitalistischer Warenproduktion zu entwickeln. Aber Boisguilbert wurde weit stärker vom feudalen Gesicht seines Landes geprägt als Petty in seinem sich ökonomisch stärker kapitalistisch entwickelnden Land. Aber selbst bei ihm ist die Erkenntnis vom Arbeitswert unter einem Wust von monetaristischen und vor allem merkantilistischen Gedankengängen verborgen. Boisguilbert ist nicht nur wie Petty „in den Vorstellungen des Monetarsystems befangen", . . . „im Kontrast zu Petty, kämpft er fanatisch an gegen das Geld, das durch seine Dazwischenkunft das natürliche Gleichgewicht oder die Harmonie des Warenaustausches störe und, ein phantastischer Moloch, allen natürlichen Reichtum zum Opfer verlange"[8]. Aus der Marxschen Untersuchung des historischen Hintergrundes wird der Unterschied zwischen Boisguilbert und Petty deutlich: „Wenn nun einerseits diese Polemik gegen das Geld mit bestimmten historischen Umständen zusammenhängt, indem Boisguillebert die blindzerstörende Goldgier des Hofes eines Ludwig XIV., seiner Finanzpächter und seines Adels befehdet, während Petty in der Goldgier den tatkräftigen Trieb feiert, der ein Volk zur industriellen Entwicklung und zu Eroberung des Weltmarkts stachelt, springt hier jedoch zugleich der tiefere prinzipielle Gegensatz hervor, der sich als beständiger Kontrast zwischen echt englischer und echt französischer Ökonomie wiederholt. Boisguillebert sieht in der Tat nur auf den stofflichen Inhalt des Reichtums, den Gebrauchswert, den Genuß, und betrachtet die bürgerliche Form der Arbeit, die Produktion der Gebrauchswerte als Waren und den Austauschprozeß der Waren als die naturgemäße gesellschaftliche Form, worin die individuelle Arbeit jenen Zweck erreiche. Wo ihm daher der spezifische Charakter des bürgerlichen Reichtums gegenübertritt, wie im Geld, glaubt er an Zwischendrängen usurpierender fremder Elemente und ereifert sich gegen die bürgerliche Arbeit in der einen Form, während er sie zugleich in der andern Form utopistisch verklärt."[9] Und Marx fügt erklärend noch hinzu, daß auch bei Verwechslung der allgemeinen — Waren produzierenden — Arbeit mit der „unmittelbaren natürlichen Tätigkeit der Individuen" die Arbeitszeit als Maß der Wertgröße der Ware dargestellt werden kann. Aber erst mit der begrifflichen Fassung der allgemeinen Arbeit als abstrakte Arbeit und ihrer Konfrontation mit der konkreten Arbeit sowie der historischen Entwicklung des widersprüchlichen Charakters der Ware produzierenden Arbeit kann — wie Marx im „Kapital" bewiesen hat — das Wesen des

[8] Ebenda, S. 40.
[9] Ebenda, S. 40/41.

Wertes, die Wertsubstanz und der Doppelcharakter der Ware und Wert produzierenden Arbeit, „der Springpunkt, um den sich das Verständnis der ganzen politischen Ökonomie dreht", erkannt werden.

Den größten französischen Beitrag zur politischen Ökonomie haben die Physiokraten geleistet. Sie vermochten unter feudalem Aushängeschild einen entscheidenden Beitrag zur Aufdeckung der Gesetze der gesellschaftlichen Reproduktion zu leisten. Sie gingen de facto von der schon kapitalistisch betriebenen Landwirtschaft aus, indem sie die Klasse der Bodeneigentümer und die Klasse der Landwirte, das heißt der kapitalistischen Pächter oder Agrikulturunternehmer, einander gegenüberstellten und von der angeblich nicht zur Steuer heranzuziehenden, weil sterilen Klasse der gewerblichen Unternehmer unterschieden. Gerade die Richtung des Augenmerks auf den stofflichen Charakter des Reichtums, was Marx bei der Wertanalyse als französisches Erbübel ansah, ermöglichte den Physiokraten den naturalen Kreislauf einer nationalen Wirtschaft zu erkennen und erlaubte François Quesnay, ihn in seinem genialen Tableau économique zu erfassen. Diese von der kapitalistischen Warenproduktion in der französischen Landwirtschaft ausgehende Leistung Quesnays war der Ausgangspunkt für die von Marx für die kapitalistische Warenproduktion als Ganzes aufgestellten Schemata der einfachen und der erweiterten Reproduktion.

Verglichen mit den englischen Ökonomen, die bestenfalls die von ihnen aufgedeckten polaren sozialen Gegensätze von Kapitalist und Arbeiter bedauerten und Bildung oder Armenunterstützung als notmildernde Mittel vorschlugen, erhoben Boisguilbert und die Physiokraten Anklage gegen feudale Goldgier und Verschwendungssucht, gegen die Ausbeutung des Bauernvolkes durch vielerlei Abgaben an Grundeigentümer und Feudalstaat. Boisguilbert, königlicher Gerichts- und Verwaltungsamtsinhaber, war ein Fürsprecher der Armen.

Hatte die bürgerliche politische Ökonomie in der Person Ricardos ihren absoluten Höhepunkt erreicht, so bedeutete Sismondi ihren Abgesang. „Noch bei Lebzeiten Ricardos und im Gegensatz zu ihm trat ihr in der Person Sismondis die Kritik gegenüber."[10]

Die Kritik der kapitalistischen Gesellschaft und der ihre Gesetze widerspiegelnden politischen Ökonomie verbindet den letzten noch zur Klassik zählenden französischen Ökonomen Sismondi mit den Franzosen Saint-Simon und Fourier. Was sie vereint und was sie trennt, bedarf einer späteren ausführlichen Darlegung.

So wie es einen deutlichen Unterschied zwischen dem englischen und dem französischen Begründer der wissenschaftlichen Ökonomie gab — voller Optimismus blickte der eine, kritisch der andere auf die frühe Entwicklung des Kapitalismus — so gab es einen noch größeren Unterschied zwischen den

[10] K. Marx, Das Kapital. Erster Band, Nachwort zur zweiten Auflage, in: MEW, Bd. 23, Berlin 1962, S. 20.

letzten, die neue Wissenschaft der Ökonomie abschließenden englischen und französischen Ökonomen. Ricardo stellt den Gipfel der theoretischen Erkenntnisfähigkeit der Bourgeoisie bezüglich ihrer eigenen Produktionsverhältnisse dar, Sismondi deutet mit seiner ohnmächtigen kleinbürgerlichen Kritik des Kapitalismus dessen Unfähigkeit zur Aufhebung der Ausbeutung an. Ricardo war als Ökonom der industriellen Revolution ein hervorragender wissenschaftlicher Analytiker des in England herausgebildeten Kapitalismus, der Vollender der bürgerlichen wissenschaftlichen Ökonomie — Jean-Baptiste Say, der Ökonom der industriellen Revolution, die schließlich auch in Frankreich auf der Tagesordnung stand, war bereits ein Vulgärökonom.

Während die große wissenschaftliche Leistung vor allem der französischen Ökonomen in der Aufdeckung der Gesetze der Reproduktion des Kapitals lag, erwuchs die Analyse des Wert- und des Mehrwertgesetzes vor allem dem sozialökonomischen Boden des bereits kapitalistischen parlamentarischen England. Dort lag die Bourgeoisie 150 Jahre lang im Streit mit der Landaristokratie. Und so lange der Gegensatz Kapital-Grundeigentum im Vordergrund stand und der Gegensatz Kapital—Lohnarbeit noch nicht zum Hauptgegensatz der Gesellschaft geworden war, vermochten die wirtschaftserfahrenen Wortführer und unbefangenen Streiter der Bourgeoisie — hundertfünfzig Jahre lang — ökonomische Forschung als Wissenschaft zu betreiben.

1830 bezeichnete die Wende im Gegensatz von Bourgeoisie und Feudalkräften; 1830 trat das Proletariat aus der Periode des latenten Klassenkampfes zwischen Proletariat und Bourgeoisie heraus. Und nachdem die industrielle Bourgeoisie auch in Frankreich einen Anteil an der Macht erobert hatte, „gewann der Klassenkampf, praktisch und theoretisch, mehr und mehr ausgesprochne und drohende Formen. Er läutete die Totenglocke der wissenschaftlichen bürgerlichen Ökonomie“[11].

An die Stelle wissenschaftlicher Erkenntnis der ökonomischen Struktur- und Bewegungsgesetze des Kapitalismus trat die auf Apologetik gerichtete Vulgärökonomie. Die klassische bürgerliche Ökonomie fand in England wie in Frankreich ihr Ende. Dort wie hier war im Bewußtsein der Hauptklassen der inzwischen herangereiften kapitalistischen Gesellschaft ein Umschwung eingetreten. Der Kapitalismus hatte durch seine erste zyklische Überproduktionskrise seine Systemreife bekundet und seinen normalen Kreislauf von der Krise über Phasen der Stagnation, Belebung und Prosperität zu neuer Krise erreicht. Vor und um 1830, also gegen Ende der industriellen Revolution in England, rund zwei Jahrzehnte vor dem Ende der industriellen Revolution in Frankreich, *trat das Proletariat als sich seiner selbst bewußt gewordene Klasse auf. Dieser Prozeß der beginnenden Widerspiegelung der gesellschaftlichen Entwicklung vom Interessenstandpunkt der vom Kapital ausgebeuteten Arbeiterklasse drückte sich in der Kritik des Kapitals und in utopischen Sozialismusvorstellungen aus.*

[11] Ebenda, S. 21.

Die Zeit für eine realistische, wahrheitsgemäße Widerspiegelung der ökonomischen Wirklichkeit durch die bürgerliche Ökonomie war historisch vorbei. So konnte sich die bürgerliche politische Ökonomie im *bürgerlichen* Frankreich als Wissenschaft nicht mehr über die physiokratischen Lehren hinaus entwickeln. War es doch das Hauptwerk Adam Smith' „Der Reichtum der Nationen" gewesen, das nach seiner Londoner Erstausgabe 1776 sofort in Frankreich veröffentlicht worden war und dem Physiokratismus praktisch das Lebenslicht ausblies. Im Jahre 1802 war eine Neuauflage in Paris herausgekommen; im Jahre 1819 — zwei Jahre nach der Veröffentlichung in England — erschienen Ricardos „Principles" in Frankreich. Mit den englischen Dampf- und Spinnmaschinen und mechanischen Webstühlen, mit den englischen Arbeitern, Meistern und Ingenieuren aus Fabriken jenseits des Ärmelkanals hatte Frankreich im ersten Drittel des 19. Jahrhunderts auch die Werke der bedeutendsten bürgerlichen Ökonomen „eingeführt". Wie der kleinbürgerliche Kritiker des Kapitalismus, Sismondi, nutzten die utopischen Sozialisten — besonders in England, wo sie von den Lehren Ricardos ausgingen —, aber auch Saint-Simon und Fourier, die von der französischen Ökonomenschule beeinflußt waren, gewisse Grunderkenntnisse der ökonomischen Lehren kritisch aus und zogen aus ihnen gegen die Verfechter der kapitalistischen Produktionsweise gerichtete Schlußfolgerungen.

Wies die ökonomische Entwicklung auch zu Beginn des 19. Jahrhunderts in England und in Frankreich noch erhebliche Unterschiede im Reifegrad und in der Ausbreitung kapitalistischer Produktionsverhältnisse auf, so war die entstandene Gesellschaftsstruktur doch im Wesen gleich; hier wie dort hörte die Bourgeoisie als etablierte neue Ausbeuterklasse auf, sich für den gesellschaftlichen Fortschritt im Kampf gegen verbliebene Feudalkräfte einzusetzen; hier wie dort stand sie im Bündnis mit der die alte feudale Ausbeuterklasse ablösenden Klasse der Großgrundeigentümer. Auch in Frankreich, wo bis 1830 vielfältige Klassenkräfte sich miteinander verbunden und gegeneinander gekämpft hatten, wo der Dritte Stand der Revolution von 1789 noch bis in die zwanziger Jahre hinein als gemeinsames Interesse von Bourgeoisie und Volksmasse im antifeudalen Kampf in Erscheinung trat, vollzog sich die endgültige Trennung der Bourgeoisie von der revolutionären Volksbewegung. Dieser Prozeß der endgültigen Loslösung spiegelt sich zunächst wider in der Auseinandersetzung der ersten theoretischen Sozialisten mit der bürgerlichen politischen Ökonomie und schließlich in der Weiterführung sowohl der bürgerlich-klassischen Ökonomie wie des vorproletarischen oder utopischen Sozialismus zum wissenschaftlichen Sozialismus-Kommunismus durch Marx und Engels als der Theorie und Weltanschauung der internationalen Arbeiterklasse. Auch in Deutschland waren auf der Grundlage sozialökonomischer Strukturen der bürgerlichen Gesellschaft bereits philosophisch-politische Vorstellungen entstanden, so daß auch aus diesem ökonomisch später kapitalistisch entwickelten Land ein entscheidender Beitrag zum Prozeß der Widerspiegelung der gesellschaftlichen Realität im Bewußtsein zunächst des Bürgertums geleistet werden konnte. Obwohl die deutsche klassische Philosophie von Kant über Herder und Fichte bis zu Hegel aus der Genesis des Marxismus nicht wegzudenken ist, soll die Begegnung und Auseinandersetzung von französischem utopischem Sozialismus und englischer klassischer bürgerlicher Ökonomie als Teilproblem einer Untersuchung der theoretischen Quellen des Marxismus gesondert behandelt werden.

Teil II

KAPITEL 5

Politische Ökonomie und ihre ersten Kritiker

Den Gegenstand der politischen Ökonomie haben die sie vorbereitenden ökonomischen Denker anders aufgefaßt als die ihren Ruhm begründenden späteren Ökonomen Smith und Ricardo. Adam Smith, der verstreute ökonomische Ideen in der Periode des fast schon überwundenen Manufakturstadiums zu einem — wenn auch widerspruchsvollen — System zusammenfaßte und David Ricardo, der die dem Smithschen Werk anhaftende Zwiespältigkeit esoterischer und exoterischer Betrachtung, die daraus erwachsenen logischen Widersprüche kritisch aufdeckte und das konsequente einheitliche System bürgerlicher Ökonomie schuf, stehen als Beispiele dafür.

Sie gingen davon aus, daß die Ökonomie sich mit der Untersuchung des Reichtums der Gesellschaft zu befassen habe. Aber sie verstanden immer wieder anderes unter Reichtum. Lange hielt sich die monetaristische Auffassung — auch bei Petty ist sie noch nicht verschwunden —, daß Gold und Silber als „Reichtum zu allen Zeiten und an allen Orten", als allgemeiner Reichtum zu gelten haben.[1] Im Merkantilsystem als einer entwickelteren Variante des Monetarsystems ist Reichtum als ökonomischer Untersuchungsgegenstand nicht das Geld schlechthin, sondern der durch den Außenhandel, durch einen Handelsbilanzüberschuß erzielte Geldreichtum. Anders sieht Pettys französischer Zeitgenosse Boisguilbert den Reichtum: „Das Geld ist nur das Mittel und die bewegende Kraft, während die dem Leben nützlichen Waren das Ziel und der Zweck sind."[2] „Boisguillebert", so kommentiert ihn Marx, „sieht in der Tat nur auf den stofflichen Inhalt des Reichtums, den Gebrauchswert, den Genuß."[3]

Adam Smith fragt wie seine Vorgänger nach der Natur und dem Ursprung des Reichtums der Nation; er sieht ihn in der Arbeit, die in der Produktion ge-

[1] Zitiert bei: K. Marx, Grundrisse der Kritik der Politischen Ökonomie (Rohentwurf) 1857—1858, Berlin 1953, S. 142.

[2] Zitiert bei: K. Marx, Zur Kritik der Politischen Ökonomie, in: MEW, Bd. 13, Berlin 1961, S. 77 Anm.

[3] Ebenda, S. 40.

leistet wird. Gegenstand der politischen Ökonomie sind ihm die Gesetze, welche die Produktion des Reichtums bestimmen. Ricardo will darüber hinausgehen. In einem Brief vom 9. 10. 1820 an Malthus heißt es: „Sie halten die politische Ökonomie (wie Adam Smith) für eine Untersuchung der Natur und der Ursachen des Reichtums — ich meine, sie sollte eher definiert werden als eine Untersuchung der Gesetze, die die Aufteilung des Produkts der wirtschaftlichen Tätigkeit unter die Klassen, die es gemeinsam schaffen, bestimmen."[4] Marx erklärt, warum Ricardo „ausschließlich die Distribution als Gegenstand der Ökonomie bestimmt"[5]. „Ricardo, dem es darum zu tun war, die moderne Produktion in ihrer bestimmten sozialen Gliederung aufzufassen, und der der Ökonom der Produktion par excellence ist, erklärt eben deswegen *nicht* die Produktion, sondern die Distribution für das eigentliche Thema der modernen Ökonomie."[6]

Trotz seines polemischen Einwandes gegen Smith geht auch Ricardo von der Produktion aus. Wenn er das Gesetz der Verteilung des Produkts unter die verschiedenen Klassen der Gesellschaft verbal zum Hauptgegenstand der Ökonomie erklärt, so geht es ihm wie Adam Smith darum, die Mehrwertproduktion zu erklären, d. h. die Herkunft des Mehrwerts, der einem Individuum auf Grund seiner Stellung im kapitalistischen Eigentums- und Produktionssystem zufließt. Erst die Entstehung von Kapital und mobilem Grundeigentum im Prozeß der Trennung der kleinen Produzenten von ihren Produktionsmitteln ließ ja Profit, Grundrente und Arbeitslohn als Kategorien kapitalistischer Produktion entstehen[7] und führte zur Frage nach Ursachen und Wesen des Reichtums, der eben im Kapitalismus als „Mehrwert" auftritt.

Es wäre verfehlt, in einem Beitrag zur Genesis der politischen Ökonomie des Marxismus jetzt schon darauf einzugehen, daß Marx und Engels den Gegenstand der politischen Ökonomie in den Produktionsverhältnissen sahen, in der Untersuchung der Gesetze, welche die Produktion, den Austausch und die Distribution auf den verschiedenen Stufen der gesellschaftlichen Entwicklung bestimmen.[8] Marx unternahm es, im „Kapital" die „wirkliche Physiologie der bürgerlichen

[4] D. Ricardo, The works and correspondence, Bd. 8, London 1952, S. 278, zitiert bei J. Kuczynski, Geschichte der Lage der Arbeiterklasse. Zur politökonomischen Ideologie in England und andere Studien, Bd. 26, Berlin 1965, S. 132.

[5] K. Marx, Einleitung [zur Kritik der Politischen Ökonomie], in: MEW, Bd. 13, Berlin 1961, S. 627.

[6] Ebenda, S. 628.

[7] Vgl. ebenda, S. 251.

[8] Vgl. F. Engels, Herrn Eugen Dührings Umwälzung der Wissenschaft (Anti-Dühring), in: MEW, Bd. 20, a. a. O., S. 137.

Gesellschaft", die „Entwicklung der ökonomischen Gesellschaftsformation" aufzudecken.[9]

Zwischen Ricardos und Marx' Bestimmung des Gegenstandes der politischen Ökonomie, zwischen einer grundsätzlich ahistorischen und der historischen, umfassenden Gegenstandsbestimmung von Marx liegt die Kritik an der kapitalistischen Gesellschaft und ihren optimistischen Verteidigern, den bürgerlichen Ökonomen. Kleinbürgerliche Kritiker wie Sismondi und Proudhon, utopisch-sozialistische vorproletarische Kritiker wie Saint-Simon und Fourier, Owen und die ricardianischen Sozialisten stellten die Gegenstands- und Aufgabenbestimmung der aus bürgerlicher Interessenposition erwachsenen politischen Ökonomie in Frage.

Sismondi fragt ebensowenig wie die utopischen Sozialisten nach Wesen und Ursprung des Reichtums oder seiner tatsächlichen Verteilung unter die verschiedenen Klassen der Gesellschaft. Diese Frage war — soweit von bürgerlichem Klasseninteresse her möglich — von den englischen Ökonomen beantwortet worden. Die kleinbürgerlichen und vorproletarischen Theoretiker stellten nunmehr die Frage, ob es denn gerecht sei, daß die Arbeitenden, welche die Masse der Bevölkerung bilden, nicht im geringsten einen ihrer Zahl entsprechenden Anteil an dem von ihnen geschaffenen Reichtum erlangen und die Müßiggänger (die Grundeigentümer oder die Kapitaleigentümer), eine kleine Minderheit, sich den größten Teil des *nicht* von ihnen geschaffenen Reichtums aneignen könne. Beide Gruppen von Kritikern interessierten sich nicht für die in der bestehenden Gesellschaft gültigen Gesetze, sondern stellten die Frage nach der Gerechtigkeit der gegebenen Wirtschafts- und Gesellschaftsordnung, warfen die Idee der Notwendigkeit und Möglichkeit ihrer Veränderung auf. Diese Fragen wurden nicht vom Boden der bestehenden Produktionsweise und der an ihrer Erhaltung und Fortentwicklung interessierten Klassen gestellt, sondern von Klassen, die an der Überwindung der für sie immer unerträglicher werdenden Widersprüche zwischen Reichtum und Armut interessiert waren. Diese Frage nicht nach dem Seienden, sondern dem Sein-Sollenden, war keine ökonomische, sondern zunächst eine moralische Fragestellung. Von Sismondi wurde sie von der Position der — niemals als selbständige Produktionsweise existenten — kleinen oder einfachen Warenproduktion her gestellt und eine Gesellschaft von Kleineigentümern in Stadt und Land, die sich das von ihnen erarbeitete Produkt selbst aneignen, erträumt. Dieser Traum wurde durch eine Rückkehr zur verklärt erscheinenden Vergangenheit zu verwirklichen gesucht. Lenin nannte Sismondis Kritik der kapitalistischen Gesellschaft daher einen reaktionären ökonomischen Romantizismus. Sismondi äußere „fromme Wünsche" nach Abkehr vom Kapitalismus, Übereinstimmung von Produktion und Konsumtion, nach Gleichmäßigkeit der Entwicklung von Industrie und Landwirtschaft,

[9] Vgl. K. Marx, Das Kapital. Erster Band, Vorwort zur ersten Auflage, in: MEW, Bd. 23, Berlin 1962, S. 16.

Reglementierung kapitalistischen Wachstums im Interesse der Kleineigentümer und der Lohnarbeiter usw. „Jeden Widerspruch erstickte die Romantik mit einer entsprechenden sentimentalen Phrase ... Kein Wunder, daß diese Lösungen so rührend einfach und leicht waren; sie ignorierten nur *eine* Kleinigkeit — die realen Interessen, deren Konflikt eben den Widerspruch ergab."[10]

Hingegen gingen die utopischen Sozialisten von den wirklichen Interessen der beteiligten Klassen aus. Saint-Simon stellte die Frage, was denn die nichtsnutzigen Müßiggänger befähige, sich den von anderen geschaffenen Reichtum anzueignen, Müßiggänger waren für ihn die feudalen und adligen Grundeigentümer und die mit ihnen liierten Finanzaristokraten: Inhaber käuflich erworbener lukrativer staatlicher Ämter und findige Geldbesitzer, die aus Geldgeschäften Gewinn schlugen. Produzenten waren für ihn die „Industriellen": Chefs von Werkstätten, Unternehmer der ersten Fabriken *und* die bei ihnen tätigen Gesellen, Tagelöhner, frühen Fabrikarbeiter.[11] Saint-Simon ließ es nicht allein bei Klagen über die Ungerechtigkeit der gegebenen Verteilung bewenden; er suchte ihre Grundlage aufzudecken und fand sie in einer bestimmten Form des Eigentums. Er führte einen Kampf gegen feudales Eigentum und setzte sich für die Förderung der Industrie und des ihr zugrunde liegenden Eigentums ein. Aber die Frage nach der Wurzel der Aneignung des durch Arbeit geschaffenen Produkts war eine außerordentlich fruchtbare Fragestellung, und ihre Beantwortung mit der Entstehung historischer, das heißt mit Notwendigkeit aufeinander folgender Formen des Eigentums, stellte eine zur Aufdeckung des Kausalzusammenhanges von Eigentum und Ausbeutung hinführende Idee dar. Die nach dem Tode Saint-Simons gebildete Schule der Saint-Simonisten (1826 bis 1832) übertrug die auf den „Antagonismus" von Feudaladel und Finanzbourgeoisie gegen die „Industriellen" bezogenen Gedankengänge Saint-Simons auf den inzwischen herangreiften Antagonismus von Bourgeoisie und Proletariat, von Industriellen im modernen Sinn und Lohnarbeitern.

Saint-Simon hatte bei seiner geschichtlichen Betrachtung der Entwicklung der Gesellschaft die fundamentale Bedeutung des Eigentums in seiner historisch konkreten Gestalt erkannt. Das industrielle Eigentum dringe immer mehr gegen das überholte feudale Eigentum vor und müsse daher vom Staat gefördert und geschützt werden. Die Industrie aber sei die Grundlage wachsender Produktivität und sichere — richtig organisiert — allen Wohlstand. Auf diese humanistische Auffassung der Industrie als potentieller Grundlage eines glücklichen Lebens aller Mitglieder der Gesellschaft wird in anderem Zusammenhang noch zurückzukommen sein. Von der Geschichte der Industrie, ihrer wachsenden Bedeutung ausgehend, gewann Saint-Simon die Einsicht: „Offenbar ist in allen Ländern also jenes Gesetz das grundlegende Gesetz, das das Eigentum und die Ver-

10 W. I. Lenin, Zur Charakteristik der ökonomischen Romantik, in: Werke, Bd. 2, Berlin 1961, S. 256.

11 Vgl. C.-H. de Saint-Simon, Ausgewählte Schriften, Berlin 1977, S. XCVIII, Anm. 94.

fügungen zu seiner Anerkennung begründet“[12]. Er erkannte, „daß das Gesetz, das die Macht und die Form der Regierung bestimmt, nicht so stark auf das Glück der Nationen einwirkt, wie das Gesetz, welches das *Eigentum* begründet“[13].

Das Eigentumsgesetz ist veränderlich — dies die zweite These Saint-Simons. Er ordnete das Eigentumsrecht einer Art Recht auf Revolution unter, dem Recht der Gesellschaft, „ihre Institutionen zu verändern und zu vervollkommnen“[14]. Daß sich im Denken Saint-Simons rechtliches (subjektives) und gesellschaftliches (objektives) Gesetz noch vermengen, sei hier nur angedeutet. Und seine dritte These: Das Gesetz, „das das Eigentum und die Verfügung zu seiner Anerkennung begründet“, ist ein dem Gesetz des Fortschritts der Gesellschaft untergeordnetes Gesetz, es ist abhängig „von einem höheren allgemeinen Gesetz, von jenem Naturgesetz, auf Grund dessen der menschliche Geist ständig Fortschritte macht, ... von jenem obersten Gesetz, das es verbietet, künftige Generationen durch irgendeine Verfügung, welcher Natur auch immer, zu binden“[15].

Mit dem Eigentum verbindet sich die Ausbeutung. So wie das Eigentumsrecht ist auch „die Ausbeutung des Menschen durch den Menschen“ — so formuliert die von der saint-simonistischen Schule gegebene „Darstellung der Lehre Saint-Simons“ — ständigem Wandel unterworfen. „Die Ausbeutung des Menschen durch den Menschen, die wir in der Vergangenheit in ihrer direktesten und rohesten Form, in der Sklaverei, dargestellt haben, setzt sich auf einer höheren Ebene in den Beziehungen zwischen den Eigentümern und den Arbeitern, den Meistern und den Lohnempfängern fort ... Die Ausbeutung lastet immer auf denselben. Die Ökonomen stellten dies fest als ‚Erblichkeit des Elends‘, als sie in der Gesellschaft die Existenz einer Klasse von *Proletariern* erkannten. Heute wird die ganze Masse der Arbeiter von denen ausgebeutet, deren Eigentum sie nutzbar machen ... Das Eigentumsrecht, das allgemein als sicher vor jeder Revolution in Sitte und Gesetzgebung angesehen wird, war ständig den Eingriffen des Sittenlehrers und Gesetzgebers ausgesetzt ... Heute ist eine letzte Wandlung notwendig geworden ... Das Gesetz des Fortschritts, das wir erkannt haben, neigt zur Errichtung einer Ordnung, in der der Staat und nicht mehr die Familie die angehäuften Reichtümer erben wird, soweit sie, wie die Nationalökonomen sagen, zum *Produktionsfonds* gehören.“[16]

[12] Ebenda, S. 226.

[13] Oeuvres de Claude-Henri de Saint-Simon, Tome II (Vol. 3), éditions anthropos, Paris 1966, S. 82.

[14] C.-H. de Saint-Simon, Ausgewählte Schriften, a. a. O., S. 236.

[15] Ebenda, S. 236, LXVIII und IX.

[16] Exposition de la doctrine de Saint-Simon, in deutscher Übersetzung in: Die Lehre Saint-Simons, eingeleitet und herausgegeben von G. Salomon-Delatour, Neuwied 1962, S. 105, 110, 111.

Die Frage des Eigentums, seiner grundlegenden gesellschaftlichen Stellung, seiner Veränderlichkeit in Abhängigkeit vom gesetzmäßigen Fortschritt der Gesellschaft und seiner Umgestaltung im Zusammenhang mit der Entwicklung der Produktivkraft Industrie ist der Ausgangspunkt für das von Saint-Simon und seinen Schülern entworfene Bild der Zukunft. Saint-Simon sah die Vergangenheit so: „Bisher wirkten die Menschen auf die Natur sozusagen rein individuell und isoliert ein. Mehr noch: Ihre Kräfte haben sich zu einem sehr großen Teil immer gegenseitig zerstört", im Kampf der auf Beherrschung gerichteten „kleineren gegen die größere Gruppe" und deren Abwehr der Herrschaft.[17] Für die Zukunft aber forderte Saint-Simon: „Da die ganze Menschheit ein gemeinsames Ziel und gemeinschaftliche Interessen hat, muß jeder Mensch in seinen gesellschaftlichen Beziehungen sich allein als Mitglied eines Unternehmens von Werktätigen betrachten."[18]

Die Schüler präzisierten diese Idee ihres Lehrmeisters: „*Die Ausbeutung des Menschen durch den Menschen* — dies ist die Form der menschlichen Beziehungen der Vergangenheit; die Ausbeutung der Natur durch den an den Menschen *gebundenen* Menschen ist das Bild der Zukunft . . . der Fortschritt des *Gemeinschaftsgeistes* und die dadurch bedingte Dekadenz des *Antagonismus* zeigen doch einen vollkommenen Ausdruck der Entwicklung der Menschheit."[19]

So führte der Gedankengang Saint-Simons von der Verurteilung ungerechter Verteilung und der historischen Ableitung ihrer Grundlage zur Forderung neuer Eigentums- und auf das gemeinsame Interesse der Arbeitenden gegründeter Produktionsverhältnisse, zur Assoziation der Produzenten und zur Entwicklung ihrer Grundzüge, insbesondere ihres Verteilungsprinzips. Die Infragestellung der gegebenen Gesellschaft als ungerecht und der Übergang von ökonomischer Analyse zu soziologischer Untersuchung und moralischen Postulaten führte also wiederum zu ökonomischen Fragen, jetzt aber zu den ökonomischen Problemen einer höherentwickelten Produktionsweise, dem Saint-Simonschen Industriesystem oder Neuen Christentum, den ungefähren Umrissen einer sozialistischen Gesellschaft. Diese Umrisse stehen zu späteren Sozialismusvorstellungen etwa in einem Verhältnis wie die Konturen der Kontinente auf den ersten Landkarten zu ihrer später entdeckten tatsächlichen Gestalt.

Wohl hatte Saint-Simon erfaßt, daß sich die Funktionsweise des Eigentums mit der Veränderung des Gesellschaftssystems wandelt, und deshalb forderte er vom industriellen Eigentum, daß es, anders als das feudale Eigentum, im Interesse der ganzen Gesellschaft eingesetzt werde und daß allen ihren Mitgliedern ein Anteil entsprechend ihrer einmalig oder regelmäßig eingebrachten Leistung zustehe. Als Leistung kamen für ihn wie für Fourier das Kapital als einmalig in die Assoziation der Produzenten eingebrachte Leistung sowie die stets erneut

[17] Vgl. C.-H. de Saint-Simon, Ausgewählte Schriften, a. a. O., S. 280.

[18] Ebenda, S. 203, vgl. auch S. 32.

[19] Exposition de la doctrine de Saint-Simon, a. a. O., S. 96.

geleistete Arbeit oder/und das wissenschaftlich-geistige Talent in Betracht. Beide dachten an eine allmähliche Ablösung der kapitalistischen durch eine sozialistische Gesellschaft, an die Verdrängung des privat fungierenden durch das in der Assoziation der tatsächlichen Produzenten fungierende und in ihre Verfügungsgewalt übergehende Eigentum. Vor ihren Augen stand noch keine — in dem von Marx und Engels entwickelten Sinne — durch die politische Machteroberung der Arbeiterklasse von der kapitalistischen Gesellschaft getrennte sozialistische Gesellschaft. Sie wären dann ja auch keine *utopischen* Sozialisten gewesen. Das Utopische ihres Denkens lag ja gerade darin, daß sie die zum Sozialismus führende politische Herrschaft der Arbeiterklasse noch nicht erkennen konnten. Sie waren auch noch nicht zur ökonomischen Kategorie des gesellschaftlichen Eigentums an den Produktionsmitteln vorgedrungen. Aber mit ihren Vorstellungen einer staatlich geleiteten oder genossenschaftlich betriebenen, geplanten, auf Arbeit, Kooperation und dem Prinzip der Verteilung nach Leistung organisierten Produzentenassoziation haben sie das Denken auf den Weg des den Kapitalismus ablösenden Sozialismus als höherer Gesellschaftsformation geführt. Sie waren Wegbereiter, weil sie das Ziel ahnten und mit ihren Ideen zu ihm hinführten. Und insofern waren sie *Sozialisten.* Sie konnten das Ziel sozialistische Gesellschaft und ihre Grundlagen, zu denen sowohl die politische Macht der Arbeiterklasse wie das gesellschaftliche Eigentum an den Produktionsmitteln gehören, nicht präzise umreißen. Andere frühe Repräsentanten des Sozialismus oder (in späterer Sicht) des utopischen Kommunismus wie Morus, Mably, Morelly und später Babeuf haben die Forderung nach gesellschaftlichem Eigentum im Zusammenhang mit der nach gleicher Verteilung erhoben, sahen ihrerseits aber nur den Weg der Gewalt oder der Verschwörung und stützten sich auf eine kleine verschworene Minderheit und nicht, wie „die großen modernen utopischen Sozialisten", auf die Masse der tatsächlichen Produzenten.

Der von bürgerlicher Seite oft gegen Saint-Simon und Fourier erhobene Vorwurf, sie seien gar keine Sozialisten gewesen, da sie kein gesellschaftliches Eigentum an den Produktionsmitteln gefordert hätten, läßt ein schablonenhaftes Denken erkennen. In Wahrheit sind Ideen keine fertigen Dinge, die man in gewissen Grenzen auch beliebig verwenden, in dies und jenes System einbauen kann, wie es die bürgerliche Ideologie tut, sondern Ideen und Begriffe oder Kategorien entstehen und entwickeln sich u. a. in lang andauernden gesellschaftlichen Denkprozessen. Sie zu untersuchen, ist die Aufgabe einer wissenschaftlich betriebenen Ideengeschichte. Sie hat auch zu untersuchen, worin der Schritt über bisher Gedachtes hinaus besteht, also das Neue, das ein Denker in die Entwicklung des Denkens eingebracht hat. Die Betonung liegt auf der Weiterführung, nicht auf der Unzulänglichkeit des Neugedachten, auf der Zukunftsträchtigkeit umwälzender Ideen, nicht auf ihrer Verhaftung an herkömmlichem Denken. Und in dieser dialektischen Sicht auf das Denken Saint-Simons und Fouriers muß man ihnen zugestehen, daß sie mit ihrer Vorstellung der assoziierten Produzenten, die durch ihre Arbeit gemeinsam die Produktionsmittel gemäß einem Plan nutzen, den Begriff „gesellschaftliches Eigentum" inhaltlich „vor"-gedacht haben, daß sie mit dieser Vorstellung, verbunden mit der Idee eines neuen Gesellschaftssystems, geholfen haben, Marx und Engels auf den Weg zur Lehre vom Sozialismus und von dem dafür unerläßlichen gesellschaftlichen Eigentum an den Produktionsmitteln zu führen.

Fourier gelangte schon zu Beginn seiner literarischen Tätigkeit auf Grund seiner sehr viel heftigeren Kritik der kapitalistischen Gesellschaft und seines direkten Angriffes auf die Unmoral der Ökonomen zu der Vorstellung einer Assoziation von Produzenten, und zwar einer „ländlichen Assoziation", einer genossenschaftlichen Vereinigung von einigen hundert bäuerlichen Familien, die auch industrielle Tätigkeiten ausüben würden. Diese Vorahnung der sich später entwickelnden, die sozialistische Gesellschaft — neben dem Volkseigentum — konstituierenden ländlichen (sowie auch gewerblichen) Produktionsgenossenschaften, bestimmte das ganze Denken Fouriers. Seine ländliche Assoziation ist in eine umfassende philosophische Sicht der Welt und eine historische Sicht der Gesellschaft eingebettet. Er erkannte die universelle Einheit der Welt und stellte in seinem Werk „Theorie der universellen Einheit"[20] die Entwicklung verschiedener Bewegungsformen dar: „der sozialen, tierischen, organischen und materiellen"[21] sowie den Fortschritt der Gesellschaft von niederen Stufen gesellschaftlicher Arbeitsorganisation und -produktivität zu höheren Entwicklungsstufen. Zu seiner Theorie von der ländlichen Assoziation führte ihn seine Trieblehre, seine Erkenntnis, daß die bisherigen Gesellschaften, und insbesondere die kapitalistische Produktionsweise, die dem Menschen immanenten natürlichen Triebe unterdrücke, mißbrauche, in ihr Gegenteil verkehre und daß es darauf ankäme, ein Zusammenleben der Menschen zu ermöglichen, daß ihre inneren Triebe — von Fourier in zwölf Leidenschaften (passions) zusammengefaßt — zum Wohle aller wirken lasse. Auch Fouriers Idee von der Assoziation der Produzenten ist die Frucht moralischer Kritik der bestehenden und der Sehnsucht nach einer harmonischen künftigen Gesellschaft. Nicht ökonomische Analyse — das sei noch einmal festgestellt — vermochte über die bürgerliche Bejahung der kapitalistischen Ordnung hinauszuführen, sondern vielmehr ihre moralische Verurteilung, einschließlich der Kritik an den sie verfechtenden Ökonomen. Aber eine moralische Kritik schlechthin reichte nicht aus; es kam auf ihre historische Ausrichtung an, darauf, ob sie mit dem „Naturgesetz, auf Grund dessen der menschliche Geist ständig Fortschritte macht" (Saint-Simon), im Einklang stand.

Sismondi sah als Ökonom die Widersprüche der kapitalistischen Gesellschaft, aber im Gegensatz zu Ricardo, der sie aufdeckte und, wenn auch öfter mit einigem Bedauern, für unumstößliche Gesetzmäßigkeiten einer natürlichen Ord-

[20] 1822 gewählter Titel des vierbändigen Werkes Fouriers aus dem Jahre 1822 (Théorie de l'unité universelle).

[21] Vgl. Ch. Fourier, Ökonomisch-philosophische Schriften. Eine Textauswahl, Hrsg. L. Zahn, Berlin 1980, S. 3.

nung hielt, vermochte Sismondi die Theorie nicht weiterzuführen, wie es die utopischen Sozialisten mit ihrer auf die abstrakt-logische ökonomische Analyse verzichtenden moralischen und historisch-soziologischen Fragestellung taten. Lenin zeigte, „wie bei allen wichtigsten Problemen das ‚Herz‘ des Kleinbürgers über den ‚Verstand‘ des theoretischen Ökonomen triumphierte“[22]. Der Kern der Sache ist, „daß Sismondi die Ökonomen theoretisch nicht zu widerlegen vermochte und sich daher auf sentimentale Phrasen beschränkte“[23]. Da, wo die utopischen Sozialisten eine Entwicklungsstufe des gesellschaftlichen Fortschritts und die von ihr erreichte Grenze, also eine vergängliche Übergangsstufe sahen, wo sie die nach vorwärts gerichtete Auflösung der Widersprüche forderten, hatte Sismondi nur Lamentationen über fehlerhafte Abweichungen von der Norm, das Gefühl der Ohnmacht und die Illusion der Rückkehr zu patriarchalischen Verhältnissen anzubieten. Sismondi bleibt der letzte noch klassisch zu nennende (klein)bürgerliche Ökonom. Er stellte, wie Marx sagte, in der Geschichte der bürgerlichen Ökonomie „ihren Zweifel an sich selbst“ dar, und schloß sie ab.[24]

Die utopischen Sozialisten, so schrieb Lenin mit dem Blick auf Sismondi, „antizipierten die Zukunft, errieten in genialer Weise die Tendenzen des ‚Umbruchs‘, den die vorausgegangene maschinelle Industrie vor ihren Augen bewirkt hatte. Sie blickten nach der Richtung, in der sich die tatsächliche Entwicklung bewegte; sie *eilten* tatsächlich dieser Entwicklung *voraus*. Sismondi aber kehrte dieser Entwicklung den Rücken; ... seine Utopie antizipierte nicht die Zukunft, sondern restaurierte die Vergangenheit ...“[25]

Die utopischen Sozialisten wollten alle Mitglieder der Gesellschaft zu Arbeitenden und gemeinsamen Eigentümern der Produktionsfonds machen; Sismondi glaubte, die „Klasse der Tagelöhner ... in die Klasse der Eigentümer zurückführen“ zu können.[26]

Trotz der reaktionären sentimentalen Kritik Sismondis am Kapitalismus verdankten einige utopische Sozialisten, darunter besonders Fourier, der Sismondischen Darlegung der Widersprüche als „verkehrte Welt“ in Produktion und Konsumtion Anregungen zu ihren über die bürgerlichen Ökonomen hinausführenden theoretischen Überlegungen.

Während aber Sismondi die Verteilung und die Konsumtion als selbständige Kategorien ansah (das zeigt seine Wertbestimmung durch die Einkommensverteilung und seine Ableitung der Überproduktionskrise aus der Unterkonsumtion) gingen Saint-Simon und Fourier von der Produktion aus und leiteten aus ihr die Zirkulation, die Verteilung und die Konsumtion ab. Insofern faßten sie — wie die

[22] W. I. Lenin, Zur Charakteristik der ökonomischen Romantik, in: Werke, Bd. 2, a. a. O., S. 203.

[23] Ebenda, S. 203 Anm.

[24] Vgl. K. Marx, Zur Kritik der Politischen Ökonomie, in: MEW, Bd. 13, a. a. O., S. 36.

[25] W. I. Lenin, Zur Charakteristik der ökonomischen Romantik, in: Werke, Bd. 2, a. a. O., S. 243, 244.

[26] Vgl. ebenda.

klassischen bürgerlichen Ökonomen lange vor ihnen — den Gegenstand der politischen Ökonomie bereits wissenschaftlich — wenn auch noch vage und verschwommen — als gesellschaftliche Beziehungen in der Produktion, womit Verteilung und Konsumtion eindeutig bestimmt sind.

Saint-Simon betrachtete die ganze Geschichte der Menschheit als Geschichte der Industrie, das heißt, er sah in der Produktion die Grundlage aller anderen ökonomischen Beziehungen. Auch Fourier ging materialistisch an die ökonomischen Beziehungen heran. Das betonten Marx und Engels gegenüber dem „wahren Sozialisten" Karl Grün, der nicht müde wurde, Fourier zu verunglimpfen und ihn einen „mathematischen Sozialisten" zu nennen, der „die Welt mit neuen Assoziationen des Egoismus (im Sinne von Genußsucht) beglücken möchte". Marx und Engels unterstrichen, „daß dieser (Fourier) überall nur von der Umveränderung der Produktion ausgeht"[27].

Sind, wie bei Sismondi, die Produktionsverhältnisse ungeklärt geblieben, „so verwandeln sich alle Ausführungen über Konsumtion und Verteilung in Banalitäten oder harmlose romantische Wünsche. Sismondi ist der Stammvater derartigen Geredes"[28]. Auf ihn gehen Lehren wie die von John Stuart Mill zurück, wonach die Produktion ökonomischen Gesetzen gehorche, die Verteilung aber beliebig zu regeln sei, vulgärökonomische Auffassungen, die zum festen Kern des Sozialdemokratismus und des bürgerlichen Reformismus wurden.

Wie kurz der Weg von der kleinbürgerlichen Kritik des Kapitalismus zum Reformismus und Anarchismus sein kann, zeigt das Beispiel Proudhons. Auf diesem Weg griff er nicht zuletzt auf die von den englischen utopischen Sozialisten entwickelte Arbeitsgeldtheorie zurück. Die gleiche Theorie, die im Denken Proudhons kleinbürgerliche Illusionen widerspiegelt, die in die Arbeiterbewegung hineingetragen wurden, entstand in England auch als ein erster Ausdruck des Willens der Arbeiter, sich der Ausbeutung zu erwehren. Die Arbeitsgeldtheorie der ricardianischen Sozialisten in England ist als erster zaghafter Versuch anzusehen, das Bild einer sozialistischen Gesellschaft zu umreißen: Sie war zugleich die theoretische Grundlage für erste ökonomische Zusammenschlüsse von Arbeitern.

Der englische utopische Sozialismus und Kommunismus unterscheidet sich von dem gesellschaftstheoretisch angelegten französischen utopischen Sozialismus wesentlich. Dieser Unterschied ist wie der zwischen englischer und französischer klassischer bürgerlicher Ökonomie den Unterschieden der Gesellschaftsentwicklung in England und Frankreich geschuldet. Marx kennzeichnete die auf das Ende der ökonomischen Klassik folgende Periode mit den Worten: „Die nachfolgende Zeit von 1820—1830 zeichnet sich in England aus durch wissenschaftliche Lebendigkeit auf dem Gebiet der politischen Ökonomie. Es war die Periode wie der Vulgarisierung und Ausbreitung der Ricardoschen Theorie, so

[27] Vgl. K. Marx/F. Engels, Die deutsche Ideologie, in: MEW, Bd. 3, Berlin 1958, S. 479, 501.
[28] W. I. Lenin, Zur Charakteristik der ökonomischen Romantik, in: Werke, Bd. 2, a. a. O., S. 198.

ihres Kampfes mit der alten Schule ... Der unbefangne Charakter dieser Polemik — obgleich die Ricardosche Theorie ausnahmsweise auch schon als Angriffswaffe wider die bürgerliche Wirtschaft dient — erklärt sich aus den Zeitumständen ... Die Literatur der politischen Ökonomie erinnert während dieser Periode an die ökonomische Sturm- und Drangperiode in Frankreich nach Dr. Quesnays Tod, aber nur wie ein Altweibersommer an den Frühling erinnert."[29]

In einer Periode der vollen Ausreifung des Kapitalismus und des Klassenantagonismus in England nimmt es nicht wunder, daß der englische utopische Sozialismus sich durch drei Momente vom französischen abhebt. *Erstens* bedient er sich der bürgerlichen, heftig umstrittenen politischen Ökonomie — vor allem Ricardos — „als Angriffswaffe wider die bürgerliche Wirtschaft". *Zweitens* ist er mit der in Gestalt des Chartismus auftretenden und sich rasch entwickelnden Arbeiterbewegung mehr oder minder eng verbunden, legt also keine politische Abstinenz als Nur-Theorie an den Tag und geht zu praktischen Reformversuchen über. *Drittens* polemisiert er gegen die Vulgärökonomie und enthält einzelne ökonomische analytische Betrachtungen, die Marx später bei der Erarbeitung seiner politischen Ökonomie nutzen wird.

Die erwähnten Momente der englischen Variante des utopischen Sozialismus sind ebensowenig voneinander zu trennen wie ihre Vertreter einander gleichzusetzen wäre. Trotz dieser Vorbehalte möchten wir die genannten Besonderheiten des englischen utopischen Sozialismus in Folgendem anhand einiger ihrer Auffassungen illustrieren.

Den entscheidenden Angriff gegen den Kapitalismus leisteten die im Interesse des Proletariats an der Aufhebung der kapitalistischen Ausbeutung auftretenden vormarxschen Sozialisten dadurch, daß sie die Ewigkeit der kapitalistischen Ausbeutergesellschaft bestreitend, ihre Entstehung und Überwindung nachzuweisen suchten. Marx widmet „Owens historischer Auffassung der industriellen (kapitalistischen) Produktion" zwei Seiten in den Grundrissen und zitiert aus dessen 1837 in Manchester gehaltenen Vorlesungen.

Owen begreift den Prozeß der Konzentration der Produktion und Akkumulation von Kapital als den Prozeß der Trennung des Produzenten von seinen Produktionsmitteln und der Herausbildung sowohl der Kapitalisten- wie der Arbeiterklasse. Er begreift die neue Stufenleiter, welche durch das „neue chemische und mechanische Manufaktursystem" in der Produktion erreicht wurde und spricht im gleichen Atem davon, daß solche Veränderungen durch den natürlichen Lauf der Dinge bewirkt werden und „*vorbereitende und notwendige Stufen zu der großen und wichtigen sozialen Revolution*, die im Fortschritt ist", bilden.[30]

Während Owen die Produktion des Reichtums als Selbstzweck kritisierte und die historischen Schranken der kapitalistischen Produktion sah, seine Kritik

[29] K. Marx, Das Kapital. Erster Band, Nachwort zur zweiten Auflage, in: MEW, Bd. 23, a. a. O., S. 20.

[30] Vgl. K. Marx, Grundrisse der Kritik der Politischen Ökonomie, a. a. O., S. 602.

des Kapitalismus also auf die soziale Revolution hinauslief, ging der zur ricardianischen Sozialistenschule zu rechnende Thomas Hodgskin nicht so weit. Er sah, daß „Profit die Grenze der Produktion“ bildet. Damit deutete Hodgskin an, daß das Kapital als Schranke der Produktion wirkt [31] und kommt dem Gesetz der sinkenden Profitrate auf die Spur.[32] Hodgskin hat das Wesen des Kapitals tiefer als andere ricardianische Sozialisten als Ausbeutungs- und Machtverhältnis erkannt und den Anspruch der „lebendigen Arbeit“ gegen die „tote Arbeit“ im Interesse des Proletariats geltend gemacht. Hodgskin beschränkte sich auf die theoretische Aufklärung der Arbeiter in Wort und Schrift,[33] lehnte es aber ab, an den politischen Kämpfen der Arbeiterbewegung teilzunehmen.

Robert Owen wie sein Schüler William Thompson wirkten ebenso als theoretische Kritiker des Kapitalismus wie als Agitatoren und Organisatoren innerhalb der aufblühenden Arbeiterbewegung. Die Schranke der kapitalistischen Produktion sah Thompson in ihrer Hemmung der Entwicklung der Produktivkräfte. Der ehemalige Fabrikant von New Lanark, Robert Owen, opferte sein Vermögen für die Gründung von Produktionsgenossenschaften; sie sollten ein erzieherisches Beispiel vergesellschafteter Produktion geben. William Thompson, der einstige irische Landlord, verwendete sein Vermögen zur Verbreitung des Owenismus, der „Neuen moralischen Welt“.[34]

In der noch stark kleinbürgerlichen Vorstellungswelt der englischen Arbeiterbewegung spielten die auf der Arbeitsgeldlehre von John Gray (1799—1850) und John Francis Bray beruhenden Projekte einer Warentauschbank eine Rolle. Mit Hilfe des in „Stundenzetteln“ ausgewiesenen Arbeitszeitaufwandes sollte der Austausch zwischen den in Produktionsgenossenschaften vereinigten kleinen Warenproduzenten bewirkt werden. Gegen diese, später von Proudhon aufgegriffene Warenproduktion ohne Geld, gegen die Aufhebung des — über Preisschwankungen sich durchsetzenden — Wertgesetzes ohne Aufhebung der Warenproduktion polemisierte Marx. Indem er eine „Philosophie des Elends“ an den Pranger stellte, betonte er den zum Sozialismus weisenden Charakter der früheren Arbeitsgeldphantasien, besonders von Bray.[35]

In einer Zeit „der Vulgarisierung und Ausbreitung der Ricardoschen Theorie“ konnte es nicht ausbleiben, daß die aus Ricardos Schrift ihre Angriffswaffen

[31] Vgl. ebenda, S. 319.

[32] Vgl. K. Marx, Theorien über den Mehrwert. Dritter Teil, in: MEW, Bd. 26.3, Berlin 1968, S. 307.

[33] 1827 erschien seine „Popular Political Economy“. 1825 hatte er unter dem Pseudonym „A Labour“ die von Marx später sehr gelobte Schrift „Labour defended against the Claims of Capital“ veröffentlicht.

[34] Hauptwerk des utopischen Kommunisten Robert Owen, zuerst 1836—1844 in sieben Bänden veröffentlicht unter dem Titel „The Book of the New Moral World“.

[35] Vgl. K. Marx, Grundrisse der Kritik der Politischen Ökonomie, a. a. O., S. 690.

gegen die „Ansprüche des Kapitals“ entnehmenden Sozialisten nicht nur Smith und Ricardo wegen ihrer theoretischen Rechtfertigung des Kapitalismus angriffen, sondern ebenso die bereits gewonnene politökonomische Erkenntnisse in Frage stellenden und verfälschenden Vulgärökonomen. Das Wertgesetz, vor allem aber das Mehrwertgesetz, bildete den soliden theoretischen Boden, von dem aus die ricardianische Sozialistenschule ihre Gefechte führte.

Owen, Bray und Hodgskin polemisierten gegen das angebliche Malthussche Bevölkerungsgesetz. Sie machten geltend, daß im Kapitalismus die Dinge auf den Kopf gestellt werden, indem die Bedürfnisse des Kapitals das Bevölkerungswachstum zu bestimmen suchen, obwohl das Wachstum der Bevölkerung in einer richtig geleiteten Wirtschaft wachsende Arbeitserträge ermögliche, da ja nur die lebendige Arbeit und nicht die im Kapital angehäufte Arbeit Wert schaffe. Damit wandten sie sich gegen die Produktionsfaktorentheorie von Mill und Say sowie gegen Bastiat, demzufolge das Kapital an sich produktiv sei. Das Feuer polemischer Kritik richtete Bray im Zusammenhang mit Malthus' Bevölkerungslehre auch gegen die aristokratische Realisierungstheorie von Malthus, der den parasitären Grundeigentümern das Primat der Konsumtion bei angeblich gleichzeitig abnehmendem Bodenertrag zusprach.

Für Marx standen bei der Gewinnung der theoretischen Grundlagen seiner ökonomischen Lehre die Ideen Saint-Simons und Fouriers im Vordergrund, bei ihrer späteren Ausarbeitung rückten die Ausführungen der englischen utopischen Sozialisten in sein Blickfeld.

Kapitel 6

Saint-Simons Auseinandersetzung mit den Ideen Adam Smith'

Die französischen utopischen Sozialisten haben sich in ihren Werken nicht zuletzt auch mit der zeitgenössischen politischen Ökonomie beschäftigt. Saint-Simon setzte sich in seinem 1817/18 erschienenen Werk „Die Industrie" an zwei Stellen mit der politischen Ökonomie, so wie sie von Adam Smith erarbeitet worden war, auseinander. Smith' 1776 in England veröffentlichtes Hauptwerk „Wealth of Nations" war 1802 erneut in Paris herausgekommen, und seine Hauptgedanken waren 1813 von Jean-Baptiste Say (1767—1832) in zwei Bänden systematisch dargelegt worden. Saint-Simon kannte das Hauptwerk Ricardos offensichtlich nicht, da es erst 1819 erstmalig in französischer Übersetzung erschien.

Als aber in der Periode der auch in Frankreich durchbrechenden kapitalistischen Industrie und anbrechenden industriellen Revolution zwischen 1820 und 1830 „wissenschaftliche Lebendigkeit auf dem Gebiet der politischen Ökonomie"[1] auflebte, hatte Saint-Simon bereits von der Untersuchung der Beziehung von Politik und Ökonomie abgelassen und sich Fragen der Organisation einer neuen Gesellschaft und der ihr adäquaten Moral zugewandt. Die für ihn in Adam Smith kulminierende politische Ökonomie interessierte ihn nicht mehr. Fourier aber, dessen Hauptwerk vier Jahre nach dem Tode Saint-Simons erschien, vier Jahre auch nach Ausbruch der ersten Überproduktionskrise des nunmehr ausgereiften Kapitalismus, kannte und bekämpfte Ricardo als Haupt einer Schule von Ökonomen, die er der Phantasterei und des Irrtums, der Lüge und der Heuchelei bezichtigte.

Interessant ist, daß beide Denker meinten, die empfohlene „Mäßigung" sei der Tod jeder wahren Veränderung der Gesellschaft. Saint-Simon setzte sich mit der politischen Ökonomie im Zusammenhang mit der notwendigen Beendigung der noch unvollendeten französischen Revolution von 1789 auseinander. „Wir treten in eine der ganzen Menschheit gemeinsame Revolution ein."[2] Saint-Simon erkannte, daß „die Menschen der letzten Klasse, die mit der heraufkommenden

[1] Vgl. K. Marx, Das Kapital. Erster Band, Nachwort zur zweiten Auflage, in: MEW, Bd. 23, Berlin 1962, S. 20.

[2] C.-H. de Saint-Simon, Ausgewählte Schriften, Berlin 1977, S. 195.

Industriebourgeoisie verbundenen Volksmassen, durch ihre Unwissenheit wie durch ihre Interessen am stärksten dahin getrieben wurden, sich ihr (der revolutionären Leidenschaft) hinzugeben. Der Drang nach Gleichheit wirkte dahin, die gesellschaftliche Organisation zu zerstören, die im Zeitpunkt seines Durchbruchs bestand". Saint-Simon stellte die Frage, „ob eine Revolution durch Leidenschaft oder durch Mäßigung beendet werden kann" und antwortete: „Nur einer Leidenschaft wohnt die Kraft inne, Menschen zu großen Anstrengungen zu bewegen. Die Mäßigung ist keine aktive Kraft." Sie fessele die Menschen an „Gewohnheiten, die unter der Willkürherrschaft theologischer Institutionen angenommen wurden". Jetzt aber würden die „freiheitlichen industriemäßigen Ideen und Einrichtungen" notwendig, „um der Gesellschaft als einigendes Band zu dienen". Und Saint-Simon führt an einen fingierten Adressaten gerichtet fort: „Ich meine, sehr geehrter Herr, daß alle Gedanken und Bemühungen sich auf ein einziges Ziel richten müssen, auf *die der Industrie günstigste Organisation.*" Erklärend fügte er hinzu, daß er Industrie „in einem ganz allgemeinen Sinn" auffasse, wonach sie „alle Arten nützlicher Arbeiten umfaßt", theoretische und praktische, manuelle und geistige, in sie eingeschlossen die Tätigkeit der politischen und ökonomischen Organisation der Produzenten.[3] Auf der „Suche nach einem allgemeinen Prinzip in der Politik", einem Prinzip für „ein neues System der politischen Organisation" stieß Saint-Simon zunächst auf „die Gelehrten, die Schriften über die politische Ökonomie verfaßt haben"; sie schienen ihm „die nützlichste Arbeit geleistet zu haben".[4] Saint-Simon zog es vor, sich auf Says systematische Zusammenfassung der Gedanken von Smith zu beziehen und vor allem auf seine philosophische Konzeption. „Die Darstellung der politischen Ökonomie von Herrn Say scheint mir das Buch zu sein, in dem die meisten zusammenhängenden positiven Ideen enthalten sind. Dieser mit Recht so berühmte Verfasser hat sich meiner Ansicht nach dem Ziel am meisten genähert, ohne es jedoch erreicht zu haben."[5]

Saint-Simon stellte den von ihm bewunderten großen Engländer in eine Reihe mit J. B. Say, dem Vulgarisator der Smithschen Ideen. Ja, er zog, wie wir noch sehen werden, aus guten Gründen den vulgären Ökonomen der französischen Industriebourgeoisie dem klassischen englischen Ökonomen der Manufakturperiode sogar vor. Nun war den Zeitgenossen Says der Unterschied zwischen klassischen und vulgären Elementen natürlich nicht bewußt, enthielt doch selbst das Werk Smith' verschiedene Wertauffassungen und sah auch Ricardo in den Auffassungen seines Freundes Malthus nur gegnerische, aber nicht unwissenschaftliche Ansichten. Selbst Marx und Engels machten in ihren Frühschriften noch keinen Unterschied zwischen Klassik und Vulgärökonomie.

[3] Vgl. ebenda, S. 196/197.

[4] Vgl. ebenda, S. 199.

[5] Ebenda, S. 119/200.

Über Say bietet sich jedoch ein erklärendes Wort der Einschätzung an. Say hatte die vulgärökonomische Wertkonzeption Smith', wonach der Wert des Produkts durch die Einkommen, d. h. durch die Summe von Lohn, Profit und Rente (v + m) abgedeckt wäre — Marx sprach von einem Smith unterlaufenen „närrischen Schnitzer" — zum Dogma erhoben und zum eigenen einkommens- und reproduktionstheoretischen Ansatz gemacht. Mit der Produktionsfaktorentheorie beteuerte Say die Naturnotwendigkeit und die Klassenharmonie des kapitalistischen Ausbeutungssystems. Mit seiner Realisierungstheorie leugnete er die Notwendigkeit zyklischer Überproduktionskrisen.[6]

Say hat — wir folgen Marx — einerseits das bei Smith durchlaufende Vulgärmoment vervollständigt und ausgebaut, erscheint aber andererseits „noch als Kritiker und parteilos — weil er in Smith die Gegensätze noch relativ unentwickelt findet", während spätere Apologeten sie einfach wegräsonieren. Marx billigte Say zu, daß er selbst „sich noch theoretische Skrupel erlaubt" und „mehr oder minder an der Lösung der ökonomischen Probleme vom Standpunkt der Ökonomie mitarbeitet"[7]. Say habe wenigstens das Verdienst, Smith' Gedanken in eine gewisse Ordnung zu bringen.

Obwohl Say bei der ordnenden Systematisierung der Smithschen Ideen wie die klassischen Ökonomen von der Produktion ausging, und die Klassenbeziehungen auf ökonomische Beziehungen zurückführte, leitete er — wie Malthus und John Stuart Mill in England — den Vulgarisierungsprozeß der bürgerlichen politischen Ökonomie ein, ihren Übergang von der Untersuchung des inneren Zusammenhangs zur positivistisch-fetischistischen Hinnahme von Oberflächenerscheinungen.

Der gesellschafts- und ideengeschichtliche Entwicklungsprozeß macht es verständlich, daß die eingängigere Darlegungsweise des Systematisators und Vulgarisators des Smithschen Werkes in der Industrieperiode Frankreichs Saint-Simon verführte, sich auf Say zu stützen: „Herr Say überarbeitet die Ideen von Smith, klassifiziert sie mit mehr Methodik, gibt seiner Arbeit stärker, als der Schöpfer der Ideen es getan hatte, den Charakter einer *Lehre*, fügt den Betrachtungen, die Smith angestellt hatte, neue hinzu und benennt sein Werk: *Lehrbuch der politischen Ökonomie*."[8]

Saint-Simon zitiert eine ganze Seite aus der Sayschen Einleitung zu seiner Abhandlung über die politische Ökonomie, die beim französischen Publikum allgemein auf großes Interesse stieß und viele Nachauflagen erlebte. „Man sieht hier deutlich, daß Herr Say zwei Dinge unterscheidet und voneinander trennt: die Politik und die politische Ökonomie." Lange sei eben die Politik als „Wissenschaft von der Staatenverfassung" mit der politischen Ökonomie verwechselt worden — wie Say richtig gesagt habe. Sie lehre, wie die Reichtümer erzeugt,

[6] Vgl. K. Marx, Theorien über den Mehrwert. Erster Teil, in: MEW, Bd. 26.1, Berlin 1965, S. 75.

[7] K. Marx, Theorien über den Mehrwert. Dritter Teil, in: MEW, Bd. 26.3, Berlin 1968, S. 492.

[8] C.-H. de Saint-Simon, Ausgewählte Schriften, a. a. O., S. 249.

verteilt und verbraucht werden und sei von der Staatsorganisation unabhängig. „Andererseits wissen diejenigen, die sein Werk gelesen oder seine öffentlichen Vorlesungen gehört haben, welche Bedeutung er der Wissenschaft beimißt, die er abhandelt, und wie oft er wiederholt, daß sie allein der Moral und der Politik das gegeben hat, was die eine wie die andere an sicherer und positiver Erkenntnis besitzt."[9]

Saint-Simon wirft Say vor, er sei auf halbem Wege stehen geblieben, er trenne Politik und Ökonomie, ohne ihren Zusammenhang, den bestimmenden Einfluß der Ökonomie auf die Politik eindeutig festzustellen. „Dieser Widerspruch beweist, daß der Autor verschwommen und fast widerwillig gefühlt hat, daß die politische Ökonomie die wahre und einzige Grundlage der Politik bildet. Das hat er aber nicht sicher genug erkannt, da er es tatsächlich nur in den Einzelheiten seines Werkes zu verstehen gibt, aber in seinen allgemeinen Betrachtungen leugnet."[10]

Trotz der ungenügenden Konsequenz, mit der Say „in philosophischer Hinsicht einen Schritt weiter als Smith (geht)",[11] kommt Saint-Simon zu einem abschließenden anerkennenden Urteil: „Wie dem auch sei, seine Arbeit hat den allergrößten Dienst geleistet. Sein Werk enthält alles, was die politische Ökonomie bisher entdeckt und bewiesen hat; sie bildet gegenwärtig das *non plus ultra* dieser Wissenschaft in Europa."[12] Die auf die Gegenwart eingeschränkte Anerkennung erklärend fügte Saint-Simon in einer Fußnote hinzu: „Vor Smith hatte die im Kindheitsstadium befindliche politische Ökonomie sich geschickt als vermengt mit Politik und daher als Bundesgenosse der Regierungen angeboten. Durch die Macht der Wahrheit und durch die Autorität des gesamten Menschenverstandes stärker geworden, nahm sie schließlich einen offeneren und entschiedeneren Charakter an und erklärte sich von der Politik unabhängig." Von der Feststellung der Trennung der Politik von der politischen Ökonomie leitete Saint-Simon zu seinem Anliegen über, die politische Ökonomie beharrlich im Interesse der Entwicklung der Industrie (wie er sie verstand) geltend zu machen. „Noch ein wenig mehr Mut, ein wenig mehr Philosophie und bald wird die politische Ökonomie an den ihr gebührenden Platz gelangt sein. Zu Beginn hatte sie sich auf die Politik (des feudal-absolutistischen Regimes, *L. Z.*) gestützt, die Politik wird sich jedoch auf sie stützen oder sie wird vielmehr allein die ganze Politik ausmachen. Dieser Zeitpunkt ist nicht fern."[13]

Saint-Simon entnahm der politischen Ökonomie, die er von der alten — von Manufakturinteressen bestimmten — Politik völlig losgelöst wissen wollte, sieben Grundsätze einer industriemäßigen Politik.

[9] Ebenda, S. 201.

[10] Ebenda.

[11] Ebenda.

[12] Ebenda.

[13] Ebenda, S. 201/202 Anm.

„Die allgemeinsten und folglich wichtigsten Wahrheiten", die Adam Smith in seinem Werk dargelegt habe, faßte Saint-Simon in sieben Punkten zusammen.[14]

1. Die Produktion nützlicher Dinge als Ziel der Gesellschaft: „Die Produktion nützlicher Dinge ist das einzige vernünftige und positive Ziel, das die Staatsgesellschaften sich setzen können, und folglich ist das Prinzip *Achtung vor der Produktion und den Produzenten* unendlich viel fruchtbarer als das Prinzip: *Achtung vor dem Eigentum und den Eigentümern*."

2. *Verzicht der Regierungen auf die der Industrie schädliche Einmischung* in ihre Angelegenheiten und *Beschränkung auf ihre Bewahrung vor Störungen und Widerwärtigkeiten.*

3. *Das Recht der Produzenten auf gemeinsame politische Leitung der Gesellschaft.*

4. *Verurteilung des Kampfes der Menschen gegeneinander als produktionsschädigend.* „Die Menschen können niemals ihre Kräfte gegeneinander richten, ohne der Produktion zu schaden; Kriege, was auch immer ihr Ziel sein mag, schaden der ganzen Menschheit; sie schaden auch den Völkern, die Sieger bleiben."

5. *Ablehnung des* nur gewaltsam zu erlangenden und aufrechtzuerhaltenden, stets produktionsmindernden *Herrschaftsmonopols eines Volkes über andere Völker.*

6. *Verbreitung einer auf die Erweckung des Dranges zur Tätigkeit in der Produktion gerichteten Morallehre.*

7. *Ableitung zwischenmenschlicher Beziehungen aus gesellschaftlichen Gegebenheiten*; „da die ganze Gesellschaft ein gemeinsames Ziel und gemeinschaftliche Interessen hat, muß jeder Mensch in seinen gesellschaftlichen Beziehungen sich allein als Mitglied eines Unternehmens von Werktätigen (travailleurs) betrachten". Alle Menschen empfinden nämlich „Interessen, die auf die Erhaltung des Lebens und des Wohlstandes gerichtet sind, . . . die einzigen Interessen, bei denen sie beraten und gemeinsam handeln müssen, die einzigen Interessen, um die sich alle Politik drehen muß und die als einziger Maßstab für die Kritik aller Einrichtungen und aller sozialen Angelegenheiten angelegt werden sollte."[15]

Nachdem Saint-Simon die politische Ökonomie von der Politik, von den ihr zugrunde liegenden philosophischen Ideen des Individualismus und politischen Ideen des Liberalismus losgelöst hat, gelangt er zu einer Bestimmung des Gegenstandes der Politik, die er ebenso wie die Moral zu einer Wissenschaft erheben, das heißt „positiv" machen möchte. „Die Politik ist also, um das Gesagte in zwei Worten zusammenzufassen, *die Wissenschaft von der Produktion*, das heißt die

[14] Vgl. ebenda, S. 202/203.

[15] Ebenda.

Wissenschaft, deren Gegenstand die für alle Arten von Produktion günstigste gesellschaftliche Ordnung ist."[16]

Da die Bedingungen gesellschaftlicher Entwicklung sich ändern und damit die einmal gegebene Möglichkeit für die günstigste Gesellschaftsordnung hinfällig wird und neue Bedingungen eine andere Gesellschaftsordnung als am günstigsten erscheinen lassen, ändern sich auch Ziel und Inhalt der Politik auf den verschiedenen Stufen der Entwicklung. Die Politik aber stützte sich immer auf die Erkenntnisse der politischen Ökonomie, einer von einer bestimmten Politik losgelösten politischen Ökonomie. Aus dieser Wissenschaft von den Gesetzen in Produktion, Verteilung und Verbrauch gewinne die Politik als Wissenschaft von der Produktion ihren konkreten Inhalt. Damit ist hier von Saint-Simon ein erster Schritt zum Verständnis der politischen Ökonomie im allgemeinen Sinne, als Wissenschaft von den ökonomischen Gesetzen der Produktion auf den verschiedenen Stufen ihrer Entwicklung, zu einer historischen Wissenschaft des Ökonomischen gemacht worden. Damit beginnt das Verständnis der politischen Ökonomie als Wissenschaft eines vermeintlichen Bereichs nur der Natur, sich in das Verständnis einer historischen Wissenschaft zu wandeln. Die politische Ökonomie der „neuen Gesellschaftsorganisation",[17] als die sich der Sozialismus erweisen wird, hat damit ihre Daseinsberechtigung angemeldet. Der utopische Sozialist Saint-Simon hat auch der ökonomischen Lehre des wissenschaftlichen Sozialismus die Bahn eröffnet und durch seine Lehre vom historischen Charakter des Eigentums und der Wandlung seiner Formen sowie seine These der politikbestimmenden, geschichtsbildenden Rolle der Produktion den nachgeborenen Denkern Marx und Engels Anknüpfungspunkte für ihre Ideen gegeben.

Saint-Simon verkündete: Mit der vom gemeinsamen Interesse aller bestimmten Zielsetzung der neuen Gesellschaft, das Glück aller zu organisieren, „bewegt sich die Politik von nun ab nicht mehr in einem leeren Kreis von Vermutungen, ist sie nicht mehr den Launen der Umstände ausgesetzt und ist ihr Schicksal nicht mehr an das einer Macht, einer Form, eines Vorurteils gebunden. Dann ist ihr Feld bekannt und wird ihre Funktionsweise richtig eingeschätzt. Von da ab hat die Wissenschaft von der Gesellschaft das ihr eigene Prinzip und wird endlich zu einer positiven Wissenschaft."[18]

Saint-Simon wendet sich an die „politischen Philosophen" mit der Frage, ob die bisher entdeckten Wahrheiten durch das von ihm entdeckte und dargelegte Prinzip „nicht eine neue Kraft, sozusagen eine neue Daseinsweise erlangen"[19]. Die von Saint-Simon an die Zeitgenossen gestellte Frage wurde erst von seinen Parteigängern in einer neuen Zeit — nach der Revolution von 1848 — beantwortet. Im Lichte des Marxismus nahmen später viele früher entdeckte

[16] Ebenda, S. 203.
[17] Vgl. ebenda, S. 381—399.
[18] Ebenda, S. 204.
[19] Ebenda.

Wahrheiten „eine neue Daseinsweise" an, wurden auf eine höhere Stufe der Erkenntnis und der regelnden Eingriffe in den Wirtschaftsablauf und des gesellschaftlichen Prozesses überhaupt gehoben.

Im Jahre 1818 veröffentlichte Saint-Simon den zweiten Teil seines Werkes „Die Industrie". In seiner „Suche nach einem allgemeinen Prinzip", nach einem „neuen System der politischen Organisation" kam er wieder auf die politische Ökonomie zu sprechen und erwartete von ihr die größte Hilfe unter allen Wissenschaften. Noch galt für ihn: „Unter all denen, die an das Werk mit Hand angelegt haben, scheinen mir die Gelehrten, die Schriften über die politische Ökonomie verfaßt haben, die nützlichste Arbeit geleistet zu haben."[20] Die Grundsätze der Industrie, sagt Saint-Simon jetzt, „lassen sich auf den verschwommenen Wunsch zurückführen, gut, das heißt in einer den Interessen gemäßen Art regiert zu werden. Aber offensichtlich kann dieser Wunsch ohne Erkenntnis der Mittel, wie im Interesse der Industrie zu regieren sei, zu nichts anderem als zu einem bloß kritischen (statt einem aufbauenden, organisierenden — *L. Z.*) Verhalten führen.

Die Grundsätze, die den Stadtgemeinden so lange gefehlt haben, wurden schließlich von dem unsterblichen *Smith* entwickelt. Denn diese Grundsätze stellen nichts anderes als die allgemeinen Wahrheiten dar, die sich aus der Wissenschaft der politischen Ökonomie ergeben.

Seit über vierzig Jahren beschäftigen Männer, die sehr große Verdienste haben, sich ausschließlich mit diesen Grundsätzen: Einerseits nehmen sie die Arbeit in Angriff und andererseits bereiten sie das gesellschaftliche Denken darauf vor, diese wichtige Neuerung günstig aufzunehmen, sich dazu zu verstehen, in absolut derselben Weise über Staatsangelegenheiten wie über Angelegenheiten zu beraten, die für den einzelnen von Interesse sind und eine nationale Vereinigung als ein Industrieunternehmen anzusehen, das die Aufgabe hat, jedem Mitglied der Gesellschaft — im Verhältnis zu seinem Einsatz — so viel Wohlstand und Wohlbefinden wie möglich zu verschaffen. Man kann den Scharfsinn nur bewundern, den die gelehrten Ökonomen bei dieser Arbeit entfaltet haben und die Ausdauer, mit der sie uns einen völlig neuen Weg zu Glück und Freiheit gebahnt haben." Saint-Simon nennt die von Smith durch Verallgemeinerung seiner Ideen geschaffene politische Ökonomie „eine Wissenschaft, die sich auf die Kunst gründet, Reichtum zu erwerben".[21]

Und offensichtlich so unmerklich und bescheiden, wie Saint-Simon es bei Smith erlebte, sucht er selbst seinem Anliegen durch eine eigenwillige Interpretation der Smithschen Gedanken Gehör zu verschaffen. „Smith hatte die Wissenschaft, die er geschaffen, geschickt und sehr bescheiden in die Welt eingeführt. Er hatte sie als ein Mittel zur Bereicherung der Regierungen dargestellt und als zweitrangige Wissenschaft, als Hilfsmittel, als eine von der Politik abhängige Wissenschaft

[20] Ebenda, S. 199.
[21] Ebenda, S. 247.

angekündigt."[22] Bei der Behandlung der Warenproduktion hatte er in der Tat stillschweigend das Kapital und die Lohnarbeit unterstellt, was ihn zum Ökonomen der Manufakturperiode machte, der unmittelbaren Vorstufe des entwickelten Kapitalismus. Saint-Simon bewunderte die produktiven Potenzen der Industrie, während er die mit der Herrschaft des Kapitals verbundene Bereicherungssucht und politische Willkür verabscheute und bekämpfte. In Smith glaubte er einen Bundesgenossen zu erkennen.

Im England des beginnenden 19. Jahrhunderts hatte die Fabrik ihren Siegesmarsch angetreten, war die industrielle Revolution in vollem Gange, bestanden vorherrschend bürgerliche Regierungen, die eine Politik der Förderung der kapitalistischen Industrie betrieben. Anders in Frankreich. Die französische Metall- und Textilindustrie hatte sich — begünstigt durch die von den Napoleonischen Eroberungskriegen erzeugte Nachfrage — entwickelt; die Politik aber hatte nicht ihren Fortschritt, sondern den Vormarsch der Napoleonischen Heere zum Ziel. Nach 1815 galt das Interesse der Regierung, in die sich verbürgerlichte Feudalkräfte und die mit ihnen verfilzte Finanzbourgeoisie teilten, einerseits der Restauration vergangener feudaler Herrschaftsstrukturen und andererseits der Begünstigung der neuen Finanzaristokratie. Industrie- und Handelsbourgeoisie blieben außerhalb der politischen Machtstruktur. Gegen eine der Industrie schädliche Politik wollte Saint-Simon die politische Ökonomie als Waffe eingesetzt sehen. An die Stelle einer Regierung mit „militärischem Charakter", das heißt einem auf Eroberung ausgehenden „räuberischen" Charakter, möchte Saint-Simon eine Regierung mit „industriellem", das heißt „friedliebendem" Charakter gesetzt sehen. Saint-Simon dehnte den Gegenstand der politischen Ökonomie aus. Adam Smith war es um die Aufdeckung der gesetzmäßigen Zusammenhänge und realen Beziehungen der durchbrechenden kapitalistischen Produktionsweise zu tun gewesen. Er hielt es für notwendig, aus den gewonnenen Einsichten politische Schlußfolgerungen (im Sinne des politischen und ökonomischen Liberalismus) zu ziehen. Von all dem war bei Saint-Simon keine Rede, empfahl er doch im gleichen Jahr dem ihm verbundenen liberalen Kampfgefährten Charles Dunoyer, das Losungswort Liberalismus durch das treffendere Schlagwort „Industrialismus"[23] („Alles für die Industrie, alles durch die Industrie") zu ersetzen (der Schriftenfolge „Die Industrie" (1817/18) vorangestelltes Motto: „Tout pour l'industrie; tout par elle"[24]). Saint-Simon hatte die Industrie im allgemeinen Sinne, die in ihr liegende Potenz, allen Mitgliedern der Gesellschaft ein menschenwürdiges Dasein zu gewährleisten, im Blickfeld, eine Industrie, die auf den von allen Produzenten bewußt zu gestaltenden Arbeitsbeziehungen beruht. „Alles durch die Industrie", das heißt durch alle an ihr

[22] Ebenda, S. 249.

[23] Vgl. ebenda, S. 374.

[24] Oeuvres de Claude-Henri de Saint-Simon. Tome I (Vol. 2), editions anthropos, Paris 1966, S. 17, Titelblatt.

Beteiligten — so aber wollten die wirklichen Industriellen, Fabrik- und Bankherren, die Industrie nicht aufgefaßt wissen. Sie wollten, Liberale, die sie waren, die Industrie dem „freien Spiel der Kräfte" im Konkurrenzkampf überantworten und nicht den auf das Wohl aller gerichteten Organisationsbestrebungen der „Industriellen" im Sinne Saint-Simons. Als dieser ihnen auch Grundsätze einer neuen Moral der Gemeinsamkeit anstelle der kapitalistischen Wolfsmoral in Aussicht stellte, entzog die Mehrheit seiner Gönner, durch deren finanzielle Hilfe die Veröffentlichung seiner Schriften in Einzellieferungen unter dem Sammelnamen „Die Industrie" ermöglicht worden war, ihm unter öffentlich bekundetem Protest ihre moralische und finanzielle Unterstützung.

Smith hatte die Förderung der schon zum Durchbruch gekommenen kapitalistischen Produktionsweise als allgemein menschliche, natürliche, ewig währende im Auge. Saint-Simon aber richtete den Blick nicht auf die Gegenwart, die ihm keine Erfüllung der Forderungen der Revolution auf Freiheit, Gleichheit und Brüderlichkeit verhieß, sondern wollte in die Zukunft vorstoßen, zur Beherrschung der „Kunst" der Erwerbung von Reichtum durch alle und für alle. Hier trennten sich die Geister: Saint-Simons bürgerliche Mäzene ließen ihn im Stich, die bürgerliche politische Ökonomie konnte ihm in seiner Berufung auf ihre „Grundsätze" nicht folgen. Sie diente und sie wollte der kapitalistischen Industrie dienen. Saint-Simons Anliegen war das „salut public", das schon der Robespierresche Wohlfahrtsausschuß verfolgt hatte. Saint-Simon hatte mit seiner „Industrie" eine vom Humanismus getragene Bewegung zur Schaffung einer neuen Gesellschaftsorganisation im Sinn.

Gemeinsam sind Smith und Saint-Simon die Kritik am Feudalregime. "Das Buch von Smith bildete die stärkste, unmittelbarste und vollständigste Kritik, die jemals am Feudalregime geübt worden ist: Jede Seite des Buches enthielt den Beweis, daß die Gemeinden oder die Industrie verschlungen wurden von diesem Regime, das ihnen in keiner Beziehung von Nutzen war und daß die Regierungen, so wie sie eingerichtet waren, die Völker ständig zu ruinieren suchten, da sie immer nur konsumierten, während das einzige Mittel sich zu bereichern, darin besteht, zu produzieren."[25] Smith' Werk konnte von Saint-Simon „als ein Beweis betrachtet werden, daß es für die Völker notwendig ist, die Grundsätze und den Charakter ihrer Regierungen zu verändern, wenn sie aufhören wollen, im Elend zu leben und wenn sie sich des Friedens und der Früchte ihrer Arbeit erfreuen wollen"[26]. Die Nation müsse so wie jeder einzelne Fabrikant vorgehen, das Nationalbudget müsse „nach denselben Grundsätzen gestaltet werden, wie das Privatbudget einer beliebigen Industriefirma"[27]. Die Privatökonomie wird zur Gesellschaftsökonomie, der Kampf der Interessen aller gegen alle zum großen gemeinsamen Interesse der Arbeitenden an ihrem Produkt und seiner gerechten

[25] C.-H. de Saint-Simon, Ausgewählte Schriften, a. a. O., S. 248.

[26] Ebenda.

[27] Ebenda.

Verteilung entsprechend der Leistung des einzelnen. Was bei Smith wohlgemeinter Wunschtraum ist, bloße Deklaration, Glaube an die Harmonie individuell verfolgter Interessen, ist für Saint-Simon eine reale Herausforderung der Gesellschaft zur Gestaltung ihrer Zukunft im Interesse aller Arbeitenden.

„Jedem Mitglied der Gesellschaft — im Verhältnis zu seinem Einsatz — so viel Wohlstand und Wohlbefinden wie möglich zu verschaffen" — so hatte Saint-Simon Adam Smith verstanden. Smith und nach ihm Ricardo verstanden aber unter „Einsatz" den Einsatz von Kapital, von vergegenständlichter Arbeit, und nicht von Arbeit als Lebensäußerung des Menschen.

„Sie (die Kapitalprofite — *L. Z.*)" — erklärte Smith — „sind indes vom Arbeitslohn ganz verschieden; sie richten sich nach ganz anderen Gesetzen und stehen in keinem Verhältnis zu der Größe und der Natur dieser angeblichen Arbeit der Aufsicht und Leitung. *Sie richten sich ganz nach dem Werte des auf-aufgewendeten Kapitals* und sind je nach der Größe des Kapitals größer oder kleiner."[28] Es stört Smith nicht, daß das so formulierte Gesetz des Durchschnittsprofits auf den ersten Blick dem Wertgesetz widerspricht, wonach der Mehrwert (gleich Profit bei Smith), das heißt die unbezahlte Surplusarbeit der Arbeiter, nicht größer ist, weil das angewandte Kapital insgesamt größer ist, sondern nur sein variabler Bestandteil. „A. Smith", bemerkte Marx, „setzt das ganz naiv gedankenlos hin, ohne die entfernteste Ahnung des vorliegenden Widerspruchs."[29]

Auch Ricardo, äußerte Marx, „unterstellt *eine allgemeine Profitrate* oder einen *Durchschnittsprofit von gleicher Größe* für verschiedne Kapitalanlagen von gleicher Größe oder für verschiedne Produktionssphären, worin Kapitalien von gleicher Größe angewandt werden — oder, was dasselbe, Profit im Verhältnis zur *Größe* der in den verschiednen Produktionssphären angewandten Kapitalien"[30]. Marx zeigte, daß Ricardo die Bildung einer Durchschnittsprofitrate als selbstverständliche Voraussetzung seiner Untersuchung nimmt, statt nach ihrer Herausbildung in Übereinstimmung mit der Bestimmung des Wertes durch die Arbeitszeit zu fragen.

Hier bleibt auch Ricardo an der Oberfläche der Erscheinungen der kapitalistischen Produktionsweise haften, nimmt sie als naturgegeben und keiner Erklärung bedürftig hin. Auch er als der hervorragendste unter den Wortführern der klassischen Ökonomie, bleibt, „wie es vom bürgerlichen Standpunkt nicht anders möglich ist, mehr oder weniger in der von ihnen aufgelösten Welt des Scheins befangen" und fällt „mehr oder weniger in Inkonsequenzen, Halbheiten und ungelöste Widersprüche"[31].

[28] Zitiert nach K. Marx, Theorien über den Mehrwert. Erster Teil, in: MEW, Bd. 26.1, a. a. O., S. 62.

[29] Ebenda, S. 63.

[30] K. Marx, Theorien über den Mehrwert. Zweiter Teil, in: MEW, Bd. 26.2, Berlin 1967, S. 171.

[31] K. Marx, Das Kapital. Dritter Band, in: MEW, Bd. 25, Berlin 1964, S. 838.

Saint-Simon interpretiert Adam Smith auf eine ihm am Herzen liegende Weise. Er legt die Grunderkenntnis der Ökonomie, daß nur die Arbeit Wert und Reichtum schaffe, seinen Betrachtungen zugrunde und gelangt zu der Forderung nach einer der aufgewandten (lebendigen und toten) Arbeit entsprechenden Verteilung des Produkts, der Verteilung nach dem Talent, nach der Leistung, wobei nicht nur dem Arbeitenden, sondern auch dem Einbringer von Kapital ein Anteil zuzubilligen sei.

Smith hatte zum Beispiel gesagt: „Sicherlich kann keine Gesellschaft gedeihen und glücklich sein, deren Mitglieder zum allergrößten Teil in Armut und Elend leben. Es ist weiterhin nicht mehr als recht und billig, daß diejenigen, die den gesamten Volkskörper mit Nahrung, Kleidung und Wohnraum versorgen, einen derartigen Anteil am Produkt ihrer eigenen Arbeit erhalten, daß sie sich selbst einigermaßen gut ernähren, kleiden und unterbringen können."[32] Damit hatte Smith aber nur die Bestimmung des Lohnes durch die Reproduktionskosten der Arbeitskraft oder — um mit Marx zu sprechen — durch den Wert der Ware Arbeitskraft zum Ausdruck gebracht. Aber Saint-Simon zog aus solchen Ausführungen die Schlußfolgerung, daß jeder nach seinem Einsatz an Arbeit an den Früchten seiner Arbeit teilhaben solle. Er gelangte so zu seinem Prinzip der Verteilung des Produkts der Arbeit nach der Leistung.

Smith hatte die Freiheit des Individuums gefordert, es solle nach Gutdünken, das heißt in seinem eigenen Interesse, über sein Eigentum verfügen, da dies allen zum Wohl gereiche. „Ohne irgendeinen gesetzlichen Eingriff werden die Menschen also durch ihre privaten Interessen und Leidenschaften dazu geführt, das Kapital jeder Gesellschaft auf all die verschiedenen bei ihr betriebenen Beschäftigungen so genau wie möglich im Verhältnis zu dem der gesamten Gesellschaft am meisten angemessenen Interesse aufzuteilen und zu verteilen."[33]

Smith sagte in seiner Polemik mit dem Arzt Quesnay, daß dieser sich ganz richtig vorgestellt habe, daß der Staatsorganismus „nur bei einer gewissen genau bestimmten Diät, bei der strengen Diät vollkommener Freiheit und vollkommener Gerechtigkeit, blühen und gedeihen könne. Es scheint, daß er nicht in Erwägung zog, *wie in dem Staatskörper das natürliche Bestreben jedes Menschen, seine Lage zu verbessern, ein Prinzip der Selbsterhaltung* ist, wodurch die schlimmen Folgen einer parteiischen und drückenden Staatswirtschaft mannigfach abgewendet und erleichtert werden können"[34].

Wenn selbst ein solches Staatswesen „den natürlichen Fortschritt einer Nation zu Reichtum und Wohl"[35] nur aufzuhalten, aber nicht gänzlich zu hemmen

[32] A. Smith, Eine Untersuchung über das Wesen und die Ursachen des Reichtums der Nationen. In drei Bänden. Hrsg. P. Thal, Bd. 1, Berlin 1963, S. 103/104.

[33] Ebenda, Bd. 2, Berlin 1975, S. 438.

[34] A. Smith, Untersuchung über das Wesen und die Ursachen des Nationalreichtums, deutsch mit Anmerkungen von M. Stirner, Bd. 2, Leipzig 1846/1847, S. 348/349.

[35] Vgl. ebenda, S. 349.

vermag, wieviel gedeihlicher würde die Entwicklung verlaufen, wenn alle Hemmungen entfielen. „Räumt man also alle Begünstigungs- oder Beschränkungssysteme völlig aus dem Wege, so stellt sich das klare und einfache System der natürlichen Freiheit von selbst her. Jeder Mensch hat, solange er nicht die Gesetze der Gerechtigkeit übertritt, vollkommene Freiheit, sein Interesse auf seine eigene Weise zu verfolgen und seine Industrie sowohl als sein Kapital mit der Industrie und den Kapitalien anderer Klassen von Leuten in Konkurrenz zu bringen . . . Nach dem Systeme der natürlichen Freiheit hat das Staatsoberhaupt nur drei Pflichten zu beobachten, drei Pflichten freilich, die höchst wichtig, aber die auch ganz einfach und für den gemeinen Menschenverstand faßlich sind. Die erste ist die Pflicht, die Gesellschaft gegen die Gewalttätigkeiten und Angriffe anderer unabhängiger Gesellschaften zu schützen; die zweite die Pflicht, jedes einzelne Glied der Gesellschaft gegen die Ungerechtigkeit oder Unterdrückung jedes anderen Gliedes derselben so viel als möglich zu schützen, das heißt, die Pflicht, eine genaue Rechtspflege aufrechtzuerhalten; die dritte Pflicht endlich ist die, gewisse öffentliche Werke und Anstalten zu errichten und zu unterhalten, deren Einrichtung und Unterhaltung niemals in dem Interesse eines Privatmannes oder einer kleinen Zahl von Privatleuten liegen kann, weil der Gewinn daran niemals einem Privatmanne oder einer kleinen Zahl von Privatleuten Entschädigung gewähren würde, obgleich er eine große Gesellschaft oft mehr als schadlos hält."[36]

Wenn Adam Smith dem Staat die Funktionen der Verteidigung nach außen und des Schutzes der freien kapitalistischen Tätigkeit nach innen zusprach, so erforderte diese Gewährleistung der Bedingungen für die kapitalistische Tätigkeit der Privatleute eine gewisse wirtschaftliche Betätigung des Staates; er hat die vom Privatkapital mangels Verwertung in Produktion und Versorgung mit Dienstleistungen gelassenen Lücken zu füllen und damit Bedingungen der Kapitalverwertung oder der Mehrung des „Reichtums der Nation" zu verbessern oder gar zu schaffen. Aber wie anders als von Smith beabsichtigt, legte Saint-Simon dessen Gedanken aus. „Das gesellschaftliche Denken" solle sich „dazu verstehen, in absolut derselben Weise über Staatsangelegenheiten wie über Angelegenheiten zu beraten, die für den einzelnen von Interesse sind und eine nationale Vereinigung als ein Industrieunternehmen anzusehen, das die Aufgabe hat, jedem Mitglied der Gesellschaft — im Verhältnis zu seinem Einsatz — so viel Wohlstand und Wohlbefinden wie möglich zu verschaffen"[37]. Smith hatte mit dem Aufzeigen von ökonomischen Gesetzen für den Arbeitslohn wie für das Kapital die engen Grenzen möglichen Wohlstandes für die Arbeitenden und die sich ständig erweiternden Möglichkeiten der Vermehrung des Kapitalreichtums gezeigt. Ricardo arbeitete den Gegensatz von Kapital und Arbeit klar heraus. Saint-Simon jedoch sah in den von Smith verkündeten Grundsätzen keine

[36] Ebenda, S. 364/365.

[37] C.-H. de Saint-Simon, Ausgewählte Schriften, a. a. O., S. 247.

Widerspiegelung der tatsächlichen Bewegungszusammenhänge des Kapitals in seinem Gegensatz zur Arbeit, sondern faßte sie als Grundsätze, die in einer näheren oder ferneren Zukunft im Leben der Gesellschaft zu verwirklichen wären, moralische Postulate also statt ökonomischer Gesetzesanalyse.

Wir haben hier ein Beispiel, in welcher Weise ein Denker an „vorgefundenes Gedankenmaterial" (Engels) anknüpft. Die vom bürgerlichen Klassenstandpunkt gewonnenen Einsichten Smith' legte der Vertreter der zunächst noch mit den Interessen der Bourgeoisie zusammenfallenden Volksinteressen, der Repräsentant des in Auflösung begriffenen Dritten Standes der Revolution, im Interesse des arbeitenden Volkes aus. Im Gegensatz zwischen Smith und Saint-Simon wiederholt sich der Gegensatz zwischen Gironde- und Montagne-Partei der Revolutionsjahre in Frankreich, zwischen ökonomisch begriffener und sozial verstandener Freiheit, zwischen Freiheit und Gleichheit im formalen juristischen Sinne und wirklicher, im Leben zu verwirklichender Freiheit und Gleichheit der Menschen. Smith forderte Konkurrenz der Eigentümer und Profitinteressen und den sie schützenden „Nachtwächterstaat"; Saint-Simon berief sich auf Smith, ersetzte aber die Konkurrenz feindlicher Interessen durch die Gemeinsamkeit der Interessen aller Arbeitenden an einer wohlorganisierten Produktion und einer gerechten Verteilung; er sah das Ziel des „Gewerbefleißes" nicht im Gewinn und Wohl der Privateigentümer, sondern im gesellschaftlich organisierten Wohl aller Mitglieder der Gesellschaft. Die von der Bourgeoisie erhobene Forderung, durch die Entsendung gewählter Vertreter ins Parlament über das Staatsbudget mit zu entscheiden, verallgemeinerte Saint-Simon zu einer allseitigen Mitentscheidung aller Gesellschaftsangehörigen in allen gemeinsamen Angelegenheiten. Er meinte, die despotischen Regierungen hätten ihre eigenen Interessen mißverstanden, wenn sie, wie die französische Restaurationsregierung, das Werk von Smith übersetzen ließen und Lehrstühle der politischen Ökonomie begründeten. „Auf diesen Lehrstühlen ist nachzuweisen, daß die Feudal- oder Militärregierung (die mehr oder minder für alle Völker Europas besteht) eine Regierung ist, die hinter dem Erkenntniszustand zurückbleibt, den Ruin der Völker bedeutet und ihnen in gar keiner Hinsicht von Nutzen ist, daß das Budget, das gemäß den Ansichten und Interessen dieser Regierung aufgestellt wird, absurd ist, daß das Budget einer Nation in der gleichen Weise gestaltet werden muß wie das einer Gesellschaft, die ein Industrieunternehmen gegründet hat, und daß eine Nation sich unbedingt organisieren muß, um eines dieser Ziele zu verwirklichen: Zu stehlen oder zu produzieren, d. h., daß eine Nation entweder einen militärischen oder einen industriellen Charakter haben muß . . ."[38]

Aber hatte Smith nicht gesagt: Selbst eine despotisch betriebene Staatswirtschaft „hält zwar den natürlichen Fortschritt einer Nation zu Reichtum

[38] Ebenda, S. 249/250.

und Wohl mehr oder weniger auf, aber sie ist doch nicht immer im Stande, ihn gänzlich zu hemmen oder gar rückgängig zu machen"[39].

Smith berief sich auf das sich durchsetzende natürliche System der Freiheit, Saint-Simon auf den historischen Fortschritt. Beide bekämpften das überlebte feudale Willkürregime — Smith im Namen des sich durchsetzenden Kapitalismus, Saint-Simon im Interesse der vom Kapital Unterdrückten und Ausgebeuteten. Marx umriß den Klassenstandpunkt Saint-Simons: „Man muß . . . nicht vergessen, daß erst in seiner letzten Schrift, dem ‚Nouveau Christianisme', St. Simon direkt als Wortführer der arbeitenden Klasse auftritt und ihre Emanzipation als Endzweck seines Strebens erklärt."[40] Wenn Marx in den vorangegangenen Schriften Saint-Simons „nur Verherrlichung der modernen bürgerlichen Gesellschaft gegen die feudale, oder der Industriellen und Bankiers gegen die Marschälle und juristischen Gesetzesfabrikanten der Napoleonischen Zeit" sah,[41] so schließt diese Feststellung nicht aus, daß Ansätze zu einer über die bürgerliche Gesellschaft hinausreichenden Gesellschaftskonzeption schon im Keime in früheren Schriften zu erkennen sind. Engels betonte in einer Fußnote, zu dieser recht scharfen Bemerkung sei Marx „inspiriert durch die Rolle der Ex-Saint-Simonisten unter dem zweiten Kaiserreich in Frankreich, wo gerade . . . die welterlösenden Kreditphantasien der Schule kraft der geschichtlichen Ironie sich realisierten als Schwindel auf bisher unerhörter Potenz". Marx habe später „nur mit Bewunderung vom Genie und enzyklopädischen Kopf Saint-Simons" gesprochen und hätte „bei der Überarbeitung des Manuskripts diese Stelle unbedingt modifiziert"[42]. Wenn Saint-Simon „in seinen früheren Schriften den Gegensatz zwischen der Bourgeoisie und dem in Frankreich eben erst entstehenden Proletariat ignorierte, wenn er den in der Produktion tätigen Teil der Bourgeoisie mit zu den travailleurs rechnete, so entspricht dies der Auffassung Fouriers, der Kapital und Arbeit versöhnen wollte, und erklärt sich aus der ökonomischen und politischen Lage des damaligen Frankreichs"[43].

So ist die von Saint-Simon den despotischen Regierungen angekreidete Verblendung eher auf seiner Seite zu sehen, verkannte er doch die auf die Förderung kapitalistischer Produktionsverhältnisse gerichtete Tendenz des Smithschen Werkes, wenn er meinte, daß „zur Erreichung des Ziels nur eines zu tun bleibt: die Kenntnis der politischen Ökonomie unter den Industriellen allgemein zu verbreiten. Man vermag kaum zuzugeben, was dennoch nur allzu wahr ist, daß eine so nützliche, der Industrie so unentbehrliche Wissenschaft wie die politische Ökonomie, eine Wissenschaft, die die ureigene Wissenschaft

[39] A. Smith, Untersuchung über das Wesen und die Ursachen des Reichtums der Nationen, deutsch mit Anmerkungen von M. Stirner, Bd. 2, a. a. O., S. 349.

[40] K. Marx, Das Kapital. Dritter Band, in: MEW, Bd. 25, a. a. O., S. 618.

[41] Vgl. ebenda.

[42] Ebenda, S. 619.

[43] Ebenda.

der Industrie ist, indessen die am wenigsten verbreitete unter allen Wissenschaften ist"[44].

In einem großen historischen Sinn hatte Saint-Simon hier, wenn auch nicht formal, recht: Die klassische bürgerliche Ökonomie diente der Festigung der von Saint-Simon verworfenen Gesellschaft des Egoismus und bloßen Privatinteresses. Aber in ihrer Fortführung und Vollendung, als auf die Überwindung des bürgerlichen engen Interessenhorizonts gerichtete proletarische politische Ökonomie, als marxistische ökonomische Theorie, bedarf die im Interesse aller geleitete und organisierte Industrie sehr wohl ihrer größten Verbreitung, ist die politische Ökonomie auch der von Saint-Simon befürworteten Industrie unentbehrlich.

[44] C.-H. de Saint-Simon, Ausgewählte Schriften, a. a. O., S. 250.

Kapitel 7

Fouriers Ansichten über die Ökonomen

Auch im Verhältnis Fouriers zur politischen Ökonomie liegen Wahrheit und Irrtum dicht beieinander. Fourier wollte Kapital und Arbeit in einer neuen Gesellschaft gerade deshalb versöhnen, weil er den zwischen ihnen bestehenden Gegensatz erkannt hatte. Diese Versöhnung erstrebte er nicht wie J. St. Mill und in dessen Fußtapfen wandelnde Reformisten auf der Grundlage des Kapitalismus, sondern in der von ihm vorgeschlagenen genossenschaftlich organisierten Wirtschaft, im System „ländlicher Assoziation".

Wie Saint-Simon wollte Fourier die Organisation und Leitung der Produktion im Rahmen der unmittelbaren gesellschaftlichen Vereinigung der Menschen auf die Erkenntnis der Wissenschaft begründen. Aber Saint-Simon suchte und fand im angesammelten Wissen der Menschheit gewisse Stützpunkte für seine Lehren: in den Naturwissenschaften und in der politischen Ökonomie. Die Geschichte der Naturwissenschaften führte ihn zu einer „Wissenschaft vom Menschen" als sozialem Wesen, die er zunächst „physico-politische Wissenschaft", „Physizismus" nannte.[1] Der politischen Ökonomie entnahm er — sie umfunktionierend — Grundsätze über die Arbeit, ihre Nützlichkeit und Produktivität, die Beziehungen in der Produktion und bei der Verteilung usw. Saint-Simon stützte sich also auf den langen Entwicklungsweg und erreichten Erkenntnisstand der (Natur-)Wissenschaften und forderte die Übertragung wissenschaftlicher Begriffsbildung, Methodik und Gesetzessuche auf die Gesellschaft.

Anders Charles Fourier. Ihm hatte das Leben weder ein systematisches Studium noch nützliche Begegnungen mit angesehenen Wissenschaftlern ermöglicht. Die Naturwissenschaften voll anerkennend, maß er die den Menschen in der Gesellschaft betreffenden Lehren unter dem Aspekt dessen, was sie für das Gedeihen und Glück der Menschheit erreicht hatten. Er fragte nicht nach wissenschaftlicher Aufgabe und Mitteln ihrer Lösung, sondern nach ihrem sozialen Inhalt und Ergebnis. Von der Wissenschaft verlangte er nicht nur die Erklärung des Bestehenden, sondern das Aufzeigen von Wegen erfolgreicher Veränderung. Daß es dazu der Aufdeckung von Gesetzen und Entwicklungs-

[1] Vgl. C.-H. de Saint-Simon, Ausgewählte Schriften, Berlin 1977, S. XLVII.

tendenzen bedurfte, war ihm nicht klar. Insofern stellen Saint-Simons historisches Herangehen an die Wissenschaft und die Ableitung einer neuen Wissenschaft aus der Einbeziehung des Menschen als sozialem Wesen einerseits und Fouriers brüske Ablehnung der „philosophischen Wissenschaften“ als unsozial, als unmenschlich und nichtsnutzig andererseits sich gegenüberstehende Standpunkte dar.

Hoffnungsvoll hatte sich Saint-Simon der ökonomischen Wissenschaft zugewendet und ließ offensichtlich enttäuscht wenig später von ihr ab. Von dem 1819 in französischer Sprache in Paris erschienen Werk Ricardos nahm er keine Notiz; die Angelegenheit hatte sich für ihn erledigt.

Ganz anders Fourier. Da er selbst in das Geschäftsleben und in den Ruin hineingetrieben worden war, hegte er schon sehr früh keine Illusionen mehr über die im Handel angeblich herrschende Freiheit, Gleichheit und Brüderlichkeit. Er wußte um die in ihm grassierende grenzenlose Selbstsucht und betrügerische Übervorteilung. Weit früher als seinem Zeitgenossen hatte die entstehende kapitalistische Gesellschaft sich ihm als Brutstätte von Armut und Elend entlarvt. Die Ökonomen zählte Fourier schon in seinem ersten 1808 erschienenen Werk zu den „Urhebern der unsicheren Wissenschaften“[2]. Fourier verurteilte, ja verfluchte die politische Ökonomie, weil sie die sozialen Übel, die unvermeidlichen Begleiterscheinungen und sozialen Folgen des freien Handels unwissentlich oder geflissentlich übersah. Gegen die von den „Schöpfern der unsicheren Wissenschaften“ verbreiteten Illusionen sprachen unmißverständlich die „Geißeln, von denen die Industrie der Gesellschaft befallen ist: Armut, Arbeitsmangel, Betrugserfolge, Seeräubereien, Handelsmonopol, Sklavenerobe-rung und schließlich so viel anderes Mißgeschick“. Für Fourier stand fest, daß die zuerst entwickelten „philosophischen Wissenschaften“ versagt hatten. „Nach der Katastrophe von 1793 waren alle Illusionen dahin, waren die Politik- und Moralwissenschaften gebrandmarkt und unwiderruflich um ihr Ansehen gebracht. Von da ab mußte man mutmaßen, daß von der gesamten gewonnenen Erkenntnis keinerlei Gedeihen zu erwarten wäre, daß das gesellschaftliche Wohlergehen in einer neuen Wissenschaft gesucht und dem politischen Geist neue Wege eröffnet werden müßten.“[3]

Sein gegen die „Philosophen“ erhobener Vorwurf lautete: „Die Politik- und Moralwissenschaften, die seit fünfundzwanzig Jahrhunderten bestehen, haben noch nichts für das Glück der Menschheit getan ... sie führten nur dazu, die Armut und Falschheit zu verewigen, die gleichen Geißeln in verschiedener Form wieder auferstehen zu lassen. Nach so vielen unfruchtbaren Versuchen, die Gesellschaftsordnung zu verbessern, bleibt den Philosophen nur die Verwirrung und Verzweiflung. Das Problem des öffentlichen Wohls ist für sie eine unüber-

[2] Vgl. Ch. Fourier, Ökonomisch-philosophische Schriften. Eine Textauswahl, Berlin 1980, S. 6.

[3] Ebenda, S. 7.

windbare Klippe, und zeigt nicht schon der Anblick der Armen, die die Städte füllen, daß der Strom der Aufklärung nur ein Strom der Finsternis ist . . . Die Vernunft hat, wie sehr sie ihre Fortschritte auch zur Schau stellte, so lange für das Glück der Menschheit nichts vollbracht, als sie dem Menschen nicht jenes soziale Wohlergehen, auf das sich alle Wünsche richten, verschafft hat."[4] Fourier kündigt schonungslos den bevorstehenden Zusammenbruch der vier unsicheren Wissenschaften an: der Metaphysik, der Moral, der Politik und der Ökonomie.[5]

Während Saint-Simon sich nur in seinem Werk „Die Industrie" explizite mit der politischen Ökonomie beschäftigte, sich aber durch die Weiterentwicklung der aus ihren Grunderkenntnissen über Produktion, Arbeit usw. gewonnenen Einsichten weiterhin implizite mit ihr auseinandersetzte, zieht sich bei Fourier die Beschäftigung und die kritische Auseinandersetzung mit den Ökonomen durch sein ganzes Werk. Er scheint sie ohne Abstriche als dem Armen feindliche, ihn erbarmungslos preisgebende „unsichere Wissenschaft" zu verdammen. In Wirklichkeit hat auch er ihr — wie zu zeigen sein wird — viele grundlegende Erkenntnisse zu verdanken.

Aus dieser ausdrücklich oder stillschweigend betriebenen Auseinandersetzung gewannen beide Denker sehr wesentliche Grundlagen für das von ihnen entworfene kritische Bild der kapitalistischen und für die visionären Umrisse einer künftigen harmonischen Gesellschaftsordnung. Es wird zu zeigen sein, daß die direkte, aber auch die indirekte Auseinandersetzung mit der bürgerlichen politischen Ökonomie einen entscheidenden Ansatzpunkt zum utopischen Sozialismus für Saint-Simon, eine Art Kontrapunkt zu Fouriers Einsichten, bildete.

Die von Fourier nicht zuletzt gegen die politische Ökonomie erhobenen Vorwürfe lassen sich in vier Gruppen gliedern. Die Ökonomen hätten

— den Fortschritt einseitig beurteilt;
— die gesellschaftlich-ökonomischen Beziehungen illusionär dargestellt;
— es unterlassen, die vorkapitalistischen Gesellschaftsformationen zu untersuchen;
— es versäumt, die sich aus der politischen Ökonomie ergebenden Schlußfolgerungen in Gestalt der Lehre von der Assoziation zu ziehen.

Den englischen Ökonomen und vor allem Smith und Ricardo warf Fourier vor, die Zivilisation (sprich bürgerliche Gesellschaft) mit dem Fortschritt zu identifizieren. Es bestünde aber ein Mißverhältnis zwischen dem technischen Entwicklungsgrad der Industrie und der gesellschaftlichen Stufe ihrer Anwendung Dem „industriellen Mechanismus" entspräche nicht der erforderliche „soziale Mechanismus". Aber die Zivilisation als Gesellschaftsstufe würde von der Wissenschaft nicht untersucht. „Diese Arbeit hätte erkennen lassen, daß sich lediglich die Industrie durch die Zivilisation vervollkommnet, aber die Lebensgewohnheiten infolge des Fortschritts der Industrie entarten. Um Wohlergehen zu erreichen,

[4] Ebenda, S. 22/23.
[5] Vgl. ebenda, S. 22.

muß man also einen anderen, einen solchen Gesellschaftsmechanismus entdecken, der auf die Gewohnheiten einwirkt und Wahrheit und Gerechtigkeit aus dem Fortschritt der Industrie erwachsen läßt."[6] Die dritte Entwicklungsphase der Zivilisation[7] wird verschwinden, und ihre vierte und letzte Phase wird, Fourier zufolge, in die Periode sozialer Garantien (den Garantismus oder die Halbassoziation) übergehen und die erste Phase der harmonischen sozietären, das heißt vergesellschafteten Ordnung bilden. Als zweite und dritte Entwicklungsstufe folgen der Sozialismus oder die einfache Assoziation und der Harmonismus oder die komplexe Assoziation. Indem Fourier die Dialektik einer solchen vierten Phase der Zivilisation und ihres „Widerparts im Garantismus"[8] entwickelt, umreißt er bereits 1829 erste vage Vorstellungen einer Übergangsperiode vom Kapitalismus zum Soziantismus, die Züge beider enthalten würde. (In anderem Zusammenhang werden wir auf das von Fourier benutzte Periodisierungskriterium, den Assoziationsgrad der Industrie als gewerbliche Produktionstätigkeit, näher eingehen.)

Fourier empörte die Betrachtungsweise der Ökonomen, welche die schreienden sozialen Gegensätze als naturgegeben, gesetzmäßig, unumstößlich, ewig andauernd hinnahmen und dabei vom Fortschritt der Vernunft sprachen. Das Gesetz des Fortschritts konnte er nicht als Fortschritt des menschlichen Geistes wie Condorcet ansehen, sondern nur als einen Fortschritt in der technischen Vervollkommnung der Industrie, als einen materiellen Fortschritt, hinter dem die Vervollkommnung der menschlichen Beziehungen, die Fortschritte in Politik und Moral, weit zurückbleiben.

Obwohl Fourier „die Zivilisation mit ihrem verlogenen Treiben und ihrer abstoßenden Produktionsweise *verkehrte* Welt und den Sozialismus (Soziantismus) *rechte* Welt" nennt, „da er sich auf Wahrhaftigkeit und eine anziehende Produktionsweise gründet", spricht er ihr eine positive Wirkung nicht ab. „Trotzdem spielt die Zivilisation in der Stufenfolge der Entwicklung eine bedeutende Rolle, denn gerade sie bringt die notwendigen Triebkräfte hervor, die der Assoziation den Weg bereiten: die Großproduktion, die theoretischen Wissenschaften und die schönen Künste."[9] Im Vordergrund steht aber ihre verheerende Auswirkung als von den Ökonomen gepriesenes Produktionssystem. „Der Industrialismus ist das jüngste unserer wissenschaftlichen Trugbilder; er besteht in der Sucht, ziellos zu produzieren, ohne irgendeine Methode der verhältnismäßigen Vergütung, ohne irgendeine Gewähr für den Produzenten oder Lohnempfänger, am Wachstum des Reichtums teilzuhaben. Daher beobachten wir,

[6] Ebenda, S. 226.

[7] Fourier unterscheidet fünf Perioden der bisherigen Entwicklung der Menschheit: die primitive Periode, Wildheit, Patriarchat, Barbarei und Zivilisation.

[8] Vgl. Ch. Fourier, Ökonomisch-philosophische Schriften, a. a. O., S. 227.

[9] Ch. Fourier, Oeuvres complètes, Bd. IV: Le monde industriel et sociétaire, S. 1—15, zit. bei J. Höppner/W. Seidel-Höppner, Von Babeuf bis Blanqui, Bd. 2, (Texte), Berlin 1975, S. 180 bis 190.

daß die industrialisierten Gebiete ebenso oder vielleicht noch stärker mit Bettlern übersät sind als von dieser Art Fortschritt verschonte Landstriche ... Darin besteht der erhabene Flug der Industrie zur Vervollkommnungsfähigkeit, und indessen kriechen alljährlich ein Dutzend neue Philosophien über den Reichtum der Nationen aus dem Ei: Wieviel Reichtum gibt es in den Büchern, wieviel Elend in den Hütten!"[10]

Wie unreal hat die politische Ökonomie nach Fourier die gesellschaftlichen Beziehungen der Menschen dargestellt, wenn sie vom „Reichtum der Nation" spricht. „Im Wohlstand lebt nur die durch Gold zusammengeschweißte Klasse. Dem Armen aber bleibt nur eine Garantie, und zwar wegen des geringfügigsten Vergehens gehängt zu werden, wie der elende Elissando aus Pau, der wegen Diebstahls eines Kohlkopfs zum Tode verurteilt wurde, zur gleichen Zeit, am gleichen Ort, wo ein Lieferant unbestraft dem Staat 76 Millionen stahl. Darauf beschränken sich die Garantien, welche die Philosophie für das Glück des Volkes und für die kluge Verwendung der ihm entrissenen Steuern auszudenken wußte. Das ist das Ergebnis der schönen Theorien unserer politischen Ökonomie über Verantwortung und andere Trugbilder wie Ausgewogenheit, Gegengewicht, Garantie, Gleichgewicht. All diese Theorien von großer Beredsamkeit sichern dem Volk nur ein Erbe aus Lumpen, Industriebagno, Galeeren und Galgen. Die politische Ökonomie und der Liberalismus sind nur bezüglich der Lumpen liberal; das ist alles, was das Volk ihrer Intervention verdankt. Wenn ihr noch daran zweifelt, so fragt nur die 230000 Armen in London, die fünf Millionen Armen in Irland, das nur $6^1/_2$ Millionen Einwohner zählt."[11]

Durch die Aufdeckung der schreienden sozialen Gegensätze entlarvte Fourier die Grundthese der bürgerlichen Ökonomie, daß die Mehrung des Reichtums in der kapitalistischen Produktion zu gesellschaftlicher Harmonie und größtmöglichem Glück der Nation führe, daß sie die einzig- und zugleich bestmögliche Gesellschaft sei. Indes — so Fourier — würden Hunger, Vernichtung von Produkten menschlicher Arbeit, Arbeitslosigkeit, Bettelei und Gaunerei, Siechtum und Hungertod vom „fehlerhaften Kreislauf" der „zivilisierten Industrie" zeugen.[12]

Aus der historischen Aufeinanderfolge verschiedener Gesellschaftsordnungen oder sozialer Systeme hatte Fourier die Gewißheit gewonnen, daß es notwendig und möglich sei, von der bürgerlichen zu einer sozial gestalteten „neuen industriellen und sozietären Welt" überzugehen. Aber: „Die Wissenschaft hielt es immer unter ihrer Würde, sich mit der Untersuchung der vier — als *Barbarei*, *Patriarchat*, *Wildheit* und *primitive* bezeichneten — Perioden zu befassen. Das ist

[10] Ch. Fourier, Ökonomisch-philosophische Schriften, a. a. O., S. 57—59.

[11] Ebenda, S. 241/242.

[12] Vgl. ebenda, S. 55.

nur einer von zahlreichen Gegenständen, für die das gilt."[13] So z. B. auch die Beschäftigung mit den einfachsten sozialen Garantien: für Existenzsicherung, vor allem durch das Recht auf Arbeit, für sozialen Fortschritt und politische Freiheiten, für die Verwendung der Staatsgelder, für die Erkenntnis und Verbreitung der Wahrheit, und für ihre Entdecker sowie für Erfinder.

Die Wissenschaft ist eifrig bemüht, alte Steine und bis auf die Sintflut zurückgehende alte Inschriften aufzufinden, sie begeistert sich für jede unnütze Arbeit, will aber nichts von den nützlichen Zweigen der Archäologie und von Forschungen über den Mechanismus wissen."[14] Fragend und erklärend fügt Fourier hinzu: „Wie kommt es übrigens, daß die Erforscher des Menschen niemals auch nur die geringste Untersuchung dieser drei Gesellschaften (vor der Zivilisation — *L. Z.*), welche die große Mehrheit, zumindest drei Viertel des Menschengeschlechtes umfassen, vorgenommen haben? Gewiß wollten unsere Philosophen der Untersuchung des Menschen (als sozialem Wesen — *L. Z.*) geschickt aus dem Wege gehen, weil sie ein Bild geboten hätte, das ihrer Politik- und Moralwissenschaft zur übelsten Schande gereicht hätte; es hätte nämlich bewiesen, daß die vervollkommnungsfähige Zivilisation unter verführerischen Masken nur alle in den anderen drei Gesellschaften vorhandenen Schändlichkeiten in sich vereinigt."[15]

Die Blindheit der Vertreter der unsicheren Wissenschaften, ihre Unfähigkeit, die schreiende Unzulänglichkeit der bestehenden Gesellschaft anzuerkennen, hängt, sagte Fourier richtig, mit ihrer unhistorischen Betrachtungsweise zusammen. Sie würden den Fortschritt der Vernunft preisen und nicht sehen, wie vernunftwidrig die nachrevolutionäre Gesellschaftsordnung in Wahrheit sei. Von der Position des gesellschaftlichen Fortschritts, durch ihre historische Betrachtung der Entwicklung der Gesellschaft vermochten sich Saint-Simon und Fourier also wirksam mit der politischen Ökonomie auseinanderzusetzen.

Zu den gegen die Ökonomen erhobenen Vorwürfen der Verkennung des gesellschaftlichen Fortschritts und der fälschlichen Berufung auf die Natur, des Unvermögens sozialer Existenzsicherung und des Verzichts auf die Untersuchung der historischen Entwicklungsperioden der Gesellschaft erhob Fourier gegen die Ökonomen den Vorwurf der völligen Vernachlässigung der Assoziation.

Die Untersuchung der Assoziation wurde so sehr verschmäht, „daß die ökonomischen Theorien nicht ein einziges Kapitel über die Assoziation, die Grundlage jeder den Handel und die Landwirtschaft betreffenden Ökonomie, enthalten"[16].

Im ersten Kapitel der „Theorie der vier Bewegungen" von 1808 heißt es: „Die ländliche Assoziation — deren Zahl auf eintausend Personen festgelegt sein

[13] Ebenda, S. 240.
[14] Ebenda.
[15] Ebenda.
[16] Ebenda, S. 205.

möge — bietet der Industrie so gewaltige Vorteile, daß es Mühe macht, sich die diesbezügliche Sorglosigkeit der Zeitgenossen zu erklären. Nun ist jedoch mit den Ökonomen eine Gruppe vorhanden, die sich besonders der Erforschung der Vervollkommnung der Industrie widmen. Ihre Unterlassung, nach einem Verfahren der Assoziation zu suchen, ist um so weniger begreiflich, als sie selbst auf einige der sich aus ihr ergebenden Vorteile hingewiesen haben."[17] Fourier dachte sicher dabei an die von Adam Smith nachgewiesenen Vorteile der arbeitsteiligen Kooperation in der Manufaktur, die zur Ersparnis von Produktionsmitteln und Arbeitern führt.

Die englischen Ökonomen hatten die Vereinigung der Produzenten unter der Leitung des Eigentümers der Produktionsmittel, das heißt die kapitalistische Kooperation im Auge; Fourier aber träumte von der freiwilligen Vereinigung bäuerlicher Familien zu einer ländlichen Assoziation, die Idee sozialistischer Kooperation genial vorausschauend; er träumte davon, „daß dreihundert assoziierte dörfliche Familien nur einen einzigen sorgsam gepflegten Speicher statt dreihundert schlecht aufgeräumter Speicher besäßen, einen einzigen Weinkeller statt dreihundert zumeist in großer Unwissenheit gepflegter Bottiche, daß sie verschiedentlich, und besonders im Sommer, nur drei oder vier große Feuerstellen anstelle von dreihundert brauchten"[18]. Ein in die Stadt geschicktes Milchmädchen mit Ackerwagen und Milchtonne würde hundert halbe Tage von hundert Milchmädchen mit hundert von ihnen getragenen Milchkrügen ersparen. Wie man sieht, siedeln Smith, der die Arbeitsteilung in der Nadelmanufaktur schildert, und Fourier, der die Ökonomie der Arbeit durch die Assoziation freier Produzenten anstrebt, die Steigerung der Arbeitsproduktivität durch Ökonomisierung von Arbeitskraft und Produktionsmitteln in sehr unterschiedlichen Produktionsformen an; sie deuten auf unterschiedliche sozialökonomische Strukturen hin: entstehendes kapitalistisches Fabriksystem hier — sozialistische Produktionsgenossenschaft dort. Hier die Erzeugung des Reichtums als Kapital durch ausgebeutete Lohnarbeiter — dort als Existenzmittel miteinander arbeitender Familien. Die unterschiedliche Klassenposition ist offenbar: Hier werden die Interessen der künftigen Industrieunternehmer, dort die in die Zukunft weisenden Interessen arbeitender Menschen wahrgenommen; bei Smith bahnt sich das kapitalistische Regime, bei Fourier das „sozietäre" Regime seinen Weg, der „sozietäre Gesellschaftszustand" — Einklang und Überfluß bedeutend —, von dem schon im ersten Werk die Rede war.

Anders als Saint-Simon, der in Adam Smith mehr hineinlas als jener gesagt hatte, verwunderte sich Fourier, daß die politischen Ökonomen aus ihren eigenen Prämissen nicht naheliegende Schlußfolgerungen gezogen hatten.

[17] Ebenda, S. 12.
[18] Ebenda, S. 13.

Angesichts der „Verwirrung der Vernunft durch die unsicheren Wissenschaften" war Fourier zu der Vermutung gelangt, „daß eine noch unbekannte Gesellschaftswissenschaft existiere"[19]. Die von ihm entdeckte Lehre von der ländlichen Assoziation würde, so hoffte er, „uns das Wissen um die Gestaltung der Gesellschaft, ohne welches alle anderen (Erkenntnisse) ein Nichts sind",[20] zugänglich machen.

[19] Ebenda, S. 7.

[20] Ebenda, S. 27.

KAPITEL 8

Zu Saint-Simons und Fouriers Einschätzung der politischen Ökonomie als Wissenschaft sowie der Geschichte des ökonomischen Denkens

Was haben Saint-Simon und Fourier in ihrer Kritik der bürgerlichen Ökonomie gemeinsam und was unterscheidet sie in dieser Hinsicht?

Beide bringen neue Momente vor. Saint-Simon will, daß die politische Ökonomie als Grundlage einer Politik- und Moralwissenschaft und ihrer Anwendung betrieben werde. Er sieht in der Politik wie in der Moral historische Kategorien, ganz so wie im Eigentum. Er bringt den Staat als politische Organisation, als das die ökonomischen und alle sonstigen gesellschaftlichen Beziehungen organisierende und leitende Organ, als bedeutsame ökonomische Potenz ins Spiel.

Fourier will durch seine Lehre von der ländlichen Assoziation eine höhere Stufe des Zusammenwirkens der Menschen in der Produktion herbeiführen. Die im Interesse aller gemeinsam organisierte Arbeit soll an die Stelle der zersplitterten Arbeit einzelner Familien treten. Die geplante Kooperation soll die anarchisch-spontan verlaufende, von Konkurrenz und Egoismus getragene Produktion ersetzen.

Beide suchen also die geschichtliche Dimension und das politisch-moralische Moment in die ökonomischen Lehren hineinzutragen und öffnen die politische Ökonomie für die Zukunft. Sie habe nicht nur zu erklären, wie Reichtum entsteht und verteilt werde, sondern auch die Aufgabe zu erfüllen, Geburtshelfer einer Gesellschaft der Zukunft zu sein, wo die Arbeit nicht nur Reichtum schaffe, sondern sich auch aneigne.

Beiden Wegbereitern des Sozialismus bleibt der Zugang zu der Erkenntnis versperrt, daß es historische Entwicklungsgesetze, tendentiell wirkende ökonomische Gesetze sind, welche schließlich so grundlegende Veränderungen in den materiellen Lebensbedingungen der Gesellschaft bewirken, daß die arbeitenden Klassen zur sozialpolitischen Umwälzung getrieben werden. Der von ihnen erahnte Sozialismus hat eben utopischen Charakter. Keimhaft vorhandene Entwicklungstendenzen sind an der Oberfläche des realen Lebens noch nicht sichtbar geworden. Daher ist ihr Verständnis für die Gesetze des materiellen Lebensprozesses der Gesellschaft noch gering und erlaubt ihnen nicht, die Klasse, welche die gegebene ökonomische Grundlage und die sie verzerrt widerspiegelnde bürgerliche Ökonomie einst wird aus den Angeln heben können, zu erkennen.

Durch die Hinlenkung ökonomischen Denkens zu geschichtlich relativierenden und politisierend-moralischen Überlegungen überschreiten sie den Gegenstand der politischen Ökonomie. Sie ordnen ökonomisches Denken und ökonomisch geprägte Kategorien wie Arbeit, Eigentum usw. in größere historisch-gesellschaftliche Zusammenhänge ein und ebnen der ökonomischen Wissenschaft den Weg, zu einer historischen Wissenschaft zu werden, zu einer Einzeldisziplin der auch von Saint-Simon und Fourier vorbereiteten historisch-materialistischen Gesellschaftswissenschaft.

Gemeinsam ist beiden Denkern die Kritik an der vorgefundenen politischen Ökonomie und an den von ihr widergespiegelten Verhältnissen. Aber wie verschieden sind Art und Zielrichtung der Kritik. Beide französische Gesellschaftskritiker und -theoretiker, verhielten sie sich, wie wir sahen, sehr unterschiedlich zur klassischen bürgerlichen politischen Ökonomie, wie sie sich in England und auch in Frankreich herausgebildet hatte.

Saint-Simon war voller Lob für Adam Smith und seine Vorgänger, denen er „sehr große Verdienste", „allgemeine Wahrheiten", eine „wichtige Neuerung" zuschrieb. „Man kann den Scharfsinn nur bewundern, den die gelehrten Ökonomen bei dieser Arbeit (der Ausarbeitung der politischen Grundsätze der Stadtgemeinden — *L. Z.*) entfaltet haben und die Ausdauer, mit der sie uns einen völlig neuen Weg zum Glück und zur Freiheit gebahnt haben."[1]

Fourier hingegen sah in der politischen Ökonomie von Anfang an eine Erklärung und Rechtfertigung der sich herausbildenden kapitalistischen Produktionsverhältnisse. Sie würde den Gegensatz von Reichtum und Armut gutheißen und verewigen, statt Elend und Mißbrauch natürlichen Reichtums und in Habsucht wurzelnde Kriege anzuprangern und einen Ausweg zu zeigen.

Daß Fourier ein ganz anderes persönliches Verhältnis zu überlieferten Ideen als Saint-Simon hatte, läßt sich an seiner Vorstellung von der Genesis der politischen Ökonomie im Unterschied zu Saint-Simons Betrachtung früherer Ideen und seiner Berufung auf ihre Schöpfer darlegen.

Das Buch von Smith über den Reichtum der Nationen, das Werk Ricardos über seine Vorstellung, beide gehörten — Fourier zufolge — zu den ungewissen, ungesicherten Erkenntnissen und hätten noch keinen wissenschaftlichen Charakter, denn sie spiegelten nicht die realen Gegensätze, die Zusammenhänge der wirklichen Welt wider. „Zunächst wird jede Wissenschaft von Irrlehren und erst dann von Wahrheiten geprägt; vor der Experimentalchemie beherrschten die Alchimisten das Bild; vor der wissenschaftlich-erklärenden Astronomie war die deutend-verheißende Astrologie vorherrschend; vor der Entstehung der sozietären Ökonomie dominierte ein Jahrhundert die antisozietäre Ökonomie oder die Theorie der Zersplitterung, die zur Ermunterung der Einzelproduzenten, wahrer Vandalen der Industrie, beitrug."[2]

[1] C.-H. de Saint-Simon, Ausgewählte Schriften, Berlin 1977, S. 247.

[2] Ch. Fourier, Ökonomisch-philosophische Schriften. Eine Textauswahl, Berlin 1980, S. 55.

Fourier entwickelte eine Art Geschichte der bürgerlichen Ökonomie, die Körnchen von Wahrheit enthält, aber weder der gesellschaftlichen Bedeutung der politischen Ökonomie noch ihrer wissenschaftlichen Leistung im geringsten gerecht wurde. Wir lassen hier einige Auszüge über Fouriers Erklärung der Genesis der politischen Ökonomie folgen.

„Unter den Philosophen trat (im Laufe des 17. Jahrhunderts — *L. Z.*) eine Spaltung ein; aus ihr erwuchs eine neue Wissenschaft, die *politische und Handelsökonomie*. Ihre raschen Fortschritte ließen den Sieg der Lehren, die dem Luxus zugetan waren, und die Niederlage der Moralisten voraussehen.

Diese bemerkten recht spät, daß sich die politische Ökonomie im ganzen Bereich der Scharlatanerie schnell verbreitete. Seit der Mitte des achtzehnten Jahrhunderts schlossen sich alle Geister dieser neuen Wissenschaft an, die sich als Spenderin des Reichtums ankündigt und den Nationen große Reichtümer verspricht, wovon jeder seinen Teil zu erlangen glaubt. Die widerliche Anmaßung der Ökonomen war bereits vorbei, als die Moralisten noch dafür fochten, die von der Armut ausgestrahlten Reize zu rühmen. Als die Französische Revolution ihre Traumbilder republikanischer Tugenden schließlich zerstörte, ... traten sie dafür ein, daß man sich zum Reichtum unüberlegt, ohne ihn zu lieben oder zu hassen, verhalten solle. Aber auch diese wahrhaft gefälligen Lehren konnten die Moralistenclique nicht retten, denn die Ökonomen, so stark geworden, daß sie keine Verbündeten mehr nötig hatten, verschmähten jeden Pfad der Annäherung und bekräftigten ihre Meinung, daß *großer, sehr großer Reichtum im Verein mit gewaltigem Handel und mit Handelsgewalt vonnöten sei* ...

Eine der beiden Wissenschaften, die politische Ökonomie, erregt die Liebe zum Reichtum; die andere, die Moral, gestattet, ihn nicht mehr zu hassen und erhebt ihre sterbende Stimme, um vor den Leidenschaften ein öffentliches Schuldbekenntnis abzulegen ... Glaubt Ihr, Euch der Wahrheit und der Natur durch die Vergöttlichung des Handels, einer unaufhörlichen Bekundung von Lüge und Verschlagenheit, zu nähern? Meint Ihr, Gott hätte nicht eine rechtschaffenere und gerechtere Methode erdacht, um den Austausch, die Seele des Gesellschaftsmechanismus, zu bewirken?“[3]

Fourier spricht den richtigen Gedanken aus, die politische Ökonomie habe sich aus der Philosophie herausgelöst und sich von der Moralphilosophie (wie übrigens auch von der Geschichts- und der Rechtsphilosophie) getrennt. Er erfaßte, wenn auch in verzerrter Form, die zwischen gesellschaftlicher Realität und ihrer gedanklichen Widerspiegelung bestehende Beziehung. Allerdings moralisierte er mehr, als daß er reale Entwicklungstendenzen aufgezeigt hätte oder — angesichts des unausgereiften Hauptklassengegensatzes der bürgerlichen Gesellschaft — auch nur hätte geltend machen können. Daher seine Berufung auf Gott und die Natur im Hinblick auf einen menschenfreundlicheren Gesellschaftsmechanismus.

[3] Ebenda, S. 100/101, 103.

Aber hören wir Fourier weiter: „Die politische Ökonomie ist die jüngste der Wissenschaften und schreitet dennoch schneller als alle anderen voran ... Die politische Ökonomie trat mit großen Fehlern behaftet in die Welt. Es gereicht den Wissenschaften gemeinsam zum Verhängnis, jahrhundertelang dem Irrtum ihren Zoll entrichtet zu haben. Die älteste Wissenschaft, die Astronomie, verirrte sich Jahrtausende hindurch in folgerichtig geordnete Trugbilder bis zu dem Tag, da Copernicus ihr den Weg zur Wahrheit eröffnete ... Wahrlich, welche Wissenschaft hätte nicht Jahrhunderte des Irrtums zu beklagen? Wieviele Tausende von Jahren verloren die Botaniker, bevor sie zu den einfachsten Weisheiten wie dem Geschlechtssystem Linnés gelangten ... In dieser Hinsicht werden die Ökonomen ein besonderes Vorrecht genossen haben, denn sie werden im Labyrinth, in welchem andere Wissenschaften einige tausend Jahre einbüßen, nur ein Jahrhundert zubringen (und habe ich, der sie daraus befreie, nicht ihren Dank verdient?) ...

Die Irrtümer der Ökonomen lassen sich in zwei Gruppen einordnen: Mystifizierungs- und Lehrirrtümer.

1. ... Als die Stunde der Geburt der politischen Ökonomie schlug, genoß der Handel schon Macht und Ansehen. Die Holländer hatten schon, lange bevor die Ökonomen von sich reden machten, Tonnen voller Gold gesammelt und beherrschten bereits die geheimnisvolle Kunst des Kaufgeschäftes und der Preisbestechung. Kurz, der Handel war ein Riese und die politische Ökonomie ein Zwerg. Als diese mit jenem zum Wettlauf antrat, wimmelten die Häfen von Reedern, waren die Hauptstädte schon mit groß aufgeputzten Bankiers angefüllt, die bei Ministern ein- und ausgehen und mit dem diplomatischen Korps zu verhandeln pflegen. Den Handel konnte man nicht mehr wie in der Antike zum Gegenstand des Gespötts machen, denn in der Zivilisation, besonders in unserem Jahrhundert, gibt es nichts, was so achtungsgebietend oder einflußreich wie die Geldsäcke wäre. Seitdem war die politische Ökonomie darauf angewiesen, um so bescheidener neben dem Handel in Erscheinung zu treten, je weniger ihre Vertreter sich auf Vermögen oder etablierte Lehren stützen konnten. Das alles war ihr erst noch zu schaffen ... die sich selbst überlassenen Ökonomen mußten sich bescheidene, zurückhaltende Grundsatzlehren zu eigen machen, wie es sich für unbekannte Gelehrte schickt, die bei ihrem Eintritt in die Welt die Krösusse des Jahrhunderts zu bekämpfen haben.

Der Ausgang einer solchen Schlacht ließ keinen Zweifel zu. Die Ökonomie leistete nur den Schein eines Widerstandes. Dafür gebührt Quesnay, dem Führer der französischen Ökonomengruppe, die Ehre. Er suchte der Wahrheit Gehör zu verschaffen und stellte Grundsätze auf, die auf die Unterordnung des Handels unter die Interessen der Landwirtschaft hinausliefen. Aber die dem Handel verfallenen englischen Ränkeschmiede sicherten ihm durch ihre Hinterlist in Sachen der Religion den Sieg. (Sie verbanden sich mit dem Puritanismus — *L. Z.*) Die gerade (durch ihren Atheismus — *L. Z.*) zum Kampf gegen die Geistlichkeit antretende Philosophie bedurfte einer Stärkung ihres Berufsstandes; sie hielt es für klug, sich den Geldsäcken zu vermählen und den Handel, der eine große Rolle zu spielen begann, zu hätscheln. Folglich spannten die Ökonomen sich um die Wette vor den Karren des Handels. Sie erklärten ihn für ebenso unfehlbar wie die früheren Päpste. Sie verkündeten, der Händler könne niemals durch seine Geschäftstätigkeit vom Weg des öffentlichen Wohls abweichen und müsse folglich absolute Freiheit genießen. Alle Lehren wurden diesem Paradox angepaßt ... Und so waren einige der gutgläubigen Meinung, es handle sich da um eine Wissenschaft ...

2. ... ihr (der Ökonomen — *L. Z.*) unverzeihliches Dogma, das die Freiheit der Handelstätigkeit zuläßt, die Lehre nämlich: *Laßt die Händler nur gewähren*! ... laßt ihren Spekulationskniffen freie Bahn, ihren Hamsterschlichen, ihren Wuchermanövern und allen anderen Anschlägen, vermittels derer sie sich gegenseitig zu den tollsten Geschäften und Bankrotten verhelfen. Der Handel ist nichts anderes als ein Freibeuter der Industrie, der, ohne seine Aufgaben einzugestehen, sich der Verwaltung des Gesellschaftsprodukts bemächtigt hat und Produzenten wie Konsumenten, zwischen die er sich gestellt sieht, tyrannisiert und erpreßt. Sicher bringt er dafür einiges Kapital auf, aber auch der Freibeuter bringt Kapital auf, sein Schiff, seine Soldaten und sein Wissen um die Ausplünderung der Seefahrer ... Besonders bemerkenswert ist, daß sich alle Parteien auf die in Frage stehende Lehre geeinigt haben, selbst die französische Ökonomengruppe, deren Grundsätze sich gegen die Handelsfreiheit richteten. Wenn nämlich der Handel Quesnay zufolge nur eine parasitäre Rolle spielt, wenn die Landwirtschaft die einzige Quelle des gesellschaftlichen Reichtums bildet, dann würde daraus folgen, daß man die Gewinne und die Erpressungen des Handels einschränken und ihn zu Garantien gegenüber der Landwirtschaft, deren Erfüllungshilfe er nur ist, nötigen müßte. So lautet die Regel des von mir im dritten Teil dargelegten Systems (über halbassoziative und assoziative Handelsformen — *L. Z.*), und Quesnay und seine Schüler wären zu diesem Ergebnis gelangt, wären sie sich selber treu geblieben ...

Vielleicht steckt mehr Logik im englischen Ränkespiel, denn dadurch, daß man den Handel zu Unrecht für produktiv erklärt, wird der Irrtum zumindest gerechtfertigt. Der Handel wird der Landwirtschaft gleichgestellt und unter diesem Gesichtspunkt wird ihm volle Freiheit gewährt. Verzeihen kann man eher dem, der eine Spitzfindigkeit gewandt verteidigt als dem, der, wie die französischen Ökonomen, die Wahrheit feige preisgibt."[4]

Fourier wirft Quesnay und den Physiokraten auch Verstoß gegen die Logik vor, wenn sie einerseits die im „Handel", d. h. in Handel, Handwerk und Manufakturen Tätigen als sterile Klasse bezeichnen, und andererseits gerade eine solche parasitäre Klasse nicht zur Ader lassen wollen. Gerade ihre Gewinne hätte man konsequenterweise durch Steuern und Abgaben einschränken müssen. Diesen nicht von der Hand zu weisenden logischen Überlegungen Fouriers sind die

[4] Ebenda, S. 108, 110, 111/112, 113.

ideologischen Beweggründe Quesnays entgegenzustellen. Quesnay sah allein die landwirtschaftliche Arbeit als wert- und mehrwerterzeugende, d. h. als produktive Arbeit im kapitalistischen Sinne an und die Pächter und alle in der Landwirtschaft Tätigen als produktive Klasse. In der Grundrente oder Mehrwert (also arbeitsloses Einkommen) beziehenden Grundeigentümerklasse sah Quesnay die Klasse, die den Reichtum der Nation verkörperte und durch ihre konsumtive Nachfrage den Fluß der Reproduktion und die Bildung der Fonds zu sichern und daher Steuern zu zahlen hätte; andernfalls wäre die volkswirtschaftliche Reproduktion nicht gewährleistet. Quesnays Mehrwert-, Klassenstruktur- und Steuerlehre fügen sich zu einer einheitlichen Gesamtanschauung zusammen, durch die er das feudale Grundeigentum zu rechtfertigen meinte, es aber objektiv in geradezu revolutionärer Weise negierte.

Noch auf einen Gedanken Fouriers über die Entstehung der politischen Ökonomie möchten wir an dieser Stelle hinweisen. „Die politische Ökonomie ist die jüngste der Wissenschaften und schreitet dennoch schneller als alle anderen voran ...“[5] In der Tat: Das historische Gesetz der Beschleunigung des Fortschritts drückt sich in der rascheren Entwicklung des Kapitalismus gegenüber dem Feudalismus und der dem Kapital dienenden politischen Ökonomie gegenüber der tausende von Jahren zählenden Philosophie aus. Fourier vermeinte nicht, ein Gesetz zu formulieren, sondern eine bloße Beobachtung zu machen.

Obwohl Engels bei der Darlegung der historischen Auffassung von der Gesellschaft Fourier rühmt: „Fourier ... handhabt die Dialektik mit derselben Meisterschaft wie sein Zeitgenosse Hegel“,[6] ist — anders als sein Verständnis der Akkumulation des Kapitals und der Überproduktionskrise — das Wissenschaftsverständnis Fouriers durchaus nicht dialektisch zu nennen. Irrtum und Wahrheit gelten ihm absolut, sind ihm zeitlos.

Fourier machte den Ökonomen den Vorwurf, daß sie durch ihre Lehre vom laissez-faire, laissez-aller stärker als alle anderen Philosophen die Interessen des Kapitals, der ökonomische Macht und politischen Einfluß gewinnenden Industrie- und Handelsbourgeoisie wahrgenommen hätten. Fourier hatte zu jener Zeit schon die Vorstellung, daß die Gesellschaft aufeinanderfolgende Entwicklungsstufen durchlaufe, aber in der Widerspiegelung dieser Entwicklung in den Köpfen lag für ihn keine Notwendigkeit. Für ihn gab es nur *eine* Wahrheit, aber keine Klassenwahrheiten, das heißt eine *Vielfalt* interessengemäßer Widerspiegelung der realen Verhältnisse. Die Kategorie der Ideologie wurde erst von Marx und Engels, zunächst als falsches Bewußtsein (in der „Deutschen Ideologie“) und später als klassenmäßige Widerspiegelung des gesellschaftlichen Seins im Bewußtsein entdeckt. Den Handel nannte Fourier „den tödlichen Feind der Wahrheit“[7]

[5] Ebenda, S. 108.

[6] F. Engels, Die Entwicklung des Sozialismus von der Utopie zur Wissenschaft, in: MEW, Bd. 19, Berlin 1962, S. 197.

[7] Vgl. Ch. Fourier, Ökonomisch-philosophische Schriften, a. a. O., S. 116.

und von den Gelehrten erwartete er, daß sie dessen Betrügereien entlarven. Auch hier sah er nicht objektive Gesetze wirken, sondern Boshaftigkeit, Egoismus, Heuchelei, so wie er auf seiten der Ökonomen nur Anbiederei, Charakterlosigkeit, Bereicherungssucht und Geltungsdrang sah und ihnen angesichts ihrer geheimen Ziele vorwarf, „ungeschickte Schmeichler“ zu sein.[8]

Der Glanz der großen Handelsvermögen „blendete die Gelehrten und forderte ihnen viele Mühen und Ränke ab, ehe sie einen Taler verdienen und irgendeinen Schutz erhalten konnten. Der Anblick der Plutusse des Handels (der Götter des Reichtums — *L. Z.*) ließ sie zwischen Katzbuckelei und Kritik zaudern. Schließlich senkte sich die Waage zugunsten des Goldgewichtes, und sie wurden zu höchst bescheidenen Dienern der Händler, zu Bewunderern der Spielhölle der Börse und dieser Ränkeschmiede, die, Wissend als ganzes Geheimnis Fünf und vier sind neun, zwei weg, bleibt sieben, mit einer derartigen Wissenschaft dahin gelangen, in acht Jahren 30 Millionen zu gewinnen und in Städten, in die sie in Holzpantinen gekommen waren, Paläste zu erwerben ... so kommt es, daß die Philosophen trotz ihres gegen den Handel genährten Hasses dennoch vor dem goldenen Kalb niederknien und die Feder nicht in die Hand zu nehmen wagen, ohne das Lob des gewaltigen Handels und der Handelsgewalt erklingen zu lassen ...“[9]

Der unerbittliche Kritiker der entstehenden kapitalistischen Gesellschaft sah die goldene Kette, mit der das Kapital die Gelehrten an sich fesselte. Allerdings meinte er, es stünde bei ihnen, ob sie sich an diese goldene Kette legen ließen. Ihnen falle es „schwer zu entscheiden, ob in dieser Wissenschaft die Dummheit die Verderbtheit übertrifft oder umgekehrt“[10]. Fourier bleibt an der Oberfläche der Erscheinungen haften, hat aber mit seiner Entlarvung der bürgerlichen Gesellschaft ebenso wie der bürgerlichen Ökonomie Entscheidendes zur Überwindung der einen wie der anderen geleistet.

An dieser Stelle dürfte es sich anbieten, auch einige Bemerkungen zu den Auffassungen Saint-Simons über das Verhältnis von Gesellschaft und Ideologen einzuflechten.

Während Fourier sich als Neuerer fühlte — er wollte die alten Gesetzestafeln vernichten und neue schaffen —, *sah Saint-Simon sich als Vollender.*

Ihn belehrte die Geschichte der Naturwissenschaften, daß die Entwicklung von niederen zu höheren Formen der Bewegung fortschreitet — von der mechanischen zur chemischen, organischen und sozialen Bewegungsform. Er erarbeitete eine (später von Engels übernommene) Klassifizierung der Wissenschaften: „Wie eine Bewegungsform sich aus der anderen entwickelt, so müssen auch ihre Spiegel-

[8] Vgl. ebenda, S. 119.
[9] Ebenda, S. 121.
[10] Ebenda, S. 120.

bilder, die verschiedenen Wissenschaften, eine aus der andern mit Notwendigkeit hervorgehn."[11]

Fourier hatte ebenfalls verschiedene Bewegungsformen — die soziale, tierische, organische und materielle — unterschieden, aber in ihnen keine historische Entwicklungsfolge wie Saint-Simon gesehen.

So wie sich die Wissenschaften — Saint-Simon zufolge — im Ganzen von ihren Anfängen bis zu ihrer bisher höchsten Erkenntnisstufe heraufgearbeitet hätten, so seien die einzelnen Ideen und Ideensysteme in einer langen historischen Entwicklung entstanden. Das System eines Denkers bilde keine „vereinzelte Auffassung".

Saint-Simon bekennt: „Mit unserem System taten wir nichts anderes, als alle guten Auffassungen, die wir in den Werken der Publizisten fanden, zu vereinigen und zu systematisieren ... Diese Zusammenfassung wird Ihnen (dem Fragenden des Dialogs) den Beweis liefern, daß die fähigsten Männer die Errichtung des Industriesystems seit langem vorbereiten."[12]

In die lange Reihe derer, welche die Idee des Industriesystems entwickelten, gehören für Saint-Simon Bacon, Montesquieu und Condorcet, Auguste Comte und Benjamin Constant und weitere namentlich genannte Zeitgenossen. „Rückschrittliche Richtungen verkörpernde Schriftsteller wie die Herren de Maistre, Bonald, La Mennais usw. trugen ebenfalls viel dazu bei, die Produktion und die Errichtung des Industriesystems zu erleichtern." Sie alle haben durch ihren — positiven oder auch kritischen — Beitrag „die Geister unmittelbar auf die Produktion und die Errichtung des Industriesystems gelenkt, da es das einzige System ist, das dem Stand unserer Zivilisation entsprechen könnte"[13].

„Seit dreihundert Jahren haben die fähigsten und wohlwollendsten Männer die Errichtung des Industriesystems in der praktischen Politik (genannt werden die Staatsmänner Sully und Colbert, Turgot, Malesherbes und Necker) wie in der politischen Theorie vorbereitet, und alles ist für seine Errichtung reif."[14]

Saint-Simon erkannte den historischen Fortschritt der Erkenntnis an; er entspräche den Bedürfnissen der realen gesellschaftlichen Entwicklung, den Interessen bestimmter Klassen.

Er erklärte, „daß die Wissenschaft vom Menschen besagt, daß die verschiedenen Klassen von Menschen, die die Gesellschaft bilden, nur die Dinge erfinden oder auch nur entwerfen können, die ihnen für ihre Interessen nützlich zu sein scheinen, daß sie nur für das, was ihnen von Vorteil zu sein scheint, tätig sein können"[15]. Hört man hier nicht eine künftige Erkenntnis von Marx an-

[11] F. Engels, Dialektik der Natur, in: MEW, Bd. 20, Berlin 1962, S. 515; Vgl. auch C.-H. de Saint-Simon, Ausgewählte Schriften, a. a. O., S. XLIV/XLVII.

[12] C.-H. de Saint-Simon, Ausgewählte Schriften, a. a. O., S. 365.

[13] Ebenda, S. 368.

[14] Ebenda, S. 371.

[15] Ebenda, S. 367 Anm.

klingen: „. . . stellt sich die Menschheit immer nur Aufgaben, die sie lösen kann, denn genauer betrachtet wird sich stets finden, daß die Aufgabe selbst nur entspringt, wo die materiellen Bedingungen ihrer Lösung schon vorhanden oder wenigstens im Prozeß ihres Werdens begriffen sind.“[16]

Saint-Simon erfaßte den Zusammenhang zwischen gesellschaftlichem Sein und Bewußtsein hier nur anhand des subjektiven Ausdrucks, den die Produktionsverhältnisse durch Erzeugung von Interessen hervorrufen, während Marx die zugrunde liegende Dialektik der Beziehungen zwischen den Produktivkräften als materiellen Existenzbedingungen der Produktionsverhältnisse, diesen selbst und dem ideologischen Überbau aufdeckte. Es zeigt sich hier deutlich, daß Saint-Simon trotz seines vorherrschenden Idealismus bürgerliche Ideenansätze in Richtung auf den historischen Materialismus weiterführen half.

So wie Saint-Simon in den Ideen Adam Smith' und anderer Ökonomen einen Beitrag zu seiner Konzeption einer von Interessengemeinsamkeit und planmäßig-organisierter Leitung getragenen Gesellschaft sah, so schienen ihm auch die Ideen nicht-ökonomischer Denker zu dem von ihm humanistisch aufgefaßten Industriesystem, seinem utopisch gefaßten Sozialismus, beizutragen.

Fourier dagegen bezog sowohl zu den Ideen der Ökonomen wie der Politiker, der „Metaphysiker“ oder Philosophen im engeren Sinn und anderer Urheber gesellschaftstheoretischer Ideen eine kritisch-negative Stellung. Er tat sie als einen riesenhaften Irrtum, als eine einzige Lüge ab.

Dieses so konträre Verhalten zu überlieferten Erkenntnissen erklärt sich nicht nur allgemein aus dem Entwicklungsgang und Erfahrungsschatz beider Denker, sondern auch im besonderen dadurch, daß Saint-Simon von der Industrie und von der industriellen Arbeit — sie sehr weit fassend — ausging, Fourier dagegen von der ländlichen Arbeit, die mit dem eingeschlossenen Handwerk verbunden war. Die Idee des fortentwickelten „Industriesystems“ führte Saint-Simon, die Idee der „ländlichen Assoziation“ Fourier zum utopischen Sozialismus. Saint-Simon suchte Vorgänger in der Theorie, Fourier berief sich auf die Praxis, auf Gemeinschaftsformen im ländlichen Produktions- und Lebensbereich.

Beide französischen utopischen Sozialisten führten einen Kampf gegen „mutmaßende“ oder „unsichere“ Wissenschaften und setzten sich für eine echte Wissenschaft von der Gesellschaft, einer zukunftsgestaltend wirkenden Gesellschaftswissenschaft ein. Sie nahmen jedoch eine unterschiedliche Haltung zur vorgefundenen politischen Ökonomie ein. Saint-Simon betrachtete die politische Ökonomie als abgeschlossen und sah die Hauptaufgabe darin, die Geschichte und die Morallehre zu Wissenschaften zu machen, wobei die Lehren der Ökonomie zugrunde zu legen seien. „Die Politik ist die Wissenschaft von der Produktion, d. h. die Wissenschaft, deren Gegenstand die für alle Arten von Produktion

[16] K. Marx, Zur Kritik der Politischen Ökonomie. Vorwort, in: MEW, Bd. 13, Berlin 1961, S. 9.

günstigste gesellschaftliche Ordnung ist."[17] Fourier sah in der Lehre der politischen Ökonomie mehr eine Irrlehre als eine wissenschaftliche Doktrin und meinte, die politische Ökonomie sei als Wissenschaft erst zu erarbeiten. Dieser Unterschied zeigt, daß sich im Bewußtsein Saint-Simons bis zu seinen letzten Lebensjahren der Gegensatz Bourgeoisie-Feudaladel noch stark widerspiegelte, während im Bewußtsein des später lebenden Fourier der Gegensatz Proletariat-Bourgeoisie vorherrschte. Bei beiden äußert sich die Klassenwidersprüchlichkeit des utopischen Sozialismus, seine antifeudale und seine proletarisch-perspektivische Stoßrichtung mit sehr unterschiedlichem Akzent. Saint-Simon zog aus der für ihn abgeschlossenen ökonomischen Wissenschaft Schlußfolgerungen für sein utopisch-sozialistisches Industriesystem, Fourier suchte die Grundlagen für eine politische Ökonomie zu legen, die auf eine soziale Umgestaltung abzielen würde.

In diesem Zusammenhang möchten wir einen Brief von J. B. Say zitieren, der ein bezeichnendes Licht auf die unterschiedliche Auffassung vom Gegenstand der Ökonomie wirft, den die Ökonomen einerseits und utopische Sozialisten wie Fourier und auch die ricardianischen Sozialisten andererseits hatten:

Brief J. B. Says an M. A. J.[18]

Paris, den 11. Mai 1828

Ich habe die Artikel Fouriers über die sozialen Garantien gelesen. Er befindet sich in einem schweren Irrtum bezüglich des Gegenstandes der politischen Ökonomie. Wie unsere Vorgänger glaubt er, ihr Gegenstand sei die gute Leistung, die gute Regierung der Gesellschaft, aber es ist unwiderleglich bewiesen, daß eine Wissenschaft nicht die Aufgabe hat, etwas zu schaffen (das ist der Inhalt der Kunst), sondern zu sagen, was ist (denn wenn man von Dualität spricht, heißt das, daß andere etwas schaffen werden).

Die politische Ökonomie gibt über die soziale Physiologie Aufschluß; von ihr hat man, wenn man die Gesellschaft leiten will, auszugehen. Aber das Verlangen, die Ökonomen sollten die Gesellschaft gestalten, hieße so viel wie vom Physiologen zu fordern, daß er unsere Verdauungs- oder Reproduktionsweise verändern solle.

Ich habe den scharfsinnigen Autor dieser Artikel gebeten, er möge die findigen erzieherischen ersten fünf Seiten der meinem letzten Werk vorangestellten allgemeinen Betrachtung lesen, das heißt des in Ihrem Besitz befindlichen ersten Bandes, den Sie ihm bitte für kurze Zeit leihen mögen. Ich bilde mir ein, daß er, nachdem er die ersten fünf Seiten gelesen hat, seinen ganzen Plan ändern wird.

[17] C.-H. de Saint-Simon, Ausgewählte Schriften, a. a. O., S. 203.

[18] J.-B. Say reagiert in seinem Brief an Monsieur A. J. vom 11. Mai 1828 auf Vorarbeiten Fouriers zum letzten Teil seines Buches: Neue industrielle und sozietäre Welt, das 1829 in Paris erschien. Der von Fourier kopierte Brief ist enthalten in der Sammlung der Manuskripte von Charles Fourier, früher unter I. cahier, cote 9, page 275; jetzt unter Paris, Bibliothèque de l'Arsenale, 10 AS 1 (1), Archives Sociétaires (Fonds Bouglé), Inventaire redigé par Edith Thomas, 1949.

Dieser Disput hat einen großen ideologischen Stellenwert. *Rein theoretisch hatte Say recht, daß eine Wissenschaft die Aufgabe hat, „zu sagen, was ist"; Fourier erfaßte jedoch, daß sie zugleich das ideologisch-theoretische Instrument einer Klasse zur Durchsetzung ihrer gesellschaftlichen Ansprüche ist.* Die in der Person Says an die Grenze ihrer Wissenschaftlichkeit gelangte bürgerliche Ökonomie mußte die im Interesse der proletarischen Klasse vorgebrachte Forderung Fouriers nach einer Ökonomie, die das Instrument der Schaffung einer „neuen industriellen und sozietären Welt" sein kann, ablehnen.

Angesichts der im ökonomischen, politischen und theoretischen Klassenkampf des Proletariats für die Bourgeoisie sichtbar werdenden Bedrohung ging Say dazu über, das Ende der politischen Ökonomie und ihrer Geschichte zu verkünden. Überholte Meinungen brauche man nicht wieder auszugraben. Die Geschichte einer Wissenschaft werde immer kürzer, je mehr sich die Wissenschaft herausbilde. „Die Aufgabe ist nicht, sich mit den Irrtümern bekannt zu machen, sondern dieselben zu vergessen."[19] Damit leugnete Say die Notwendigkeit theoriegeschichtlicher Analyse. In diesem Sinne verfahren die bürgerlichen Historiker ökonomischer Ideen auch heute. Sie berufen sich willkürlich auf Aussagen vergangener Ökonomen als Autoritäten, um eigene Behauptungen ideengeschichtlich zu legitimieren, lassen dabei aber die inneren theoriegeschichtlichen Beziehungen außer acht. Die Behauptung, es gäbe im ökonomischen Denken seit Smith und Ricardo nichts Neues unter der Sonne, also die einseitige These der Kontinuität im ökonomischen Denken, von der im ersten Kapitel von Teil I die Rede war, kann sich rechtens auf J. B. Say als einen der ersten Vulgärökonomen berufen. Er revidierte die klassische bürgerliche Ökonomie dergestalt, daß sie als Instrumentarium für apologetische und praktizistische Zwecke nutzbar wurde. Saint-Simon hatte die politische Ökonomie zwar auch als vollendet angesehen, jedoch ihre Anwendung zur Organisation eines neuen Gesellschaftssystems empfohlen.

Die englische bürgerliche politische Ökonomie war nicht zuletzt auch deshalb eine so wirksame Kampfwaffe der Handels- und Industriebourgeoisie gegen die aristokratischen Landeigentümer, weil Philosophen, die sich mit Mathematik, Naturwissenschaften und moralisch-philosophischen Fragen befaßt hatten, dazu übergegangen waren, ihre bei Grundstücksspekulationen, wie Sir William Petty, oder erfolgreichen Handelsgeschäften, wie Ricardo, gemachten Erfahrungen theoretisch zu verallgemeinern und die Interessen des Kapitals wissenschaftlich zu verfechten. In Frankreich, wo ein Saint-Simon Gleiches versucht hatte, war es ihm mißlungen, obwohl die politische Revolution von 1789 bis 1793 jene Explosion war, welche die erstarrten Feudalstrukturen sprengen sollte und auch in ihren Grundlagen gesprengt hat. Aber noch lange sollten feudale Züge,

[19] J.-B. Say, Ausführliche Darstellung der Nationalökonomie oder der Staatswissenschaftslehre, Bd. 3, 3. Aufl., Heidelberg 1830, S. 466, zit. in: Adam Smith gestern und heute. 200 Jahre „Reichtum der Nationen", Hrsg. Peter Thal, Berlin 1976, S. 143/144.

Überbleibsel der gesprengten Feudalstruktur, Frankreich als Agrarland erhalten und prägen. Deshalb erlitt auch Fourier als Kaufmann wohl seine Mißerfolge und nicht allein darum, weil ihm das Interesse oder die Skrupellosigkeit für Handelsgeschäfte abgingen. In Frankreich waren die Gegensätze zwischen den im Luxus lebenden Oberklassen, der sich mit großem Bodeneigentum verbindenden Finanz- und Geldaristokratie, und den bäuerlichen und handwerklichen Volksmassen bedeutend größer als in England, wo das kapitalistische System sich auf der Grundlage der Herausbildung einer bürgerlichen Grundeigentümerklasse in enger Verbindung mit der Entstehung der neuen Ausbeuterklasse kapitalistischer Unternehmer konsolidierte. In England waren die Produktionsverhältnisse in Bewegung geraten; Handwerker und Händler hatten bürgerliche Manufakturunternehmen begründet, Landaristokraten waren zu kapitalistisch betriebener Viehzucht und Feldwirtschaft übergegangen, versuchten sich erfolgreich in Handel und Industrie.

Auch im feudalen Frankreich entstanden kapitalistische Produktionsverhältnisse, vor allem auf dem Lande. Der kapitalistische Bodenpächter trat in Erscheinung. Aber erst nach der politischen Umwälzung von 1789 setzten kapitalistische Produktionsverhältnisse sich in größerem Umfange in Frankreich durch. Zwischen enteigneter Landaristokratie und den ersten Repräsentanten bürgerlichen Reichtums kam es mehr zu einem politischen Kompromiß als zu einem ökonomischen Amalgamierungsprozeß wie im England des 17. und 18. Jahrhunderts.

Die sich in Frankreich über ein Jahrhundert später als in England vollziehende kapitalistische Entwicklung stellte einen Bruch mit allem Gewohnten dar, hatte aber gegen hartnäckig beharrende sozialökonomische Strukturen anzukämpfen. Auf die politische Revolution folgte ein bewegter ökonomischer Revolutionsprozeß. Das sich unter großen sozialen Spannungen in Frankreich einnistende Handelskapital führte zu gewaltiger Bereicherung auf der einen, zum Ruin auf der anderen Seite. Erst in den zwanziger Jahren begann das Industriekapital das Handelskapital aus seiner Vormachtstellung zu verdrängen. Diese ganze Entwicklung läßt begreifen, wieso Fourier das Kapital vorwiegend in der Gestalt des Handelskapitals vor sich sah und bekämpfte. Es war Handelskapital, das noch manche vorkapitalistische Züge trug. Die Warengrundlage dieses Handelskapitals bestand weitgehend aus ursprünglich oder weiter verarbeiteten Agrarprodukten, was auch die von Fourier genannten Beispiele zeigen.

Unter diesen Bedingungen führten die Physiokraten in der Tat hinter ihrem feudalen Aushängeschild kapitalistische Ökonomieprinzipien, wie die freie Konkurrenz und die Abschaffung von Steuerprivilegien für den Landadel ein. Mit Recht warf Fourier den Physiokraten eine logische Inkonsequenz vor; hinter ihr verbarg sich aber eine sozialökonomische Konsequenz, das gesellschaftliche Bedürfnis nach der Untergrabung feudaler Beschränkungen durch das im Schoße der Feudalgesellschaft entstehende Handelskapital, nach treibhausartiger Förderung der ursprünglichen Akkumulation und des Handelskapitals und nach der schließlichen Unterordnung des Handels wie der Landwirtschaft unter die Macht und Botmäßigkeit des Industriekapitals.

Fourier ging also außer gegen Smith und Ricardo auch gegen Quesnay zu Gericht, war aber — wie in Teil III zu zeigen sein wird — stark von den Physiokraten, ihrer auf die landwirtschaftliche Produktion und den natürlichen Stoffkreislauf gerichteten Betrachtung beeinflußt. Saint-Simon dagegen berief sich auf Colbert und Turgot als Förderer der von ihm humanistisch verstandenen Industrie. Saint-Simon scheint den Physiokratismus nicht viel mehr beachtet zu haben als Fourier den Merkantilismus — außer in ablehnender Weise. Auch hierin kommt die unterschiedliche Haltung des für die Anwendung der Ökonomie plädierenden Saint-Simon und des sie radikal zu erneuern suchenden Fourier zum Ausdruck. Bei beiden handelt es sich aber um eine nicht vom Boden der politischen Ökonomie aus geübte Kritik, die mit der Übernahme oder Ablehnung bestimmter Kategorien und Zusammenhänge verbunden gewesen wäre.

Teil III

Kapitel 9

Möglichkeit und Aufgabe des kategorialen Vergleichs von englischer klassischer bürgerlicher Ökonomie und französischem utopischem Sozialismus

Zu Beginn unserer Untersuchung zweier theoretischer Quellen des Marxismus wurde dargelegt, warum sich Marxisten heute mit dem unmittelbaren theoretischen Erbe des wissenschaftlichen Kommunismus befassen müssen. An erster Stelle steht die tragende Rolle des wissenschaftlich-weltanschaulichen Erbes, das die sozialistische Gesellschaft antritt, indem sie die in Jahrtausenden ausgereiften Ideen humanistischer Denker, die Wunschträume der in immer wieder anderen Formen ausgebeuteten arbeitenden Menschen und die Lehren der alles Vorwärtsweisende aufgreifenden Klassiker des Marxismus-Leninismus verwirklicht. Über die Rolle von Erbe und Tradition ist viel Grundlegendes gesagt worden. Eine Klasse, eine Nation, ja auch die sozio-ökonomische Gruppe und nicht zuletzt das Individuum, können Zukunft — im Rahmen vorgefundener Bedingungen — nur dann sinnvoll und wirksam gestalten, wenn sie ihre eigene Vergangenheit in sich aufnehmen und kritisch verarbeiten. Nur wer fest in der Erde verwurzelt ist, kann zu den Sternen greifen. Gegenwart ist immer der Übergang von Vergangenem zu Zukünftigen. Soll der real existierende Sozialismus seine großen Gesellschaftsaufgaben mit höchstem gesellschaftlichem Bewußtsein und Einsatz bewältigen, so erfordert das ein tiefes Eindringen in vergangene Abläufe und ihre Gesetzmäßigkeiten. „Aneignung des Erbes", so faßte G. Mehnert zusammen, ist „das Bewußtwerden der geschichtlichen Größe der eigenen Tätigkeit"[1].

Die Untersuchung der Ideen vor uns Lebender und ihres Widerspiegelungscharakters dient des weiteren der ideologischen Auseinandersetzung, hilft Erbeverfälschungen, unberechtigte, anmaßende Legitimationsansprüche der imperialistischen Ideologie zurückzuweisen und den ideologischen Kampf auch aus ideengeschichtlicher Sicht offensiv zu führen.

Und schließlich geht es um den von einer Spezialuntersuchung geleisteten Beitrag zu wissenschaftsgeschichtlicher und -theoretischer Erkenntnis, zur Begründung der Gesetzmäßigkeiten der Entwicklung von Wissenschaft, zur Aufdeckung der Gewinnung allgemeiner und besonderer Begriffe, philosophischer

[1] G. Mehnert, Das Kulturerbe im Sozialismus, Berlin 1977, S. 61, zitiert bei: R. Mocek, Gedanken über die Wissenschaft, Berlin 1980, S. 317, 330.

und einzel-wissenschaftlicher Kategorien sowie der Gesetze der Bildung von Theorien und Theoriesystemen.

Bisher hatten wir es mit einer wissenschaftsgeschichtlichen Parallelbetrachtung von Ökonomen und utopischen Sozialisten zu tun; sie wurden stellvertretend für zwei theoretische Quellen des Marxismus nach sozialgeschichtlicher Herkunft, ideengeschichtlichem Gehalt, nach Berührungspunkten und historischer Wirkung untersucht.

Nunmehr wollen wir — auf Beispiele beschränkt — den Versuch einer wissenschaftstheoretischen Untersuchung der in Frage stehenden Entwicklungsperioden der politischen Ökonomie und des utopischen Sozialismus machen. Dabei wird es unumgänglich sein, die deutsche klassische Philosophie als dritte wesentliche theoretische Quelle des Marxismus heranzuziehen. Dies wird — wenn auch nur sehr lückenhaft — dadurch geschehen, daß der für die Entstehung des dialektischen und historischen Materialismus bedeutendste Philosoph, Georg Wilhelm Friedrich Hegel, wo immer es sich anbietet, durch Verweise einbezogen wird. Es kann sich dabei aber nur um Problemstellung und Anregung zu tiefergehender Untersuchung handeln.

Wenn von der Logik der Wissenschaft und ihrer Dialektik, das heißt der Gesetzmäßigkeit ihrer Entwicklung die Rede ist, ist die von Hegel erarbeitete „Wissenschaft der Logik" ins Spiel gebracht. Lenin hat, sie analysierend, in seinem Konspekt zu Hegels Werk Geniales und Mystifikation, Annäherung an den historischen Materialismus und Abstruses aufgedeckt und den Wissenschaftshistorikern eine bestimmte Aufgabe gestellt. Hegel suchte die Übergänge vom Allgemeinen zum Besonderen und umgekehrt, die Identität der Gegensätze, das „Wesen" als Zusammenfassung des Reichtums der Erscheinungen usw. zu erfassen. „Die Geschichte des Denkens vom Standpunkt der Entwicklung und der Anwendung der allgemeinen Begriffe und Kategorien der Logik — voilà ce qu'il faut! (das ist es, was not tut)."[2] Diese nicht einfache Aufgabe ist weitgehend erst zu vollbringen. Das kann aber nicht nur Aufgabe der Philosophen sein; sie sind Schrittmacher für die Einzelwissenschaftler. Dazu wieder Lenin: „Der Begriff (die Erkenntnis) enthüllt im Sein (in den unmittelbaren Erscheinungen) das Wesen (Satz des Grundes, der Identität, des Unterschieds etc.) — dies ist wirklich der *allgemeine Gang* aller menschlichen Erkenntnis (aller Wissenschaft) überhaupt. Dies ist der Gang sowohl der *Naturwissenschaft* als auch der *politischen Ökonomie* [und der Geschichte]. *Insofern* ist die Dialektik Hegels eine Verallgemeinerung der Geschichte des Denkens. *Es muß eine außerordentlich dankbare Aufgabe sein, dies konkreter, eingehender an der Geschichte der einzelnen Wissenschaften zu verfolgen.* In der Logik *muß* die Geschichte des Denkens im großen und ganzen mit den Gesetzen des Denkens zusammenfallen."[3]

[2] W. I. Lenin, Konspekt zu Hegels „Wissenschaft der Logik", in: Werke, Bd. 38, Berlin 1964.
[3] W. I. Lenin, Plan der Dialektik (Logik) Hegels, in: Werke, Bd. 38, a. a. O., S. 315 (Hervorhebung — L. Z.).

Nun ist im vorliegenden Zusammenhang nicht allein von einem Stück Geschichte der politischen Ökonomie die Rede, sondern von der übergreifenden Geschichte der Gesellschaftswissenschaft. Der historischen Gegenüberstellung beider Wissensbereiche in einem bestimmten Zeit- und Wirkungshorizont soll eine vergleichende wissenschafts-theoretische Analyse folgen.

Besteht überhaupt Vergleichbarkeit? Was ist der gemeinsame Nenner von politischer Ökonomie und utopischem Sozialismus? Beiden ist die Beschäftigung mit den gesellschaftlichen Beziehungen der Menschen, zusammengefaßt als Klassen und kleinere soziale Gruppen, gemeinsam. Beide bilden Teile der vormarxschen Gesellschaftstheorie. Aber — und hier liegen entscheidende Unterschiede — die politische Ökonomie befaßt sich mit den ökonomischen Beziehungen, d. h. der sozialökonomischen Basis der Gesellschaft unter Einbeziehung ökonomierelevanter Wechselbeziehungen zu den Produktivkräften und zum Überbau, während der utopische Sozialismus sich ganz allgemein mit den politischen und moralischen, ökonomischen, erzieherisch-bildenden, religiösen und künstlerisch-ästhetischen Aspekten des gesellschaftlichen Zusammenlebens der Menschen beschäftigt. *Beide Strömungen verhalten sich* aber noch in einer anderen Beziehung *wie Besonderes und Allgemeines zueinander*. Die klassische bürgerliche Ökonomie untersucht im Grunde die ökonomischen Beziehungen innerhalb einer Gesellschaftsformation, sie als natürliche Beziehungen ansehend; der utopische Sozialismus versteht sich bewußt als eine alle Gesellschaftsformationen betrachtende „Wissenschaft vom Menschen" (Saint-Simon), als allgemeine und historische „Gesellschaftswissenschaft" (Fourier).

Einer vom Marxschen Ideengebäude ausgehenden zurückreichenden Betrachtung erscheinen politische Ökonomie und utopischer Sozialismus als Teile der vormarxschen Gesellschaftstheorie. Aber wenn versucht wird, sowohl die Gesellschaftswissenschaft als allgemeine Theorie von der Gesellschaft und die politische Ökonomie als besondere Theorie von der Gesellschaft oder Einzelwissenschaft in ihrer geschichtlichen Entwicklung zu verstehen, so ist die bürgerliche politische Ökonomie das Besondere, demgegenüber das von Marx dem „utopischen Sozialismus und Kommunismus" subsumierte Denken vom Gegenstand her das Allgemeine darstellt; waren Saint-Simon und Fourier doch diejenigen, die eine eigenständige Wissenschaft von der Gesellschaft forderten und in ihren Anfängen entwickelten.[4] Dabei legte Saint-Simon den Akzent mehr auf die Eigenständigkeit, Fourier auf die Wissenschaftlichkeit der zu schaffenden Wissenschaft von der Gesellschaft. Mit ihrer Forderung und begonnenen Realisierung trugen sie sowohl zur Vorbereitung des dialektischen und historischen Materialismus wie des wissenschaftlichen Kommunismus und der politischen Ökonomie der Arbeiterklasse bei. Letzteres näher zu beleuchten und durch eine vergleichende Kategorienanalyse zu untermauern ist ein zentrales Anliegen der vorliegenden Arbeit.

[4] Vgl. Kapitel 7.

Beide Wissensrichtungen haben es mit Kategorien zu tun; sie drücken bestimmte Seiten, Erscheinungsformen usw. der ihren Gegenstand ausmachenden ökonomischen oder allgemein gesellschaftlichen Tätigkeit aus und beinhalten in ihrer wechselseitigen Bezogenheit wesentliche, notwendige innere Zusammenhänge, d. h. Gesetze. Die gesellschaftlichen Beziehungen der Menschen, die auf unterschiedlichen Abstraktionsebenen untersucht werden, bilden also die für die politische Ökonomie und die Gesellschaftstheorie verbindende Vergleichsgrundlage. Darüber hinaus haben beide Erkenntnislinien als Zweige der einheitlichen Wissenschaft, die Natur, Gesellschaft und Denken umfaßt, die allgemeinen philosophischen Kategorien zur Grundlage, wie Ursache und Wirkung sowie Wechselwirkung, Ziel und Mittel, Inhalt und Form, Qualität und Quantität, Möglichkeit, Notwendigkeit und Wirklichkeit usw. Die Begriffe Kategorie und Gesetz sind ebenfalls der Philosophie, insbesondere der Erkenntnistheorie, zugeordnet. Weil das Gemeinsame aller Wissenschaften in der Kategorien- und Theorienbildung, das heißt der systemhaften Erkenntnis wesentlicher Zusammenhänge ihres jeweiligen Erkenntnisgegenstandes besteht, lassen sich das wissenschaftliche Herangehen der bürgerlichen Ökonomen der klassischen Periode und der französischen ersten Sozialisten dieser Zeit an ihren jeweiligen Gegenstand trotz unterschiedlicher Untersuchungsebenen in Form einer Kategorienanalyse vornehmen.

Unsere Untersuchung vermag auf diese Weise, das allgemeine Herangehen der utopischen Sozialisten und das auf einen bestimmten Gesellschaftsbereich konzentrierte Herangehen der Ökonomen einander gegenüberzustellen und Gemeinsamkeiten wie Unterschiede herauszuarbeiten.

Ins Visier genommen werden ausgewählte grundlegende Kategorien: Fortschritt, Arbeit und durch sie vermittelte Kategorien sowie die Kategorie Gesetz. Dabei soll die Stellung der verschiedenen Kategorien im jeweiligen Theoriengebäude, das Verständnis der behandelten Denker für die Verknüpfung der Kategorien und damit für die Kategorie Gesetz und schließlich die Frage nach dem Vorliegen eines in sich geschlossenen wissenschaftlichen Systems erörtert werden. Auf diesem Wege soll die Frage nach dem subjektiven und objektiven Verständnis beider Gruppen von Denkern für die Entwicklung von Wissenschaft angegangen werden.

Saint-Simon und Fourier entnahmen der ökonomischen Theorie bestimmte Grundvorstellungen vom Fortschritt, von der Gesellschaft und von der Produktion, von der entscheidenden Rolle der Arbeit, der Arbeitsteilung und des Wachstums der Arbeitsproduktivität. Es war gezeigt worden, daß Saint-Simon die Industrie nicht in ihrer kapitalistischen Gestalt vor sich sah, sondern in ihrer materiellen Potenz als Grundlage einer künftigen humanen Gesellschaft. Er setzte dem ökonomischen Begriff, der die Industrie untrennbar mit dem Kapital verband, den humanistischen Begriff der Industrie entgegen und löste ihre spezifische historische Form auf, indem er die Geschichte der Menschheit als Geschichte der Industrie begriff.

Fourier war, vom „natürlichen“ Menschen ausgehend, auf Grund seiner Trieblehre zu der Erkenntnis der Widernatürlichkeit der zersplitterten, unter Zwang ausgeübten unfreien Arbeit gelangt; sie entspräche nicht der „Bestimmung des Menschen“. Er sah in der ländlichen Assoziation die Verwirklichung solcher Produktions- und Lebensbeziehungen, die steigende Arbeitsproduktivität mit der Befriedigung aller menschlichen Bedürfnisse, das heißt der Existenzsicherung, Genußbefriedigung und Selbstentfaltung verbände.

Saint-Simon hatte seine Idee der Assoziation der Produzenten, ihrer gleichberechtigten Teilnahme an der Organisation der Arbeit und der Verteilung ihrer Produkte dem Werk Adam Smith' zu entnehmen vermocht. Fourier indes hatte bei Smith und Ricardo nichts gefunden, was ihn hätte anregen können, eine der Bestimmung der Menschheit entsprechende gesellschaftliche Ordnung aufzuspüren.

Saint-Simon ging aus von „dem von Smith gelösten Problem der Aufstellung der Grundsätze, die geeignet sind, den Lauf der Industrie zu lenken ...“[5] Er bezeichnet diese Grundsätze als „die allgemeinen Wahrheiten, die sich aus der Wissenschaft der politischen Ökonomie ergeben“. Die von „dem unsterblichen Smith“ entwickelten Grundsätze stellten — Saint-Simon zufolge — „das non plus ultra dieser Wissenschaft in Europa“ dar.[6]

Hören wir hingegen Fourier: „Die politische Ökonomie trat mit großen Fehlern behaftet in die Welt.“ Er sieht in ihren Lehren nur Irrtümer und nennt die Ökonomen, die sie in die Welt setzen, „erlauchte Narren“ und „Lobredner“ und ruft voller Empörung und Abscheu aus: „Politische Ökonomie, Wissenschaft der mangels Mut und Arbeit unlösbare Probleme!“[7]

Trotz des derart unterschiedlichen subjektiven Verhaltens zu den politischen Ökonomen haben beide Verfechter einer Gesellschaft der assoziierten Produzenten gewisse Vorstellungen und Erkenntnisse der politischen Ökonomie aufgreifen können, verbunden mit einer eigenwilligen Interpretation von Ideen (wie Saint-Simon) oder stillschweigend Erkenntnisse als selbstverständliche Wahrheiten, die bereits in das Zeitdenken eingegangen waren, übernehmend (wie Fourier).

Im anders motivierten und angelegten Denken der Kritiker der kapitalistischen Gesellschaft nehmen solche Denkelemente jedoch eine andere Stellung ein und haben eine andere Funktion als in der ökonomischen Theorie. Handelt es sich überhaupt bei einer gleichen Wortbezeichnung noch um die gleiche Kategorie, denselben Begriffsinhalt?

Es soll versucht werden, die Lehren beider geistiger Strömungen als theoretische Quellen für den Marxismus, das heißt im Hinblick auf den Kategoriengehalt und die Struktur ihrer Theorien zu vergleichen. Hier erheben sich folgende Fragen:
— Welche Beziehung besteht zwischen Lehre und gesellschaftlicher Praxis, das

[5] C.-H. de Saint-Simon, Ausgewählte Schriften, Berlin 1977, S. 251.
[6] Vgl. ebenda, S. 201.
[7] Ch. Fourier, Ökonomisch-philosophische Schriften. Eine Textauswahl, Berlin 1980, S. 116.

heißt, welcher Ausschnitt der Realität wird von welchem Standpunkt, in welcher Sicht, mit welcher Motivation zu erforschen versucht, und wie hat sich die Lehre auf die gesellschaftliche Praxis ausgewirkt?

— Was ist der Gegenstand der Lehre; worin bestehen Zielsetzung und Aufgabenstellung der Untersuchung?
— Wie unterscheiden sich die wichtigsten Kategorien beider Lehren?
— Welche Unterschiede in der Verknüpfung der Kategorien und Begriffe bestehen; wieweit handelt es sich um Beschreibung und inwieweit um Erklärung, und wie tiefgehend ist die Aufdeckung von Gesetzen und Gesetzmäßigkeiten?
— Wieweit handelt es sich um ein historisch entstandenes Erkenntnissystem, dem objektive (relative) Wahrheit zukommt, das heißt, wieweit handelt es sich um eine vorwissenschaftliche oder um eine wissenschaftliche Lehre?

Jede Theorie stellt eine Widerspiegelung eines bestimmten Ausschnitts der Realität, gefärbt durch bestimmte Interessen, dar. Für diesen Zusammenhang spielt es keine Rolle, ob die Vertreter einer Theorie sich ihres Widerspiegelungscharakters bewußt sind oder nicht.

Wir sahen, daß die bürgerlichen Ökonomen die in ihrer praktischen Wirtschaftstätigkeit — oder von anderen — gesammelten Erfahrungen verallgemeinerten, daß sie Gesetze formulierten und aus ihnen Forderungen nach der Beseitigung feudaler Hemmnisse der sich entwickelnden bürgerlichen Produktion ableiteten. Die sich entwickelnde kapitalistische Wirtschaft ist der Praxisbereich der Ökonomen. Die Praxis, von der die utopischen Sozialisten ausgehen, ist umfangreicher; sie betrachten die gesamte Gesellschaft, das Wechselspiel aller ihrer Kräfte, die allseitigen Interessen aller Klassen. Fourier sieht die raffgierigen reichen Händler und die von ihnen ausgesaugten Handwerker und Fabrikarbeiter; Saint-Simon bekämpft den Egoismus der reichen Müßiggänger und will das Glück der ärmsten Klassen. Die ganze Gesellschaft mit ihren täglichen Kämpfen, die Bewegung der Volksmassen stellen die im Werk der utopischen Sozialisten widergespiegelte Praxis dar.

Natürlich ist die gesellschaftliche Praxis unteilbar. Es geht um unterschiedliche Betrachtungsebenen, um einen andersgearteten Realitätsbezug, um ein anderes Prisma. Immer richtet sich der Blick auf die Gesellschaft und die in ihr entwickelten Beziehungen der Menschen. Der Blick ist ein anderer aus der Position der ausbeutenden kapitalistischen Privateigentümerklasse und aus der Position der arbeitenden Klassen.

Die unterschiedliche Motivation der hier konfrontierten Denker wird klar. Obwohl alle sogenannten höheren Klassen entstammen, setzen die einen sich für die unbestrittene ökonomische und politische Herrschaft der Bourgeoisie ein und erstreben die anderen eine Gesellschaft, die Arbeit und Glück aller verbindet. Wir haben zu zeigen gesucht, daß diese Motivation weniger auf den individuellen Charakter der betrachteten Denkerpersönlichkeiten zurückgeht, als auf die unterschiedlichen gesellschaftlichen Bedingungen und den Reifegrad ökonomischer und sozialer Entwicklung in England einerseits, in Frankreich andererseits.

Entsprechend dem unterschiedlichen Klassenstandpunkt bestimmten die Interessen der sich durchsetzenden Industrie- und Handelsbourgeoisie das Ziel der politischen Ökonomie dahingehend, daß letztere Entscheidendes zur theoretisch-ideologischen Rechtfertigung und politisch-moralischen Festigung der sich entwickelnden kapitalistischen Produktionsverhältnisse zu leisten habe. Damit war für die ökonomische Wissenschaft die Aufgabe gestellt, solche Forderungen an individuelles und staatliches Verhalten zu begründen, das zum endgültigen Sieg der bürgerlichen sozialökonomischen Strukturen führen würde. Die durchschlagende Wirksamkeit, welche die ökonomischen Lehren vor allem Smiths und Ricardos hatten, beruhte auf dieser Kongruenz von realer ökonomischer Entwicklung und ihrer ideellen Widerspiegelung und war daher außerordentlich praxiswirksam — wie wir es heute ausdrücken würden.

Anders die ersten theoretisch begründeten Lehren des utopischen Sozialismus. Auch sie widerspiegelten reale Klasseninteressen, und zwar das Interesse der aus dem Ruin handwerklicher und bäuerlicher Kleinproduzenten hervorgehenden und sich immer mehr in die Tiefe und Breite entwickelnden Arbeiterklasse als ausgebeuteter und unterdrückter Klasse. Sie widerspiegelten weniger deren unmittelbares Interesse, sich gegen alle erlittene Unbill durch ökonomischen und politischen Kampf zur Wehr zu setzen als deren grundlegendes Interesse an einer Veränderung der Gesellschaftsordnung. Daher konnten die Lehren Saint-Simons und Fouriers keine unmittelbare Wirkung auf die von ihnen widergespiegelte Gesellschaftsentwicklung haben, waren sie doch eine Vorwegnahme einer weit in der Zukunft liegenden Gesellschaftsperspektive. Als Visionen der künftigen Welt der Arbeit, der Assoziation der Produzenten, konnten sie erst in dem Moment in der gesellschaftlichen Praxis, nämlich im Klassenkampf der Werktätigen, wirksam werden und das Verhalten von Mitgliedern dieser Klasse bestimmen, als ihre unmittelbaren Schüler[8] die systematisierten und allgemein verständlich aufbereiteten Lehren der „Meister" unter die sich organisierenden Arbeiter trugen und der Prozeß der Verschmelzung von sozialistischer Theorie und praktischer Arbeiterbewegung einsetzte, das heißt z. B. in Frankreich in der Mitte der zwanziger Jahre des 19. Jahrhunderts.

Praxisbezogenheit und Praxiswirksamkeit haben im Fall der bürgerlichen Ökonomen einen unmittelbaren Realitätsbezug, aber auch einen begrenzten Zeithorizont. Die Lehren der utopischen Sozialisten beziehen sich weder ausschließlich noch unmittelbar auf die ökonomische und politische Praxis der nachrevolutionären Gesellschaft, obwohl sie von ihr ausgehen, ihre Widersprüche und bestimmte Klasseninteressen widerspiegeln; sie beziehen sich in Wirklichkeit auf die Gesell-

[8] Wir verweisen auf die Schule der Saint-Simonisten, die unter theoretischer Führung Armand Bazards von 1826—1832 in Frankreich bestand (vgl. C.-H. de Saint-Simon, Ausgewählte Schriften, a. a. O., S. CXLVIII/CLXXIV) sowie die Fourieristen, deren theoretischer Kopf Victor Considerant war (vgl. Ch. Fourier, Ökonomisch-philosophische Schriften, a. a. O., S. IX, XXVIII, XLIX, L).

schaft in ihrer historischen Dimension, als Entwicklungsstufe der Menschheit, und zielen auf die Überwindung der gegebenen (bürgerlichen) Ordnung gesellschaftlicher Beziehungen ab. Es sind weit vorausschauende und umfassende Gesellschaftslehren, denen der *unmittelbare* Praxisbezug und damit die *sofortige* Praxiswirksamkeit fehlen, die aber *langfristig* die Praxis des revolutionären Klassenkampfes der Arbeiter theoretisch vorbereiten halfen.

Den Gegenstand der politischen Ökonomie sahen die Ökonomen in den gesellschaftlichen Verhältnissen der materiellen Produktion, und ihre Aufgabe erblickten sie in der Untersuchung der Erzeugung und Verteilung des „Reichtums der Nation". Aus dieser Untersuchung zogen sie politische Schlußfolgerungen hinsichtlich der Notwendigkeit staatlicher Förderung der Erzeugung kapitalistischen Reichtums durch Rechtsnormen und Wirtschaftspolitik bzw. hinsichtlich der staatlichen Einwirkung auf die Reichtumsverteilung durch eine geeignete Steuer- und Zollpolitik.

Gegenstand des utopischen Sozialismus bildeten die gesellschaftlichen Beziehungen der Menschen in ihrer Gesamtheit und in ihrer Entwicklung. Ihre Aufgabe sahen die frühen Gesellschaftstheoretiker des Proletariats in der historischen Ableitung und moralischen Rechtfertigung einer auf Gemeinsamkeit der Interessen gegründeten Assoziation der Produzenten, das heißt aller arbeitsfähigen und daher arbeitenden Mitglieder der Gesellschaft.

Nunmehr wollen wir die Kategorien, die Struktur und den Systemcharakter beider Lehren vergleichen und damit zu einer Analyse der inneren Logik der theoretischen Quellen des Marxismus übergehen. Als Ausgangspunkt für den Aufbau der beiden Systemlehren ist die Kategorie Praxis anzusehen. Die Praxis ist die gegenständliche materielle Tätigkeit der gesellschaftlich vereinigten Menschen zur Veränderung ihrer natürlichen und gesellschaftlichen Umwelt. Die Arbeit ist die grundlegende Form der gesellschaftlichen Praxis. Die Kategorie Praxis als umgestaltende gegenständliche menschliche Tätigkeit führt zur Kategorie Arbeit. Die Praxis umfaßt den gesamten Lebensprozeß der Menschheit und bedingt die Widerspiegelung der Wirklichkeit im Bewußtsein der Menschen. Erst die Erkenntnis, welche die objektive Realität mehr oder minder richtig widerspiegelt, ermöglicht wirksam auf Natur und Gesellschaft einzuwirken und neue Möglichkeiten ihrer Beherrschung und Gestaltung zu entwickeln. So ist die Praxis auch das letzte Ziel aller Erkenntnis. Der von der Praxis zur Erkenntnis und wieder zurück zur Praxis führende Weg stellt eine dialektische Entwicklung dar, die sich im Denken u. a. in dem marxistisch-leninistischen methodologischen Prinzip des analytischen Fortgangs vom Konkreten zum Abstrakten und des Aufsteigens vom Abstrakten zum Konkreten ausdrückt. So verbirgt sich mit der Widerspiegelung der Realität durch das Denken die Kategorie Fortschritt als Erkenntnis- und Praxisfortschritt.

Praxis — Arbeit — Fortschritt sind also fundamentale Kategorien, die einen Vergleich von politischer Ökonomie und utopischem Sozialismus als sinnvoll erscheinen lassen. Alle Kategorien und Begriffe der englischen klassischen bürgerlichen Ökonomie lassen sich auf den Begriff der Arbeit zurückführen, ob es sich um den Begriff Reichtum und Kapital, um Ware und Wert oder um davon abgeleitete Formen handelt. Die Arbeit ist eine zentrale Kategorie im Denken der französischen utopischen Sozialisten und bestimmt ihre Gesellschaftslehren. Indes hat gerade die Kategorie Arbeit einen sehr verschiedenen Charakter und eine völlig verschiedene Stellung im Kategoriensystem der hier behandelten Denkrichtungen.

Ausgehend von den Kategorien in beiden Lehren ist die in ihnen erkennbare Vorstellung vom wesentlichen Zusammenhang der Kategorien, das heißt die in ihnen waltende Idee von Gesetz und Gesetzmäßigkeit zu untersuchen. Wieweit ist der objektive Zusammenhang von Kategorien und Begriffen ins Bewußtsein gelangt? Welcher Art sind die erahnten oder erkannten Gesetze und Gesetzmäßigkeiten? Wie ist es um die Kategorie Fortschritt bestellt?

Mit diesen Fragestellungen wird es vielleicht möglich sein, die nächste Frage zu beantworten, die Frage nach dem Grad wissenschaftlicher Erkenntnis der einen und der anderen Lehre.

Das Kriterium für die Feststellung der Wahrheit einer Erkenntnis ist die Praxis. Nun ist aber — wie wir wissen — die Praxis, von der die Ökonomen ausgehen, ein viel beschränkterer Bereich der gesellschaftlichen Wirklichkeit als die Praxis, die den Ausgangspunkt der Gesellschaftskritiker bildet. So kann nicht nur nach dem Grad, dem Niveau der Erkenntnis gefragt werden, sondern es ist auch ihr qualitativer Charakter zu untersuchen. Er wird durch die Stellung der Klassen in der Gesellschaft und ihre Rolle für deren Entwicklung bestimmt. Der Anspruch an die Wissenschaftlichkeit einer Lehre ist vom Standpunkt des Proletariats ein viel höherer als vom Standpunkt der Bourgeoisie; sie kann in ihrem Klasseninteresse an der Erhaltung ihrer Ausbeutungsordnung nicht die volle Wahrheit erkennen, denn dadurch würde sie selbst sich als Klasse zum Untergang verurteilen. Der wissenschaftliche Charakter beider Lehren ist vom Standpunkt der historisch weiterführenden Klasse zu untersuchen. Wie ist die Wissenschaftlichkeit beider Lehren, die ja beide zu theoretischen Quellen des Marxismus wurden, von der Position der Arbeiterklasse zu beurteilen, d. h. vom Standpunkt des Marxismus-Leninismus? Die folgenden Kapitel versuchen, auf die weiter oben gestellten Fragen Antwort zu geben.

KAPITEL 10

Bedeutung und Stellung der Kategorie Arbeit im utopisch-sozialistischen und im politökonomischen Denken

1. Historisches zur Kategorie Arbeit

Die Arbeit als bewußte zweckgerichtete Tätigkeit des Menschen entstand mit seinem Heraustreten aus dem Tierreich. Obwohl der Alltagsbegriff Arbeit auch in seiner Allgemeinheit gedacht wurde, trat die Arbeit als Gegenstand philosophischer und wissenschaftlicher Betrachtung vordergründig erst auf, als sich das Produktionsmittel von der Arbeit trennte und sich der Gegensatz von Kapital und Arbeit herausbildete. Aristoteles, der größte Denker der Antike, war gescheitert, als er das Austauschverhältnis zweier Waren, also das Wertverhältnis, auf ein Gleiches zurückführen wollte, und zwar deshalb, „weil die griechische Gesellschaft auf der Sklaverei beruhte, daher die Ungleichheit der Menschen und ihrer Arbeitskräfte zur Naturbasis hatte"[1].

Marx fährt fort: „Das Geheimnis des Wertausdrucks, die Gleichheit und gleiche Gültigkeit aller Arbeiten, weil und insofern sie menschliche Arbeit überhaupt sind, kann nur entziffert werden, sobald der Begriff der menschlichen Gleichheit bereits die Festigkeit eines Volksurteils besitzt."[2] Diese Überzeugung trat erst mit der Verallgemeinerung der Warenproduktion ein, als auch die Arbeitskraft des Menschen, ebenso wie die Produktionsmittel und Konsumtionsmittel, zur Ware wurden. So ist es zu erklären, daß sich mit der Entstehung der bürgerlichen Gesellschaft die Aufmerksamkeit der Denker auf die Arbeit richtete. Bacon und Locke, Diderot und vor allem Rousseau untersuchten die Rolle der Arbeit für die Entwicklung der menschlichen Gesellschaft.

An die Naturrechtslehren der englischen und französischen bürgerlichen Aufklärung anknüpfend, wurde die Kategorie Arbeit zu einer Grundkategorie im Denken der klassischen bürgerlichen politischen Ökonomie, des utopischen Sozialismus und der klassischen bürgerlichen Philosophie. Im Weltbild der die drei theoretischen Ausgangsrichtungen marxistischen Denkens bildenden Denker kommt der Kategorie Arbeit große Bedeutung zu. Aus der Herkunft der bürger-

[1] K. Marx, Das Kapital. Erster Band, in: MEW, Bd. 23, Berlin 1962, S. 74.
[2] Ebenda.

lichen Aufklärung von Bacon, Hobbes, Locke und Newton über Rousseau, Montesquieu bis zu den Enzyklopädisten d'Alembert, Diderot, Holbach und Helvétius ergeben sich Gemeinsamkeiten aller drei theoretischen Quellen des Marxismus.

Wie ordnen die hier zu vergleichenden Denker die Arbeit in das Ganze der Natur und der Gesellschaft ein?

Zunächst ist allen drei Ideenströmungen gemeinsam, daß sie keinen vom Begriff der Natur abgegrenzten Begriff Gesellschaft kennen. Die Gesellschaft — wobei die gesellschaftlichen Beziehungen weitgehend als moralische und rechtliche Beziehungen der Menschen erachtet werden — bildet einen Teil der Natur. Auch die Gesellschaft wird von natürlichen Gesetzen bestimmt. Die Kategorie „Naturrecht" zeugt davon, daß zwischen natürlichen und juristischen Gesetzen Widersprüche entstanden sind, die unter Berufung auf das Naturrecht, auf die auch für die Gesellschaft geltenden natürlichen Gesetze, zu überwinden seien. In dieser Einordnung der Gesellschaft in die Natur kommt der gleiche ideengeschichtliche Ursprung bürgerlicher Ökonomen und vorproletarischer sozialistischer Denker zum Ausdruck. Die bürgerliche Aufklärung war die Oppositions- und Emanzipationsideologie der sich ökonomisch als Klasse konstituierenden aufstrebenden Bourgeoisie in ihrem politischen Kampf gegen die ständisch-feudale Ordnung und die absolute Monarchie. Seine volle Ausprägung erfuhr das bürgerliche Emanzipationsdenken in Frankreich, und seine klassische Form erhielt es wohl in der Diderotschen Enzyklopädie, welche unter Mitarbeit hervorragender französischer Aufklärer — insgesamt werden 160 Autoren, darunter die genannten französischen Aufklärer, als Mitarbeiter bezeichnet — im Zeitraum 1751—1766 entstand und in alphabetischer Form das fortschrittliche Denken der Zeit über alle als wichtig erachteten Begriffe und Ideen enthielt.

Unter „Naturrecht" heißt es, daß der Mensch von „heftigen Leidenschaften gequält wird", daß er „inmitten der menschlichen Gattung Entsetzen und Unruhe verbreite", der Egoismus ihn treibe, er andere unglücklich machen könne. „Das ist die Stimme der Natur, die in mir am stärksten spricht, wenn sie zu meinen Gunsten spricht."[3] Gleichheit und Freiheit, Interessen und Forderungen der Menschen werden nicht aus der Spezifik ihres gesellschaftlichen Seins abgeleitet, sondern aus der menschlichen Natur. „Die natürliche oder moralische Gleichheit beruht also auf der Beschaffenheit der menschlichen Natur, die allen Menschen gemeinsam ist."[4] Auch die Freiheit sei ein dem Menschen von Natur her gegebenes Recht, das wie das Prinzip der natürlichen Gleichheit in der Menschheitsgeschichte verletzt wurde.

Von diesem gemeinsamen Hintergrund heben sich aber die Schlußfolgerungen von Ökonomen und utopischen Sozialisten als widersprechend, ja gegensätzlich

[3] Artikel aus der von Diderot und d'Alembert herausgegebenen Enzyklopädie, Leipzig 1972, S. 311.

[4] Ebenda, S. 385.

ab. Worin das Naturrecht als „allgemeiner Wille", als „gemeinsamer Wunsch der ganzen Gattung" besteht, wie die Übereinstimmung zwischen allgemeinem und besonderem Interesse herzustellen sei — darin unterscheiden sich beide Strömungen, die als theoretische Quellen in den Marxismus eingingen, grundlegend.[5]

So hat auch die Kategorie Arbeit (eine grundlegende Kategorie der politischen Ökonomie wie des gesellschaftstheoretisch angelegten utopischen Sozialismus) einen unterschiedlichen Inhalt in beiden Systemen. Sie wird in das Ganze von Natur und Gesellschaft anders eingeordnet und nimmt dabei einen sehr verschiedenartigen Platz im jeweiligen System ein, denn die Kategorie Arbeit steht mit zahlreichen anderen, von ihr abgeleiteten Kategorien und Begriffen in vielfältigem Zusammenhang. Aus diesem Kategoriengeflecht sollen, ausgehend von der Kategorie Arbeit bei Ökonomen und utopischen Sozialisten, die zwischen ihnen bestehenden Unterschiede in der Kategorienbildung und -anwendung untersucht werden.

Unterschiede im Begreifen der Kategorie Arbeit ergeben sich unter folgenden Aspekten:

— Die allgemeine Vorstellung von der Arbeit als Arbeit schlechthin und die Auffassung der Arbeit als besondere Arbeit. Diese Unterscheidung tritt in der bürgerlichen Ökonomie noch embryonal auf, erst in der Marxschen politischen Ökonomie wird sie als Widerspruch zwischen konkreter und abstrakter Arbeit entwickelt.

— Im Zusammenhang mit der Auffassung vom produktiven und unproduktiven Charakter der Arbeit ist auf den Gegensatz von materieller und geistiger Arbeit einzugehen.

— Die Kategorie Arbeit wird in bestimmter Weise mit der Kategorie Reichtum und der Kategorie Bedürfnis verbunden. In diesem Zusammenhang wird der mit der Herausbildung des Gegensatzes von Kapital und Arbeit erscheinende Unterschied und Gegensatz von lebendiger und vergegenständlichter Arbeit behandelt. Es geht um das mit der Arbeit verfolgte Gesellschaftsziel.

— Die Kategorie Arbeit soll hinsichtlich der Funktion untersucht werden, die ihr vom klassischen bürgerlichen ökonomischen Denken, von Hegel als dem „klassischsten" Vertreter der klassischen bürgerlichen deutschen Philosphie und von der utopisch-sozialistischen Theorie zuerkannt wird.

— Abschließend soll untersucht werden, inwieweit die Kategorie Arbeit als historisch bestimmte Form angesehen beziehungsweise behandelt wird. Hier wären der Begriff der entfremdeten Arbeit, der freien und der Zwangsarbeit, kurz das geschichtliche Verständnis für die Kategorie Arbeit, zu behandeln.

[5] Vgl. ebenda, S. 315.

2. Konkreter und abstrakter Arbeitsbegriff

Die Kategorie Arbeit tritt im Denken der utopischen Sozialisten als historisch-philosophische Kategorie auf. Sie ist nicht Arbeit schlechthin, Arbeit im ökonomischen Sinn, d. h. unabhängig vom arbeitenden Menschen gefaßt, sondern drückt die Gesamtheit seiner sozialen Beziehungen aus. In Abhängigkeit von den obwaltenden Umständen kann sie gesellschaftlich nützlich oder unnütz sein, frei oder zwangsweise geleistet werden, als geachtet oder verächtlich gelten.

Es zeigt sich, daß die Kategorie Arbeit selbst das Resultat einer vorangegangenen Entwicklung von Vorstellungen ist. Die Kategorie Arbeit des utopischen Sozialismus hat die Alltagsvorstellungen des arbeitenden Volkes in sich aufgenommen und artikuliert. Auch die ökonomische Kategorie Arbeit hat ihre Geschichte. Diese Geschichte hat mit der Teilung der Arbeit und der Inbeziehungsetzung der Produkte geteilter Arbeit in Form von Waren, die auf dem Markt zum Austausch gelangen, zu tun, mit der Trennung des Arbeiters von seinem Arbeitsmittel und anderen Prozessen, welche die Schaffung von Reichtum durch die Arbeitenden für eine neue Klasse von Eigentümern, die Bourgeoisie, bedingten und verwirklichten. So sind Arbeit und Reichtum eng miteinander verbundene Kategorien. Der Frage, wie diese kategorialen Bezüge bei den Ökonomen und bei den Fürsprechern des arbeitenden Volkes aussehen, können wir nur schrittweise näherkommen.

Wir sehen einen günstigen Ausgangspunkt für eine vergleichende Analyse der Kategorie Arbeit bei bürgerlichen Ökonomen und utopischen Sozialisten in den Ausführungen von Marx zur Methode der politischen Ökonomie. Marx umreißt hier unter anderem die geschichtliche Herausbildung der ökonomischen Kategorie Arbeit.

Marx entwickelt, daß „die Methode, vom Abstrakten zum Konkreten aufzusteigen, nur die Art für das Denken ist, sich das Konkrete anzueignen, es als ein geistig Konkretes zu reproduzieren. Keineswegs aber der Entstehungsprozeß des Konkreten selbst.“[6] Einfachste ökonomische Kategorien wie der Tauschwert unterstellen ein konkretes und in bestimmter Weise strukturiertes Ganzes wie die Bevölkerung usw. Nur das wissenschaftliche Denken beginnt mit dem einfachsten und abstraktesten Begriff, weil es sich das konkrete Ganze anders nicht erschließen kann. Also spiegelt die geschichtliche Entwicklung der Ökonomie, die von konkreten zu immer abstrakteren einfachen Bestimmungen übergeht, um dann vom Abstrakten zur Widerspiegelung des realen Konkreten zu gelangen, nicht den Entstehungsprozeß des realen Konkreten wider. Darin liegt ja auch der erkenntnistheoretische Ursprung des philosophischen Idealismus.

Marx zeigte, daß Ware, Tauschwert, Geld, ein „antediluvianisches Dasein“ haben, also sehr früh und sporadisch als der historischen Gesellschaftsformation

[6] K. Marx, Einleitung [zur Kritik der Politischen Ökonomie], in: MEW, Bd. 13, Berlin 1961, S. 632.

untergeordnete Erscheinungen auftraten, „historisch schon Existenz hatten, ehe das Ganze sich nach der Seite entwickelte, die in einer konkretern Kategorie ausgedrückt ist. Insofern entspräche der Gang des abstrakten Denkens, das vom Einfachsten zum Kombinierten aufsteigt, dem wirklichen historischen Prozeß." Marx faßt zusammen: „So, obgleich die einfachre Kategorie historisch existiert haben mag vor der konkretern, kann sie in ihrer völligen intensiven und extensiven Entwicklung (Entwicklung des Geldes zu Kapital als gesellschaftsbeherrschend — *L. Z.*) grade einer kombinierten Gesellschaftsform angehören ..."[7] Das gilt auch für den Begriff der Arbeit.

„Arbeit scheint eine ganz einfache Kategorie. Auch die Vorstellung derselben in dieser Allgemeinheit — als Arbeit überhaupt — ist uralt. Dennoch, ökonomisch in dieser Einfachheit gefaßt, ist ‚Arbeit' eine ebenso moderne Kategorie, wie die Verhältnisse, die diese einfache Abstraktion erzeugen." Es war ein großer Fortschritt des Merkantilismus gegenüber dem Monetarsystem, daß er die Quelle des Reichtums nicht mehr „als Sache außer sich im Geld" setzte, sondern „aus dem Gegenstand in die subjektive Tätigkeit — die kommerzielle und Manufakturarbeit — die Quelle des Reichtums setzt, aber immer noch bloß diese Tätigkeit selbst in der Begrenztheit als geldmachend auffaßt." Den nächsten Fortschritt brachte der Physiokratismus, indem er „eine bestimmte Form der Arbeit — die Agrikultur — als die Reichtum schaffende setzt, und das Objekt selbst nicht mehr in der Verkleidung des Geldes, sondern als Produkt überhaupt, als allgemeines Resultat der Arbeit. Dieses Produkt noch der Begrenztheit der Tätigkeit gemäß als immer noch naturbestimmtes Produkt — Agrikulturprodukt, Erdprodukt par excellence."

Marx tut dar, daß es ein mühsam errungener „ungeheurer Fortschritt" war, wenn Smith jede Bestimmtheit der Reichtum erzeugenden Tätigkeit fallen ließ. „Mit der abstrakten Allgemeinheit der Reichtum schaffenden Tätigkeit nun auch die Allgemeinheit des als Reichtum bestimmten Gegenstandes, Produkt überhaupt, oder wieder Arbeit überhaupt, aber als vergangne, vergegenständlichte Arbeit." Einerseits scheint „damit nur der abstrakte Ausdruck für die einfachste und urälteste Beziehung gefunden, worin die Menschen — sei es in welcher Gesellschaftsform immer — als produzierend auftreten." Das trifft aber nicht das Wesen der Dinge, spiegelt Praxis nicht wissenschaftlich wider, sondern stellt eine nicht weiterführende Abstraktion dar. Denn historisch ist die abstrakte Allgemeinheit der Arbeit erst in der kapitalistischen Gesellschaft real geworden. „Die Gleichgültigkeit gegen eine bestimmte Art der Arbeit setzt eine sehr entwickelte Totalität wirklicher Arbeitsarten voraus, von denen keine mehr die alles beherrschende ist ... Die Gleichgültigkeit gegen die bestimmte Arbeit entspricht einer Gesellschaftsform, worin die Individuen mit Leichtigkeit aus einer Arbeit in die andre übergehn und die bestimmte Art der Arbeit ihnen zufällig, daher gleichgültig ist. Die Arbeit ist hier nicht nur in der Kategorie, sondern in der

[7] Ebenda, S. 633/634.

Wirklichkeit als Mittel zum Schaffen des Reichtums überhaupt geworden und hat aufgehört, als Bestimmung mit den Individuen in einer Besonderheit verwachsen zu sein. Ein solcher Zustand ist am entwickeltsten in der modernsten Daseinsform der bürgerlichen Gesellschaft — den Vereinigten Staaten." In diesem Lande hat man einen „job", irgendeine Lohn einbringende Arbeit, ein Ausdruck, der sich in der ganzen kapitalistischen Welt verbreitet hat. „Hier also wird die Abstraktion der Kategorie ‚Arbeit', ‚Arbeit überhaupt' . . . der Ausgangspunkt der modernen Ökonomie, erst praktisch wahr."[8]

Der abstrakte Begriff der Arbeit widerspiegelt einerseits „eine uralte und für alle Gesellschaftsformen gültige Beziehung", und in dieser für alle Epochen gültigen Bedeutung haben die utopischen Sozialisten ihn von den Ökonomen, die lehrten, daß die Arbeit die Quelle des Reichtums sei, übernommen. Weder die französischen noch die englischen Vertreter des utopischen Sozialismus erkannten, daß diese Abstraktion „das Produkt historischer Verhältnisse ist" und diese Abstraktion die kapitalistischen Verhältnisse widerspiegelt. Sie konnten mit dieser Abstraktion, dem abstraktiven Begriff Arbeit, nicht viel anfangen. Saint-Simon faßte die Arbeit wieder in ihrer stofflichen Bestimmtheit als industrielle Arbeit, unter die er die in der Landwirtschaft, in der Wissenschaft usw. geleistete Arbeit subsumierte, Fourier als ländliche mit fabrikmäßiger, industrieller Fertigung verbundene Arbeit. Nur so vermochte der eine, die wachsende Produktivität der im Zeitalter der Industrieentwicklung geleisteten Arbeit zur Grundlage einer Gesellschaft des Wohlstandes für alle zu deuten, nur so vermochte der andere, die Schädlichkeit des Privateigentums mit seiner versklavenden Fabrikarbeit geltend zu machen und in der ländlichen Assoziation einen Ausweg zu zeigen.

Die ricardianischen Sozialisten griffen mit ihrer Kritik vor allem die Rückführung des Produkts auf bloß vergegenständlichte Arbeit und die Verkündung des Primats der im Kapital vergegenständlichten über die lebendige Arbeit an. Sie verstanden diesen Gegensatz nicht als Ergebnis eines historischen Prozesses, sondern einer widernatürlichen Entwicklung. Insofern sagten sie dem abstrakten Arbeitsbegriff der Ökonomen, der vom Menschen abstrahiert, den Kampf an.

Während die bürgerlichen Ökonomen durch ihren abstrakten Arbeitsbegriff dem in der Ware verkörperten Gegensatz von Gebrauchswert und Wert und dem Doppelcharakter der warenproduzierenden Arbeit näher kamen, führte die Fassung der Arbeit unter ihrer konkreten Form als bestimmte, nützliche Arbeit die zum Sozialismus vorstoßenden französischen Theoretiker zur Kritik an der kapitalistischen Gesellschaft. Erst Marx hat die Ansätze der bürgerlichen Ökonomie und der sozialistischen Vision miteinander zu neuer Qualität verbunden: die Erkenntnis der abstrakten Arbeit als Wertsubstanz und der mit dem Doppelcharakter der warenproduzierenden Arbeit verbundenen Mehrwerter-

[8] Ebenda, S. 635.

zeugung und die dadurch ermöglichte Aufdeckung der Genesis und Vergänglichkeit der kapitalistischen Produktionsweise.

Die Ökonomen beschäftigten sich also vorrangig mit der in der materiellen Produktion geleisteten Arbeit und faßten Arbeit wesentlich als in Form von Waren erzeugende, wert- und mehrwertbildende Tätigkeit. Die ökonomisch richtige Unterscheidung produktiver und unproduktiver Arbeit setzt bereits Prozesse der Mehrwertverteilung voraus.

Die utopischen Sozialisten befaßten sich mit der Arbeit im weitesten Sinne, mit der Arbeit als nützlicher gesellschaftlicher Tätigkeit, mit der auf die Erzeugung von nützlichen Dingen geleisteten „praktischen Industrie“ und mit der „theoretischen Industrie“, die „ihr sehr wohl nützliche Dienste erweisen kann“[9]. Auch Fourier maß der Verbindung von materieller und geistiger Arbeit in den ländlichen Assoziationen, wie der von landwirtschaftlicher und gewerblicher Arbeit, die allergrößte Bedeutung bei. Auch er faßte Arbeit im allgemeinsten Sinne auf.

Während die Ökonomen, Arbeit als Waren, Wert und Mehrwert erzeugende Tätigkeit ansehend, den Begriff der Arbeit auf sein ökonomisches Wesen in der kapitalistischen Gesellschaft einengten, also einen spezifischen Inhalt der ökonomischen Kategorie Arbeit für die Untersuchung der kapitalistischen Ökonomik herausarbeiteten, schließt der Arbeitsbegriff der Sozialisten alle Seiten der Arbeit ein, bezieht er sich gleichermaßen auf materielle und geistige Arbeit, ist er für die gesamte Geschichte der Menschheit gültig.

In der bürgerlichen politischen Ökonomie wird die Arbeit produktbezogen, als waren- und werterzeugende Tätigkeit in der materiellen Produktion und damit vorrangig in ihrer vergegenständlichten Gestalt und nicht in ihrer Lebendigkeit als dem Arbeiter innewohnende Fähigkeit, als für die Entwicklung der Menschheit entscheidende gesellschaftliche Potenz gefaßt.

Der spezifisch ökonomische Begriff der Arbeit liegt der Wertproblematik zugrunde; sie konnte nur mit seiner Hilfe gelöst werden. Der Arbeitsbegriff der utopischen Sozialisten hebt sich zunächst von sozialökonomischer Formbestimmtheit, vom Schema der Wert- und Mehrwertproblematik ab und führt die gesellschaftliche Dimension der Arbeit vor Augen. Es ist ein vielfältig schillernder, höchst komplexer, allgemein gesellschaftstheoretischer Begriff. Wir haben es bei der ökonomischen Abstraktion Arbeit als waren-, wert- und mehrwertproduzierende Arbeit mit der Kategorie einer Einzelwissenschaft im Bereich der Gesellschaftswissenschaft zu tun, bei dem komplexen sozialen Arbeitsbegriff dagegen mit den Anfängen einer allgemein gesellschaftswissenschaftlichen Betrachtungsweise, wie sie dem historischen Materialismus eigen ist. Saint-Simon und Fourier gehören damit zu den Begründern einer eigenständigen Gesellschaftswissenschaft. Die Kategorie Arbeit wird von bürgerlichen Ökonomen und

[9] Oeuvres de Claude-Henri de Saint-Simon, Tome I (Vol. 2), editions anthropos, Paris 1966, S. 136/137.

utopischen Sozialisten von unterschiedlichen Abstraktionsebenen her konzipiert und untersucht. Dieser Unterschied ist bei einem kategorialen Vergleich zu beachten.

3. Produktive und unproduktive Arbeit

Die Gemeinsamkeit der von uns behandelten bürgerlichen Ökonomen und utopischen Sozialisten besteht darin, daß sie die Arbeit als Quelle des Reichtums ansehen und das Wachstum der Arbeitsproduktivität begrüßen. Sie unterscheiden sich unter anderem hinsichtlich des Gesellschaftszieles, dem die wachsende Arbeitsproduktivität zu dienen habe. Smith und Ricardo begreifen die Arbeit als waren-, wert- und mehrwertproduzierende Arbeit; sie richte sich auf die Akkumulation von Kapital und Mehrung des „Reichtums der Nation". Damit haben sie die ökonomische Kategorie Arbeit in der historisch bestimmten kapitalistischen Form definiert und die in dieser Gesellschaft bestehenden Klassenbeziehungen richtig widergespiegelt. Die utopischen Sozialisten fassen Arbeit als übergreifende historische Kategorie, als Dinge und materielle Leistungen erzeugende Arbeit, als immer und überall von Menschen zu vollbringende materielle und geistige Arbeit. Ziel der Arbeit sei die Befriedigung der Bedürfnisse aller Gesellschaftsmitglieder, nicht zuletzt der Arbeitenden selber. Das aber sei in der gegebenen Gesellschaft nicht gewährleistet. Und so richtet sich all ihr Sinnen und Trachten auf die Konzeption einer „neuen Gesellschaftsorganisation" (Saint-Simon), einer „ländlichen Assoziation" (Fourier), in der dieses Ziel der Arbeit verbürgt sei und wachsende Arbeitsproduktivität wachsende Befriedigung der materiellen und geistigen Bedürfnisse der Menschen herbeiführe.

Saint-Simon und Fourier sahen eine unmittelbare funktionelle Abhängigkeit zwischen der Arbeit in der Produktion und der Teilhabe an der Konsumtion. Fourier will „die *Teilung der Arbeit*, die in dem Austausch von Tauschwerten sich notwendig erzeugt", ersetzen durch „eine Organisation der Arbeit . . . die den *Anteil* des Einzelnen an der gemeinschaftlichen Konsumtion zur Folge hat"[10].

Ökonomen und Sozialisten treten mit der Forderung auf, daß möglichst viel Arbeit produktiv zu verwenden sei. Sie schrieben „produktive Arbeit" auf ihr Banner, meinten aber grundlegend Verschiedenes.

Bereits die Merkantilisten zogen mit der Forderung nach produktiver Arbeit in den Kampf. „Ihnen lag die Vorstellung zugrunde, daß die Arbeit nur produktiv in den Produktionszweigen, deren Produkte, nach dem Ausland geschickt, mehr Geld zurückbringen als sie gekostet haben (oder als für sie ausgeführt werden

[10] K. Marx, Grundrisse der Kritik der Politischen Ökonomie (Rohentwurf) 1857—1858, Berlin 1953, S. 89.

mußte ..."[11] „Die Physiokraten, in ihrer falschen Auffassung, daß nur die Agrikulturarbeit produktiv sei, machten die richtige Ansicht geltend, daß nur die Arbeit, vom kapitalistischen Standpunkt aus, produktiv ist, die einen Mehrwert schafft ... für den Eigentümer der Produktionsbedingungen ..."[12] Smith entwickelte in seinem Kampf gegen die falsche Auffassung der Physiokraten, daß allein die Agrikulturarbeit produktiv sei, eine ebenfalls unrichtige Auffassung, wonach produktive Arbeit die Arbeit sei, die „Ware" produziert und unproduktive Arbeit solche, die persönliche Dienste produziert. In dem Bemühen, die Arbeit aus ihrer Besonderheit herauszulösen und als Reichtum erzeugend darzustellen, verfiel Smith, der Ökonom der Manufakturperiode, in diese Vorstellung. Daneben aber steht Smith' richtige Auffassung der produktiven Arbeit, mit der er den richtigen Kern der physiokratischen Ansicht übernimmt, wonach Arbeit produktiv ist, die sich gegen Kapital, nicht aber gegen Revenue austauscht. Smith korrigiert die Physiokraten, indem er die Beschränkung auf Agrikulturarbeit aufhebt. Ihm zufolge ist alle Arbeit produktiv, die sich gegen fungierendes Kapital (in Industrie, Landwirtschaft und Handel) austauscht, wogegen er die Arbeit im Dienstleistungsbereich, die sich gegen Revenue austauscht, als unproduktiv erklärte und sie auf das notwendige Minimum begrenzen wollte.

Das ist auch das Anliegen des vorrangig an der Akkumulation von Kapital interessierten Ricardo. So ist von Smith und Ricardo die produktive Arbeit im Kapitalismus als mehrwertproduzierende Arbeit, genauer, als sich gegen Kapital austauschende Arbeit, bestimmt worden. Die an diesem Austausch teilhabende Arbeit wurde zur Zeit der industriellen Revolution hauptsächlich in der materiellen Produktion eingesetzt und war körperliche und nur ausnahmsweise auch geistige Arbeit. Die ökonomisch richtige Definition der produktiven Arbeit von Smith und Ricardo geht von der historischen Formbestimmtheit einer Produktionsweise aus, die auf Kapital und Lohnarbeit beruht.

Anders die Auffassung der produktiven Arbeit bei den französischen utopischen Sozialisten. Sie bestimmen die produktive Arbeit aus der stofflichen Bestimmung der Arbeit, nach der Seite ihrer Konkretheit, Nützlichkeit, nicht aber aus ihrer bestimmten gesellschaftlichen Form, aus den gesellschaftlichen Produktionsverhältnissen, unter denen sie geleistet wird.

Trotz dieser Gegensätzlichkeit verfolgen beide Ideenvertreter eine gleichermaßen antifeudalistische Stoßrichtung. Sie wenden sich gegen den unproduktiven Staatsverbrauch. Saint-Simon fordert in seinem Brief „an die Herren Arbeiter", sie mögen sich gegen „die Vergeudung von Staatsgeldern" durch selbstsüchtige Cliquen wehren, dagegen, daß „die Zahl der Verwalter und der ihnen Unterstellten viel zu hoch ist. Dadurch steigen die Kosten der Verwaltung auf einen

[11] K. Marx, Theorien über den Mehrwert. Erster Teil, in: MEW, Bd. 26.1, Berlin 1965, S. 124.
[12] Ebenda, S. 123.

ungeheuren Betrag, wodurch der Nation eine äußerst drückende, völlig nutzlose Bürde auferlegt wird."

Saint-Simon forderte, daß Staatsgelder für öffentliche Arbeiten ausgegeben werden, für Urbarmachung und Bodenmelioration, Straßen-, Brücken-, Wege- und Kanalbau.[13] Fourier verlangte, daß die zerstörerische Armee in Friedenszeiten als „industrielle Armee" für große öffentliche Arbeiten eingesetzt werde.[14] Überhaupt sieht Saint-Simon im Ausbau neuer Produktivkräfte die größten Reserven des Wachstums der Arbeitsproduktivität, Fourier hingegen mehr in der Beseitigung vorhandener Disproportionen zwischen einer gewaltigen Industrie, „. . . die jedoch auf einer niedrigen Stufe Anwendung findet . . ."[15]

Er setzte sich für die produktive Verwendung unproduktiv genutzter oder brachliegender Kräfte, für Kooperation und Konzentration in Produktion und Austausch, im Bauwesen, in der Verwaltung, im Transport und Lagerwesen ein. Alles das sollte den Übergang von der zersplitterten, anarchischen zur assoziativen, planmäßig organisierten Produktion bewirken.[16]

Adam Smith hatte die Beschränkung der Staatstätigkeit auf die Förderung der Bedingungen ungehinderter kapitalistischer Privattätigkeit gefordert. Ökonomen und Sozialisten wiesen den mit Staatstätigkeit und persönlichen Dienstleistungen befaßten „unproduktiv Tätigen" Grenzen, suchten feudalaristokratischer Gier und Genußsucht, Despotie und Willkür, mit der Lehre von der unproduktiven Arbeit entgegenzuwirken. Die einen im Namen der Kapitalakkumulation und der Stabilisierung der als beste aller Welten angesehenen bürgerlichen Ordnung, die anderen, weil sie meinten, „daß die Regierungen die ständige und einzige Pflicht haben, für das Glück der Gesellschaft tätig zu sein"[17].

Smith' Unterscheidung von produktiver und unproduktiver Arbeit brachte ihm Empörung und Polemik ein. Saint-Simons Parabel von der Überflüssigkeit der nicht mit nützlichen Arbeiten beschäftigten aristokratischen Elite brachte ihm einen Prozeß und sogar die Anklage ein, geistig zur Vorbereitung der Ermordung des Herzogs von Berry, des Neffen Ludwigs XVIII. und Kronprätendenten, beigetragen zu haben.[18]

Die geradezu brisante Wirkung der Lehre von der produktiven Arbeit der Ökonomen und der Unterscheidung von im Interesse der Industrie (im humanistischen Sinne) nützlich Tätigen und von Müßiggängern, Parasiten der Gesellschaft, schildert Marx so: „Der großen Masse sog. ‚höherer' Arbeiter — wie der Staatsbeamten, Militärs, Virtuosen, Ärzte, Pfaffen, Richter, Advokaten usw. —,

[13] Vgl. C.-H. de Saint-Simon, Ausgewählte Schriften, Berlin 1977, S. 321, 323, 325.

[14] Vgl. E. Silberling, Dictionnaire de Sociologie Phalansterienne. Guide des oeuvres complètes de Charles Fourier, Paris 1911, New York (Reprint), o. J., S. 31/32.

[15] Ch. Fourier, Ökonomisch-philosophische Schriften. Eine Textauswahl, Berlin 1980, S. 225.

[16] Vgl. ebenda, S. 234/235.

[17] C.-H. de Saint-Simon, Ausgewählte Schriften, a. a. O., S. 276.

[18] Vgl. ebenda, S. CX.

die zum Teil nicht nur nicht produktiv sind, sondern wesentlich destruktiv, aber sehr großen Teil des ‚materiellen' Reichtums ... sich anzueignen wissen, war es keineswegs angenehm, *ökonomisch* in dieselbe Klasse mit den buffoons und menial servants (Possenreißern und Dienstboten) verwiesen zu werden und bloß als Mitkonsumenten, Parasiten der eigentlichen Produzenten (oder vielmehr Produktionsagenten) zu erscheinen. Es war dies eine sonderbare Entheiligung gerade der Funktionen, die bisher mit einem Heiligenschein umgeben waren, abergläubische Verehrung genossen. Die politische Ökonomie in ihrer klassischen Periode, ganz wie die Bourgeoisie selbst in ihrer Parvenuperiode, verhält sich streng und kritisch zu der Staatsmaschinerie etc." Und die von uns nachgewiesene Interessengemeinsamkeit von bürgerlichen Ökonomen und Arbeitersprechern bringt Marx so zum Ausdruck: „Soweit jene ‚unproduktiven Arbeiter' ... teils durch physische Gebrechen (wie Ärzte) oder geistige Schwächen (wie Pfaffen) oder durch den Konflikt der Privatinteressen und der Nationalinteressen (wie Staatsleute, alle lawyers [Juristen], Polizisten, Soldaten) nötig werden oder sich selbst nötig machen, erscheinen sie dem A. Smith wie dem industriellen Kapitalisten selbst und der Arbeiterklasse als faux frais de production, die also möglichst auf das notwendige Minimum zu reduzieren und möglichst wohlfeil herzustellen sind."[19]

Die gesamte klassische Ökonomie entwickelte, wenn auch die Arbeit unterschiedlich als besondere (exportbezügliche, agrikole) oder allgemeine abstrakte Arbeit gefaßt wurde, die Lehre von der produktiven und unproduktiven Arbeit und leitete daraus ihren Kampf gegen Faulheit, Müßiggang, Parasitismus und Verschwendungssucht ab. Es mußte erst die bürgerliche — vom Mehrwert flott mitzehrende — Grundeigentümerklasse entstanden sein, damit der Pfaffe Malthus die gesellschaftliche Wohltat und Notwendigkeit des unproduktiven Konsums rühmen konnte.

Der klassischen bürgerlichen Lehre von der produktiven Arbeit, die von der Arbeit als Quelle des Reichtums und vom Austausch zwischen Kapital (vergegenständlichter Arbeit) und Arbeit (lebendiger Arbeit) ausging, setzte J. B. Say ein Ende, indem er die Verteilung der Einkommen von der Produktion von Wert und Mehrwert trennte. Den Arbeitsprozeß — wie die utopischen Sozialisten — nur als materiell-technischen, nützliche Produkte erzeugenden Prozeß ansehend, ging er in der Periode der industriellen Revolution dazu über, die gegenständliche Arbeit von der lebendigen Arbeit zu trennen und aus dem Kapital (als vergegenständlichter Arbeit) den Profit als dessen Frucht und aus dem Boden die Grundrente als dessen natürlichen Ertrag abzuleiten. Ebenso stehe der (lebendigen) Arbeit — nach Say — der Lohn zu. Say hat mit dieser, den Kapitalismus apologetisch interpretierenden Produktionsfaktorentheorie eine vulgärökonomische Hauptlinie entwickelt, welche die ganze spätere bürgerliche Ökonomie durchzieht.

[19] K. Marx, Theorien über den Mehrwert. Erster Teil, in: MEW, Bd. 26.1, a. a. O., S. 145.

Saint-Simon und Fourier wie auch die ricardianischen Sozialisten gingen von der Arbeit als natürlichem materiellem Produktionsprozeß, unabhängig von seiner historischen Bestimmtheit aus. Sie machten die Ansprüche der arbeitenden Menschen gegen das Kapital geltend und gaben damit den Blick auf die Bahn fortschreitender Erkenntnis frei. Mit ihrem Verständnis der Arbeit als Attribut und Lebensbedingung der Menschen, als gesellschaftlich und individuell nützliche und also produktive Tätigkeit, war es ihnen möglich, die der Bourgeoisie als Ausbeuterklasse gesetzten historischen Schranken ideengeschichtlich zu durchbrechen.

Nicht zuletzt auch unter dem Einfluß der Quesnay einschließenden, bis zu Sismondi reichenden klassischen bürgerlichen Ökonomie entwickelten die utopischen Sozialisten ihre Vorstellung vom produktiven Charakter der Arbeit, die die materiellen und moralischen Bedürfnisse der Menschen befriedigen soll.

Wenn Say die im Wert und Mehrwert sich ausdrückenden ökonomischen Beziehungen beiseite ließ und die materiell-technische Seite des Produktionsprozesses, den einfachen Arbeitsprozeß, in den Vordergrund rückte, aus ihm aber ökonomische Beziehungen, und zwar die Distributionsbeziehungen der Klassen, ableiten wollte, so war das ein ungeheurer wissenschaftlicher Rückschritt.

Und dennoch haben offensichtlich gewisse Vorstellungen von Say, von Oberflächenerscheinungen geprägte Alltagsvorstellungen, auch in den Köpfen der ersten für das Proletariat Partei ergreifenden Denker in einem bestimmten Umfang Gestalt angenommen. So wenn Fouriers „sozietäres Verteilungsprinzip" dem „Talent" und dem „Kapital" kleinere Einkommensteile zuerkennt.[20]

Nicht nur faßten sie die Arbeit wie die frühen bürgerlichen Ökonomen in ihrer Besonderheit auf und subsumierten unter sie andere Arbeit in der materiellen Produktion, sondern sie stellten die geistige (theoretische oder wissenschaftliche) sowie leitende Arbeit gleichrangig neben die praktische oder unmittelbar in der materiellen Produktion geleistete Arbeit. Vom Standpunkt der ökonomischen Kategorie Arbeit, also nach der historischen Bestimmtheit, konzentrierte sich die Aufmerksamkeit auf die sich in Waren und in Wert verkörpernde Arbeit in der materiellen Produktion, die dem Kapital Mehrwert einbringt, und nicht auf die anteilig geringere Menge geistiger Arbeit außerhalb der materiellen Produktion.

Der Widersinn kapitalistischer Produktion liegt gerade darin, daß die lebendige Arbeit recht eigentlich wert- und mehrwertbildende, den materiellen Reichtum hervorbringende Arbeit ist, das Kapital als vergegenständlichte Arbeit sich jedoch sowohl in der materiellen wie der ideellen Produktion den in der ersteren erzeugten Mehrwert anzueignen vermag und sich von dort her der produktive Charakter der Arbeit im Kapitalismus bestimmt.

Gegen diese aus den ökonomischen Beziehungen zwischen Kapital und Lohnarbeit sich ergebende Behauptung der Produktivität des Kapitals wenden sich die

[20] Vgl. Ch. Fourier, Ökonomisch-philosophische Schriften, a. a. O., S. 217.

von der Smith-Ricardoschen Arbeitswertlehre ausgehenden ersten englischen Sprecher der Arbeiterklasse. Am stärksten vermochte Thomas Hodgskin das Interesse der Arbeiter, die überragende Bedeutung der lebendigen Arbeit gegenüber der im Kapital angehäuften toten Arbeit zu betonen. Hodgskin unternahm die „Verteidigung der Arbeit gegen die Ansprüche des Kapitals" — so der Titel einer Erstlingsschrift aus dem Jahre 1825. Entscheidend sei, so meinte Hodgskin, nicht die Akkumulation von Ware und Geld, sondern die wirkliche Akkumulation; sie läge in der Geschicklichkeit und Fertigkeit der Arbeiter. Alle dem Kapital zugeschriebenen Wohltaten könnten nur „durch die gleichzeitig geleistete Arbeit erzielt werden"[21]. Das Kapital könne sich nur durch die lebendige Arbeit erhalten und vermehren. Die Kapitalisten seien eine parasitäre und überflüssige Klasse. Hodgskin sah, daß die Macht des Kapitals über die Arbeit „den Grund für die Armut der Arbeiter darstellt"[22]. Er sah im Kapitalisten einen Usurpator, der zwischen die Produzenten von Konsumtionsgütern und Produktionsmitteln trete, „um sich das Arbeitsprodukt aller anzueignen, obgleich er nichts von dem ganzen Kapital produziert oder benutzt"[23]. Er sah die Widersprüche der kapitalistischen Produktion, ihren Widersinn vom Standpunkt der arbeitenden Menschen. Wie die anderen ricardianischen Sozialisten meinte er, das Kapital würde aufhören alles und die Arbeit nichts zu sein, wenn die Arbeiter in den Besitz des Kapitals gelangen würden.

Hodgskin äußerte „. . . Kapital sei eine Art kabbalistisches Wort wie Kirche . . . von Leuten erfunden . . ., die darauf ausgehen, die Menschheit zu rupfen, um die Hand zu verbergen, die sie rupft. Es ist eine Art Abgott . . ."[24] Hier zeigt sich, daß er den Fetischcharakter des Kapitals zu durchschauen begann. Er sah im Kapital nicht ein Ding, eine natürliche Macht, sondern das gesellschaftliche Verhältnis zwischen Klassen: zwischen den die lebendige Arbeit Verausgabenden wirklichen Produzenten und den Aneignern der lebendigen, sich im Kapital niederschlagenden Arbeit. Marx, der Hodgskin sehr hoch einschätzte, sagte, dieser habe, „endlich die Natur des Kapitals richtig gefaßt", da er dessen Existenz und „*Nützlichkeit nicht aus vergangener, sondern aus gegenwärtiger Arbeit*" ableitet und den Profit nicht auf das Kapital als aufgespeicherte Arbeit zurückführt, sondern darauf, daß das fixe Kapital „*ein Mittel ist, Kommando über Arbeit zu erlangen*", wie Hodgskin erklärte.[25]

Mit diesen Auffassungen erweist sich Hodgskin, der „das proletarische Interesse vom Ric[ardoschen] Standpunkt, auf dem Boden seiner eignen Voraussetzungen"

[21] Th. Hodgskin, Verteidigung der Arbeit gegen die Ansprüche des Kapitals, Leipzig 1909, S. 34, 42.

[22] Ebenda, S. 72.

[23] Ebenda, S. 54.

[24] Ebenda, S. 47.

[25] Vgl. K. Marx, Theorien über den Mehrwert. Dritter Teil, in: MEW, Bd. 26.3, Berlin 1968, S. 292.

vertrat und die Widersprüche der politischen Ökonomie im Interesse der Arbeiterklasse geltend machte,[26] den bürgerlichen Ökonomen überlegen.

„Die Ökonomen fassen das Kapital nicht als Verhältnis auf. Sie können das nicht, ohne es zugleich als historisch transitorische, relative, nicht absolute Form der Produktion aufzufassen. Hodgskin selbst besitzt diese Anschauung nicht." Seine Polemik gegen die Ökonomen vom Standpunkt der die kapitalistische Ordnung angreifenden Arbeiter ist „sehr einfach". Er hat „die eine Seite, die die Ökonomen ‚wissenschaftlich', entwickeln, geltend [zu] machen gegen die fetischistische Vorstellung, die sie aus der kapitalistischen Vorstellungsweise sans raison (ohne Überlegung), unbewußt naiv, mit herübernehmen"[27].

Hodgskin bekämpft den vom Kapital ausgehenden Fetischismus und seine Mystifikation, er nimmt ihm den Heiligenschein, aber da er seinen historischen Entstehungsprozeß nicht begreifen kann, führt er wie alle anderen ricardianischen Sozialisten seine Entstehung auf Gewalt, Raub und Prellerei zurück. So auch der Anhänger Robert Owens William Thompson: „Das beständige Streben dessen, was wir Gesellschaft nennen, bestand darin, durch Betrug oder Beredung, durch Schrecken oder Zwang, den produktiven Arbeiter zu bewegen, die Arbeit zu verrichten für den möglichst kleinen Teil des Produkts seiner eignen Arbeit."[28]

Die ricardianischen utopischen Sozialisten fordern als Ausweg in ihrer historischen Hilflosigkeit Kapital ohne Kapitalisten[29] und lösen den angeblich zwischen Mehrwertgesetz und Mehrwertakkumulation bestehenden Gegensatz durch die Trennung der Produktion, für die das Wertgesetz gelte, von der Verteilung, in der dem Arbeiter der volle Arbeitsertrag zukomme. Das Utopische zeigt sich auch darin, daß z. B. John Gray, wie später Proudhon, die Produkte als Waren erzeugen und als Nichtwaren austauschen lassen will,[30] also Produktion und Austausch voneinander trennt.

Interessant ist, daß die englischen ricardianischen utopischen Sozialisten durch ihre Idee der *Trennung* von Produktion und Verteilung, hingegen die philosophisch-gesellschaftskritischen französischen utopischen Sozialisten durch ihre Idee der unmittelbaren *Verbindung* von Produktion und Verteilung jeweils einen Beitrag, und zwar die einen zur Kapitalismuskritik, die anderen zur Sozialismusvorstellung, leisteten.

Dabei leiteten sowohl die französischen utopisch-sozialistischen Gesellschafts-

[26] Vgl. ebenda, S. 256; vgl. K. Marx, Das Elend der Philosophie, in: MEW, Bd. 4, Berlin 1969, S. 98; F. Engels, Vorwort zu Das Kapital. Zweiter Band, in: MEW, Bd. 24, Berlin 1963, S. 20.

[27] K. Marx, Theorien über den Mehrwert. Dritter Teil, in: MEW, Bd. 26.3, a. a. O., S. 269.

[28] W. Thompson, An Enquiry into the Principles of the Distribution of Wealth, most conducive to Human Happiness, London 1824, zit. bei: F. Engels, Vorwort zu Das Kapital. Zweiter Band, in: MEW, Bd. 24, a. a. O., S. 21.

[29] Vgl. K. Marx, Theorien über den Mehrwert. Dritter Teil, in: MEW, Bd. 26.3, a. a. O., S. 291; K. Marx, Grundrisse der Kritik der Politischen Ökonomie, a. a. O., S. 211, 412.

[30] Vgl. K. Marx, Zur Kritik der Politischen Ökonomie, in: MEW, Bd. 13, a. a. O. S. 68.

kritiker wie die englischen utopisch-sozialistischen Ökonomen den produktiven Charakter der Arbeit aus der lebendigen Arbeit, aus der im arbeitenden Menschen liegenden Fähigkeit ab, im materiellen Arbeitsprozeß nützliche Produkte zu erzeugen. Beide richteten sich gegen die — für die kapitalistische Produktionsweise gültige — Bestimmung des produktiven Charakters der Arbeit als Produktivität des Kapitals oder der vergegenständlichten Arbeit, welche im Arbeits- *und* Werbildungsprozeß außer nützlichen Produkten oder Gebrauchswerten auch Wert, einschließlich Mehrwert, erzeugt. Die Ökonomen leiteten aus der Produktivität des Kapitals, d. h. aus ihrer politökonomisch richtigen Erkenntnis des produktiven Charakters der Arbeit im kapitalistischen Produktionssystem, den Anspruch der Aneignung des Mehrwerts durch die Kapitalistenklasse und der Beschränkung der Arbeiterklasse auf den zur Reproduktion der lebendige Arbeit nötigen Arbeitslohn ab. Zwischen der Bestimmung der produktiven Arbeit als Produktivität des Kapitals und der Einkommensverteilung im Kapitalismus, der Aufteilung des erzeugten Wertes in v und m, besteht ein durch die kapitalistischen Produktionsverhältnisse gegebener Zusammenhang.

Diesen Zusammenhang zwischen Arbeit und Kapital wollten die Vertreter der arbeitenden Menschen zerreißen. Sie gingen von der lebendigen, sich in Produkten vergegenständlichenden Arbeit aus und forderten, daß die Arbeit, die alle Reichtümer erzeugt und in diesem Sinne als produktive Arbeit angesehen wird, auch einen der Produktionstätigkeit entsprechenden Anteil am Produkt, besser am geschaffenen Einkommen, erlangen müsse. Die „ursprüngliche Bestimmung der produktiven Arbeit, aus der Natur der materiellen Produktion selbst abgeleitet“[31], ermöglichte den utopischen Sozialisten, eine gerechtere Verteilung zu rechtfertigen. Es besteht also ein Unterschied, ob die Begriffe produktive — unproduktive Arbeit im kapitalistischen Sinne gebraucht werden und daher von kapitalistischer Produktion und Verteilung die Rede ist oder ob eine allgemeine, vom stofflich-natürlichen Arbeitsprozeß ausgehende Unterscheidung getroffen und Produktion und Verteilung aus ihrer historischen Spezifik faktisch herausgelöst werden, aber gerade dadurch in eine übergreifende historische Entwicklung und Zukunftsperspektive gestellt werden.

Die jeweilige Einseitigkeit der Betrachtung von Ökonomen und utopischen Sozialisten bringt sie in für sie nicht lösbare Widersprüche.

[31] K. Marx, Das Kapital. Erster Band, in: MEW, Bd. 23, a. a. O., S. 531/532.

KAPITEL 11

Arbeit — Reichtum — Bedürfnis im System der klassischen bürgerlichen Ökonomie, im Denken der französischen utopischen Sozialisten und in der Hegelschen Philosophie

1. Arbeit — Mensch — Gesellschaft

Sinn und gesellschaftliches Ziel der Arbeit ist für den Ökonomen die Vermehrung des „Reichtums der Nation“. Die Sozialisten sehen alle Arbeit in Verbindung mit der Befriedigung der Bedürfnisse. „Ein Industrieller ist ein Mann“, formulierte Saint-Simon, „der arbeitet, um für die verschiedenen Mitglieder der Gesellschaft einen oder mehrere materielle Artikel zur Befriedigung ihrer Bedürfnisse oder ihrer gegenständlichen Ansprüche zu erzeugen oder leicht erreichbar zu machen.“[1] Auch Fourier sieht das Ziel der Gesellschaft und der in ihr geleisteten Arbeit darin, die Bedürfnisse aller Mitglieder der Gesellschaft zu befriedigen.

Der Einschränkung der Arbeit auf wert- und mehrwertbildende Arbeit setzen die Sozialisten den aus dem täglichen Leben des Volkes erwachsenen Begriff der Arbeit als Mittel zum Leben, als Mittel der Bedürfnisbefriedigung entgegen. Hier setzen sie, besonders Fourier, mit ihrer Kritik an. In der Zivilisation vermöge die Arbeit die Bedürfnisse der Arbeitenden nicht zu befriedigen. Die da arbeiten, leiden Hunger, während die Nichtarbeitenden sich bereichern.

Die Ökonomen wehren sich „einzugestehen, daß das Industriesystem in jeder Hinsicht nur eine verkehrte Welt ist. Beurteilen wir es nach dem halben Eingeständnis, das Sismondi vor kurzem entschlüpfte: Er gab zu, daß sich die Konsumtion in verkehrter Weise vollzieht, denn sie richtet sich nach den Launen der Müßiggänger und nicht nach dem Wohl der Produzenten. Damit war schon ein erster Schritt zur echten Untersuchung getan. Aber beschränkt sich der verkehrte Mechanismus etwa auf die Konsumtion? Oder ist nicht folgendes erkennbar: Die Zirkulation ist verkehrt. Sie wird durch Mittelsmänner . . . vollzogen, die zu Eigentümern des Produkts werden und Produzenten wie Konsumenten übervorteilen . . . Die Konkurrenz ist verkehrt. Sie bewirkt Lohnsenkungen und stürzt das Volk durch die Entwicklung der Industrie in

[1] C. H. de Saint-Simon, Ausgewählte Schriften, Berlin 1977, S. 344, 345.

Armut".[2] Fourier sah „in dieser Industrie eine Art Umkehrung der natürlichen Ordnung"[3].

Die bürgerlichen Ökonomen untersuchten das — für sie naturgebene — Verhältnis Arbeit und Kapital. Die Sozialisten hingegen hielten der ökonomischen Kategorie Arbeit mit ihrem Primat der angehäuften über die lebendige Arbeit den Inbegriff der Arbeit, den lebendigen arbeitenden Menschen, entgegen. Saint-Simon geht es zu Beginn der Restaurationsperiode um die Befreiung der Industrie — als Produktivitätsgrundlage für die Befriedigung der Bedürfnisse aller Menschen — von den ihr auferlegten Beschränkungen. Die von ihm am Ende seines Lebens angestrebte „Verbesserung des moralischen und materiellen Daseins der ärmsten Klasse" als Ziel der Gesellschaft und ihrer Organisation schließt außer der Bedürfnisbefriedigung auch die moralische Befriedigung, das Glücksgefühl über die Entfaltung der menschlichen Lebenskräfte in der Arbeit ein.[4]

In Teil II Kapitel 6 war gezeigt worden, daß Saint-Simon die liberalistischen Forderungen von Adam Smith, jegliche Bevormundung der wirtschaftenden Individuen zu beseitigen, auf seine Weise interpretierte. Zu den von der politischen Ökonomie des „unsterblichen Smith" verkündeten „allgemeinen Wahrheiten" gehörte vor allem jene, wonach „das gesellschaftliche Denken . . . in absolut derselben Weise über Staatsangelegenheiten wie über Angelegenheiten zu beraten (habe), die für den einzelnen von Interesse sind und eine nationale Vereinigung als ein Industrieunternehmen anzusehen, das die Aufgabe hat, jedem Mitglied der Gesellschaft — im Verhältnis zu seinem Einsatz — so viel Wohlstand und Wohlbefinden wie möglich zu verschaffen"[5].

Smith hatte, wenn er vom Interesse des einzelnen sprach, den vereinzelten warenproduzierenden Eigentümer im Sinn; Saint-Simon aber sah die arbeitenden Mitglieder der Gesellschaft vor sich, die zu wachsendem Produkt der sich entwickelnden Industrie beitragen; er hatte die von ihm als industriels zusammenfassend bezeichneten Werkstättenchefs und Arbeiter im Sinn. Den Einsatz dieser industriels sah er weniger im Kapital als in der Arbeit. Während die Ökonomen die vergegenständlichte Arbeit, das Eigentum an den Produktionsmitteln über die lebendige Arbeit, über die dem Menschen innewohnende Arbeitsfähigkeit stellten, faßte Saint-Simon die Arbeit als Tätigkeit und die Aneignung des Arbeitsprodukts in einem engen Zusammenhang. Das war der Inhalt seiner Losung: „Alles für die Industrie, alles durch die Industrie."[6]

Marx hat in einem später aufgefundenen Manuskript diese humanistische Auffassung Saint-Simons von der Industrie als der materiellen Grundlage einer auf der Gleichheit aller beruhenden künftigen Gesellschaft historisch einge-

[2] Ch. Fourier, Ökonomisch-philosophische Schriften. Eine Textauswahl, Berlin 1980, S. 62.

[3] Ebenda, S. 8.

[4] Vgl. C.-H. de Saint-Simon, Ausgewählte Schriften, a. a. O., S. 443.

[5] Ebenda, S. 247.

[6] Oeuvres de Claude-Henri de Saint-Simon. Tome I (Vol. 2), Paris 1966, Titelblatt.

schätzt. In einer Besprechung des Buches Friedrich Lists „Das nationale System der politischen Ökonomie“ führte Marx aus: „Man kann sie (die Industrie) betrachten als die große Werkstätte, worin der Mensch sich selbst, seine eignen und die Naturkräfte erst aneignet, sich vergegenständlicht, sich die Bedingungen zu einem menschlichen Leben geschaffen hat. Wenn man sie so betrachtet, so *abstrahiert* man von den *Umständen*, innerhalb deren heute die Industrie tätig ist, innerhalb deren sie *als Industrie* existiert, man steht *nicht* in der industriellen Epoche, man steht *über* ihr, man betrachtet sie nicht nach dem, was sie heute für den *Menschen* ist, sondern was der heutige Mensch für die *Menschengeschichte*, was er geschichtlich ist, man erkennt nicht die *Industrie* als solche, ihre heutige *Existenz* an, man erkennt vielmehr in ihr die ohne ihr Bewußtsein und wider ihren Willen in ihr liegende Macht an, die sie *vernichtet* und die Grundlage für eine *menschliche* Existenz bildet.“ Marx erklärt es zu Beginn der Industrieentwicklung, das heißt für Frankreich im ersten Viertel des 19. Jahrhunderts, für historisch gerechtfertigt, „die Industrie unter einem ganz anderen Gesichtspunkt zu betrachten als unter dem Gesichtspunkt des schmutzigen Schacherinteresses“.

So hatten die englischen Ökonomen die Industrie, sowohl im Manufaktur- wie im Fabriksystem, betrachtet. Während Smith und Ricardo der kapitalistischen Industrie alle Hindernisse aus dem Weg zu räumen suchten, sah Saint-Simon in der Industrie jene produktive Potenz, die der Entwicklung des Menschen zu dienen vermag, statt den arbeitenden Menschen, den vom Kapital unterworfenen Produzenten, zu einem elenden, verkrüppelten, seiner selbst nicht mächtigen Wesen zu machen. Und weiter führt Marx aus: „Sobald man in der Industrie nicht mehr das Schacherinteresse, sondern die Entwicklung des Menschen sieht, macht man den Menschen statt des Schacherinteresses zum Prinzip und gibt dem, was in der Industrie nur im Widerspruch mit ihr selbst sich entwickeln konnte, die Grundlage, die im Einklang mit dem zu Entwickelnden steht.“[7]

Saint-Simon setzte also — historisch berechtigt — die humanistische Auffassung von der Industrie ihrer kapitalistischen Form, der von der Ausbeutung bestimmten ökonomischen Kategorie Industrie, entgegen. Er betrachtete die ganze Geschichte der Menschheit als Geschichte der Entwicklung der Industrie, das heißt, er setzte Industrie mit Produktion gleich. Marx und Engels folgten ihm in dieser Überlegung, wenn sie 1845 meinten, daß „die ‚Geschichte der Menschheit‘ stets im Zusammenhange mit der Geschichte der Industrie und des Austausches studiert und bearbeitet werden muß“[8].

A und O der Produktion ist für Saint-Simon die Arbeit, ebenso wie zunächst auch für die bürgerlichen Ökonomen der Klassik. Wie Saint-Simon hat auch

[7] K. Marx, Über Friedrich Lists Buch: Das nationale System der politischen Ökonomie. Ein neues Manuskript von Karl Marx, in: Beiträge zur Geschichte der Arbeiterbewegung, 3/1972, S. 437/438.

[8] K. Marx/F. Engels, Die deutsche Ideologie, in: MEW, Bd. 3, Berlin 1958, S. 30.

Fourier der Erkenntnis von Marx und Engels vorgearbeitet, wonach die Arbeit materialistisch als „Schlüssel zum Verständnis" der gesamten Geschichte der Gesellschaft zu begreifen ist.[9]

Aus der unterschiedlich gefaßten Kategorie Arbeit ergeben sich unterschiedliche Verknüpfungen der Kategorie Arbeit mit anderen Kategorien und Begriffen. Das auf der Arbeit in der materiellen Warenproduktion gegründete System der ökonomischen Kategorien von Smith und Ricardo verknüpft die Arbeit mit Kategorien wie Ware und Wert, Marktnachfrage und -angebot sowie Preis der Ware, mit Lohnarbeit und Kapital, Preis der Arbeit und Zins bzw. Profit des Kapitals, Grundeigentum und Grundrente usw. und beschränkt sich auf die *ökonomischen* Beziehungen der Menschen in der Gesellschaft. In der Arbeit selbst sehen sie nur eine unumgängliche äußere Bedingung für die tätigen Individuen.

Aus der Auffassung der Arbeit als nützlicher gesellschaftlicher Arbeit schlechthin, als die der Befriedigung der Bedürfnisse aller dienenden Arbeit, als Arbeit, die auf den verschiedenen gesellschaftlichen Entwicklungsstufen unterschiedliche sozialökonomische Formen annimmt, als Arbeit, die in konkreter Form, auf bestimmte Resultate gerichtete Tätigkeit geleistet wird, ergeben sich andere Bezüge zur Gesellschaft als die rein ökonomischen. Arbeit wird von den utopischen Sozialisten als schöpferische Potenz, als eine die gesellschaftliche und individuelle Entwicklung fördernde Kraft erachtet.

Die allgemeine gesellschaftliche Kategorie Arbeit hat einen viel umfassenderen Inhalt als die ökonomische Kategorie Arbeit. So unterscheiden sich Inhalt, Stellung und Funktion der Kategorie Arbeit sowie anderer Kategorien sehr wesentlich im Ideensystem der bürgerlichen Ökonomen und der frühen Sozialisten. Das gilt auch für die Kategorie Mensch. Obwohl ideologisch als anthropologischer Mensch-Begriff, als *der* Mensch, im nicht strikt ökonomischen, das heißt weltanschaulichen Denken der bürgerlichen Ökonomen verbrämt, ist der Begriff Mensch aus dem ökonomischen Kategoriensystem ausgeschlossen; er existiert nur als Kapitalbesitzer und als Lohnarbeiter, also in zwei sich ausschließenden Formen. Die Arbeitsteilung wird im ökonomischen System Smith' und Ricardos wesentlich den Produktivkräften zugeordnet, zählt vor allem als wichtiger Faktor der Erhöhung der Arbeitsproduktivität. Die Arbeitsteilung hat dagegen für Saint-Simon und Fourier eine umfassende Bedeutung. Sie ermöglicht nicht nur Ökonomie der Zeit bei der Herstellung von Produkten und das Wachstum der *Produktivkraft* der Arbeit, sondern ist ein wichtiges Feld der Herstellung menschenwürdiger Beziehungen in der Produktion, der Nutzung natürlicher Triebkräfte des Menschen, von Charakterzügen, persönlichen Neigungen und Beweggründen als Triebkräfte der *Arbeit.* Der die Menschen auch als Arbeitende gegeneinander treibenden ökonomischen Konkurrenz setzt Fourier den Arbeits- und Wetteifer in der Phalanx entgegen usw. So verbindet sich die Arbeitsteilung,

[9] Vgl. ebenda.

der Lohn usw. mit der vollkommeneren Gestaltung von Produktivkräften und Produktionsverhältnissen in ihrer Wechselwirkung.

2. Geschichts- und persönlichkeitsbildende Rolle der Arbeit bei Hegel sowie bei Saint-Simon und Fourier

Uns scheint, daß die jeweiligen Beziehungen zwischen den Kategorien Arbeit — Reichtum — Bedürfnis fruchtbare Ansatzpunkte für eine Gegenüberstellung nicht nur von klassischer bürgerlicher Ökonomie und utopischem Sozialismus bilden, sondern auch für die Einbeziehung der klassischen deutschen Philosophie.

Die Arbeit, eine das Alltagsleben und -denken der Menschen beherrschende Kategorie, ist auch in der klassischen deutschen Philosophie von großer Bedeutung. Herder und Fichte erkannten die persönlichkeits- und geschichtsbildende Rolle der Arbeit und entwickelten die Idee der Selbstschöpfung des Menschen durch die Arbeit im weitesten Sinne, als Tätigkeit des Menschen. Diese Idee wurde von Hegel aufgenommen und umfassend weiterentwickelt.

Wie der Kategorie Arbeit kommt auch den Kategorien Bedürfnis und Interesse in allen Lehren, die zu theoretischen Quellen des Marxismus wurden, eine wichtige Rolle zu. Bei den bürgerlichen Ökonomen verflüchtigt sich die Kategorie des Bedürfnisses im Lauf der Fortentwicklung der ökonomischen Theorie immer mehr in die ökonomische Kategorie der Nachfrage. Ricardo kommt auf das Bedürfnis (nach Brot) nur in der Hinsicht zu sprechen, daß er im Bedürfnis die Grenze der Nachfrage erkennt: „. . . niemand wird mehr verlangen als seinem Bedürfnis genügt . . .“[10] Sein Thema sind nicht die Bedürfnisse der Menschen und ihre Befriedigung, sondern der Einfluß von Nachfrage und Angebot auf die Preise.[11] So wie das nützliche Produkt, der Gebrauchswert der Ware, nur Träger des (Tausch-)Wertes ist, so ist das Bedürfnis nur Träger der zahlungskräftigen) Nachfrage. Aus den individuellen Interessen der Warenanbieter und -nachfrager erwachsen gesellschaftliche Interessen; sie sind abgeleitet und kristallisieren sich im Interesse dieser oder jener Klasse der Gesellschaft. Aber so wie nur das zahlungskräftige Bedürfnis zählt, so fällt gesellschaftlich auch nur das auf dem Markt agierende Interesse ins Gewicht. So läuft schließlich alles auf das Privateigentum als Grundlage der Gesellschaft hinaus. Und die allgemeine Einsicht der Ökonomen, daß die Arbeit die Lebens- und Existenzbedingung der menschlichen Gesellschaft darstellt, bildet nur den Ausgangspunkt aller Betrachtungen; die Arbeit verkörpert sich wesentlich und betrachtungswürdig nur im Privateigentum, in vergegenständlichter und entfremdeter Gestalt.

[10] D. Ricardo, Über die Grundsätze der politischen Ökonomie und der Besteuerung. Übersetzt und mit einer Einleitung herausgegeben v. G. Bondi, Berlin 1959, S. 357.

[11] Vgl. ebenda, S. 353, 357.

„Die Nationalökonomie", schrieb Marx, „geht von der Arbeit als der eigentlichen Seele der Produktion aus, und dennoch gibt sie der Arbeit nichts und dem Privateigentum alles."[12]

Bereits 1802, in „System der Sittlichkeit", leitete Hegel aus den Kategorien Bedürfnis, Arbeit, Genuß die wechselseitige Abhängigkeit und damit die sozialen Beziehungen der Menschen ab und suchte auf diesem Wege zu einem Verständnis der bürgerlichen Gesellschaft, ihrer Familien- und Tauschbeziehungen, zu gelangen. Hegel sah die Nützlichkeit, aber auch Begrenztheit der politischen Ökonomie und ihrer Erfassung der gesellschaftlichen Entwicklung. Ihr Begriff der Arbeit war ihm zu eng. 1877, in der „Enzyklopädie der philosophischen Wissenschaften", definierte Hegel die Arbeit als das „allgemeine bleibende Vermögen", als „Notwendigkeit, die in der allseitigen Verschlingung der Abhängigkeit aller liegt"[13]. Und in den „Grundlinien der Philosophie des Rechts" zeigte er die theoretische Begrenztheit der bürgerlichen politischen Ökonomie: „Die *Staatsökonomie* ist die Wissenschaft, die von diesen Gesichtspunkten ihren Ausgang hat, dann aber das Verhältnis und die Bewegung der Massen in ihrer qualitativen und quantitativen Bestimmtheit und Verwickelung darzulegen hat."[14]

Die politische Ökonomie — wir berufen uns in diesem Zusammenhang auf G. Biedermann — hat Hegel „mit dem Begriff der Arbeit nicht nur die Bestimmung an die Hand gegeben, die Entwicklung des Menschen aus sich selbst, aus seiner schöpferischen Aktivität heraus zu begreifen; sie hat auch mittelbar und unmittelbar das Grundprinzip seiner Geschichtsauffassung stimuliert — das Prinzip, daß der Mensch mit Freiheit den notwendigen Verlauf seiner eigenen Geschichte erzeugt, daß er das zwar nicht weiß, daß er es aber tut."[15]

Marx setzte sich in den „Ökonomisch-philosophischen Manuskripten von 1844" sowohl mit der englischen Ökonomie und den Vorstellungen Saint-Simons und Fouriers wie bekanntermaßen mit Hegel auseinander. „Das Große an der Hegelschen ‚Phänomenologie' . . . ist also einmal, daß Hegel die Selbsterzeugung des Menschen als einen Prozeß faßt, . . . daß er also das Wesen der *Arbeit* faßt und den gegenständlichen Menschen, wahren, weil wirklichen Menschen, als Resultat seiner *eignen Arbeit* begreift".[16] Anschließend an diese positive Würdigung der Leistung Hegels, des Vollenders der Ausarbeitung der Dialektik, zeigt Marx „die Ein-

12 K. Marx, Ökonomisch-philosophische Manuskripte aus dem Jahre 1844, in: MEW, Ergbd., Tl. 1, Berlin 1968, S. 520.

13 G. W. F. Hegel, Enzyklopädie der philosophischen Wissenschaften im Grundrisse, Berlin 1966, S. 406.

14 G. W. F. Hegel, Grundlinien der Philosophie des Rechts oder Naturrecht und Staatswissenschaft im Grundrisse, Berlin 1981, S. 226.

15 G. Biedermann, Die klassische politische Ökonomie als Quelle der Hegelschen Geschichtsauffassung, in: Deutsche Zeitschrift für Philosophie, 6/1976, S. 708.

16 K. Marx, Ökonomisch-philosophische Manuskripte aus dem Jahre 1844, in: MEW, Ergbd., Tl. 1, a. a. O., S. 574.

seitigkeit und die Grenze Hegels". „Vorläufig nehmen wir nur noch das vorweg: Hegel steht auf dem Standpunkt der modernen Nationalökonomen. Er erfaßt die *Arbeit* als das *Wesen*, als das sich bewährende Wesen des Menschen; er sieht nur die positive Seite der Arbeit, nicht ihre negative. Die Arbeit ist das *Fürsichwerden* des *Menschen* innerhalb der *Entäußerung* oder als *entäußerter* Mensch. Die Arbeit, welche Hegel allein kennt und anerkennt, ist die *abstrakt geistige.*"[17] Hegel setzt Gegenständlichkeit und Entfremdung als identisch. „Als idealistischer Denker versteht Hegel die Arbeit nur einseitig, abstrakt, und zwar einmal als allgemeinmenschliche, als positive Tätigkeit; in dieser Funktion hat sie den Menschen hervorgebracht. Indem er aber die Arbeit nicht historisch konkret analysiert, übersieht er ihre negative Seite, den Charakter der Knechtung und Ausbeutung des Menschen durch den Menschen . . . Zum anderen ist für ihn . . . das Wesen der Arbeit nicht die materielle Produktion, sondern die geistige Tätigkeit, das Denken als das — in der unmittelbaren Arbeit sowohl wie auch in seiner umfassenden gesellschaftlichen Bedeutung — sich entäußernde und in der gegenständlichen Welt sich realisierende Selbstbewußtsein des Menschen."[18] Hegel sah also in der Entfremdung nicht den geistigen Widerschein sozialer Beziehungen der Menschen, sondern sah diese Beziehung umgekehrt.

Dazu Marx: „Das *menschliche Wesen*, der *Mensch*, gilt für Hegel = *Selbstbewußtsein.* Alle Entfremdung des menschlichen Wesens ist daher *nichts* als *Entfremdung des Selbstbewußtseins.* Die Entfremdung des Selbstbewußtseins gilt nicht als *Ausdruck*, im Wissen und Denken sich abspiegelnder Ausdruck der *wirklichen* Entfremdung des menschlichen Wesens." Umgekehrt ist für Hegel „die *wirkliche*, als real erscheinende Entfremdung . . . nichts andres als die *Erscheinung* von der Entfremdung . . . des *Selbstbewußtseins*".[19]

Der idealistische Begriff der Arbeit und ihrer Entfremdung führte Hegel dahin, in der Geschichte nicht die Geschichte der Arbeit, sondern die „von der Arbeit des Menschen abgetrennten und ins Absolute erhobenen Geschichte des Geistes" zu sehen. Die idealistische Mystifizierung der Geschichte schließt die Hinnahme der gegenständlichen Arbeit als entäußerte, entfremdete, das heißt ausgebeutete Arbeit bei Hegel ein. Hegel unterscheidet nicht zwischen der positiven Seite der Entäußerung der menschlichen Wesenkräfte in ihrer praktischen Tätigkeit, der Vergegenständlichung von lebendiger Arbeit im produzierten Ding und dem historisch bedingten Charakter der entfremdeten Arbeit. Hegel spricht der Entfremdung Universalität zu; er sieht in der Entfremdung eine von allen konkrethistorischen Gesellschaftsformationen unabhängige anthropologische Grundeigenschaft des Menschen. Die Herr-Knecht-Beziehung, die er sieht, ist unauf-

[17] Ebenda.

[18] G. Biedermann, Die klassische politische Ökonomie als Quelle der Hegelschen Geschichtsauffassung, a. a. O., S. 704.

[19] K. Marx, Ökonomisch-philosophische Manuskripte aus dem Jahre 1844, in: MEW, Ergbd., Tl. 1, a. a. O., S. 575/576.

hebbar, der Gegensatz zwischen der Macht der Reichen und der Ohnmacht der Armen notwendig, damit sich die bürgerliche Gesellschaft, auf Kosten eines Teils, die mit ihrer Arbeit ein Opfer bringen, erhalten kann. Hier beziehen klassische bürgerliche Ökonomie und bürgerliche klassische Philosophie die gleiche Position: das Privateigentum und die ihm wesenseigene Ungleichheit werden als unaufhebbare Grundlage menschlichen Daseins angesehen.[20]

So führen der begrenzte ökonomisch materialistische, aber unhistorisch verstandene Arbeitsbegriff und der umfassende gesellschaftliche, idealistisch-historisch verstandene philosophische Begriff Hegels zu gleichen Schlußfolgerungen von der Unaufhebbarkeit der Klassengegensätze. In beiden Kategorien und ihren Systemen wird die bürgerliche Klassenposition auf sehr verschiedene Weise widergespiegelt.

Konfrontieren wir die Hegelsche und die Saint-Simon- und Fouriersche Auffassung von der gesellschafts- und geschichtsbildenden Rolle der Arbeit, so steht der als unüberwindbar hingenommenen Entfremdung der Arbeit, der unaufhebbaren Ausbeutung der Arbeit auf der einen Seite die von Ausbeutung und äußerem Zwang freie, vom inneren Wesen menschlicher Arbeit, von menschlich gestalteten Produktionsbeziehungen und den natürlichen Trieben des Menschen geprägte Arbeit auf der anderen Seite gegenüber. *Von dem bürgerlichen Begriff der Arbeit bei Hegel und bei den Ökonomen hebt sich der humanistische Arbeitsbegriff der utopischen Sozialisten ab.*

Die umfassendere Auffassung der Arbeit im Denken der Kritiker der kapitalistischen Gesellschaft knüpft unter anderem an die religionsphilosophische Betrachtung der Arbeit als Segen und Fluch an. Fourier erklärte, die Heilige Schrift habe gesagt, die Arbeit laste als Fluch auf den Menschen, sie habe aber nicht gesagt, daß dieser Fluch nicht eines Tages aufhören und der Mensch in den ursprünglichen Glückszustand zurückkehren werde.[21] Fourier beruft sich auf ein auf Gott zurückgehendes einheitliches natürliches Gesetz, wonach die Bestimmung des Universums und des Menschen in der durch Attraktion bewirkten Harmonie läge. Er glaubte erkannt zu haben, „daß die Gesetze der Anziehung der Leidenschaften in allen Punkten denen der von Newton und Leibniz erklärten materiellen Anziehung entsprachen und in der materiellen wie in der geistigen Welt die Einheit des Systems der Bewegung bestand“[22].

Fourier setzte der Gottgefälligkeit der Arbeit und ihrer Belohnung im Jenseits oder der protestantischen Variante der Belohnung der aus der Arbeit erwachsenden Werke (Werte) durch den ihr entspringenden Reichtum eine Auffassung der Arbeit entgegen, die weder mit einem überirdischen Gottesreich noch mit dem Reich der Akkumulation von Kapital vereinbar ist. Für ihn ist die Arbeit ihrer

[20] Vgl. G. Biedermann, Die klassische politische Ökonomie als Quelle der Hegelschen Geschichtsauffassung, a. a. O., S. 706, 707.

[21] Zitiert nach: E. Silberling, Dictionnaire de Sociologie Phalanstérienne, Paris 1911, New York (Reprint), o. J., S. 437.

[22] Ch. Fourier, Ökonomisch-philosophische Schriften, a. a. O., S. 19.

Bestimmung nach natürliche Grundlage des gesellschaftlichen Zusammenlebens der Menschen in einer von Gesetzen geregelten Welt. Ihre Potenzen wird sie nur als attraktiv gestaltete Arbeit innerhalb der harmonisch organisierten Gemeinschaft der Arbeitenden entwickeln. Die attraktive Arbeit ermöglicht, so meinte Fourier, daß jeder seine Persönlichkeit zum eigenen Nutzen und zum Nutzen der Gesellschaft bestmöglich entfaltet. Den Zusammenhang zwischen gesellschaftlich organisierter attraktiver Arbeit und allseitiger Entwicklung des Menschen betrachtete Engels 1847 in dem vom ersten Kongreß des Bundes der Kommunisten gebilligten Entwurf des „Kommunistischen Glaubensbekenntnisses" als wesentlich für den Kommunismus. „Die gemeinsam und planmäßig von der ganzen Gesellschaft betriebene Industrie setzt vollends Menschen voraus, deren Anlagen nach allen Seiten hin entwickelt sind, die imstande sind, das gesamte System der Produktion zu überschauen."[23] Und diese ins Kommunistische Manifest eingegangene Vorstellung der Einheit und Wechselwirkung von gesellschaftlicher Organisation der Arbeit und allseitiger Entfaltung der Individuen lautet dort, daß „. . . freie Entwicklung eines jeden die Bedingung für die freie Entwicklung aller ist"[24].

Auch Saint-Simon begriff Arbeit sowohl als einzigen Rechtstitel auf Eigentum, als auch als Grundlage für die Entwicklung der Gesellschaft wie des Einzelnen. Beide utopisch-sozialistischen Denker erahnten die geschichts- und persönlichkeitsbildende Rolle der Arbeit als Quelle wachsender Produktion und Bedürfnisbefriedigung und als Triebkraft der Entwicklung einer höheren Moral und allseitigen Selbstentfaltung des Menschen in der Assoziation der Produzenten.

3. Ziel-Mittel-Problematik im Verhältnis von Arbeit und Reichtum

Für alle hier betrachteten Denker besitzt die Arbeit das Merkmal der Nützlichkeit. Den Nutzen der Arbeit sehen die bürgerlichen Ökonomen in der Realisierung des in der Ware enthaltenen Mehrwerts, in der Vermehrung des vorhandenen materiellen Reichtums, und so unterstellen sie die Nützlichkeit der Arbeit dort, wo diese ökonomischen Effekte erzielt werden. Hingegen fragen Saint-Simon und Fourier: *Wem* nützt die Arbeit — den Arbeitenden oder den Eigentümern?

Den Ökonomen ist die Arbeit „Mittel zum Schaffen des Reichtums überhaupt", wie Marx sagte. In der ausgereiften bürgerlichen Gesellschaft „wird die Abstraktion ‚Arbeit', ‚Arbeit überhaupt', Arbeit sans phrase, der Ausgangspunkt der modernen Ökonomie, erst praktisch wahr"[25]. Wäre die Arbeit

[23] F. Engels, Grundsätze des Kommunismus, in: MEW, Bd. 4, Berlin 1959, S. 376.

[24] K. Marx/F. Engels, Manifest der Kommunistischen Partei, in: MEW, Bd. 4, a. a. O., S. 482.

[25] K. Marx, Einleitung [zur Kritik der Politischen Ökonomie], in: MEW, Bd. 13, Berlin 1961, S. 635.

nicht auch die Ausgangskategorie der Ökonomen, wenn auch nicht ihre zentrale Kategorie — diesen Platz nimmt der (kapitalistische) Reichtum oder das Kapital ein — so wäre ein von der Arbeit ausgehender Kategorienvergleich ja gar nicht möglich.

Die bürgerlichen Ökonomen setzten die Lohnarbeit mit der natürlichen Arbeit als Existenzbedingung jeder Gesellschaft gleich. Für sie gab es arbeitende und besitzende Klassen, schicksalhafte Gegebenheiten für das dieser oder jener Klasse angehörige Individuum. Die Frage, ob die Arbeit frei sein könne oder Zwang bleiben müsse, konnte sich ihnen überhaupt nicht stellen, weil sie die Lohnarbeit als natürliche Arbeit ansahen. Smith sah Arbeit immer als unabwendbares Opfer für Glück und Freiheit an, worin ihm Ricardo folgte und womit er tatsächlich in dieser „*Opferansicht . . . richtig das subjektive Verhältnis des Lohnarbeiters zu seiner eignen Tätigkeit* ausdrückt“[26]. Smith und Ricardo faßten, wenn sie von Arbeit sprachen, die im Wert verdinglichte und angehäufte, entfremdete Arbeit ins Auge.

Die utopischen Sozialisten gingen im Grunde und unbewußt von einer historisch sich entwickelnden Arbeit aus, deren natürlicher, der Natur des Menschen entsprechender Charakter als schöpferischer Potenz in der „zivilisierten“ oder bürgerlichen Gesellschaft entartet sei.

Mit der ökonomischen Kategorie Arbeit als ware- und werterzeugende Tätigkeit in der materiellen Produktion der bürgerlichen Gesellschaft ist die Kategorie Reichtum verbunden. „Der Reichtum der Gesellschaften, in welchen kapitalistische Produktionsweise herrscht, erscheint als eine ‚ungeheure Warensammlung‘.“[27] Die eine bestimmte Wertmasse verkörpernde Warenmenge wird mit einer anderen verglichen und setzt die über sie verfügenden Individuen zueinander in Beziehung — so die Ökonomen.

Mit der historischen, allgemein gesellschaftlichen Kategorie Arbeit als Tätigkeit, die den gesellschaftlichen Menschen geschaffen hat und deren Form der Verausgabung an eine bestimmte Entwicklungsstufe der Gesellschaft gebunden ist und ihren Charakter bestimmt, verbindet sich eine ganz andere Vorstellung vom Reichtum. Hier wird Reichtum auf die Menschen, welche arbeiten, auf alle Menschen der Gesellschaft bezogen (es sollen ja auch alle Menschen arbeiten, wie Saint-Simon 1801, als er zu schreiben begann, sagte), und Reichtum wird als ihr äußerer und innerer Reichtum, als Mittel der Befriedigung ihrer materiellen und geistigen Bedürfnisse angesehen. Reichtum als Ergebnis aller Arten nützlicher Arbeit (Saint-Simon) wird als Prozeß der Erneuerung des Menschen in der Arbeit, durch die Tätigkeit wie durch den Genuß ihrer Produkte verstanden. Der Begriff des Reichtums der utopischen Sozialisten verleugnet in keinem

[26] K. Marx, Grundrisse der Kritik der Politischen Ökonomie (Rohentwurf) 1857—1858, Berlin 1953, S. 508.

[27] K. Marx, Das Kapital. Erster Band, in: MEW, Bd. 23, Berlin 1962, S. 49.

Moment seinen Ursprung, die Arbeit, und den von ihr gesellschaftlich nicht zu trennenden Arbeiter oder Produzenten.

Die *gesellschaftliche Kategorie* besagt, daß der Reichtum der Gesellschaft seiner Bestimmung nach der Befriedigung der Bedürfnisse der Gesellschaft diene. Fourier zeigte ebenso wie Sismondi, daß der soziale Mechanismus der Reichtumserzeugung in der bürgerlichen Gesellschaft der inneren Bestimmung des von der Gesellschaft, von den Arbeitenden erzeugten Reichtums nur ganz ungenügend entspricht. Der gesellschaftliche Reichtum verbindet Arbeit und Befriedigung von Bedürfnissen. Das tut er letztendlich auch in der kapitalistischen Gesellschaft, wenn auch höchst unzulänglich, unter großen Lebens-, Gesundheits- und Blutopfern, denn vermeidbare Arbeitsunfälle und nicht minder vermeidbare Kriege gehören, um mit Fourier zu sprechen, zu den „Geißeln der Industrie in der Zivilisation".

Die Kategorie Reichtum enthält aus der Sicht der utopischen Sozialisten aber noch ein anderes als das materielle Element, als den stofflichen Reichtum zur Befriedigung der materiellen Bedürfnisse der Menschen.

Saint-Simon: „Es ist klar, daß alle Franzosen den Wunsch haben, ihre materielle und moralische Existenz zu verbessern." Saint-Simon stellt weiter fest, „daß jenes Land, wo die Menschen am besten ernährt, untergebracht und gekleidet sind, wo sie am leichtesten reisen, alle dringendsten Bedürfnisse befriedigen und die Freuden des Lebens genießen können, das Land ist, wo sie in materieller Hinsicht am glücklichsten sind". Aber das genügt ihm keineswegs, denn man müsse „zugeben, daß, wenn die Menschen in diesem selben Land geistig hoch entwickelt sind, die Schönen Künste zu schätzen wissen, die Gesetze der natürlichen Erscheinungen sowie die Verfahren zu ihrer Veränderung kennen, wenn sie sich schließlich wohlwollend zueinander verhalten, ihr Glück in moralischer Hinsicht am vollkommensten sein wird"[28].

Zur Befriedigung materieller Bedürfnisse müssen also hinzukommen: die allseitige Bildung der Menschen, die Fähigkeit und Möglichkeit zu kulturellen Genüssen, das Wissen um und die Macht zur Veränderung der natürlichen Umwelt und zur Herbeiführung von Beziehungen der Menschen, die ihr „moralisches Glück" erst vollkommen machen.

Auch Fourier sieht neben der vollen Befriedigung aller materiellen Bedürfnisse entsprechend unterschiedlichen Geschmacksrichtungen der Menschen eine harmonische Arbeit und Spiel verbindende Erziehung, Freude an der Arbeit und Verfügung über freie Zeit, die Beherrschung der natürlichen Umwelt und das Walten von Gerechtigkeit in den Beziehungen zwischen den Menschen als Ziele des Lebens in einer „neuen industriellen und sozietären Welt" an. Fourier verbindet seine Vorstellung von dem, was das Glück der Menschen ausmacht und das Ziel ihrer Assoziation sein muß, mit der auf die Menschen durch und innerhalb der Arbeit ausgeübten industriellen Anziehung. „Die industrielle Anziehung ist

[28] C.-H. de Saint-Simon, Ausgewählte Schriften, a. a. O., S. 337.

die Kunst, die Arbeit ebenso anziehend wie heute das Vergnügen, den Festschmaus, Bälle, Theatervorstellungen usw. zu gestalten ... Ohne industrielle Anziehung wird jede Gerechtigkeit aus der Gesellschaftsordnung verbannt, denn sie würde vor allem erfordern, daß dem Volke als Ausgleich für die natürlichen Rechte, deren es beraubt wurde (Jagd, Fischfang, Ernte und Weide — *L. Z.*) eine Entschädigung gewährt würde."[29]

Nachdem die Ziele formuliert sind, geht Saint-Simon zu den anzuwendenden „Mitteln" über. Um „diesen zweifachen Gewinn (moralischen und materiellen Glücks — *L. Z.*) zu erreichen, ist die Tätigkeit im Bereich der Kultur, der Fabrikation und des Handels weitmöglichst anzuregen und zu fördern. Man muß allen Unternehmern, deren Aufgabe im Kanal-, Wege- und Brückenbau sowie in Trockenlegungen, Urbarmachung und Bewässerung besteht, einen Anreiz durch Gewährung besonderer Vorteile geben"[30].

An dieser wie an anderen Stellen wirft Saint-Simon die Ziel-Mittel-Problematik auf. Die Verkünder einer besseren Welt erwarten das Heil nicht, wie die bürgerlichen Aufklärer, von allgemeinen Menschenrechten, sondern von staatlichen Maßnahmen. Der Komplex materielles und moralisches Glück und ökonomische Anreize bildet den Ausgangspunkt eines neuen, von Saint-Simon vorgeschlagenen Gesellschaftsvertrages. „Nachdem der erste Paragraph unseres Gesellschaftsvertrages unsere nationalen Bedürfnisse und die zu ihrer Befriedigung anzuwendenden Mittel klar zum Ausdruck gebracht hat, läßt sich der Rest dieser Urkunde leicht abfassen." Dazu gehört die endgültige Beseitigung aller Vorrechte, „da ein System möglichst vollkommener Gleichheit geschaffen sein wird und das neue System die Menschen von größter Befähigung für die positiven Wissenschaften, die Schönen Künste und die Industrie dazu ausersieht, in hohem gesellschaftlichen Ansehen zu stehen und mit der Leitung der öffentlichen Angelegenheiten betraut zu werden". Dazu kommt eine Neugestaltung, „darin bestehend, *möglichst wenig und möglichst billig regiert* zu werden"[31].

Diese Vorstellungen der utopischen Sozialisten widerspiegeln eine andere Vorstellung der Beziehung der Arbeit zum Reichtum als die Beziehung von Arbeit und Reichtum als Kapital. Ziel der Produktion ist nicht der Reichtum der Nation, die ständige Mehrung des Kapitals, wobei die Arbeit nur als Mittel dient, sondern Ziel ist die Entfaltung der Kräfte des gesellschaftlichen Menschen, die Befriedigung der materiellen und geistigen Bedürfnisse aller arbeitenden Menschen, wobei der stoffliche Reichtum nur das Mittel ist und der wirkliche Reichtum in der Arbeit selbst, im Menschen liegt.

Marx und Engels werden diese Auffassung ihrer utopischen Vorläufer später relativieren, indem sie den spezifischen Charakter der Arbeit und des Reichtums in der kapitalistischen Produktionsweise ökonomisch analysieren und den der

[29] Ch. Fourier, Ökonomisch-philosophische Schriften, a. a. O., S. 34.

[20] C.-H. de Saint-Simon, Ausgewählte Schriften, a. a. O., S. 337/338.

[31] Ebenda, S. 338.

Kategorie Arbeit bei Saint-Simon und Fourier anhaftenden Naturalismus überwinden, das heißt die Vorstellung, daß die kapitalistische Lohnarbeit als Abweichung vom natürlichen Charakter der Arbeit anzusehen sei, negieren und zugleich die darin erhobene Forderung in ihrer Kritik der politischen Ökonomie geltend machen.

Auch in anderer Hinsicht unterzogen Marx und Engels die Vorstellungen ihrer sozialistischen Vorgänger von der Arbeit im Sozialismus/Kommunismus einer Kritik. Wenn diese auch erste Vorstellungen von der Aufhebung der Entfremdung in dem Sinne entwickelten, daß Arbeit und Genuß, Arbeit und Freizeit, sozusagen das Reich der Notwendigkeit und das Reich der Freiheit, sich nicht mehr feindlich und fremd gegenüberstehen werden, so faßte besonders Fourier die Verbindung von Arbeit und Wissenschaft, von Leitung und Ausführung, geistiger und körperlicher Arbeit sowie Arbeitszeit und Freizeit zu absolut. Sah Saint-Simon in dem arbeitenden Menschen die Einheit von homo sapiens und homo faber, so ging Fourier noch einen Schritt weiter und behauptete die Identität des homo sapiens und homo faber mit dem homo ludens. Die geistigen Erben beider verarbeiteten ihre Ideen der abstoßenden und der anziehenden Arbeit, der Aufhebung des Gegensatzes von Kopfarbeit und Handarbeit, von gewerblicher und agrikoler Arbeit sowie von Stadt und Land, der Verbindung von produktiver Arbeit mit Unterricht und Gymnastik „nicht nur als eine Methode zur Steigerung der gesellschaftlichen Produktion, sondern als die einzige Methode zur Produktion vollseitig entwickelter Menschen“[32].

In Paranthese sei hier eingefügt, daß die Frage der Abgrenzung oder des flüssigen Übergangs von Arbeitszeit und Freizeit heute zum Beispiel als Problem der zeitlichen Zuordnung der Weiterqualifizierung der Arbeitenden steht. Auch das Problem der Zuordnung von Arbeit im nichtmateriellen Bereich, also der nichtmateriellen Dienstleistungen zum produktiven Bereich, ist heute zu lösen usw. Vielleicht kann der Rückgriff auf frühe sozialistische Vorstellungen Anregungen und Denkanstöße vermitteln, ungewohnte Assoziationen auslösen, zu neuen Lösungsansätzen inspirieren und kühne Gedankengänge zeitigen.

Die Klassiker des Marxismus knüpften an die Auffassung der utopischen Sozialisten an, wonach der wirkliche Reichtum der Gesellschaft im Menschen selbst läge, in seiner Fähigkeit, nützliche Dinge durch Arbeit hervorzubringen und sich selbst in der Arbeit schöpferisch, seine Lebenskräfte entfaltend, zu verwirklichen sowie vielseitige harmonische Beziehungen zu anderen Menschen zu entwickeln.

Verwiesen sei hier auf die „ökonomisch-philosophischen Manuskripte“ von Marx, in denen dieser nicht nur an Hegel, Feuerbach und die englischen Ökonomen, sondern auch an Saint-Simon und Fourier anknüpfte: „Man sieht, wie an die Stelle des nationalökonomischen *Reichtums* und *Elendes* der *reiche Mensch* und das reiche *menschliche* Bedürfnis tritt. Der *reiche* Mensch ist zugleich

[32] K. Marx, Das Kapital. Erster Band, in: MEW, Bd. 23, a. a. O., S. 508; vgl. auch S. 307, 450.

der einer Totalität der menschlichen Lebensäußerung *bedürftige* Mensch ..." Der Mensch wird „den größten Reichtum, den andren Menschen, als Bedürfnis empfinden ... Die Herrschaft des gegenständlichen Wesens in mir, der sinnliche Ausbruch meiner Wesenstätigkeit ist die *Leidenschaft*, welche hier damit die *Tätigkeit* meines Wesens wird".[33]

Im Denken der utopischen Vorläufer des wissenschaftlichen Sozialismus wird zwischen der Kategorie Arbeit als umfassender gesellschaftlicher und als begrenzter historisch geprägter Kategorie eine enge Beziehung hergestellt, wird die Stellung des arbeitenden Menschen in der zeitgenössischen Gesellschaft kritisiert und die Verwirklichung der wahren Rolle und Bedeutung der arbeitenden Menschen gefordert. Die Arbeit geht vom Menschen aus, hat ihm, als Individuum und als gesellschaftlichem Menschen, zu dienen. Saint-Simon drückt diese Idee wesentlich in seiner humanistischen Industrieauffassung, Fourier in seiner Lehre von der ländlichen Assoziation in Verbindung mit seiner Trieblehre aus.

Die utopischen Sozialisten kritisierten die gesellschaftliche Erniedrigung und Mißachtung der Arbeit, ihre den Menschen knebelnde, seinen Möglichkeiten zuwiderlaufende Ansetzung. In Wahrheit, so meinten sie, entfalte der Mensch seine Kräfte in der Arbeit, in der gemeinsam geleisteten Arbeit. Dazu aber müßten die Arbeitsbeziehungen, die Beziehungen der Arbeitenden überhaupt, ganz anders als gewohnt, organisiert werden.

Besonders Fourier hat, ausgehend von seiner Trieblehre, die Idee der harmonischen Gestaltung der Arbeitsbeziehungen — sowohl durch eine geeignete Organisation der Arbeit wie der Verteilung — im einzelnen ausgearbeitet. Fourier faßte die psychischen Triebkräfte der Menschen in zwölf Leidenschaften zusammen: die auf den fünf Sinnen beruhenden Leidenschaften oder sinnlichen Triebe, die Gemütstriebe (Freundschaft, Ehrgeiz, Liebe und Familiensinn) und schließlich die Sinne und Gemüt anspornenden, sozialisierenden Leidenschaften: das Bedürfnis nach Abwechslung, nach einer Art Ränkespiel, das heißt nach verwickelten, anregenden menschlichen Beziehungen, das Bedürfnis nach Begeisterung in der Erlebnisgemeinsamkeit. Alle Leidenschaften würden in dem Streben nach Einheit zusammenfließen.

Fouriers Gedankengang läuft so: Die Quelle vieler Irrtümer sei „das Dogma, wonach die Leidenschaften als gefährlicher Feind erachtet werden, den die Vernunft unterdrücken müsse"[34]. Nicht die Natur des Menschen sei zu verändern, sondern die Bedingungen, unter denen er zu leben gezwungen ist. Die Natur des Menschen dürfe nicht mehr unterdrückt werden, die menschlichen Triebkräfte müßten Möglichkeiten der Entfaltung erlangen. „Die an die Stelle der zusammenhanglosen Zivilisation tretende Gesellschaftsordnung wird keine Mäßigung oder Gleich-

[33] K. Marx, Ökonomisch-philosophische Manuskripte aus dem Jahre 1844, in: MEW, Ergbd., Tl. 1, a. a. O., S. 544.

[34] Ch. Fourier, Ökonomisch-philosophische Schriften, a. a. O., S. 97.

heit ... zulassen. Sie benötigt glühende verfeinerte Leidenschaften. Sobald die Assoziation gebildet ist, werden die Leidenschaften um so leichter in Einklang geraten, je lebhafter und zahlreicher sie sind."[35] Fourier schlägt wechselnde Arbeitsgruppen vor, die entsprechend den individuellen Neigungen gebildet werden und die er als „Leidenschaftsgruppen" bezeichnet. Die neue Ordnung der Arbeitsbeziehungen wird „die Entwicklung der Leidenschaften verändern, ohne ihr Wesen zu verändern"[36]. Fourier sieht die Triebe als unveränderlich an, aber eine für die zeitgenössische Gesellschaft sich verhängnisvoll auswirkende Triebkraft wie „die Liebe zum Reichtum, wird ihre Bahn verändert haben und wird, um ihr Ziel zu erreichen, einen Weg, der ihr gestern mißfiel, eingeschlagen haben. Deshalb wird sie nicht ihr Wesen, sondern nur ihren Weg wechseln"[37]. Den Leidenschaften werden durch die sozietäre Ordnung „... neue Möglichkeiten erschlossen; und damit wird eine drei- oder vierfache Entfaltung im Vergleich zur zusammenhanglosen Ordnung, in der wir leben, gesichert"[38].

Die von Fourier in seinem ersten Werk 1808 entwickelte Trieblehre lag seiner dort entwickelten Lehre von der ländlichen Assoziation zugrunde. In seinem Hauptwerk von 1829 verteidigte Fourier seine Trieblehre gegen skeptische Kritiker und ihre Unterstellungen: „Ich will beweisen, daß alle Leidenschaften, so wie sie von Gott geschaffen wurden, *gut* sind. Sie sind gut und nützlich, vorausgesetzt, daß sie in einer Ordnung der Dinge, die das Gegenteil der zersplitterten oder zivilisierten Arbeit ... bildet, zum Tragen kommen."[39]

Die Arbeit ist ein gesellschaftlicher Prozeß, in dem die Menschen ihre Kräfte als Mitglieder der Gesellschaft und Individuen entfalten. Diese in der Arbeit liegenden Möglichkeiten bedürfen der Verwirklichung durch eine neue Gesellschaftsentwicklung.

Die Idee der Arbeit als schöpferischer gesellschaftlicher Potenz ist eine tragende Idee des historischen Materialismus und wurde von Marx und Engels nicht zuletzt in folgenden zwei Thesen zum Ausdruck gebracht: „Die Arbeit ... hat den Menschen selbst geschaffen."[40] Durch die Arbeit unterscheidet der Mensch sich vom Tier. Nicht daß der Mensch „nur eine Formveränderung des Natürlichen bewirkt: er verwirklicht im Natürlichen zugleich seinen Zweck, den er weiß"[41]. Er lernt die Natur zu beherrschen. Die Arbeit und die von ihr in Bewegung gesetzten Produktivkräfte bringen auf einer neuen Entwicklungsstufe ein neues Gesellschaftssystem hervor.

[35] Ebenda, S. 15.
[36] Ebenda.
[37] Ebenda.
[38] Ebenda, S. 16.
[39] Ebenda, S. 210.
[40] F. Engels, Anteil der Arbeit an der Menschwerdung des Affen, in: MEW, Bd. 20, Berlin 1962, S. 444.
[41] K. Marx, Das Kapital. Erster Band, in: MEW, Bd. 23, a. a. O., S. 193.

Saint-Simon und Fourier haben mit ihrer Auffassung von der Arbeit zur Herausarbeitung der Arbeit als Ausgangskategorie und zentraler Kategorie des historischen Materialismus (im Zusammenhang mit den Kategorien „Tätigkeit" und „Praxis" stehend) beigetragen. Erinnern wir uns an das Wort von Marx: „Die Gesellschaft findet nun einmal nicht ihr Gleichgewicht, bis sie sich um die Sonne der Arbeit dreht."[42]

Zusammenfassend stellen wir fest: Die Fassung der Arbeit als *ökonomische* Kategorie, das heißt als Lohnarbeit, verband sich bei den bürgerlichen Ökonomen in der Aufstiegsperiode des Kapitalismus mit der Vorstellung vom „Reichtum der Nation", mit der Kategorie Kapital. Sie wurde zur alles beherrschenden Kategorie, denn die Kategorie Kapital bringt das grundlegende gesellschaftliche Verhältnis der bürgerlichen Gesellschaft zum Ausdruck. Daher gab Marx seiner Untersuchung der „Physiologie der bürgerlichen Gesellschaft" den Titel: Das Kapital. Die ökonomische Analyse sowohl der Merkantilisten als der „ersten Dolmetscher des Kapitals" wie der späteren ökonomischen Klassiker hatte seine Mehrung zum Ziel; ihre Aufgabe sahen sie in der Erklärung der Entstehung des Reichtums, der Aufdeckung der Mittel zu seiner Mehrung. Die Ziel-Mittel-Problematik der klassischen bürgerlichen politischen Ökonomie spiegelte die objektiv gegebene Ziel-Mittel-Beziehung der kapitalistischen Produktionsweise wider; die vergegenständlichte Arbeit zu mehren war letztlich ihr Ziel, sie bediente sich der lebendigen Arbeit als Mittel zu seiner Erreichung. Und so ist die Arbeit wohl Ausgangs-, aber nicht Zentral- oder Grundkategorie der politischen Ökonomie des Kapitalismus. Allseitige Grundlage der Gesellschaft ist nicht die Arbeit, sondern sind Ware und Geld als vergegenständlichte Formen der Arbeit und vor allem das aus ihrer Weiterentwicklung entstandene Kapital und der Mehrwert als das von ihm angeeignete Produkt der Arbeitenden, Grundkategorien der kapitalistischen politischen Ökonomie. Die Heiligkeit des (Privat-)Eigentums und die Ewigkeitsdauer der Ausbeutung werden dabei als göttlichen und natürlichen Ursprungs unterstellt.

Hingegen eröffnet die Fassung der Arbeit unter umfassendem gesellschaftlichem Aspekt, als „ewige" und „heilig" zu haltende Grundbedingung menschlichen, das heißt gesellschaftlichen Daseins, die Perspektive auf eine neue Gesellschaftsorganisation. Damit wird die Arbeit zur Ausgangs- und Zentralkategorie utopisch-sozialistischer Denkweise. Ihre Vertreter identifizieren die Arbeit mit den Arbeitenden; sie machen — wie die englischen ricardianischen Sozialisten — den Anspruch der lebendigen Arbeit auf ihr Produkt, das nur tote, angehäufte, ursprünglich lebendige und in ihrem Ergebnis erstarrte Arbeit darstelle, geltend. Sie entlarven den „Reichtum der Nation" als durch Betrug und Unterdrückung erlangten Reichtum Einzelner, als bürgerlichen Reichtum. Die Untersuchung der französischen utopischen Sozialisten erstreckt sich nicht mehr auf die

[42] K. Marx, Nachwort [zu Enthüllungen über den Kommunistenprozeß zu Köln], in: MEW, Bd. 18, Berlin 1962, S. 570.

ökonomische Analyse *gegebener* Beziehungen, sondern auf die allseitige Erforschung *dem Wesen des Menschen entsprechender* und noch zu *realisierender* Beziehungen in der Gesellschaft. Statt ökonomischer Kausalerklärung wird unter Zuflucht zu psychologisch-moralisierender Erklärung die Zukunft der Gesellschaft zu umreißen versucht. Die Theorie der bürgerlichen Ökonomen übte vorrangig explikative Funktionen aus; ihre große Leistung bestand in der weitgehenden Aufdeckung der die kapitalistische Produktion beherrschenden ökonomischen Gesetze. Die Theorie der Sozialisten stellte der Explikation die prognostische Funktion von Theorien gleichwertig an die Seite. Erkennen — Vorhersagen — Wollen — so sah Saint-Simon den Zusammenhang zwischen Wissenschaft und auf Veränderung gerichteter Praxis.

Saint-Simon brachte eine neue Auffassung vom Reichtum der Gesellschaft in Vorschlag; sie regte eine neue soziale Orientierung an, nämlich eine auf die Befriedigung der Bedürfnisse aller Mitglieder der Gesellschaft statt auf die Produktion zur Erzeugung und Mehrung des Reichtums weniger gerichtete. Was Saint-Simon nicht sah, war, daß die zeitgenössische Gesellschaft objektiv dieses Ziel nicht hatte und von einem gegebenen sozialen System auszugehen war, um zu einem neuen, auf den Wohlstand aller ausgerichteten System zu gelangen. Insofern kann bei Saint-Simon nicht in unserem Sinne von Gesellschaftsprognose gesprochen werden, wenn er selbst auch von Prognose sprach und sich darum bemühte, den Gang der gesellschaftlichen Entwicklung zu erkennen, um in der „Wissenschaft vom Menschen" zu eben solchen Vorhersagen zu gelangen, wie sie in den Naturwissenschaften üblich sind.

Saint-Simon und die anderen utopischen Sozialisten erkannten nicht die Gesetzmäßigkeit, die in der bürgerlichen Gesellschaft den Reichtum die Form des Kapitals, des Mehrwert heckenden Wertes annehmen läßt und als objektives Ziel dieser Gesellschaft die Erzeugung, Aneignung und Akkumulation von Mehrwert setzt. Dazu waren die Erzeugung von Mehrwert durch die Klasse der Arbeiter und seine Aneignung durch die Eigentümer des Kapitals objektiv das Mittel. Die Arbeit hat der Akkumulation von Kapital bestimmungsgemäß zu dienen. Saint-Simon konstruierte eine Gesellschaft, die mit einer angeblich widernatürlichen Umkehrung des Verhältnisses von Ziel und Mittel Schluß machen und die Dinge vom Kopf auf den Fuß stellen würde. Er spricht dabei von dem Gesellschaftsziel, das die Gesellschaft haben müßte, und von den Mitteln, die sie zu seiner Erreichung anzuwenden hätte. Die von Saint-Simon immer wieder erörterte Ziel-Mittel-Problematik ist idealistischer Natur, hat aber historisch den Blick auf eine dem wirklichen gesetzmäßigen Gang der Geschichte entsprechende Gesellschaftsordnung erschlossen. Diese idealistische Ziel-Mittel-Problematik hat keinen bewußten Bezug zur Gesetzesproblematik und darf nicht in unserem heutigen Sinne mißverstanden werden, sollte wohl aber ebenso wie die kritisch gehandhabte Kategorie Reichtum der Gesellschaft als Fortschritt im Denken gewürdigt werden.

Unter Berücksichtigung des noch unreifen Entwicklungsgrades sowohl der bürgerlichen Ökonomie wie des utopischen Sozialismus läßt sich verallgemeinernd sagen: In den hier betrachteten beiden Ideensystemen fungieren „Arbeit" und „Reichtum" als unterschiedliche Kategorien; im einen Fall mit eng begrenztem ökonomischem Inhalt, im anderen mit umfassendem gesellschaftlichem Inhalt. Die umfassend gesellschaftsrelevanten Kategorien haben einen sehr viel reicheren Inhalt. Im bürgerlichen Denken drücken die Kategorien Arbeit und Reichtum die eng begrenzte, in der kapitalistischen Ziel-Mittel-Problematik befangene und durch die ökonomische Wissenschaft unterstützte kapitalistische Ausbeutung aus. Hier Arbeit als Mittel zur Mehrung des abstrakten Reichtums, das heißt der Akkumulation von Kapital, des unentwegten Kreislaufs des Kapitals als Selbstzweck; dort die Arbeit der Menschen als menschlicher, wahrhaft gesellschaftlicher und zugleich individueller geistig-psychischer Reichtum in einer komplexen Ziel-Mittel-Beziehung, Arbeit als Mittel zum Leben und Reichtum der Menschen, der materielle und geistige Reichtum als Grundlage der Entfaltung der Gesellschaft und der Selbstentfaltung der Menschen in den verschiedensten Arten von Tätigkeit, „Arbeit" im weitesten Sinne des Wortes. *Arbeit und Reichtum wurden von den utopischen Sozialisten also in einen umfassenden gesellschaftlichen Ziel-Mittel-Zusammenhang gestellt.*

Die bürgerlichen Ökonomen sehen eigentlich nur die Gegenwart, früher Gewesenes ist ihnen Vorspiel zum eigentlich gültigen Heute. Die utopischen Sozialisten denken bereits in geschichtlichen Dimensionen und haben die Kategorie Zukunft in das wissenschaftliche Denken eingeführt und der Kategorie Prognose einen erstrangigen Stellenwert in der Gesellschaftswissenschaft eingeräumt, haben sie doch Wesentliches geleistet, um die „Wissenschaft vom Menschen" als eigenständige Erkenntnisdisziplin zu begründen. Diese Wissenschaft mußte ins Leben treten, als die Frage nach der bewußten Veränderung der Gesellschaft gestellt wurde — nicht nach der Evolution entstandener Anfänge, sondern nach der Revolution gesellschaftlicher Zustände. Diese Frage wurde erstmals in umfassender Weise im Interesse der letzten ausgebeuteten Klasse antagonistischer Gesellschaften gestellt. „Ein Gelehrter, meine Freunde" — belehrte Saint-Simon die „Klasse" der Nichteigentümer — „ist ein Mann, der voraussieht."[43] Und seine eigene Vorhersage liegt in den prophetischen Worten: „Das goldene Zeitalter des Menschengeschlechts liegt nicht hinter uns, es liegt vor uns: Es liegt in der Vervollkommnung der gesellschaftlichen Ordnung. Unsere Väter haben es nicht erblickt, unsere Kinder aber werden eines Tages dorthin gelangen; an uns ist es, ihnen den Weg zu bahnen."[44]

Saint-Simons Gedanken sind wie alles Denken seiner Zeit von der französischen Aufklärung und nicht zuletzt von Voltaire und Rousseau beeinflußt. Das Bild des Gesellschaftsvertrags ist von Rousseaus Idee eines ursprünglichen, die Gesell-

[43] C.-H. de Saint-Simon, Ausgewählte Schriften, a. a. O., S. 19.
[44] Ebenda, S. 194.

schaft aus dem Zustand der Wildheit in die staatlich gesicherte gesittete Ordnung überführenden Abkommens zwischen Volk und Herrscher der Form nach inspiriert. Saint-Simon aber beklagt nicht den Verlust einer angeblich ursprünglichen Gleichheit der Menschen, er zielt auf die Gestaltung der Zukunft; ganz ähnlich, wie er sich in anderem Zusammenhang auf die Klage vom verlorenen „goldenen Zeitalter" oder auf die Vertreibung aus dem Paradies beruft oder zuguterletzt das Urchristentum für sein „neues Christentum", für die vereinigte Gesellschaft der Arbeitenden, in Anspruch nimmt.

So, wie die Ideengeschichte sich in der durch Neuinterpretation und Umfunktionierung vorgefundenen Gedankenmaterials erzielten Gewinnung neuer Ideen zeigt, so dient auch die Umfunktionierung von Denkformen der Fortentwicklung von Ideen und verbindet sich mit der Berufung auf historische Kontinuität und Legitimation. Wir haben es hier mit Verfahren und Formen von Rezeption zu tun.

Aus der unbefangenen Betrachtung der Arbeit als natürlicher Notwendigkeit zur Erhaltung des Lebens ergaben sich die beiden von Saint-Simon und Fourier bereits sehr früh formulierten Grundsätze des Rechtes auf und der Pflicht zur Arbeit, Grundsätze, die erst von einer späteren gesellschaftlichen Ordnung, nicht aber vom gerade siegreichen Kapitalismus verwirklicht werden konnten.

Kapitel 12

Ökonomisches, soziales und historisches Verständnis für die gesellschaftliche Form und den Inhalt der Arbeit. Der Zusammenhang von Arbeit und Freiheit

1. Armengesetzgebung aus dem Blickwinkel Ricardos und Fouriers

So wie Saint-Simon sich zustimmend auf Smith berief, indem er dessen Gedanken, sie umdeutend, seinem eigenen Anliegen subsumierte, bezogen sich Fouriers Attacken gegen die politische Ökonomie vor allem auf Ricardo. In ihm sah er seinen eigentlichen Widersacher. Es ist daher wohl berechtigt, anhand eines Beispiels — der Armengesetzgebung — die Denkweisen Fouriers und Ricardos zu konfrontieren.

Die Erscheinung, von der Kritiker und Ökonomen ausgehen, ist die Aufbringung nicht unbeträchtlicher Mittel durch die Armensteuer und die Unterstützung einer großen Zahl von Armen, ja selbst von unzureichend entlohnten Tagelöhnern, aus dem Fonds der öffentlichen Armenunterstützung. Den Fakt signalisierte auch Sismondi, indem er in seiner Kritik der kapitalistischen Gesellschaft davon ausging, daß die Armensteuer „für ein Elftel der Bevölkerung als Unterstützung dienen“ muß, das heißt also für 940626 Menschen, bei einer Gesamtbevölkerung von 10150615, von denen ungefähr 6000000 überhaupt kein Eigentum besitzen.[1] Fourier schrieb: „Frankreich geht diesem Elend entgegen: In Paris sind 86000 Arme bekannt (gegenüber 232000 in London), ebenso viele sind unbekannt.“[2]

Ein solcher Zustand empörte auch Ricardo. Er sei unhaltbar, weil die Armengesetzgebung die unerträgliche Belastung der Akkumulation von Kapital verewige, und zwar nicht allein durch die Abführung von Mitteln an den Staat, wodurch sie der produktiven Verwendung entzogen würden, sondern auch durch die Nichtverwendung von Arbeitskräften zwecks Profitproduktion. Dadurch werde

[1] Vgl. J. C. L. Simonde de Sismondi, Neue Grundsätze der politischen Ökonomie. Erster Band, Berlin 1971, S. 310.

[2] Ch. Fourier, Ökonomisch-philosophische Schriften. Eine Textauswahl, Berlin 1980, S. 59.

der „natürliche Fortschritt der Gesellschaft“,[3] den Ricardo in der Vervollkommnung der Produktion und im Wachstum des Reichtums sah, aufgehalten.

„Die Natur des Übels weist auf das Heilmittel hin“, sagte Ricardo. „Durch die allmähliche Einschränkung des Geltungsbereichs der Armengesetze, die Erweckung der Wertschätzung für die Unabhängigkeit bei den Armen, die Belehrung, sich weder auf systematische noch auf gelegentliche Mildtätigkeit, sondern auf ihre eigenen Bemühungen für ihren Unterhalt zu verlassen und daß Vorsicht und Vorsorge weder überflüssige, noch uneinträgliche Tugenden sind, werden wir uns schrittweise einem vernünftigeren und gesünderen Zustand nähern.“ Für Ricardo ist „derjenige der beste Freund der Armen und der Sache der Menschheit, der zeigt, wie dieses Ziel mit größter Sicherheit und gleichzeitig mit geringster Gewaltanwendung erreicht werden kann“[4].

Humanität und unausweichliche ökonomische Gesetzmäßigkeit standen in Einklang und erheischten, mit der Armengesetzgebung Schluß zu machen. „Das Gravitationsgesetz ist nicht gewisser als die Tendenz derartiger Gesetze, Reichtum und Macht in Elend und Schwäche zu verwandeln, die Arbeitsanstrengungen von jedem Gegenstand, ausgenommen der Beschaffung des bloßen Unterhalts, abzulenken, jeden Unterschied des Geistes auszulöschen, den Geist fortwährend mit der Befriedigung des leiblichen Bedarfs zu beschäftigen — und das alles so lange, bis am Ende alle Klassen mit der Pest der allgemeinen Armut angesteckt sind.“[5]

Fourier könnte den Eingangssatz Ricardos „Die Natur des Übels weist auf das Heilmittel hin“, voll und ganz bestätigen. Aber die Natur des Übels sieht er keineswegs in der Beeinträchtigung der Kapitalakkumulation, sondern in den zu Armut und Elend der arbeitenden Menschen führenden „zwei grundlegende(n) Übeln“: der industriellen Zersplitterung und dem Handelsbetrug, dem der Name der freien Konkurrenz falschen Glanz verleiht[6].

Ricardo zufolge aber „sollten auch die Löhne der gerechten und freien Konkurrenz des Marktes überlassen bleiben und niemals durch Eingriffe der Gesetzgebung kontrolliert werden“[7]. Mit dem von ihm zitierten Buchanan ist Ricardo überzeugt: „In der sozialen Verfassung gibt es Elend, das die Gesetzgebung nicht beseitigen kann.“ Sie könne sich bestenfalls gegen Lebensmittelverknappung und auf Arbeitsbeschaffung in Notzeiten richten, auf „das Gute ..., dessen Erreichung wirklich in unserer Macht liegt“[8].

[3] Vgl. D. Ricardo, Über die Grundsätze der Politischen Ökonomie und der Besteuerung, Berlin 1959, S. 85.

[4] Ebenda, S. 93.

[5] Ebenda, S. 94.

[6] Vgl. Ch. Fourier, Ökonomisch-philosophische Schriften, a. a. O., S. 61.

[7] D. Ricardo, Über die Grundsätze der Politischen Ökonomie und der Besteuerung, a. a. O., S. 90.

[8] Ebenda, S. 91 Anm. 1.

Das Übel sieht Ricardo demnach in einer Gesetzgebung, die den natürlichen und wohltätigen Lauf der Dinge behindert, und er fordert die unbehinderte Durchsetzung der den Lohn bestimmenden ökonomischen Gesetze, „von denen das Wohlbefinden des weitaus größten Teiles jeder Gesellschaft beherrscht wird“[9]. Dabei erkennt er sowohl die fallende Tendenz der Löhne[10] wie die häufig für die Arbeiter nachteilige Wirkung der Einführung von Maschinerie.[11] Mit der Berufung auf ökonomische Gesetze tut Ricardo solche negativen Wirkungen als unvermeidlich ab. Hier kommt die ökonomische Kategorie Arbeit zum Tragen, die Einschränkung der Arbeit darauf, daß Arbeit letztlich der Preis ist, mit dem alles bezahlt wird, Smith' von Ricardo zustimmend angeführte Formel.[12] Die Arbeit wird außer in Hinsicht auf die „verhältnismäßige Quantität der Arbeit“ bei der Produktion von Ware und Wert nur noch unter dem Gesichtspunkt ihrer Bereitstellung für eine derartige Produktion, das heißt unter dem Gesichtspunkt von Angebot und Nachfrage nach „Arbeit“ betrachtet.[13] Ricardo deckt die quantitativen Zusammenhänge und Abhängigkeiten zwischen Angebot von Arbeit und Nachfrage des Kapitals nach Arbeit, das heißt die Bereitstellung von Lebensmitteln und die Abhängigkeit der Nachfrage des Arbeiters nach Lebensmitteln von der Lohnhöhe auf. Ricardo untersucht den „natürlichen Preis der Arbeit“, wie er zuvor den natürlichen Preis der Ware untersuchte. In dieser Begrenzung der Arbeit auf einen bloß ökonomisch relevanten Tatbestand wird die Bestimmung der Arbeit darauf reduziert, in Gestalt von Geld und Kapital der durch sie repräsentierten Klasse Macht über die arbeitenden Menschen zu verschaffen. Darin aber sah Fourier — moralisch berechtigt — eine Menschenverhöhnung. Und da er mit seinem Blick, der dem Universum zugewandt war, auch auf die Geschichte der Menschheit blickte, glaubte er die Bestimmung des Menschen nicht darin sehen zu dürfen, daß er zum Freiwild wird, zum Elenden, der seine Hände auf dem Markt anbietet, wo Handlanger gerade gefragt oder nicht gefragt sind. Da Fourier historisch heranging, unterschied er die Zwangsarbeit der antiken Sklaven und des modernen Lohnarbeiters von der freien Arbeit des Wilden und vermochte eine Gesellschaft vergesellschafteter Produzenten zu konzipieren, deren Grundlage die bewußt ausgeformte hochgeachtete Arbeit aller war. Für Smith und Ricardo reduzierte sich der als unwesentlich erachtete Übergang von der Arbeit mit eigenen zur Arbeit mit nichteigenen Produktionsmitteln auf einen bloß quantitativen und keinen qualitativen Unterschied von Entwicklungsstufen der Gesellschaft.

Ricardo und Fourier haben die gleichen Erscheinungen vor Augen: eine riesige Zahl von Armen ohne Arbeit, notdürftig durch die Armengesetzgebung am

9 Ebenda, S. 90.

10 Vgl. ebenda, S. 88.

11 Vgl. ebenda, S. 381.

12 Vgl. ebenda, S. 370.

13 Vgl. ebenda, S. 81.

Leben gehalten. Für Fourier ist dieser Zustand unerträglich und widerspricht der Bestimmung des Menschengeschlechtes. Von letzterer ausgehend entwickelt er in seinem Werk: „Die industrielle und sozietäre Welt" die Notwendigkeit und die Attribute einer neuen Gesellschaftsordnung. Ricardo, dem es ausschließlich um die Lohnarbeit als für das Kapital Mehrwert erzeugende Arbeit ging, ordnete die Armengesetzgebung mit ihren nachteiligen Auswirkungen auf den Profit und die erweiterte Reproduktion des Kapitals an geeigneter Stelle in sein System ein.

Beide behandeln die Armengesetze, gehen aber von gegensätzlichen Klassenpositionen und mit ganz verschiedenen Problemstellungen heran: Ricardo mit der Frage, wie sie den Profit beeinflusse, Fourier mit der Frage, wie ein so menschenunwürdiger, den natürlichen Gesetzen zuwiderlaufender Gesellschaftszustand zu verändern sei. Damit untersuchen sie andere Aspekte der Erscheinungen, ordnen sie die Erscheinungen anders ein, gelangen sie zu unterschiedlichen Wesenserkenntnissen, zu unterschiedlichen Denksystemen. So bestimmen das widergespiegelte Klasseninteresse und das daraus erwachsende Wissenschaftsziel Problemstellungen und Lösungen, die Art der Kategorien und ihre Verknüpfungen.

Die von Ricardo als wohltuend empfundenen Manufakturen und *Fabriken*, dienen sie doch dem „natürlichen Fortschritt" der Gesellschaft, kennzeichnet Fourier als industrielle Bagnos, die Arbeiter als Sklaven.[14]

Die Ökonomen sahen Arbeit wesentlich als Mehrwert erzeugende Arbeit, als kapitalistische Lohnarbeit an und erachteten es als unwesentlich, wo und unter welchen sozialen Bedingungen sie für das Kapital geleistet wird, ob in Industrie oder Landwirtschaft oder auch im Handel. Die utopischen Sozialisten, in ihrer konkreteren Sicht auf die Naturalgestalt der Arbeit, auf die nützliche Dinge erzeugende, der Bedürfnisbefriedigung dienende Arbeit, bezogen sich auf eine bestimmte Arbeit — Saint-Simon auf die industrielle, Fourier auf die ländliche Arbeit. Indem sie sich von der historisch geprägten Form der Arbeit als „unfreie" Arbeit, als „Zwangsarbeit" distanzierten und die Lohnarbeit nur als einen Sonderfall, einen unter bestimmten Bedingungen des Eigentums und der Zersplitterung von Eigentum und Arbeit entstandenen Fall betrachteten, vermochten sie dieser historischen Form der Arbeit eine andere gesellschaftliche Form entgegenzusetzen und deren Grundlagen und Prinzipien zu suchen. Sie umrissen das den Sozialismus kennzeichnende Gesellschaftsziel, die Notwendigkeit planvoller Organisation der Arbeit im gesellschaftlichen Maßstab, das Prinzip der Verteilung nach der Leistung usw.

Die ökonomische Kategorie Arbeit als wesentlich in der materiellen Produktion geleistete, warenerzeugende, wert- und mehrwertbildende, „Reichtum" erzeugende Arbeit, die im Austausch gegen Kapital dem Arbeiter Lohn einträgt, war und ist eine historische Kategorie. Obwohl die Ökonomen sie nicht als solche erkannten, untersuchten sie die Arbeit in ihrer historischen Form als Lohnarbeit, als Arbeit des doppelt freien Lohnarbeiters: frei von Produktionsmitteln und frei

[14] Vgl. Ch. Fourier, Ökonomisch-philosophische Schriften, a. a. O., S. 48/49.

von Lebensmitteln. Gerade diese fatale Situation der schwer körperlich arbeitenden und notdürftig lebenden Menschen empörte die utopischen Sozialisten. Sie griffen die Lobpreisung der Freiheit der Arbeit durch die liberalen Ökonomen an, obwohl jene in ihrem Sinne Recht hatten, da die ökonomisch erzwungene „freie Arbeit" unter der Botmäßigkeit des Kapitals ja tatsächlich ein historischer Fortschritt gegenüber der unfreien Arbeit des leibeigenen oder hörigen bäuerlichen Produzenten im Feudalismus war. Die utopischen Sozialisten griffen die kapitalistische Lohnarbeit als unfreie Arbeit an, stellten sie als Zwangsarbeit von „Lohnsklaven" mit der Sklavenarbeit auf eine Stufe; Fourier verglich die Fabrikarbeit mit dem Bagno, dem Zwangsaufenthalt der auf eine trostlose ferne Insel verbannten Sträflinge. Diese Auffassungen und Anklagen zeugen vom tiefen sozialen Verständnis der utopischen Sozialisten, bekunden aber auch ihr ökonomisches Unverständnis. Auch das Beispiel anderer sozialökonomischer Kategorien zeigt, daß die Ökonomen tiefer in die ökonomische Seite der gesellschaftlichen Beziehungen eindringen, während die Sozialisten einfühlend und scharfsinnig nur die soziale Seite wahrnehmen.

Ricardo will „die schädlichen Wirkungen des Merkantilsystems" mit seiner Ausschaltung der Auslandskonkurrenz durch die Herstellung der Handelsfreiheit ausräumen, denn der Effekt der letzteren führe zur Senkung der Produktionskosten und zur produktiveren Verwendung der Arbeit. Fourier aber sieht in der *Konkurrenz* nicht die vorteilhaften Auswirkungen auf die Entwicklung der Produktivkräfte, sondern die von ihr bewirkten Kämpfe um Arbeitsplätze und ausgelösten Lohnsenkungen. Er sieht „den *Gegensatz zwischen kollektivem und individuellem Interesse.* Jeder Produzent liegt im Krieg mit der Masse der Bevölkerung und ist ihr aus persönlichem Interesse feindlich gesinnt. Der Arzt wünscht seinen Mitbürgern ein gehöriges Fieber . . . Der Architekt braucht einen schönen Brand, der ein Viertel der Stadt in Schutt und Asche legt . . ."[15] usw.

Im Namen steigender Produktivität der Arbeit begrüßt Ricardo die freie Konkurrenz, fordert Fourier, alle Menschen, zuerst die Arbeitenden selbst, in ihren Genuß kommen zu lassen. Die *Arbeitsproduktivität* wird von Ricardo zum Kapital in Beziehung gesetzt, von Fourier zum Menschen, zu seinen Fähigkeiten und Bedürfnissen. „Die Vermehrung des Kapitals . . . muß in jedem Fall von den produktiven Fähigkeiten der Arbeit abhängen." Ricardo bedauert, daß bei rasch wachsender Produktivität „Arbeiter nicht mit derselben Schnelligkeit wie Kapital beschafft werden können"[16]. Fourier will durch die Kooperation der Produzenten die Steigerung der Produktivität der Arbeit im gemeinsamen Interesse bewirken und auch die Ökonomie an Mitteln erreichen. Fourier macht den Ökonomen gerade den Vorwurf, daß sie in ihrer Suche nach einer „Vervollkommnung der Industrie" ihre Erkenntnisse über die Teilung der Arbeit und die Kooperation

[15] Ebenda, S. 63.

[16] D. Ricardo, Über die Grundsätze der Politischen Ökonomie und der Besteuerung, a. a. O., S. 83.

nicht dazu genutzt hätten, „nach einem Verfahren der Assoziation zu suchen". Er beruft sich auf die Ökonomen, sie selber hätten anerkannt, daß dann „dreihundert . . . dörfliche Familien nur einen einzigen sorgsam gepflegten Speicher statt dreihundert schlecht aufgeräumte Speicher besäßen, einen einzigen Weinkeller statt dreihundert zumeist in großer Unwissenheit gepflegte Bottiche . . ."[17]

Die von Fourier als gesellschaftliches Phänomen betrachtete *Arbeitsteilung* geht nicht von der Erzeugung der Produkte aus wie Adam Smith von der Nadelherstellung, sondern von der Art der von jedem geleisteten Arbeit, von seiner persönlichen Beziehung, von Freude oder Mißfallen an der Arbeit. Ihm geht es nicht um die in arbeitsteiliger Produktion hergestellten Produkte, sondern um die Aufteilung der Arbeit und ihres Produkts auf die Menschen. *Arbeit in Stadt und Land*, industrielle und agrarische Produktion werden von den Ökonomen nur unter dem Gesichtspunkt des Warentausches, der Preisbildung und der Profitsicherung untersucht, nicht hinsichtlich ihrer Vor- und Nachteile für die Arbeitenden. Der *Gegensatz von körperlicher und geistiger Arbeit*, den Fourier ebenso wie den zwischen Stadt und Land überwinden will, ist für die Ökonomen nur von Bedeutung bei ihrer Feststellung, daß vom Standpunkt der Verwertung durch das Kapital nur der Charakter produktiver Arbeit interessiere.

2. Pflicht zur Arbeit und Recht auf Arbeit und ihr gesellschaftlicher Beziehungszusammenhang

Mit der Kategorie Arbeit und ihren näheren Bestimmungen verbanden sich jeweils andere Fragestellungen für bürgerliche Ökonomen und vorproletarische Denker. Von der Kategorie Arbeit und dem gesellschaftspolitischen Ziel der vollen Durchsetzung und Festigung des kapitalistischen Systems ausgehend, fragten die Ökonomen nach den Bestimmungsgründen für das Austauschverhältnis zwischen Lohnarbeit und Kapital, nach dem Austausch zwischen lebendiger und angehäufter Arbeit. Diese Frage vermochten sie von der Klassenposition der Bourgeoisie nur partiell zu beantworten, leisteten jedoch mit der Rückführung allen Wertes auf die Arbeit Entscheidendes im Hinblick auf die spätere Beantwortung dieser Frage durch Marx, der die Entstehung des Mehrwertes und das Wesen der Ausbeutung als sozialökonomischen Inhalt dieses „Austauschverhältnisses" aufdeckte.

Sahen die bürgerlichen Ökonomen nur das dingliche, quantitativ zu bestimmende Verhältnis zwischen den lebendige oder vergegenständlichte Arbeit (Kapital) einbringenden Klassen, so begriffen die vormarxschen Sozialisten das Verhältnis zwischen Armen und Reichen, Lohnarbeitern und Kapitalisten als gesellschaftliches Verhältnis, das den einen Vorrechte und den anderen Lasten auferlegt, als Verhältnis von Nutznießern und Unterdrückten.

[17] Ch. Fourier, Ökonomisch-philosophische Schriften, a. a. O., S. 12/13.

Ausgehend von der lebenswichtigen und gesellschaftspolitischen Funktion der Arbeit, vom wahren Ziel der Menschengesellschaft, leitete *Saint-Simon* aus der Arbeit für die von ihm erwartete vollkommenere Gesellschaft die *Pflicht zur Arbeit* ab und forderte *Fourier* unermüdlich die Verwirklichung des *Rechts auf Arbeit*. Wenn Saint-Simon die Pflicht aller Menschen zur Arbeit in den Vordergrund stellte, während Fourier sich vor allem mit dem Recht auf Arbeit befaßte, so erklärt sich dieser unterschiedliche Schwerpunkt aus der noch antifeudalen Ausrichtung der Saint-Simonschen Polemik im Jahre 1802; er griff die auf ihren ländlichen Adelsitzen und in ihren städtischen Luxusquartieren verbliebenen Müßiggänger an, während er die heraufkommenden Unternehmer als arbeitende Mitglieder der Gesellschaft ansah. Fourier befaßte sich 1829 mit dem Recht auf Arbeit, zu einer Zeit also, wo sich die Hauptklassen der kapitalistischen Gesellschaft in Frankreich bereits konstituiert hatten und der offene Klassenantagonismus zwischen Kapital und Arbeit in den international auftretenden Überproduktionskrisen sichtbar geworden war. Fourier griff das Kapital im Namen der Arbeit an.

Während die Forderung nach der Pflicht zur Arbeit stärker von den (anzuerkennenden) Interessen der Gesellschaft ausgeht (die kapitalistische Produktionsweise verkörpert ja noch historischen Fortschritt), berührt die Forderung nach dem Recht auf Arbeit unmittelbar das Interesse des arbeitenden Individuums, des kapitalistischen Lohnarbeiters. Dieses Herangehen ist für beide Denker typisch. Saint-Simon ging das Problem als eine Beziehung Gesellschaft — Individuum an und hatte dabei die Industrie mit ihrer zukunftsverheißenden, rasch wachsenden Arbeitsproduktivität im Auge; Fourier faßte das Problem als Beziehung Individuum — Gesellschaft. Die Assoziation der Produzenten hat bei Saint-Simon die Industrie und damit die im Rahmen der Gesellschaft geleistete Arbeit zur Grundlage, während Fourier die Assoziation vor allem landwirtschaftlicher Produzenten, den Zusammenschluß von Individuen oder individuellen Familien vor Augen hat. Auf das ganze Land übertragen ergibt sich so die sozietäre Gesellschaftsordnung oder Harmonie, wie Fourier sie nannte, das heißt die künftige assoziierte Produzentengesellschaft.

Halten wir fest, *daß in dem gesamtgesellschaftlichen Ausgangspunkt Saint-Simons, in dem vom gesellschaftlichen Individuum, von der familiären oder häuslichen Gruppe, ausgehenden Betrachtungsweise Fouriers ein signifikanter Unterschied des Denkens beider französischer utopischer Sozialisten liegt.* Das kommt unter anderem in ihren Überlegungen über gesellschaftliche Organisation, Planung, wissenschaftliche Leitung, das heißt bei der Betrachtung aller gesellschaftlichen Beziehungen der Menschen zum Ausdruck. Der Übergang vom Allgemeinen zum Besonderen und Einzelnen als Argument und als Illustration ist für Saint-Simon charakteristisch; die Liebe zum Detail, zum anschaulichen Konkreten, zum Einzelnen führt im Denken Fouriers zu umfassenden Schlußfolgerungen für das gesellschaftliche Ganze. *Beide lassen ihre Gesellschaftsvorstellung indes aus einer jeweils eigenen weltanschaulichen Gesamtsicht erwachsen.*

Mancherlei mag uns in ihr ungereimt erscheinen, sie kann aber aus dem theoretischen Stand des zeitgenössischen Denkens und der Naivität der gegen ideologische Widerstände aller Art ankämpfenden Bahnbrecher einer neuen Zeit und den ihr angemessenen Denkansätzen erklärt werden. Doch kehren wir zur Inbeziehungsetzung der Arbeit zur Gesellschaft zurück.

Mit der Rückführung der Pflicht zur Arbeit und des Rechtes auf Arbeit auf das Verhältnis Gesellschaft — Individuum ist schon gesagt, daß beide Aspekte der Arbeit voneinander nicht zu trennen sind. Eine Gesellschaft, die es jedem zur Pflicht macht, durch seine Arbeit zu ihrem Bestand beizutragen, muß Bedingungen gewährleisten, die es jedem ermöglichen, seine Pflicht wahrzunehmen, muß ihm also das Recht auf Arbeit gewähren und durch Garantien sichern. Und umgekehrt muß die Gesellschaft auch die Verwirklichung des von ihr gewährten Rechtes auf Arbeit erzwingen können, will sie Bestand haben und sich entwickeln.

Die Kehrseite der Pflicht zur Arbeit bilden Arbeitsbeziehungen, die so gestaltet sind, daß die individuellen Interessen harmonisieren. Saint-Simon sieht den Zusammenhang so: „*Alle Menschen werden arbeiten*; sie werden sich alle wie Arbeiter in einer gemeinsamen Werkstatt ansehen, deren Zweck es ist, die menschliche Intelligenz meiner göttlichen Vorsehung zu nähern.“[18] Die Betonung legte Saint-Simon auf den lapidaren, von ihm unterstrichenen Satz: alle Menschen werden arbeiten. Er beruft sich zu seiner Bekräftigung — wie auch Ricardo es bezüglich der Armengesetzgebung tat — auf Newton und das von ihm entdeckte Gesetz der Gravitation, „denn diesem unvergleichlichen Gesetz habe ich das Weltall unterworfen“ — so die göttliche Stimme in einer Traumvision der neuen weltlichen „Religion“. Trotz der ins Auge fallenden Inkongruenz von Inhalt und Form bleibt als Quintessenz: Glückssicherung für alle als Gesellschaftsziel, gemeinsame Nutzung der Produktionsmittel, wissenschaftliche Leitung nach einem Plan, Nutzung des Kredits als Hebel der richtigen Verteilung der Produktionsmittel, Abstimmung individueller und gesellschaftlicher Interessen — diese im Werk Saint-Simons herausgearbeiteten Momente der Zielsicherung prägen die von ihm vorhergesehenen und geforderten Aspekte neuer Beziehungen der Produzenten.

Das Recht auf Arbeit schließt für Fourier nicht bloß die Sicherung eines Arbeitsplatzes ein und verkörpert nicht bloß den Anspruch, täglich eine durch das Zeitmaß bestimmte Quantität an Arbeit gegen Gewährung eines sozialen Existenzminimums zu leisten. Fourier klagt die kapitalistische Gesellschaft an, nicht einmal ein solches Lebensminimum zu gewährleisten, aber er verlangt sehr viel mehr. Es geht ihm um die Qualität der zu leistenden Arbeit und die Schaffung der Voraussetzungen dafür. Die Menschen werden das Recht auf Arbeit wahrnehmen, wenn die Arbeit anziehend gestaltet wird, das heißt, wenn sie durch Wechsel der Tätigkeit und variable Arbeitsgruppen den natürlichen Trieben der Menschen

[18] C.-H. de Saint-Simon, Ausgewählte Schriften, Berlin 1977, S. 32.

Rechnung trägt und gemäß den Begabungen und Neigungen der Individuen sowie nach Geschlecht, Altersgruppen usw. organisiert wird.

Fourier wollte die zersplitterte Arbeit oder „zersplitterte, lügnerische, abstoßende Industrie" durch die vereinigte Arbeit oder „sozietäre, wahrhaftige, anziehende Industrie" ersetzt wissen. Der Prozeß der Konzentration der Produktion — von der kleinen Industrie des Patriarchats, über die mittlere Industrie der Barbarei bis zur großen Industrie der „Zivilisation" oder bürgerlichen Gesellschaft — müsse sich stufenweise innerhalb der Assoziation vereinigt arbeitender und lebender Produzenten, die mit vielen anderen Assoziationsgruppen verbunden sind, vollenden.[19] Die vereinigte, organisierte, attraktive Arbeit macht das Wesen der Fourierschen „Assoziation der Arbeit" aus und räumt ihr die Stellung einer zentralen Kategorie im Sozialismusbild Fouriers ein.

Verstreut über sein Werk zeigt Fourier die Vorzüge eines „Regime der Gruppen und der industriellen Anziehung"[20]. Grundlagen dafür sieht Fourier in kluger Arbeitsteilung und wachsender Produktivität der Arbeit. Aber er kann nicht umhin „nachzuweisen, daß sich in der zersplitterten oder zivilisierten Industrie alles in einem fehlerhaften Kreislauf bewegt. Durch ihre Fortschritte erzeugt sie die Elemente des Glücks, nicht aber das Glück selbst. Das Glück wird nur einer Ordnung der industriellen Anziehung und proportionellen Verteilung entspringen können . . ."[21]

Uns, die wir in einer sozialistischen Gesellschaft leben, erscheinen diese Prinzipien heute so selbstverständlich, daß wir Mühe haben, uns vorzustellen, daß ihre Darlegung eine völlige Umwälzung bestehender Vorstellungen bedeutete. Hatte es nicht immer Arme und Reiche gegeben? Solche, die im Schweiße ihres Angesichts ihr Brot in Tränen aßen und solche, die in Saus und Braus lebten, weil sie mächtig oder aber auch klug oder vielleicht grausam waren? Alle Märchen, Sagen und Legenden erzählen davon und auch die Bibel. Und die Hoffnung allein läßt davon träumen, daß der arme Schlucker, wenn er nur Mut und Klugheit sein Eigen nennt, das Blatt wenden könne. Erfüllte Hoffnung aber gibt es nur im Jenseits — so verheißt es die Bibel.

Und nun tritt ein Unbekannter auf. Er fordert, daß die Wissenschaft die Welt erleuchten möge und der Organisation der Gesellschaft Ziel und Wege weisen möge, einer Gesellschaft, die den Grundsatz verwirklicht: „Alle Menschen werden arbeiten; sie werden sich alle wie Arbeiter in einer gemeinsamen Werkstatt ansehen" (Saint-Simon).

Saint-Simon hatte sich in „Briefe eines Genfer Einwohners an seine Zeitgenossen" gesondert an „drei Klassen" gewandt, an die Gelehrten, Künstler und liberal gesinnten sonstigen Bürger, an die Eigentümer und an die Masse der Nichteigentümer, ihnen besonders liebevoll den Wert der Wissenschaft — erkennen,

[19] Vgl. Ch. Fourier, Ökonomisch-philosophische Schriften, a. a. O., S. 5 Anm.
[20] Ebenda, S. 235.
[21] Ebenda, S. 64.

vorhersehen, handeln — erklärend. „Ich glaube, alle Klassen der Gesellschaft würden sich bei nachfolgender Organisation wohlbefinden: Die geistige Macht befindet sich in den Händen der Wissenschaftler, die weltliche Macht liegt in den Händen der Eigentümer; die Macht, diejenigen zu benennen, welche die Funktion großer Menschheitsführer auszuüben berufen sind, obliegt allen; Achtung bildet den Lohn der Regierenden."[22] Achtung den Wissenden, den führenden Persönlichkeiten der Gesellschaft, den Regierenden! In diesem Sinne schlägt Saint-Simon ein Projekt der Subskription zugunsten der Entwicklung und Förderung wissenschaftlicher Begabungen vor.

„Alle Menschen werden arbeiten." Darin liegt die Verkündung einer neuen Gesellschaft, einer Gesellschaft der Arbeitenden. Diese Gesellschaft lebt durch die Arbeitenden für die Arbeitenden. In der Sprache des Saint-Simon von 1817 wird diese Idee in einer für die zur Macht drängenden Industrie und für die Bankunternehmer noch genehmen Sprache ausgedrückt: „Alles durch die Industrie, alles für die Industrie" (Untertitel der als „Die Industrie" erscheinenden Veröffentlichungen).

Am Ende seines Lebens wird Saint-Simon seine Idee der humanen Industrie, der neuen Gesellschaft der Arbeitenden, der für das Wohl der „ärmsten und zahlreichsten Klasse" wirkenden Ordnung als „Neues Christentum" verkünden.[23]

Seit 1808 wird Fourier nicht müde, der von Habgier, Raubsucht und anderen Begierden gepeinigten, von angeblich dadurch hervorgerufenen Geißeln heimgesuchten Gesellschaft zu erklären, daß der einzige Ausweg in der Assoziation bestehe. Die menschlichen Leidenschaften würden im „sozietären Mechanismus" nicht gegen die Menschen, sondern zu ihrem Wohl wirksam werden. Es darf „nicht verwundern, daß unsere Leidenschaften wie Habgier, Feinschmeckerei, Unbeständigkeit usw. im gegenwärtigen Zustand schädlich sind, aber in der Sozietären Ordnung eine nützliche Verwendung finden werden"[24].

Ganz so wie Saint-Simon die von ihm verkündete Pflicht zur Arbeit mit dem Verhalten der Arbeitenden zueinander verbindet — Verfolgung des Wohls aller, auch der Ärmsten, Organisation der Arbeit im gemeinsamen Interesse, brüderliches Verhalten usw. —, gestaltet Fourier das von ihm ganz besonders betonte Recht auf Arbeit mit den verschiedensten Attributen aus, die als Verhaltensnormen zu setzen seien. Dazu gehören die Verteilung der Arbeit entsprechend Fähigkeit und Neigung, der Wechsel der Tätigkeit usw.

Fourier griff das von den plebejischen Massen in der Französischen Revolution geforderte Recht auf Arbeit auf und entwickelte an diesem Losungswort sowohl seine Kritik des Kapitalismus wie das zum Sozialismus gehörige System sozialer Garantien. Das von den kämpfenden Arbeitern erstmals in den Revolutionstagen von 1848 geforderte Recht auf Arbeit, war die „erste unbeholfene Formel", worin

[22] C.-H. de Saint-Simon, Ausgewählte Schriften, a. a. O., S. 27.
[23] Vgl. ebenda, S. 443.
[24] Ch. Fourier, Ökonomisch-philosophische Schriften, a. a. O., S. 209.

sich die revolutionären Ansprüche des Proletariats zusammenfassen. Es wurde zunächst in den von Louis Blanc als soziale Organisation der Arbeit geforderten, Arbeitslose beschäftigenden Nationalwerkstätten angeblich verwirklicht, und nach der Niederschlagung des Proletariats in den Junitagen 1848 „wurde (es) verwandelt in ... das Recht auf öffentliche Unterstützung, und welcher moderne Staat", fragte Marx, „ernährt nicht in der einen oder andern Form seine Paupers?"[25]

Ähnlich unbeholfen war die von den ricardianischen Sozialisten, besonders von Hodgskin vorgetragene ökonomisch unhaltbare Formel vom Recht auf den vollen Arbeitsertrag, an der sich der Kampf um den Sozialismus in der Arbeiterbewegung entzündete. Die Zwiespältigkeit der Formel: Recht auf Arbeit, betonte Engels in einem Brief an E. Bernstein 1884, als Bismarck sich verstieg, das Sozialistengesetz durch ein „Recht auf Arbeit" zu stabilisieren: „Das Recht auf Arbeit ist von Fourier erfunden, bei ihm verwirklicht es sich aber nur im Phalanstère ...". Wird es hingegen „als *separate* Forderung gestellt", so heißt es unter kapitalistischen Bedingungen: „man verlangt also Nationalwerkstätten, Arbeitshäuser und Kolonien"[26].

Und selbst solche Forderungen einer „Armenhilfe" werden von der Bourgeoisie und ihren Interessenvertretern, wie wir bei Ricardo sahen, nur widerwillig zugestanden.

Auf Fouriers Begründung des Rechtes auf Arbeit muß ausführlich eingegangen werden. In seiner Beweisführung verbinden sich Kritik und Forderung nach Veränderung des Bestehenden, laufen die historische, philosophische und ökonomische Betrachtung zusammen. Fourier hält es für wichtig, den „Wirrwarr von Irrlehren über die Freiheit und den Handel zu entwirren". Uns scheint die Betrachtung der bürgerlichen Freiheit als „Verweigerung des Rechtes auf Arbeit" ein Kernstück der ganzen Argumentation Fouriers zu bilden. In den über das Recht auf Arbeit gemachten Ausführungen tritt besonders eindringlich hervor, daß die Arbeit im Fourierschen Denken eine umfassende gesellschaftliche Kategorie ist, eine Kategorie der Menschwerdung im umfassendsten Sinne des Wortes, eine Kategorie der Gesellschaftsentwicklung, eine alles beherrschende Kategorie und nicht die eng begrenzte ökonomische Kategorie der von ihm immer wieder angegriffenen Ökonomen.

Ströme von Blut wurden im Streit um das Dogma der Freiheit vergossen, „aber noch immer kennt man die Menschenrechte nicht"[27]. „Jahrhunderte haben wir damit verbracht, über die Menschenrechte hin und her zu streiten, ohne das wesentlichste Recht, das Recht auf Arbeit, ohne das alle anderen nichtig sind,

[25] Vgl. K. Marx, Die Klassenkämpfe in Frankreich 1848 bis 1850, in: MEW, Bd. 7, Berlin 1960, S. 41/42.

[26] F. Engels an E. Bernstein vom 23. 5. 1884, in: MEW, Bd. 36, Berlin 1967, S. 151, 152.

[27] Ch. Fourier, Ökonomisch-philosophische Schriften, a. a. O., S. 78.

anzuerkennen. Welche Schande für Völker, die sich in der Sozialpolitik als bewandert ansehen!"[28]

Den Publizisten kam es nicht in den Sinn, „eine abgestufte Begriffsbestimmung der Freiheit" zu geben. „Ebenso vergaßen sie die Bestimmung oder auch nur Anerkennung des wichtigsten Menschenrechts, des Rechtes auf Arbeit, ohne das die anderen reiner Hohn sind". Fourier sieht den von den Philosophen begangenen „anstößigsten Irrtum" in der Unterlassung der Anerkennung des für den Armen allein wichtigen Rechtes, des Rechtes auf Arbeit.[29]

Fourier führte aus, daß das Volk selbst die „einfache Freiheit", auf die allein es Anspruch erhebt, die „aktive körperliche Freiheit . . . nur an den Festtagen genießt und unter der Voraussetzung, während der Woche genug Geld angesammelt zu haben, denn, wenn am Sonntag das Geld fehlt, fehlt ihm auch der Lebensunterhalt und besitzt es nicht jene aktive körperliche Freiheit, deren erstes Recht darin besteht, zu essen, wenn man Hunger hat und Lebensmittel zur Schau gestellt sieht"[30].

Fourier fragt angesichts der lebensbedrohenden Lage des Tagelöhners: „Aber heißt es nicht den Armen verhöhnen, wenn man bei dem gegenwärtigen Stand der Dinge, wo er das Recht auf Arbeit zum Vergnügen der Reichen verlangt, das Recht der Souveränität zusichert?"[31] Hunger, Strafen, Zwang erleidet das Volk und „unsere Wortverdreher entdeckten in dieser verschlungenen Kette der Unterdrückung die Souveränität des Volkes. Hat man nicht allen Grund, ihnen nach einem solchen Mißbrauch von Wörtern den Beinamen Prahlhänse zu geben, denn sie errichten ihr Gedankengebäude auf irgendeinen Wortschwall der liberalen Verfassung, deren *nominale* Triebkräfte Freiheit, Gleichheit und Brüderlichkeit und deren *wirkliche* Triebkräfte Zwang, Polizeihäscher, Galgen sind."[32]

Dabei ist „der Mensch unter allen Wesen der größte Sklave". Steht er nicht hinter dem Tier zurück? „Das Tier, gut eingehüllt, gut ausgerüstet, hat das Recht, sich dort seinen Unterhalt zu beschaffen, wo es ihn findet, während der Mensch, vom Hunger bedroht, alle Güter vor Augen, nicht einmal das erste all seiner Rechte, das Recht auf Arbeit, durch das er einen ärmlichen Unterhalt erlangen würde, für sich fordern darf. Und dennoch stellt er seit dreitausend Jahren Theorien über die Freiheit auf."[33]

Der Mensch, der sich über dem Tierreich dünkt, ist übler dran als das Tier. Aber auch der Mensch hat natürliche Rechte. Das Recht auf Arbeit „ergibt sich aus den vier Grundrechten, dem Recht auf *Jagd, Fischfang, Sammeln von Früchten und auf Weide*. Die Arbeit ist also ein übergeordnetes Grundrecht, das die vier

[28] Ebenda, S. 80.
[29] Vgl. ebenda, S. 81.
[30] Ebenda, S. 79.
[31] Ebenda, S. 80.
[32] Ebenda, S. 85.
[33] Ebenda.

Gruppen von Arbeit, auf die wir ein natürliches Recht haben, einschließt."[34] Nicht etwa, daß Fourier die Wiederherstellung „natürlicher Rechte" fordern würde. „Ich verkenne keineswegs die Unmöglichkeit, die Ausübung dieser vier Rechte für die Zivilisation zuzulassen; aber man hätte sie zumindest anerkennen und die Notwendigkeit eines individuell gebilligten Ausgleichs grundsätzlich feststellen und daraus schlußfolgern sollen, daß nach einer anderen Gesellschaft als der Zivilisation zu suchen sei, denn sie vermag weder natürliche Rechte zu gewähren noch dem Armen einen Ausgleich zu verschaffen."[35]

Fourier konstruierte eine Art Ausgleich eines sozialen Mechanismus, der zur „freien Ausübung der natürlichen Rechte in Verbindung mit der großen Industrie"[36] führe und jedem ein Lebensminimum gewähre.

„Den Gegenwert der vier Grundrechte werden wir nur in einer Gesellschaftsordnung erlangen, wo der Arme seinen Landsleuten, seiner Heimatphalanx, wird sagen können: ‚Ich bin auf dieser Erde geboren; ich habe einen Anspruch, zu allen auf ihr ausgeübten Arbeiten zugelassen zu werden und die Gewähr zu haben, daß die Nutznießung der Früchte meiner Arbeit mir zusteht; ich fordere, daß mir alle zur Ausübung dieser Arbeit nötigen Geräte vorgeschossen werden sowie der Unterhalt und zwar als Ausgleich für das Recht auf Raub, das die einfache Natur mir gab."[37]

Wie anders klingt doch die Berufung Fouriers auf die Natur als die Ansichten seines Zeitgenossen Thomas Robert Malthus (1766—1834), dessen Werk ebenfalls in das erste Drittel des 19. Jahrhunderts fiel. „Der in die schon mit Beschlag belegte Welt Geborene findet an der großen Tafel der Natur keinen für ihn gedeckten Platz. Die Natur befiehlt ihm, wieder zu verschwinden und zögert nicht, ihrem Befehl nachzuhelfen . . ., denn er hat ja vor seiner Geburt die Gesellschaft nicht erst gefragt, ob sie ihn haben wolle."[38]

Fourier hingegen weiß die göttliche Schöpfung auf seiner Seite. „Die Bibel lehrt uns, Gott verdammte den ersten Menschen und seine Nachkommen dazu, im Schweiße ihres Angesichts zu arbeiten, aber er verdammte uns nicht dazu, der Arbeit, von der unser Unterhalt abhängt, entsagen zu müssen." Der Mensch sei als arbeitendes Wesen erschaffen und die Philosophie aufgefordert, „uns nicht der Quelle, die Gott uns als Behelf und Strafe gelassen hat, zu berauben"[39].

Wenn Smith und Ricardo noch persönliches Mitleid mit dem vom Gabentisch der Natur ausgeschlossenen Armen empfanden, so stellte Malthus den Zusammen-

[34] Ebenda, S. 79.
[35] Ebenda, S. 86 Anm. 10.
[36] Vgl. ebenda, S. 81.
[37] Ebenda, S. 80.
[38] Th. R. Malthus, Abhandlung über das Bevölkerungsgesetz in Verbindung mit der künftigen Verbesserung der Gesellschaft, London 1898, zit. in: A. W. Anikin, Ökonomen aus drei Jahrhunderten, Berlin 1974, S. 278.
[39] Ch. Fourier, Ökonomisch-philosophische Schriften, a. a. O., S. 79.

hang zwischen Überbevölkerung und Massenelend als gottgewolltes Schicksal hin und predigte ein brutales, gewalttätiges, zügelloses Christentum, das Kriege, Epidemien und Hungersnöte als natürliche Strafen Gottes guthieß.

In besonderer Weise tat Fourier seine Empörung über die gutgeheißenen sozialen Übel der Gesellschaft kund, über ihren die Arbeitenden verhöhnenden Freiheitsbegriff. Er stellte der menschenunwürdigen „Zwangsarbeit" der Fabrik die anziehend gestaltete Arbeit in der „ländlichen Assoziation" entgegen und suchte „die Freiheit dadurch zu gewährleisten, daß die anziehende Arbeit weder körperliches Unbehagen noch seelische Qual verursacht", sondern „für den Werktätigen ein Vergnügen, die freie Bestätigung seiner Fähigkeit" darstelle.[40] „Die tributpflichtige Arbeit, deren Frucht dem Herrn und nicht dem Arbeiter zugute kommt", will er durch die sozietäre Arbeit, die allen Anteil an der Arbeit und an ihren Früchten sichert, ablösen. Einer hohnsprechenden Freiheit des „Leuten ohne Brot und Kleidung gewährten Rechtes der Souveränität", „den Trugbildern der Gleichheit und Brüderlichkeit" setzt Fourier ein neues System der Organisation der Arbeit entgegen, welches das System der Handelsfreiheit und der menschenfeindlichen Konkurrenz ersetzen soll. „Wie man sieht", schlußfolgerte Fourier, „führen uns diese Zusammenhänge auf tausend verschiedenen Wegen zu der gleichen Schlußfolgerung: eine Gesellschaftsordnung einer anziehenden Industrie, einen Mechanismus zu entwickeln, der in Gegensatz zum familiengebundenen oder antisozietären Mechanismus, zur sogenannten Zivilisation, steht."[41]

Fragte Ricardo nach der regulierenden Wirkung ökonomischer und juristischer Gesetze im Hinblick auf Angebot und Nachfrage von Arbeit und setzte er sich wie schon Smith für die Freiheit des Austausches ein, so betrachteten Saint-Simon und Fourier die Arbeit in Beziehung zum eigentlichen Produzenten, zu den Produktionsbeziehungen und zu dem sie regelnden sozialen Mechanismus, zu den Triebkräften der Arbeit. Die Assoziation der Produzenten beruht bei ihnen letztlich auf der Pflicht zur und dem Recht auf Arbeit. Wenn der Zusammenhang zwischen Pflicht und Recht sich gesellschaftlich als Beziehung zwischen Gesellschaft und Individuum darstellt, so ökonomisch als Beziehung zwischen Produktion und Verteilung.

Dies ist die zentrale Frage sowohl im Werk der Ökonomen, vor allem Ricardos, und bildet eine entscheidende Frage in den den ökonomischen Dingen stärker zugewandten Schriften Saint-Simons und besonders Fouriers. Sie wird hier im Interesse der Profitproduktion, dort im Interesse der Produktion der in größerer Vollendung produzierenden, konsumierenden und sich zueinander verhaltenden Menschen gestellt und gelöst.

[40] Vgl. ebenda, S. 82/83.
[41] Ebenda, S. 83.

3. Über den historischen Sinn der Ökonomen und der Gesellschaftskritiker

Der *ökonomische* Sinn der Ökonomen führte sie zur Bildung ökonomischer Kategorien, die sie in die ökonomischen Gesetze der kapitalistischen Produktion tiefer eindringen ließen; das soziale Verständnis der utopischen Sozialisten ging mit der Bildung allgemeiner, historische Entwicklung einschließender Kategorien einher.

Wie steht es nun um das *historische* Verständnis von bürgerlichen Ökonomen und vormarxschen Sozialisten? Beide sind von einer naturalistischen Betrachtungsweise geprägt: die letzteren sehen in der „Freiheit" einen naturrechtlichen Anspruch, fassen sie höchst allgemein als „Menschenrecht", die ersteren sehen in dieser angeblichen Freiheit die tatsächliche Freisetzung des unmittelbaren Produzenten von Eigentum und befriedigendem Auskommen. Im Namen einer natürlichen Ordnung fordern die utopischen Sozialisten die gemeinsame Nutzung der Produktionsmittel durch und für die Arbeitenden. Ihr historisches Verständnis für den Fortschritt von der dem physischen Zwang unterworfenen Arbeit des Sklaven zu der halbfreien Arbeit des an den Boden gefesselten Feudalbauern und zur „freien" Lohnarbeit ist noch sehr unvollkommen. Aber den bürgerlichen Ökonomen geht der Sinn für den wirklichen historischen Entwicklungsprozeß völlig ab. Smith verlegte das Kapital an den Beginn gesellschaftlicher Entwicklung und unterschied nur beiläufig zwischen dem Arbeiter, der noch selbst das Werkzeug besitzt und dem, der für den Werkzeugeigentümer arbeitet. Und dennoch gehört Smith in die Reihe derjenigen, welche die ökonomischen Bewegungsgesetze der kapitalistischen Produktionsweise aufzudecken halfen, ein Werk, daß der ganz von der Historie sich loslösende Ricardo bis an das bürgerliche Ende der wissenschaftlichen Ökonomie weiterführte. Die utopischen Sozialisten bekundeten hingegen einen gewissen historischen Sinn, indem sie einen historischen Wandel in der Form der Arbeit wie auch in der des Eigentums erkannten und daher eine andere historische Form der Arbeit als die kapitalistische Lohnarbeit für möglich hielten. Die Arbeit in der künftigen Gesellschaft erschien ihnen als natürliche, der menschlichen Bestimmung gemäße „freie" Arbeit.

Das Gesagte erhellt sowohl die Einseitigkeit bürgerlicher Ökonomen in Gestalt der ökonomischen Kategorie Arbeit als mehrwerterzeugende Arbeit wie die Einseitigkeit der utopischen Sozialisten in Form einer allgemein gefaßten Kategorie Arbeit als umfassender gesellschaftlicher Kategorie. Die politökonomische Sicht der einen führte indes zur Aufdeckung der Bewegungsgesetze kapitalistischen Produzierens, die allgemein gesellschaftliche Sicht zur Entdeckung jener historischen Entwicklungsgesetze, welche die Ablösung einer gesellschaftlichen Form der Arbeit und der Produktion wie der Gesellschaft insgesamt durch eine andere zum Inhalt haben.

Ökonomische kategoriale Einsichten in eine spezifische Produktionsweise und umfassende, die historische Dimension der Gesellschaftsentwicklung einbeziehende Kategorien sind in sich selbst widersprüchlich. Die im Grunde unhistorischen bürgerlichen Ökonomen haben unbewußt tatsächlich historisch bestimmte ökonomische Kategorien ihrer ganzen Betrachtung zugrundegelegt. Im Namen angeblich natürlicher, unumgänglicher, sich allmählich voll herausarbeitender Gesetze — so Adam Smith — suchten sie die kapitalistische Gesellschaft gegen die feudale durchzusetzen. Mit der Berufung auf die natürliche Ordnung, den natürlichen „Lauf der Dinge“ (Saint-Simon), auf natürliche Rechte des Menschen (Fourier) suchten sie der „widernatürlichen“ kapitalistischen Ordnung ein Ende zu bereiten. Die utopischen Sozialisten bringen mit ihrer Gesellschaftskritik zugleich eine Kritik am engen, einseitigen, rein ökonomischen Inhalt der bürgerlichen Ökonomie zum Ausdruck. Tatsächlich sind die bürgerlichen ökonomischen Kategorien nur im Klasseninteresse der Bourgeoisie widergespiegelte gesellschaftliche Realität. Die utopischen Sozialisten zeigen, daß diese ökonomischen Kategorien die ganze Widersprüchlichkeit der ökonomischen Wirklichkeit, ihre Unerträglichkeiten für die arbeitenden Klassen widerspiegeln, und sie bringen — wenn auch noch unzulänglich — mit ihrer Betonung des historischen Charakters des Eigentums und der Moral, mit der Unterscheidung von freier Arbeit und Zwangsarbeit, mit der Forderung nach einer neuen Gesellschaft und einer Gesellschaftswissenschaft die historische Dimension in die Betrachtung der gesellschaftlichen Beziehungen der Menschen ein.

An dieser Stelle möchten wir auf die nationale Prägung der in den Marxismus eingehenden theoretischen Quellen und damit auf die Fragestellung der Kapitel 3 und 4 zurückkommen. In ähnlicher Weise wie sich die französischen utopischen Sozialisten durch ihr Begreifen der Arbeit (als natürlich stofflich und bedürfnisbezogen) von den englischen Ökonomen und ihrem ware- und wertbezogenen Arbeitsverständnis unterscheiden, so heben sich auch die französischen Ökonomen, besonders Quesnay und der Physiokratismus, von der englischen Ökonomie ab.[42] Ihre umfassende Naturauffassung der Arbeit führt sie wie Saint-Simon und Fourier zu einer gesamtgesellschaftlichen Sicht, zur Theorie der Reproduktion. So wirken die nationalen Besonderheiten der bürgerlichen Revolution und der Entwicklung der Kapitalismus in Gestalt von früher politischer Ökonomie und frühem Sozialismus weiter. Die englischen utopischen Sozialisten traten als *ricardianische* Sozialisten, als Ökonomen auf, während die französischen utopischen Sozialisten, „eine geniale Weite des Blick (hatten), vermöge

[42] Selbst Boisguilbert sieht nur auf den stofflichen Inhalt des Reichtums, den Gebrauchswert, den Genuß, sagte Marx und zitierte dazu eine Stelle aus dessen Abhandlung „Über die Natur des Reichtums“: „Der wahre Reichtum . . . ist der vollkommene Genuß nicht nur der Lebensbedürfnisse, sondern auch des Überflusses und all dessen, was den Sinnen Freude bereiten kann.“ Mit dieser Sicht auf den stofflichen Inhalt des Reichtums „trat Boisguilbert, obgleich einer der Intendanten Ludwig XIV., mit ebenso viel Geist als Kühnheit für die unterdrückten Klassen auf“ (K. Marx, Zur Kritik der Politischen Ökonomie, in: MEW, Bd. 13, Berlin 1961, S. 40).

deren *fast alle nicht streng ökonomischen Gedanken* der späteren Sozialisten"[43] von ihnen keimhaft entwickelt wurden. Und ihr ökonomisch relevantes Denken ist wie das sozial akzentuierte Denken von Boisguilbert und Quesnay in größere gesellschaftliche Zusammenhänge eingebettet.

Nationales in der Geschichte kehrt als Nationales in der Theorie wieder; die von Marx und Lenin als evident erachtete Idee Hegels illustrierend, daß die Geschichte der Ideen sich in der Struktur der Theorie dieser Ideen, also die Geschichtsdialektik sich in der Wissenschaftslogik niederschlägt.[44]

Bisher hatten wir, ausgehend von der sozialökonomischen und politischen Entwicklung in England und Frankreich, wo sich der Kapitalismus zuerst ausprägte, dargelegt, daß die von uns betrachteten beiden Denkergruppen klassenbedingte unterschiedliche Fragestellungen aufwarfen, sie mit Hilfe einer unterschiedlichen Kategorienbildung zu beantworten suchten und zu unterschiedlichen Schlußfolgerungen gelangten.

Die beschrittenen unterschiedlichen Lösungswege sind nicht allein durch unterschiedliche Kategorien gekennzeichnet, sondern auch z. B. durch Kategorien, wie Gesetz im Sinne der Theorie usw. Um genauer zu zeigen, wie die Problemstellung zu einer den Ausgangsinteressen gemäßen Lösung führt, wollen wir die Auffassung beider Theoriengruppen vom Gesetz sowie vom Zusammenhang und der Anwendung der Gesetze vom Fortschritt in Gesellschaft und Wissenschaft näher zu beleuchten suchen.

[43] Vgl. F. Engels, Die Entwicklung des Sozialismus von der Utopie zur Wissenschaft, in: MEW, Bd. 19, Berlin 1973, S. 196 (Hervorhebung — *L. Z.*).

[44] Vgl. K. Marx, Einleitung [zur Kritik der Politischen Ökonomie], in: MEW, Bd. 13, a. a. O., S. 632, 633; F. Engels, Ludwig Feuerbach und der Ausgang der klassischen deutschen Philosophie, in: MEW, Bd. 21, Berlin 1962, S. 292, 294.

Kapitel 13

Die Kategorie Gesetz

1. Das Verständnis Saint-Simons und Fouriers für Wesen und Ursprung der Gesetze

1.1. Aufklärerisches Gesetzesdenken

Sowohl die bürgerlichen Ökonomen des sich entfaltenden Kapitalismus wie ihre Widersacher, die vorproletarischen Denker, suchten — die nachrevolutionäre Gesellschaft im Sinne — nach Gesetzen. Jene wollten die Gesetze einer schon bestehenden Realität ergründen, die letzteren suchten in der bisherigen Entwicklung der Menschheit nach Gesetzen, die über die gegebene Gesellschaft hinausführen konnten. *Den Ökonomen ging es* um die Ergründung der Zusammenhänge, die den Wirtschaftsprozeß der Gesellschaft beherrschen, *um Gesetze, welche die innerhalb der vorgefundenen Struktur bestehenden ökonomischen Beziehungen bestimmen*, das heißt die Bewegung von Ware und Wert und der von ihnen abgeleiteten Formen. Die Bewegung hingegen, die Saint-Simon und Fourier zu erfassen suchten, war nicht die Bewegung innerhalb eines gegebenen — als natürlich erachteten — Gesellschaftszustandes; *die utopischen Sozialisten suchten nach Gesetzen, welche die historische Bewegung der Gesellschaft von einer Entwicklungsstufe zu einer höheren zum Inhalt hatten.* Saint-Simon, Fourier und Owen — heißt es im Kommunistischen Manifest — „suchen nach einer sozialen Wissenschaft, nach sozialen Gesetzen, um diese Bedingungen (die materiellen Bedingungen zur Befreiung des Proletariats — *L.Z.*) zu schaffen.“[1]

Wir bewegen uns also auf verschiedenen Vergleichsebenen, wenn wir das Verständnis der Ökonomen für die besonderen Gesetze einer Gesellschaftsformation mit dem der Sozialisten für die allgemeinen sozialen Gesetze vergleichen, welche die verschiedenen Gesellschaftsformationen in ihrer historischen Abfolge miteinander verbinden. Auf verschiedene Qualitäten, das heißt in unserem

[1] K. Marx/F. Engels, Manifest der Kommunistischen Partei, in: MEW, Bd. 4, Berlin 1959, S. 490.

Falle, auf Disziplinen verschiedener Ebenen bezogene Vergleiche sind sehr wohl möglich, wenn sie in den gleichen Rahmen fallen, das heißt sich als System und Unter- oder Teilsystem zueinander verhalten.

Dieses Verhältnis bestand seinerzeit keineswegs zwischen der bürgerlichen Ökonomie und dem utopischen Sozialismus als disparaten Strömungen gesellschaftlichen Bewußtseins. Auch waren Gegenstand und Gesetz im Werk von Smith und Ricardo präziser gefaßt als in der von Saint-Simon und Fourier geforderten und in Angriff genommenen Gesellschaftswissenschaft. Die gesellschaftliche und die ökonomische Realität aber spiegelte sich im Denken von Marx und Engels, die die disparaten Ideenströme nutzten und in einem qualitativ neuen System vereinigten und die Kategorien — nicht zuletzt des Gegenstandes und des Gesetzes — präzisierten, als Ganzes und als sein immanenter Bestandteil wider. Diese Zusammenführung zunächst disparater, auf verschiedenen Ebenen liegender, einen unterschiedlichen Grad der Wissenschaftlichkeit erreichender theoretischer Quellen macht ihren Vergleich aus heutiger und marxistischer Sicht möglich.

Die bürgerlichen klassischen Ökonomen lieferten der von den utopischen Sozialisten als einheitliche Wissenschaft begründeten Gesellschaftswissenschaft tragende Elemente, die Marx und Engels im historischen Materialismus und in ihrer ökonomischen Lehre so ausbauten, das eine wirkliche Wissenschaft von der Gesellschaft sich herausbilden konnte.

Während die Ökonomen notwendige, innere, dauerhafte, wesentliche Zusammenhänge im ökonomischen Bereich als *Strukturgesetze* ergründeten, beriefen sich die Sozialisten auf *Entwicklungsgesetze* der Gesellschaft. Die Synthese, die Aufdeckung ökonomischer Strukturgesetze, nicht „als ewig gültige Wahrheiten, sondern als Resultate bestimmter geschichtlicher Entwicklungen", „als die Formulierung der Existenzbedingungen gewisser vorübergehender Gesellschaftszustände" finden wir erst bei Marx.[2] *Die Einheit von Logischem und Historischem, die das Werk von Marx und Engels auszeichnet, geht nicht zuletzt auch auf die Entdeckung logisch-struktureller Gesetze durch die bürgerlichen Ökonomen und historisch-genetischer Gesetze durch die utopischen Sozialisten zurück.*

Bei aller Unterschiedlichkeit, die es erlaubt, die Gesetzvorstellung der beiden Ideenrichtungen als These und Antithese zu charakterisieren, haben sie im Hinblick auf die Kategorie Gesetz viel Gemeinsames.

Beide erkannten den objektiven Charakter der Gesetze an. Den Ursprung der Gesetze führten sie, soweit sie sich dazu äußerten — die Ökonomen sehr viel seltener als die Sozialisten —, auf Gott oder die Natur zurück, auf eine göttliche, natürliche Vernunft. Dieser Deismus offenbart ihre geistige Abstammung von der Aufklärung mit ihrem Vernunftdenken, wonach alles Bestehende vernünftig sei oder kraft göttlicher Bestimmung sein müsse.

[2] Vgl. F. Engels, Rezension in der „Düsseldorfer Zeitung" und in „Die Zukunft" zu K. Marx, Das Kapital, in: MEW, Bd. 16, Berlin 1962, S. 208, 217.

Smith berief sich auf „die unsichtbare Hand", welche — etwa so wie die Hand des Schaustellers die Marionetten — die ökonomischen Gesetze bewegt. Ricardo hielt sich an den „natürlichen Fortschritt der Gesellschaft", der Gesetze impliziere, und suchte ihre Wirkungen im strikt ökonomischen Bereich aufzudecken.

Der Deismus löste das Urchristentum von der historisch-kirchlichen Entwicklung des Christentums und verstand sich selbst als Naturreligion. Auf diese Weise vermochte er geschichtliche Erkenntnis und ahistorische Naturreligion zu vereinigen und eine vom naturrechtlich interpretierten Wesen des Christentums ausgehende Kritik an der klerikalen Offenbarungslehre zu üben und sie von innen zu zersetzen. Nur im Lichte dieser ideologischen Funktion des Deismus, sind Saint-Simons Berufung auf Vernunft und Urchristentum zur Begründung seiner Sozialismuslehre und Fouriers Bestehen auf göttlichen Sozialgesetzen in Verbindung mit der Berufung beider auf historische Entwicklungsgesetze in der von ihnen geübten Kritik zu verstehen.

1.2. Saint-Simons Naturgesetz des Fortschritts und sein Eigentumsgesetz

Saint-Simon und Fourier entwickelten das Gesetz des Fortschritts als das Gesetz der stufenweisen, das heißt historischen Entwicklung der Gesellschaft.

Saint-Simons Erkenntnis, daß das Eigentumsgesetz, „das grundlegende Gesetz" der *Gesellschaft*, durchaus veränderlich sei, enthält die Vorstellung, daß gesellschaftliche Gesetze an bestimmte Bedingungen gebunden sind. „Aber daraus, daß dieses Gesetz grundlegend ist, ergibt sich nicht, daß es nicht verändert werden könnte. Ein Gesetz, daß das Eigentumsrecht begründet, ist notwendig, aber nicht ein Gesetz, das es in dieser oder jener Art und Weise begründet."[3] Die Änderung der Bedingungen der Gesellschaft wird von „einem höheren, allgemeinen Gesetz, von jenem Naturgesetz, auf Grund dessen der menschliche Geist ständig Fortschritte macht", bestimmt.[4]

Der gesellschaftliche Fortschritt führt zur Entwicklung der in einem System gesellschaftlicher Organisation schlummernden Potenzen, die, einmal erschöpft, einem anderen Gesellschaftssystem Platz machen müssen. Saint-Simon fordert seine Zeitgenossen auf, „ein System gesellschaftlicher Organisation, das dem Stand der Aufklärung und der Zivilisation (in unserem Sinne) entspricht, geistig zu begründen"[5].

Beide frühen Sozialisten unterschieden zwischen Perioden des Niedergangs einer Gesellschaftsformation (Marx) und des notwendigen Aufstiegs einer anderen: „Die Philosophen des 18. Jahrhunderts mußten kritisch sein, denn zuallererst

[3] C.-H. de Saint-Simon, Ausgewählte Schriften, Berlin 1977, S. 236.

[4] Vgl. ebenda.

[5] Ebenda, S. 343.

waren die Übelstände eines Systems klar vor Augen zu führen, das sich ursprünglich in einer Epoche der Unwissenheit, des Aberglaubens und der Barbarei herausgebildet hatte, in einer Epoche, da unsere ganze Erkenntnis noch verschwommen und die Philosophie noch Metaphysik war. Aber nachdem ihre Kritik dieses System völlig untergraben hatte, mußte es offensichtlich die Aufgabe ihrer Nachfolger (d. h. der jetzt lebenden Philosophen) sein, das politische System hervorzubringen und zu erörtern, das dem gegebenen Stand der Aufklärung angemessen ist."[6]

Saint-Simon meint, daß „eine wahrhaft organisierende Lehre" gebraucht wird. „Die Gesellschaft lebt durchaus nicht von negativen, sondern von positiven Ideen."[7] Positive Philosophen nannte Saint-Simon „Männer, die sich damit befassen, positive Allgemeinheiten zu beobachten und zu koordinieren"[8]. Saint-Simon kritisierte die nur kritische Haltung der von der Philosophie des 18. Jahrhunderts angeregten Schriftsteller: „Die Nation weiß sehr wohl, was sie nicht will, man muß sie aber lehren, auf welche Weise sie das, was sie nicht will, durch ihr zusagende Dinge ersetzen kann."[9] Saint-Simon faßte seine Unterscheidung kritischer und organisierender Epochen oder Perioden in dem auf sein Anliegen bezogenen Satz zusammen: „Die Philosophie des vorigen Jahrhunderts war revolutionär; die des 19. Jahrhunderts muß organisierenden Charakter haben."[10]

Halten wir fest:

— Saint-Simon erkennt den Zusammenhang der gesellschaftlichen Gesetze, ihren Platz in der Hierarchie der Gesetze und ihre Bindung an ein bestimmtes Gesellschaftssystem.

— Das Wirken der gesellschaftlichen Gesetze ist an bestimmte Bedingungen gebunden, diese und damit die Gesetze sind veränderlich.

— Das Gesetz des Fortschritts erfordert eine organisierende Tätigkeit der Menschen, welche auf der Erkenntnis der Gesetze beruht.

Saint-Simon versichert, „daß, wenn die Menschen . . . die Gesetze der natürlichen Erscheinungen sowie die Verfahren zu ihrer Veränderung kennen, wenn sie sich schließlich wohlwollend zueinander verhalten, ihr Glück in moralischer Hinsicht am vollkommensten sein wird"[11]. Hier findet sich die Ziel-Mittel-Problematik, die von Saint-Simon in verschiedenster Weise untersucht wird.

Kritisch ist zu vermerken:

[6] Ebenda, S. 290.

[7] Oeuvres de Claude-Henri de Saint-Simon, Tome III (Vol. 6), éditions anthropos, Paris 1966, S. 51, 55.

[8] Ebenda, S. 58.

[9] Ebenda, Tome VI (Vol. 1), S. 394.

[10] C.-H. de Saint-Simon, Ausgewählte Schriften, a. a. O., S. 134.

[11] Ebenda, S. 337.

— Saint-Simon (wie wir es auch bei Ricardo feststellen konnten)[12] unterscheidet nicht eindeutig zwischen objektivem und subjektivem Gesetz, zwischen Erkenntnis- und Rechtsgesetz.

— Der utopische Charakter seines Sozialismus beruht auf dem Glauben, daß die Erkenntnis allgemeiner Entwicklungsgesetze und ihm entsprechendes Handeln Einzelner, vor allem hochgestellter Persönlichkeiten, genügen, um eine neue Gesellschaft herbeizuführen.

— Während Saint-Simon in seinen historischen Betrachtungen in der Entwicklung der Vergangenheit Gesetze erkennt und vage formuliert, wie z. B. das Gesetz des Fortschritts, das Gesetz des Eigentums, fehlt seinen Überlegungen zur Zukunft jegliche Gesetzesvorstellung. Aus philosophisch idealistischer Sicht wird die künftige Gesellschaftsorganisation spekulativ unter moralischen Begründungen entwickelt.

Gerade die zwar schon vorhandene, aber *unzulängliche Gesetzesauffassung ermöglicht Saint-Simon, den visionären Schritt in die Zukunft zu tun. Ansätze materialistischen Denkens führten ihn zur Erkenntnis des Gesetzes des gesellschaftlichen Fortschritts und der gesetzmäßigen Ablösung verschiedener Eigentumsformen; idealistische Ansätze ermöglichten ihm, die Gesellschaft der Zukunft* — angesichts eines sich erst konstituierenden Proletariats und seines unreifen Bewußtseinsstandes — *vorauszuahnen.*

1.3. Sozialer Mechanismus und ökonomisches sowie historisches Gesetz bei Fourier

Fourier kritisierte den in der Gesellschaft bestehenden sozialen Mechanismus; den zu Not und Krisen führenden Mechanismus wollte er durch einen anderen Mechanismus ersetzen. Fourier erklärte, er könne „die Lehre vom Mechanismus der sozialen Garantien nicht in alle Einzelheiten ausarbeiten“[13]. Sie würden die Beweiskraft seiner Lehre von den Leidenschaften und der Lehre von der ländlichen Assoziation überzeugend ergänzen.

Fourier führte aus, „daß das Industriesystem in jeder Hinsicht nur eine verkehrte Welt ist. Beurteilen wir es nach dem halben Eingeständnis, das Sismondi vor kurzem entschlüpfte: Er gab zu, daß sich die Konsumtion in verkehrter Weise vollzieht, denn sie richtet sich nach den Launen der Müßiggänger (sprich; nach ihrer zahlungskräftigen Nachfrage — *L. Z.*) und nicht nach dem Wohl der Produzenten (im Sinne von in der Produktion Arbeitenden — *L. Z.*). Damit war schon ein erster Schritt zur echten Untersuchung getan . . . Die Zirkulation ist verkehrt. Sie wird durch Mittelsmänner, sogenannte Kaufleute und Händler vollzogen, die zu Eigentümern des Produkts werden und Produzenten wie

[12] Vgl. Kapitel 12.

[13] Ch. Fourier, Ökonomisch-philosophische Schriften. Eine Textauswahl, Berlin 1980, S. 240.

Konsumenten übervorteilen und das Industriesystem durch Warenhortung, Preisspekulationen, Betrügerei, Erpressung, Bankrott usw. durcheinanderbringen. Die Konkurrenz ist verkehrt. Sie bewirkt Lohnsenkungen und stürzt das Volk durch die Entwicklung der Industrie in Armut. Je mehr die Konkurrenz wächst, desto größer wird der Zwang für den Arbeiter, eine hart umkämpfte Arbeit zu einem Spottpreis anzunehmen."[14] In diesem Zusammenhang betont Fourier „den *Gegensatz zwischen kollektivem und individuellem Interesse*"[15]. Fourier sieht die „Zersplitterung oder Handelsanarchie" und das „Handelsmonopol oder die bevorrechtigte Innung" als Ergebnis der freien Konkurrenz an. Nach Meinung Fouriers „entspringen der Bankrott, der Geldwucher und die Börsenspekulation ein und derselben Quelle, dem ungeheuren Ausmaß an Rivalität und an Kosten, welche die freie Konkurrenz mit sich bringt."

An die Behandlung der Konkurrenz knüpft Fourier unmittelbar Betrachtungen über „die Schädlichkeit des Systemmechanismus". „In jedem Mechanismus liegt das Ziel, mit dem geringsten Kraftaufwand die größtmögliche Wirkung zu erzielen. Ein System, daß das Ausmaß der Kosten und der unproduktiven Vertreter, der Händler, Reisenden, Handlungsgehilfen usw. verdreifacht, ohne daß die Handelstätigkeit sich ausgedehnt hätte, stellt also einen völligen Widersinn dar."[16]

Fourier spiegelt in seiner Vorstellung vom Mechanismus im Grunde das Gesetz der Ökonomie der Zeit wider, von dem alle Ökonomie beherrscht wird, das sich aber, wie wir wissen, in Form spezifischer Gesetze durchsetzt, etwa so, wie das Gesetz des Fortschritts, um mit Saint-Simon zu denken, sich in der Form historisch bestimmter Eigentumsgesetze verwirklicht. In der Idee Fouriers vom Handelsmechanismus spielt die Ziel-Mittel-Problematik eine Rolle. Während aber die bürgerlichen Ökonomen das Ziel, die Erzielung des größtmöglichen Profits, als ein für allemal gegeben und unumstößlich ansehen und die ökonomischen Gesetze wie Wertgesetz, Gesetze des Profits, des Arbeitslohnes, der Grundrente als die zu seiner Erreichung wirksamen Mittel untersuchen, lehnt Fourier den Mechanismus der kapitalistischen Gesellschaft als verkehrt ab; er sieht in ihm nicht nur keine unumstößliche Gesetzmäßigkeit, sondern einen Verstoß gegen die natürlichen Gesetze, gegen die Bestimmung des Menschen und des Universums.

Fourier hält den „zivilisierten Handelsmechanismus" für viel verwerflicher als denjenigen früherer Stufen, „weil unser Handel nichts anderes ist als eine unter der Maske der Gesetzlichkeit organisierte und legitimierte Räuberwirtschaft, wodurch die Zwischenschieber und Zwischenhändler sich vereinigen können, um künstliche Teuerungen aller beliebigen Lebensmittel zu verursachen und so sowohl den Produzenten wie den Konsumenten auszuplündern ... Inzwischen lehrt uns eine neue Wissenschaft, daß man diesen Leuten vollkommene Freiheit gewähren soll ... Die Ökonomen gestehen, daß ihre Wissenschaft durchaus keine fixen Prinzipien

[14] Ch. Fourier, Ökonomisch-philosophische Schriften, a. a. O., S. 62.
[15] Ebenda, S. 63.
[16] Ebenda, S. 201.

hat; und es ist wirklich der Gipfel der Prinzipienlosigkeit, einer Klasse von so sehr depravierten Agenten, wie die Kaufleute sind, vollständige Freiheit zu bewilligen. Die Folge von dem allen ist, daß die kommerzielle Bewegung ruckweise, in Krampfanfällen, Überraschungen und Exzessen aller Art vor sich geht, wie man sie im jetzigen Handelsmechanismus täglich sehen kann, der es nur zu einer zeitweise unterbrochenen Zirkulation, ohne regelmäßige Abstufung, ohne Gleichgewicht und Garantien bringt."[17] Kein Geringerer als Friedrich Engels hat 1845 „Ein Fragment Fouriers über den Handel"[18] übersetzt und mit Einleitung und Nachwort versehen. In den angeführten Sätzen kommt zum Ausdruck:

— die kapitalistische Zirkulation wird wie das ganze System nicht von einem ökonomischen Gesetz, sondern von einem verkehrten Mechanismus der Willkür beherrscht;

— Zyklizität und Disproportion sowie sozialer Ruin kennzeichnen die Überproduktionskrise;

— das von den Ökonomen proklamierte laisser faire, laisser aller leistet der Willkür Vorschub.

Fouriers Sozialkritik vom Standpunkt der arbeitenden Produzenten verbindet sich mit dem Unverständnis für das Wirken ökonomischer Gesetze, obwohl er ihre Merkmale und Wirkungen beschrieben hat.

Fourier sah die im Kapitalismus wirkenden Erscheinungen der Anarchie und Konkurrenz, ohne darin ein Gesetz zu sehen. Er wollte sie durch das Prinzip der „sozietären Konkurrenz", des die menschlichen Kräfte entfaltenden Wetteifers ersetzen.

So wie er in der Planlosigkeit der kapitalistischen Produktion einen „fehlerhaften Kreislauf der Industrie" erblickte, so sah er in der Entstehung einer die Verwertungsbedürfnisse des Kapitals übersteigenden, von ihm selbst in seiner Bewegung hervorgebrachten überschüssigen Bevölkerung nicht ein dem Kapitalismus immanentes Bevölkerungsgesetz, sondern ein von Ökonomen und Wirtschaftspolitik zu lösendes „Rätsel des Bevölkerungsüberschusses."

Malthus habe durch seine Lehre vom Bevölkerungsüberschuß, das heißt durch „das Eingeständnis des Übels", keinen schlechten Dienst erwiesen, obwohl er vom Problem der Herstellung des Bevölkerungsgleichgewichts ebensowenig wie Dugald Stewart und Robert Wallace verstanden habe.[19] Die Ökonomen hätten die „... Suche nach einem Industriemechanismus vorschlagen müssen, der im Gegensinne zur zivilisierten Funktionsweise angelegt ist und die Assoziation an die Stelle der Zersplitterung, die Wahrhaftigkeit an die Stelle der Handelslüge setzt und so mit allen anderen Übeln verfährt"[20].

[17] Ebenda, S. 129, 138.
[18] Vgl. ebenda, S. 122.
[19] Vgl. ebenda, S. 68.
[20] Ebenda, S. 43.

Der „fehlerhafte Kreislauf der Ökonomie und des Industrialismus“ müsse dem sozietären industriellen System Platz machen, der zur Vergeudung von Kräften und Nichtbefriedigung der Bedürfnisse führende Mechanismus der freien Konkurrenz müsse durch einen sozialen Mechanismus, der auf der sozietären Konkurrenz, einem auf Ausnutzung menschlicher Triebkräfte (Leidenschaften), Arbeitsorganisation und Verteilung beruhenden sozialen Mechanismus ersetzt werden. Weil jener „verkehrt“ sei, den „Bestimmungen“ zuwiderlaufe, gehe es darum, „den natürlichen oder göttlichen Kodex der industriellen Beziehungen zu erkennen“ und „eine neue Gesellschaftsordnung ausfindig zu machen“[21].

Wiederholt spricht Fourier von einem göttlichen oder natürlichen Kodex der Gesetze, wobei schon die Bezeichnung Kodex die subjektivistische Fassung des Gesetzesbegriffs zeigt. Andererseits soll die Berufung auf Gott und Natur, auf göttliche oder natürliche Vernunft, die *Notwendigkeit* des Übergangs zu einem anderen Mechanismus, zum bestimmungsgemäßen System der Gesetze darlegen.

Fourier entwickelte eine weiter unterteilende Periodisierung der geschichtlichen Entwicklung nach gesellschaftlichen Merkmalen, und zwar nach dem Umfang der Produktionseinheiten und nach dem Grad der Zersplitterung bzw. der Konzentration der Arbeit in der gesellschaftlichen Produktion.[22] Dabei unterschied er Übergänge von Elementen einer früheren Periode in eine spätere Periode. Als ein solches Element der früheren Ordnung, das aus ihr herausgelöst, in eine neue bessere Ordnung übernommen werden und dieser dienen kann, sah Fourier das Geldsystem an.

Zunächst verwahrte er sich gegen die mögliche Zumutung seiner Leser, er solle „ein Heilmittel“ gegen „die Anhäufung aller Gebrechen“ im System der Handelsfreiheit vorweisen.

„Ich antworte darauf: Mein Ziel ist nicht, die Zivilisation zu verbessern, sondern sie aufzugeben und den Wunsch nach der Entdeckung eines besseren sozialen Mechanismus dadurch zu erwecken, daß ich nachweise, daß die Ordnung der Zivilisation in ihren Teilen wie im ganzen absurd ist und die modernen Menschen, von jeder Vervollkommnung der Vernunft weit entfernt, immer mehr in politischen Irrsinn verfallen.“[23]

Im Zusammenhang mit den Kategorien Gesetz und System warf Fourier die Frage nicht nach dem bloß ökonomischen, sondern dem gesamtgesellschaftlichen sozialen Mechanismus auf und suchte nach möglichen Übergängen. Im Geldsystem sah er eine Garantie für Wahrhaftigkeit in den Beziehungen.

„Die Wahrheit ist, was auch immer die modernen Anhänger des Heraklit darüber sagen mögen (gemeint sind die Anhänger der Dialektik des ionischen Materialisten, wobei der Grundsatz vom Umschlagen der Dinge in ihr Gegenteil

[21] Ebenda, S. 63, 69.

[22] Vgl. ebenda, S. 5 Anm.

[23] Ebenda, S. 177.

von Fourier unzutreffend als absolut gefaßt wird — *L. Z.*), keineswegs ganz aus unseren industriellen Beziehungen verbannt. Sie ist in einigen, wie im Geldsystem und im System der Maße, sehr fest verankert. Es gibt nichts, was rechtschaffener und besser gewährleistet wäre als die Geldbeziehungen . . . (Fourier beruft sich auf den Rechtsschutz des Geldes — *L. Z.*).

In den Geld- und Maßbeziehungen hat sich die Wahrheit also voll durchgesetzt. Wenn sie unter Einwilligung und unter dem Schutz der Regierungen in einigen Beziehungen herrscht, könnte man da nicht hoffen, ihren Herrschaftsbereich zu erweitern? Um dahin zu gelangen, müßte man sich der Methode bedienen, mit deren Hilfe die Wahrheit im Geldsystem durchgesetzt wurde, einer Methode, die in vollem Gegensatz zu den Grundsätzen der politischen Ökonomie steht. In der Tat ist das von den Ökonomen gepredigte Prinzip, die freie Konkurrenz oder Handelsanarchie, im Geld- und Maßsystem keineswegs zugelassen. Im Gegenteil wird mit dem Tode bestraft, wer versucht, zur Regierung in Konkurrenz zu treten. Würde er Geld mit einem höheren Werttitel prägen, so würde er mit vollem Recht zum Tode verurteilt werden. Da das Bessere ein Feind des Guten ist, soll man nichts Besseres als die Wahrheit suchen; es genügt, sie dort, wo sie herrscht, aufrechtzuerhalten. Auf welche Weise herrscht sie nun in den Geld- und Maßbeziehungen? Etwa durch die von den Ökonomen gepredigte freie Konkurrenz? Nein, sondern durch ein völlig entgegengesetztes System — *durch die Gleichgewicht haltende Amtsaufsicht*, durch die ausschließliche Geschäftsführung der Regierung; die Goldwaren und der Geldwechsel bilden ein Gegengewicht zu ihr, welches Versuche der Täuschung durch Verfälschung der Geldtitel oder willkürliche Erhöhung des Nominalwertes unschädlich macht."[24] Und an anderer Stelle sagt Fourier, eine Art Übergangsperiode behandelnd: „Das mit dem Geldsystem für die industriellen Beziehungen wirksam werdende Leuchtsignal einer Garantie hätte man auf den ganzen Handel ausdehnen sollen."[25]

Die von Fourier an den Tag gelegte Naivität, das Geldsystem nicht in seiner ökonomischen Funktion, sondern bloß als juristische Einrichtung zu betrachten und zu bewerten, soll hier nur vermerkt werden. Fourier ist eben kein Ökonom, aber er ist ein unerbittlicher Gesellschaftskritiker. Die Überbewertung des Juristischen teilt er übrigens mit Saint-Simon, bei dem zum Beispiel das Eigentumsgesetz als soziales Gesetz noch kräftige Spuren eines Rechtsgesetzes an sich hat. Hier zeigen sich deutlich Spuren der geistigen Abstammung von der französischen Aufklärung. Diese Spuren reichen von Descartes, der den Fortschritt der Vernunft rechtsphilosophisch zu begründen suchte, über Montesquieu, der im „Geist der Gesetze" den Ansatz gesellschaftlicher Veränderungen unter anderem durch die von ihm vorgeschlagene Gewaltenteilung sah bis hin zu den Enzyklopädisten, die soziales Milieu wesentlich durch Moral und Recht bestimmt

[24] Ebenda, S. 173/174.
[25] Ebenda, S. 238.

sahen. Übrigens hat auch Fouriers Vorliebe für die häufige Einflechtung mathematischer Proportionen ihre Wurzel in der bei Descartes und anderen Rationalisten zu findenden Gründung ihrer philosophischen Ideen auf die zunehmend in die Naturwissenschaften eindringende Mathematik (Galilei, Newton usw.).

Uns geht es hier bei der Frage nach der Vorstellung vom Gesetz der Erkenntnis, vom wissenschaftlichen Gesetz, um die von Fourier dargelegte Idee des Mechanismus und seine Vorstellung von Übergängen einer Ordnung zu einer anderen, also um Mittel und Wege der Verwirklichung eines überlegeneren Mechanismus, eines höheren Gesellschaftssystems. Fourier machte am Beispiel des Geldsystems geltend, daß eine Entwicklungsperiode neben Verfalls- und Niedergangserscheinungen bereits Charakterzüge der nächst höheren enthält und den Übergang zu dieser neuen Entwicklungsperiode ermöglicht. Es handelt sich für Fourier um die schon in der Zivilisation gegebene Vorbereitung der ersten Stufe der „Harmonie", also der neuen sozietären Gesellschaftsordnung oder sechsten Periode in der Geschichtsperiodisierung Fouriers.

Enthält Fouriers Vorstellung von der Dienstbarmachung des Geldsystems für die sozietäre Gesellschaft nicht das Körnchen Wahrheit, das mühselig erarbeitet, später als Ausnutzung des Wertgesetzes im Sozialismus, also als „Kontrolle durch den Rubel", als „wirtschaftliche Rechnungsführung" usw. in die Praxis und Theorie der sozialistischen Wirtschaft eingehen würde? Ist Fouriers Idee bei aller Naivität nicht genial? Welcher Wagemut, in der „Macht des Geldes" in der bürgerlichen Gesellschaft eine Garantie sozialistischer Ökonomie zu sehen!

Natürlich ist das Wort vom „sozialen Mechanismus", vom „verkehrten Mechanismus der freien Konkurrenz" und vom erstrebenswerten Mechanismus sozietärer Beziehungen des Wetteiferns in einem organisierten Zusammenleben der Menschen in keiner Weise unserem Begriff des Mechanismus der ökonomischen oder auch der gesellschaftlichen Gesetze gleichzustellen. Der Gedanke an die Umsetzung der Erfordernisse objektiver Gesetze durch geeignete Maßnahmen liegt jedoch im Keim in den Überlegungen Fouriers, ganz so wie sich in seinen und Saint-Simons Auffassungen erste Umrisse des Begriffs Produktionsverhältnisse finden.

Unser Begriff des Mechanismus der ökonomischen Gesetze vermittelt zwischen dem objektiven Charakter der Gesetze und der subjektiven Ausnutzung der in ihnen liegenden Wirkungen für die Ausarbeitung und Verwirklichung der Wirtschaftspolitik des sozialistischen Staates. In der idealistischen Vorstellungswelt Fouriers liegt objektiv Gesetzmäßiges, in der Entwicklung herrscht aber subjektiv Willkür innerhalb der vorgefundenen gesellschaftlichen Struktur.

„Der Handel hat verschiedene Formen nach den verschiedenen sozialen Stufen; denn da er der Angelpunkt alles sozialen Lebens ist, existiert er, sobald überhaupt ein sozialer Zustand besteht. Ein Volk wird sozial, bildet eine Gesellschaft von dem Augenblick an, wo es anfängt, auszutauschen." Auf den „direkten Tausch der Wilden" folgt der indirekte Verkehr unter dem Patriarchat: „Er wird durch einen Vermittler bewirkt, der *Eigentümer dessen wird, was er nicht produziert hat und nicht konsumieren* will". Und weiter: „... in der *Barbarei* bilden die Monopole, Maximums- und Preisbestimmungen und Zwangsrequisitionen durch die Regierung, in der *Zivilisation* die individuelle Konkurrenz oder der lügnerische und verwirrende Kampf die Grundlage der kommerziellen Methode." Fourier meint, die Kaufleute gäben sich mit ihrer Vermittlungsfunktion jetzt nicht mehr zufrieden und begännen zu intrigieren. „*Der Handel wird verderblich von dem Augenblicke an, wo die Vermittler durch übergroße Anzahl zu Schmarotzerpflanzen am sozialen Körper werden* und einverstanden sind, die Waren auf Seite zu bringen, sie im Preise steigen zu lassen unter dem Vorwande einer künstlich hervorgebrachten Seltenheit, kurz, zu gleicher Zeit den Produzenten und den Konsumenten durch Spekulationskniffe zu berauben, statt beiden zum einfachen, offnen Vermittler zu dienen."[26] Als ob es sich hier um moralische Entscheidungen und nicht um ökonomische Gesetzmäßigkeiten handeln würde.

Die angeführte Passage stellt besonders deutlich unter Beweis, daß Fourier historische Entwicklungsgesetze (so für die sich ablösenden Formen des Austausches) anerkannte, die gleichzeitig wirkenden ökonomischen Gesetze, Gesetze des einfachen oder des kapitalistischen Warenaustausches, nicht für objektiv notwendig, also für Gesetze, hielt.

Wenn wir versuchen, die Kategorie Gesetz im Denken Fouriers zusammenfassend zu kennzeichnen, so sehen wir, wie sich auch bei ihm objektive und subjektive Momente vermengen:

— Fourier beruft sich auf ein vom Willen und Bewußtsein der Menschen unabhängiges System sozialer und moralischer Beziehungen der Menschen, erkennt also insofern den objektiven Charakter der Gesetze an.

— Diese Gesetze müssen von den Menschen erkannt und anerkannt werden. Sie bilden den Gegenstand einer noch zu entdeckenden (von Fourier nach dessen Aussage entdeckten) Wissenschaft von der Gesellschaft und sind mittels eines geeigneten Mechanismus zu verwirklichen.

Aber auch die ganze Unzulänglichkeit des Gesetzesbegriffs Fouriers tritt zutage:

— Entgegen dem historischen Verständnis der Gesellschaftsentwicklung und der minutiösen historischen Periodisierung ist der Kodex der „industriellen Beziehungen" Fourier zufolge natürlichen oder göttlichen Ursprungs, hat er absoluten Charakter, was seine Durchsetzung schließlich als zwingend erscheinen läßt.

— Diesem absoluten Gesetzsystem nicht gemäße gesellschaftliche Beziehungen widersprechen der gott- oder naturgegebenen Vernunft. Daher ist ihnen Gesetzmäßigkeit, das heißt Notwendigkeit der Existenz, abzusprechen. Sie bilden einen „verkehrten Mechanismus" in Produktion und Zirkulation, Verteilung und Konsumtion, bewirken einen „fehlerhaften Kreislauf der Ökonomie und des Industrialismus". In der Konkurrenz und in der Wirtschaftskrise sieht Fourier nicht

[26] Ebenda, S. 127/128.

Wirkungen ökonomischer Gesetze des Kapitalismus, sondern eine Verkehrung der natürlichen Ordnung in ihr Gegenteil und dadurch bewirkte Anarchie.

— Alle ökonomischen Beziehungen konnten „verkehrten" Charakter annehmen, weil eine wachsende Zahl von Kaufleuten sich zwischen Produzenten und Konsumenten einschalteten und mit immer größerer Willkür die Beteiligten zu übertölpeln vermochten. Fouriers historische Betrachtungsweise verbindet sich mit der idealistischen These von der Autonomie der handelnden Personen.

1.4. Gesetzesverständnis von utopischen Sozialisten und bürgerlichen Ökonomen im Überblick

Während Saint-Simon sich immer wieder auf „den Lauf der Dinge" beruft, der ein bestimmtes Handeln, bestimmte politische Herrschaftsformen und Verhaltensweisen erklärt, aber nunmehr ebenso anders geartete Formen und Verhalten erfordere, also aus den in der Vergangenheit erkannten Entwicklungsgesetzen die Notwendigkeit einer neuen Gesellschaft mehr unmittelbar ableitete, waren solche Gesetze für Fourier nicht so entscheidend. Er leitete die in der zukünftigen Assoziation der Produzenten zu verwirklichenden Regeln, die etwas vom Charakter von Gesetzen haben, wie das Gesetz der Arbeit nach den Fähigkeiten und der Verteilung nach der Leistung, aus der von ihm entdeckten natur-, vernunft- und gesetzmäßigen Bestimmung des Menschengeschlechtes innerhalb eines ebenso bestimmten Universums ab. Der von Marx und Engels zu Recht so gerühmte Dialektiker Fourier verwandelt sich hier mit seinem absoluten Anspruch auf die Verwirklichung des natürlichen Wesens des Menschen, seiner natürlichen Triebkräfte, seiner schicksalhaften Bestimmung geradezu in einen Metaphysiker. Aber auch ihm gelingt es nur so, unter Berufung auf die Absolutheit von Gesetzen, jenes „natürlichen oder göttlichen Kodex der industriellen Beziehungen", die ihm vorschwebende gesellschaftliche Umgestaltung als zwingend, unerläßlich und unausweichlich geboten erscheinen zu lassen.

Die Vermengung von Objektivem und Subjektivem im Gesetzesbegriff zeigt sich auch darin, daß die Begriffe Regel und Gesetz beliebig verwendet werden und Vernunft, Natur, Gott, Gesetz nicht klar abgegrenzt werden. Die Vermischung von materialistischem und idealistischem Gesetzesverständnis tritt immer wieder zutage.

Bei aller Unterschiedlichkeit in der Annäherung an die Kategorie Gesetz lassen sich folgende Gemeinsamkeiten in der Gesetzesauffassung von Saint-Simon und Fourier erkennen:

Einerseits werden historische Entwicklungsgesetze der Gesellschaft anerkannt und andererseits ökonomische und andere Strukturgesetze der Gesellschaft entweder kaum beachtet oder geleugnet. Das gilt nicht nur für die kapitalistische Gesellschaft, sondern auch für die sozialistische Gesellschaft, in deren Normen allein Moral- und Rechtsregeln, aber nicht ihnen zugrunde liegende ökonomische

Gesetze gesehen werden. *Die eigenartige idealistische Verbindung vom Gesetz des historischen Fortschritts und Autonomie menschlichen Handelns ermöglichte die geistige Überwindung der kapitalistischen Gesellschaft und die geniale Voraussicht der höheren Gesellschaftsordnung des Sozialismus/Kommunismus.*

Der Kategorienvergleich des Denkens der bürgerlichen Ökonomen und der sozialistischen Vorläufer von Marx hat gezeigt:

Erstens. Unter gleichen Bezeichnungen verbergen sich ganz verschiedene Kategorien. Arbeit, Reichtum, Bedürfnis bilden im Denken Smith' und Ricardos rein ökonomische Kategorien, welche die sich entwickelnde und zur Reife kommende kapitalistische Ökonomik widerspiegeln. Für die historisch denkenden, durch ihre soziale und moralische Kritik am Kapitalismus zu einer neuen Wirtschafts- und Gesellschaftsordnung vorstoßenden frühen Sozialisten verbirgt sich unter diesen Bezeichnungen die reiche Vielfalt gesellschaftlichen und individuellen Lebens.

Zweitens. Den zentralen ökonomischen Kategorien Arbeit und Reichtum, verstanden als Lohnarbeit und Kapital, entsprechen ihnen verbundene Kategorien wie Wert, Geld, Profit, Zins, Grundrente usw. Alle diese ökonomischen Kategorien bilden ein System von Kategorien. Ein solches, wenn auch weniger präzis strukturiertes System bilden auch die allgemein-gesellschaftstheoretischen Kategorien der utopisch-sozialistischen Kritiker der bürgerlichen Ökonomen.

Drittens. Gleichnamige, sich inhaltlich unterscheidende Kategorien nehmen eine sehr verschiedene Stellung im jeweiligen Kategoriensystem ein. Die ökonomische Kategorie Arbeit ist zwar Ausgangskategorie auch der politischen Ökonomie, tritt aber die zentrale Stellung an die Kategorie Kapital — oder „Reichtum der Nation" — ab. Die philosophisch-gesellschafts- und naturwissenschaftliche Kategorie Arbeit bildet im Denken der frühen wie der späteren Sozialisten die grundlegende Kategorie des ganzen Denksystems.

Viertens. Die historische Erkenntnisschranke der Bourgeoisie verwehrt den Ökonomen so tief in den Inhalt der ökonomischen Kategorien des Kapitalismus einzudringen, daß sie mehr als quantitative Relationen, als Bewegung von Kategorien, als Wechsel von Formen erfassen könnten. Demgemäß ist ihr Gesetzesbegriff einseitig entwickelt und entspricht der Begrenztheit ihrer Kategorien. Die Hauptfrage für Smith und Ricardo ist die Frage des Austausches von Kapital und Arbeit, der Vergrößerung oder Verringerung des einen oder anderen Austauschpoles. Dabei unterscheidet auch Ricardo nicht grundsätzlich zwischen im Lohn vergegenständlichter Arbeit und vom Lohnarbeiter geleisteter lebendiger Arbeit. Daher vermag er das Geheimnis des Mehrwerts nicht zu ergründen. Wie groß dennoch gerade seine Vorleistung für die später von Marx entwickelte proletarische politische Ökonomie war, soll keineswegs geleugnet werden. Es geht hier aber darum, die fruchtbare Kritik der bürgerlichen klassischen Ökonomie durch die „Patriarchen des Sozialismus" aufzuzeigen. Ihr Gesetzesbegriff beinhaltet historische Entwicklung, so wie ihre Kategorien einen historischen Charakter haben. Dem bereits als System ökonomischer Gesetze erkennbaren Gedankengebäude von Smith und Ricardo setzen sie ein umfassendes, noch von wenigen Gesetzen beherrschtes System von Ideen über die Natur, die Gesellschaft und das Denken entgegen.

Fünftens. Eine Hierarchie der Gesetze läßt sich bei den Ökonomen insofern erkennen, als das Wertgesetz bei ihnen eine zentrale Rolle spielt und alle übrigen Gesetze von ihm beherrscht werden, das Gesetz des Profits, des Lohnes, der Konkurrenz usw. Die in der Gesellschaftstheorie der Widersacher der Ökonomen enthaltene kategoriale Hierarchie zeigt sich bei Saint-Simon in der Unterordnung des Gesetzes der Entwicklung der Eigentumsformen unter das Gesetz des Fortschritts der Gesellschaftssysteme. Hierarchische Beziehungen zwischen dem Gesetz der ländlichen Assoziation und dem Gesetz der natürlichen Leidenschaft bei Fourier lassen sich schwerer bestimmen. Ebenso ist die Beziehung zwischen dem Gesetz der Verteilung als einer Seite der Arbeitsorganisation in der Assoziation wie auch anderer notwendiger Beziehungen innerhalb der Phalanx nicht genau bestimmbar. Es ist kaum von einem System gesellschaftlicher Gesetze oder regelnder Prinzipien zu sprechen, sondern nur von Strukturelementen eines sozialistischen Systems. Einige Systemaspekte finden sich bei Saint-Simon, wiederum andere bei Fourier. Beide Denker haben ihre eigenen Betrachtungsinhalte und ergänzen sich, wie zum Beispiel hinsichtlich der von Saint-Simon geforderten Pflicht zur Arbeit, des von Fourier näher umrissenen Rechtes auf Arbeit und seine Verwirklichung.

2. Versuch einer vergleichenden Betrachtung der Kategorie Gesetz

2.1. Der Widerspruch — Quantität und Qualität

Das Gesetz widerspiegelt den wesentlichen, notwendigen, dauerhaften, bleibenden Zusammenhang zwischen den Dingen, Seiten von Beziehungen, Elementen eines Systems usw. indem es ihre wechselseitige Abhängigkeit, ihre Wechselwirkung und damit Bewegung zum Ausdruck bringt. Da die objektive Realität, das heißt die in Natur und Gesellschaft vor sich gehenden Prozesse von Widersprüchen beherrscht werden, die sich gegenseitig bedingen, aufeinander einwirken, sich auflösen und zu neuen Widersprüchen führen, muß die Dialektik der objektiven Prozesse sich in den Gesetzen der sie widerspiegelnden Erkenntnis vorfinden. Während es sich bei den ökonomischen Strukturgesetzen wie dem Wertgesetz, dem Gesetz der Konkurrenz und Krise um eine sich *grundsätzlich* in qualitativ gleicher Weise wiederholende Bewegung mit veränderlichen quantitativen Aspekten handelt, hat die von den historischen Gesellschaftsgesetzen aufgedeckte Bewegung den Charakter von Entwicklung; hier kommt das Gesetz des Übergangs von Quantität zu neuer Qualität und damit zu neuen Bedingungen seiner Wirksamkeit zum Ausdruck. „Die sogenannte historische Entwicklung“, sagte Marx,

„beruht überhaupt darauf, daß die letzte Form die vergangenen als Stufen zu sich selbst betrachtet . . .“[27]

An der Frage des Widerspruchs scheiden sich die Geister. *Für die einen — die bürgerlichen Ökonomen — hat der Widerspruch nur den Aspekt der Bewegung, handelt es sich nur um quantitative Wechselbeziehungen; für die anderen — die Sozialisten — schließt der Widerspruch in seiner Bewegung Entwicklung in sich ein, kommen die Kategorien Quantität und Qualität in Betracht, entstehen im Prozeß des Kampfes und der Einheit der Widersprüche solche einer höheren Entwicklungsstufe, das heißt qualitativ höhere und damit neue Widersprüche.*

Auf das Warum dieses Unterschiedes im Begreifen des Widerspruchs ist eine sehr einfache Antwort zu geben. Die utopischen Sozialisten sind ja deshalb Vorläufer des Sozialismus, weil sie den antagonistischen Widerspruch ahnten, der die kapitalistische Gesellschaft — und auch ihr vorhergehende Gesellschaften — beherrschte und zur Lösung, das heißt zur Aufhebung einer „alten Gesellschaftsorganisation“ und zur Entstehung einer „neuen Gesellschaftsorganisation“[28] drängt. Als Kritiker der kapitalistischen Gesellschaft und Verfechter ihrer Überwindung sahen sie die in dieser Ordnung nicht aufhebbaren Widersprüche „zwischen Armen und Reichen“ zwischen „Arbeitenden“ und „Müßiggängern“. Saint-Simon sprach vom Antagonismus der Gesellschaft, aber faßte ihn immer wieder anders, seine Schüler gewannen aus seiner Lehre jedoch klare Vorstellungen über den Antagonismus zwischen Proletariat und Bourgeoisie. In den Abschnitten: „Antagonismus, Allgemeine Vergesellschaftung“ und „Über die allgemeine Entwicklung des Menschengeschlechts“ erklärten sie, „daß die Gesellschaft in ihrem ganzen Verlauf zwei allgemeine deutliche Stadien erlebt: ein provisorisches, das der Vergangenheit angehört, und ein definitives, das der Zukunft vorbehalten ist: das Stadium des *Antagonismus* und das der Vergesellschaftung“[29]. Und weiter verkünden sie: „Die Impulse des Antagonismus haben nur dazu gedient, den Triumpf des Prinzips des Vergesellschaftung gänzlich zu sichern.“[30] Ihre Darlegungen zusammenfassend, erklärten die Saint-Simonisten: „Wir haben . . . mit dem Antagonismus das auffallendste Kennzeichen dargelegt, das alle vergangenen Gesellschaftsorganisationen vorstellten.“[31]

Auf die um 1830 auch in Frankreich entwickelte kapitalistische Gesellschaft beziehen sich ihre Ausführungen: „Die Ausbeutung des Menschen durch den Menschen, die wir in der Vergangenheit in ihrer direkten und rohesten Form, in der Sklaverei, dargestellt haben, setzt sich auf einer höheren Ebene in den

[27] K. Marx, Einleitung [zur Kritik der Politischen Ökonomie], in: MEW, Bd. 13, Berlin 1961, S. 636.

[28] C.-H. de Saint-Simon, Ausgewählte Schriften, a. a. O., S. 330/331.

[29] Die Lehre Saint-Simons, eingeleitet und herausgegeben von G. Salomon-Delatour, Neuwied 1962, S. 83.

[30] Ebenda, S. 86.

[31] Ebenda, S. 103.

Beziehungen zwischen den Eigentümern und den Arbeitern, den Meistern und den Lohnempfänger fort; zweifellos ist die heutige Lage dieser Klassen sehr viel anders als die, in der sich früher Herren und Sklaven, Patrizier und Plebejer oder Grundherren und Leibeigene befanden."[32]

Der Gedanke des Antagonismus zwischen Armen und Reichen durchzieht das gesamte Werk Fouriers wie ein roter Faden; alle seine Gedanken kreisen um seine Aufhebung.

Wie ganz anders sehen die Auffassungen über Widersprüche im Werk der bürgerlichen Ökonomen aus. Der antagonistische Widerspruch zwischen den Hauptklassen wird von Ricardo nur als Widerspruch zwischen dem Angebot und der Nachfrage nach Arbeit, als Widerspruch zwischen Arbeitslohn und Kapitalprofit gesehen. Ricardo untersucht den Einfluß des Anwachsens des Kapitals an Umfang und Wert auf Angebot und Nachfrage nach Arbeitern und auf die Löhne; er untersucht den Einfluß der Preise für Konsumtionsmittel und Produktionsmittel auf Lohn und Profit und stellt Betrachtungen an über die von der Grundrente über den Agrarpreis auf Löhne und Profit ausgeübte Wirkung. In diesen Zusammenhang gehört die Untersuchung der Bewegung und Wechselwirkung von Waren und Geldwert hinein. Nicht zuletzt beschäftigt sich Ricardo mit den Wirkungen, die vom Wachstum der Bevölkerung, dem Umfang des Außenhandels und den verschiedenen staatlichen Steuern auf den Profit und den Lohn ausgehen. Es geht immer um Veränderungen in den quantitativen Verhältnissen ökonomischer Kategorien.

Zu der Handhabung der philosophischen Kategorien Quantität und Qualität durch die in Rede stehenden Ökonomen, bemerkte Marx, daß Smith, selbst wenn er bei den griechischen Philosophen anknüpfte, ihre bei der Arbeitsteilung ins Auge gefaßte Verbesserung der Qualität des Produktes nicht weiter verfolge, sondern die quantitative Wirkung der Arbeitsteilung auf die Produkte als Waren untersuche. „Die Produkte der einzelnen Produktionszweige erhalten bessere Qualität infolge Teilung der Arbeit, während bei den Modernen der quantitative Gesichtspunkt herrscht. Die Alten betrachten also die Teilung der Arbeit nicht in bezug auf die Ware, sondern in bezug auf das Produkt als solches. Ihr Einfluß auf die Ware ist das, was den zum Kapitalisten gewordnen Warenbesitzer interessiert."[33]

Die bürgerlichen Ökonomen, die Widersprüche auf der selbstverständlichen Grundlage des Privateigentums untersuchten, sahen nur die quantitative Seite der ökonomischen Gesetze, drangen mit ihren Abstraktionen nicht in das tiefere Wesen der kapitalistischen Gesellschaft ein. Marx hingegen zeigte, daß es unzulässig ist, bei den ökonomischen Gesetzen davon zu abstrahieren, auf welche Art

[32] Ebenda, S. 105.

[33] Zit. in: A. Malysch, Fragen der ökonomischen Theorie in Friedrich Engels' Anti-Dühring, in: Marx-Engels-Jahrbuch 2, Berlin 1979, S. 398; veröff. MEGA, II. Abt., Bd. 3, Teil 1, S. 247.

und Weise sie sich durchsetzen und die antagonistischen Widersprüche zwischen Eigentum und Arbeit zu ignorieren.[34]

Es geht den Ökonomen bei der Kategorie Gesetz um quantitative Übergänge von einer Form in eine andere. Zur Beantwortung der Frage: Wie kann Ware in Geld übergehen, Wert in Preis, Geld in Kapital, bedurfte es der historischen Untersuchung der Entwicklung der Wertformen und der Genesis des Kapitals. Die politische Ökonomie von Marx fragte: Warum gibt es Kapital; welches waren seine historischen Voraussetzungen; wie funktioniert es?

Bezogen auf ein „System des vollkommen freien Handels" stellt Ricardo fest: „Dieses Verfolgen des individuellen Vorteils ist bewundernswert mit dem allgemeinen Wohle des Ganzen verbunden."[35] Genau so wie Smith glaubt Ricardo, daß die weitgehend ungehinderte Wahrnehmung egoistischer Interessen zum Nutzen der Gesellschaft beitrage, zu wachsendem Reichtum und zunehmendem Wohlstand.

Zu diesem, die bürgerliche politische Ökonomie in der Ära des Liberalismus durchziehenden Credo äußerte Engels, Smith behandele die Entwicklung der ökonomischen Gesetze des Kapitalismus „nach der positiven Seite hin, nach der Seite, wonach sie die allgemeinen Gesellschaftszwecke fördern". Er gehe nicht ein auf ihre Darstellung „nach der negativen Seite hin", wonach die kapitalistische „Produktionsweise durch ihre eigene Entwicklung dem Punkt zutreibt, wo sie sich selbst unmöglich macht"[36]. Und Ricardo sei, Engels zufolge, in der Darlegung der ökonomischen Gesetze „nach der positiven Seite hin" noch konsequenter. Diese systembejahende Analyse knüpft am Wertgesetz an. Bei freier Konkurrenz bewirke es die Verbilligung der Lebensmittel der Arbeiter und ihre Freisetzung, die Erweiterung der Produktion und ihre zusätzliche Beschäftigung, die Akkumulation von Kapital und das Wohl der Gesellschaft. Ganz anders Fourier. Das Gesetz der Konkurrenz (worin er das Wertgesetz praktisch einbezieht) wird von ihm „nach der negativen Seite hin" charakterisiert: es bewirke Produktionsanarchie, Überproduktionskrisen, Massenarbeitslosigkeit und Elend. Der Konkurrenz und den von ihr gezeigten Übeln setzt Fourier die attraktive, planmäßig organisierte und geleitete Arbeit der assoziierten Produzenten entgegen, der auf dem Markt sich feilbietenden Lohn- und Zwangsarbeit das Recht auf Arbeit. Daß es sich innerhalb der kapitalistischen Ausbeuterordnung nicht verwirklichen läßt, begriff Fourier immer mehr; sein wesentliches Anliegen war die Überwindung der sogenannten „Zivilisation", im engeren Sinn die bürgerliche Gesellschaft, im weiteren Sinne die Gesamtheit der Ausbeuterordnungen.

[34] Vgl. D. I. Rosenberg, Die Entwicklung der ökonomischen Lehre von Marx und Engels in den 40er Jahren des 19. Jahrhunderts, Berlin 1958, S. 105.

[35] D. Ricardo, Grundsätze der politischen Ökonomie und der Besteuerung, Berlin 1959, S. 120.

[36] F. Engels, Herrn Eugen Dührings Umwälzung der Wissenschaft (Anti-Dühring), in: MEW, Bd. 20, Berlin 1962, S. 139.

Die Darstellung der Gesetze nach der positiven und negativen Seite hin ist klassenmäßig bestimmt, denn im wesentlichen ist für das Proletariat negativ, was für die Bourgeoisie positiv ist und umgekehrt, Folge des in der bürgerlichen Gesellschaft wirkenden Antagonismus, des Grundwiderspruchs der kapitalistischen Produktionsweise, wie Marx später sagen würde. Damit hängt die Beschränkung der Ökonomen auf quantitative Aspekte der ökonomischen Gesetze zusammen und die Beachtung des Gesetzes vom Qualitätsumschlag bei Saint-Simon und Fourier. Nicht, daß sie diesen etwa bewußt als Gesetz erkannten, wohl aber widerspiegelten sie es in ihrem Bestreben, gesellschaftliche Veränderungen zu erreichen.

Mit der Frage nach dem Eigentumsgesetz hat Saint-Simon, mit der Frage nach dem sozialen Mechanismus hat Fourier in Verbindung mit anderen Ideen das Feld beackert, auf dem die Saat später aufgehen konnte.

Saint-Simon und Fourier beschäftigten sich, wenn sie von Gesetzen sprachen, nicht mit den in einer bestimmten Gesellschaft wirksamen ökonomischen Gesetzen, sondern mit Entwicklungsgesetzen der Gesellschaft, mit jenen Gesetzen, deren Realisierung durch Aufhebung ihrer Bedingungen zur Überleitung vom Kapitalismus zum Sozialismus führt.

Die utopischen Sozialisten haben in ihrer Gesellschaftskritik die antagonistischen Widersprüche des Kapitalismus aufgedeckt, in ihnen aber nicht die Form der Bewegung von Gesetzen zu sehen vermocht. Dagegen sahen sie den Übergang von einer Gesellschaft zu einer anderen als einen gesetzmäßigen, in Gestalt von Widersprüchen sich vollziehenden Prozeß an. Fourier hat bereits gewisse Aspekte des Gesetzes der Übereinstimmung der Produktionsverhältnisse mit dem Charakter der Produktivkräfte erkannt. Er sah eine Phase der Nichtübereinstimmung von Produktivkräften und Produktionsverhältnissen, den Umschlag von einer Konstruktions- in eine Destruktionsperiode. Und auch Saint-Simon hat mit seinem Umschlag kritischer und organisierender gesellschaftlicher Entwicklungsperioden einen Beitrag zur Erkenntnis dieses Entwicklungsgesetzes in der Geschichte der Menschheit geleistet.

Wenn wir von der Dialektik im Gesetzverständnis von Saint-Simon und besonders von Fourier sprechen, so darf der Hinweis auf das dialektische Begreifen des Gesetzes durch Hegel nicht fehlen.

Hegel äußerte sich über das ökonomische Gesetz und die Aufgabe der politischen Ökonomie in seinen „Grundlinien der Philosophie des Rechts" aus dem Jahre 1821. Er unterschied zwischen Staat und Gesellschaft und sah die bürgerliche Gesellschaft in ökonomischer Hinsicht als „das System der Bedürfnisse" an. Die Kategorie Arbeit vermittele zwischen dem Bedürfnis und der Bedürfnisbefriedigung, wobei die Befriedigung der Bedürfnisse des einzelnen mit der Bedürfnisbefriedigung aller übrigen verflochten ist. Diese im System herrschende allgemeine Abhängigkeit, Zufälligkeit und Willkür, das Gegeneinander sich kreuzender Interessen, der Kampf aller gegen alle werden „von einer Notwendigkeit gehalten, die von selbst eintritt". Sie aufzudecken, sei „Gegenstand der Staatsökonomie, weil sie zu einer Masse von Zufälligkeiten die Gesetze findet"[37].

Die Ökonomie zeige, sagte Hegel, „wie der *Gedanke* (s. Smith, Say, Ricardo) aus der unendlichen Menge von Einzelheiten, die zunächst vor ihm liegen, die einfachen Prinzipien der Sache, den in ihr wirksamen und sie regierenden Verstand herausfindet"[38].

Hegel begreift das ökonomische Gesetz — das auch er wie Saint-Simon und Fourier mit Prinzip gleichsetzt — als Durchsetzung der Notwendigkeit im Wirrwarr von Zufälligkeiten, des Allgemeinen im Wechselspiel der Einzelinteressen und -bedürfnisse. Er enthüllt die im Gesetz zum Ausdruck kommende Dialektik, sie allerdings idealistisch begreifend.

So ergänzt der dialektische Gesetzesbegriff Hegels den materialistisch-quantitativ angelegten Gesetzesbegriff der Ökonomen und bringt in idealistischer Weise den Entwicklungsgedanken zum Ausdruck, von dem das utopisch-sozialistische, im wesentlichen ebenfalls idealistische Denken, durchdrungen ist.

2.2. Objekt-Subjekt-Beziehung und Gesetz

Im ökonomischen Leben der Gesellschaft sehen die utopischen Sozialisten nicht die den materiellen Prozeß widerspiegelnden Gesetze, deren Wirken es aufzudecken gälte, sondern Verhaltensnormen, wobei sie die einen als moralisch und die anderen als unmoralisch erachten. Ebenso beurteilen sie Rechtsnormen. Sie bedauern die Verletzung der von ihnen geforderten Moralnormen durch die am Handelsaustausch teilnehmenden Individuen, sie beklagen das Fehlen moralisch notwendiger Rechtsnormen. Sie sehen in den tatsächlich bestehenden Beziehungen in Produktion und Austausch einen Mißbrauch menschlicher Triebkräfte, bewirkt durch die ökonomisch und politisch Mächtigen, durch eigensüchtige Privateigentümer, hingenommen von den auf ihrer Hände Arbeit angewiesenen Besitzlosen, deren natürliche Triebkräfte durch Hab- und Raubgier, Willkür und Gewalt jener Egoisten unterdrückt werden. Den auf dem Privateigentum beruhenden Egoismus, den die Ökonomen als gesellschaftlich wohltuende Triebkräfte ansehen, erachten die utopischen Sozialisten als Wurzel allen Übels und appellieren deshalb fortwährend an Recht (im naturrechtlichen Sinne) und Moral, sie stellen Prinzipien auf und pochen auf deren Gültigkeit. Sie bekämpfen eine ihnen unnatürlich erscheinende „Ordnung" als „verkehrte Welt", als „Unordnung", in der sie kein Walten von regelnden Gesetzen erkennen. Und sie setzen ihr ein natürliches, harmonisches Gesellschaftssystem, das allein sie als „Ordnung", als „Organisation" empfinden, entgegen. In diesem ihrem

[37] G. W. F. Hegel, Grundlinien der Philosophie des Rechts oder Naturrecht und Staatswissenschaft im Grundrisse, Berlin 1981, S. 228.

[38] Ebenda, S. 227.

Denken entsprungenen Gesellschaftssystem gelten weniger Gesetze als Prinzipien, Regeln, Normen und Vorschriften, die sie darzulegen suchen.

Obwohl Fourier, dessen ökonomisches Denken stärker als das Saint-Simons ausgeprägt ist, nur nach sozialen Entwicklungsgesetzen suchte, die es ermöglichen sollten, die Grundlagen einer neuen Gesellschaft zu legen, hat er selber dennoch, wie wir sahen, ökonomische Gesetze des Kapitalismus aufdecken helfen und einzelne Züge ihres Inhalts erfaßt. Dazu gehören das Gesetz der Anarchie und Konkurrenz der Produktion, das Gesetz der Konzentration und der Monopolbildung und nicht zuletzt das — allein vom kleinbürgerlichen Ökonomen Sismondi erkannte und umrissene — Gesetz der zyklischen Überproduktionskrise des Kapitalismus, wobei letztere von Sismondi, Fourier und auch von Marx 1848 noch Handelskrise genannt wurde.[39] Ebenso haben beide utopischen Sozialisten mit ihrem Assoziations-, Planungs-, Verteilungs„prinzip“ tatsächlich gewisse Züge ökonomischer Gesetze des Sozialismus in ersten vagen Umrissen gezeichnet.

Unsere Aufgabe konnte nur darin bestehen aufzuzeigen, wie weit die hier behandelten Ökonomen und Sozialisten in der Erfassung der Kategorie Gesetz gekommen waren, nicht aber, wie weit Sismondi oder Fourier Einblick in die Gesetzmäßigkeit der Überproduktionskrise gewannen. Eine solche Fragestellung könnte z. B. sehr aufschlußreich für die Geschichte der ökonomischen Krisentheorien sein.

Im Begriff des Gesetzes vermengen sich bei den utopischen Sozialisten soziale, ökonomische und moralische Inhalte, konkreter Ausdruck ihrer Vermengung objektiver und subjektiver Momente. *Während die bürgerlichen Ökonomen der Klassik* mit wachsender wissenschaftlicher Strenge und Systematik *ökonomische Gesetze als objektive Gesetze aufdeckten und ihren Inhalt nach der Seite quantitativer Beziehungen erschlossen, arbeiteten die utopischen Sozialisten wesentliche historisch bestimmte Seiten gesellschaftlicher Abläufe aus, begannen den reichen Inhalt der Gesetze des gesellschaftlichen Fortschritts in Qualität und Quantität aufzudecken und verbanden die Bewertung des Fortschritts ihrer eigenen Gesellschaft mit einer betont moralischen, sich auf die Kraft von Gesetzen stützenden Kritik.*

Sie gingen damit über den aufklärerischen Rationalismus weit hinaus und stießen das Tor zum historischen Materialismus auf. Sie suchten, wie Fourier sagte, den noch fehlenden „Kompaß oder . . . Schlüssel, um das ganze Dunkel von industrieller oder wissenschaftlicher Anziehung und Berufung zu durchdringen“[40].

Die englischen Ökonomen vor Marx indes haben die politische Ökonomie als bürgerliche Wissenschaft auf ihre klassische Höhe gehoben und die Logik des ökonomischen Gesetzes, seines Spielraumes, seiner Bedingungen und Bedingtheit herausgearbeitet. Damit haben sie Voraussetzungen zur Überwindung des idealistischen Vernunftdenkens durch den seinen rationellen Kern bewahrenden

[39] Vgl. K. Marx/F. Engels, Manifest der Kommunistischen Partei, in: MEW, Bd. 4, a. a. O., S. 467.
[40] Ch. Fourier, Ökonomisch-philosophische Schriften, a. a. O., S. 69.

(dialektischen und historischen) Materialismus von Marx und Engels geschaffen.

Objektiv bedingtes, spontanes Handeln wird durch das ökonomische Gesetz den wirtschaftenden Subjekten aufgezwungen, und diese von der politischen Ökonomie aufgedeckten Gesetze müssen — so Smith und Ricardo — von ihnen, ob Individuum oder Staat, anerkannt werden. Objektiv gegebene historische Entwicklungsgesetze der Gesellschaft, z. B. das mit der Kraft eines objektiven Gesetzes sich durchsetzende natürliche System industrieller, das heißt arbeitsmäßiger Beziehungen der Menschen, macht Saint-Simon und Fourier zufolge die Erkenntnis und die bewußte Beachtung dieser Gesetze bei Vorbereitung und Schaffung einer neuen Gesellschaftsorganisation notwendig. *Im Hinblick auf die Beziehung zwischen Gesetz und Handeln, hinsichtlich der Auffassung des Gesetzes unter dem Aspekt von Spotaneität und Bewußtheit, zeigt sich also ein sehr bezeichnender Unterschied zwischen vormarxschen Ökonomen und Sozialisten.*

Während Ökonomen und Sozialisten die Rückführung der Gesetze auf die Natur gemeinsam ist und sie im natürlichen Ursprung der Gesetze ihren objektiven Charakter sehen, unterscheiden sie sich sowohl durch den in Gesetzen aufgedeckten Inhalt — gegebene ökonomische Struktur und historische formationsspezifische Entwicklung — als auch durch die damit zusammenhängende Beziehung von Gesetz und Handeln.

Das feudal-theologische Offenbarungsdenken enthielt die metaphysische Trennung von Gesetz und menschlichem Handeln in der Gesellschaft. Die Menschen hatten sich, durch Befolgung der ihnen in der Heiligen Schrift und ihren Auslegungen offenbarten Gebote den göttlichen Gesetzen entsprechend zu verhalten.

Das Denken der bürgerlichen Aufklärung ist ebenso mit der Fortschrittsidee wie der Geltendmachung natürlicher Gesetze verbunden, denen menschliches Handeln zu entsprechen habe. Nehmen wir aus der langen Reihe der Aufklärungsdenker Montesquieu. Er leitete die Gesellschaftsgesetze aus dem Wesen der Natur der Menschen vor Gründung der Gesellschaft ab und zog die Schlußfolgerung, daß das menschengemachte Gesetz dem Naturgesetz oder Naturrecht zu entsprechen habe. Montesquieu also ging, wie später Rousseau, in die Vergangenheit der Menschen zurück, um ein ihr entnommenes Naturrecht zum Maßstab für die Gesetzgebung, für das positive Recht zu erklären. Anders Fourier. Auch er leitet das Gesetz aus der von Gott geschaffenen Natur des Menschen ab, legt aber seiner Forderung nach einer assoziativen Gesellschaft, d. h. nach einem natürlichen Zusammenleben der Menschen, nicht einen angeblichen Naturzustand, sondern das aus göttlicher Vernunft erwachsende System (Kodex) objektiver Gesetze zugrunde, welche die gesellschaftlichen Beziehungen der Zukunft regeln müsse. Fourier setzte den bisherigen, weitgehend von menschlicher Willkür diktierten Rechtsgesetzen, z. B. für den Handel, einen Komplex natürlicher Gesellschaftsgesetze entgegen, die es erst zu verwirklichen gelte.

Während bürgerliche Juristen und Ökonomen in der Zeit der Entstehung der bürgerlichen Gesellschaft den Erlaß positiver Gesetze fordern, das Naturrecht und den natürlichen ökonomischen Gesetzen Rechnung tragende Rechtsgesetze und politische Maßnahmen erstreben sowie dem individuellen Handeln immer mehr Spontaneität zubilligen, berufen Saint-Simon und Fourier sich auf historische Entwicklungsgesetze der Gesellschaft, die der wahren Natur der Menschen gerecht werden, daher von ihnen erkannt und im gesellschaftlichen Handeln bewußt durchgesetzt werden müßten. Auf eine aus der Vergangenheit in die Gegenwart weisende Tendenz der Bewahrung, Festigung und Entfaltung von schon Entwickeltem stützen sich die bürgerlichen Ökonomen und die Vorbereiter bürgerlichen Rechtes; auf eine Vergangenheit, Gegenwart und Zukunft verbindende gesetzmäßige Entwicklungslinie berufen sich die utopischen Sozialisten. Daher spielen die Idee der Prognose sowie Ansätze einer gesellschaftlichen Ziel-Mittel-Problematik in ihrem Denken bereits eine Rolle.

In einer idealistisch-mystifizierten Form haben Saint-Simon und Fourier, vom kritisch-rationalistischen Aufklärungsdenken ausgehend, den Blick auf historisches Gesellschaftsdenken und die Fassung ökonomischer Gesetze als gesellschaftsspezifischer Gesetze freigegeben. „Von dem Moment aber", schrieb Marx 1861/63, „wo die bürgerliche Produktionsweise und die ihr entsprechenden Produktions- und Distributionsverhältnisse als *geschichtliche* erkannt sind, hört der Wahn, sie als Naturgesetze der Produktion zu betrachten, auf, und eröffnet sich die Aussicht auf eine neue Gesellschaft, ökonomische Gesellschaftsformation, wozu sie nur den Übergang bildet."[41]

Die Leugnung des objektiven Charakters der ökonomischen Gesetze durch die utopischen Sozialisten, die nur die aus der Natur des Menschen und der historischen Entwicklung ihrer gesellschaftlichen Beziehungen erwachsenden Entwicklungsgesetze anerkannten, ermöglichte ihnen, zu einer Gesellschaft vorzustoßen, die durch den Veränderungswillen und das Bewußtsein der Menschen hervorgebracht und gestaltet wird. Die bürgerlichen Ökonomen brachten mit ihrer Kategorie Gesetz zum Ausdruck, daß „. . . die Gesetze der Ökonomie in aller bisherigen plan- und zusammenhanglosen Produktion den Menschen als objektive Gesetze, über die sie keine Macht haben, entgegentreten, also *in Form von Naturgesetzen* . . ."[42] Die Wirkung dieser spontanen ökonomischen Gesetze dürften nicht „vom Staat, von den ‚Wirkungen der Staats- und Gesellschaftseinrichtungen' gefälscht werden"[43]. Demgegenüber machten die utopischen Sozialisten geltend, es müsse eine dem Menschen würdige Gesellschaftsordnung geben, die sie ermöglichenden Entwicklungsgesetze müßten erkannt und ihnen entsprechend gehandelt werden. Dem Verständnis der bürgerlichen liberalen Ökonomen für spontan wirkende ökonomische Gesetze des Kapitalismus steht das

[41] K. Marx, Theorien über den Mehrwert. Dritter Teil, in: MEW, Bd. 26.3, Berlin 1968, S. 422.

[42] F. Engels, Vorarbeiten zum „Anti-Dühring", in: MEW, Bd. 20, a. a. O., S. 591.

[43] Ebenda.

Verständnis der utopischen Sozialisten für bewußt von den Menschen erkannte gesellschaftliche Entwicklungs- und Bewegungsgesetze gegenüber.

Dem Unterschied in der Orientierung — die Ökonomen wollen die entstehende bürgerliche Gesellschaft stabilisieren, die utopischen Sozialisten zu einer neuen Gesellschaft vorstoßen — entspricht ein weiterer Unterschied im Begreifen der Gesetze der Wissenschaft. Die Ökonomen bewegen sich im Dreieck Produktion — politische Ökonomie — Wirtschaftspolitik und wollen den hier entdeckten Wirkungszusammenhang zur Förderung der vor ihren Augen ablaufenden kapitalistisch-industriellen Entwicklung nutzen. Die Sozialisten suchen einen umfassenden Wirkungszusammenhang zu ergründen, der alle materiellen und ideellen gesellschaftlichen Verhältnisse umfaßt. Wenn Saint-Simon und Fourier die von ihnen untersuchten Gesetzmäßigkeiten auch nur sehr allgemein faßten und häufig nicht bewußt als Gesetze begriffen, so drangen sie insofern tiefer in das Wesen der Gesetze ein, als sie nicht nur ihren historischen, qualitativ bestimmten Charakter erkannten, sondern auch die Komplexität ihrer Wirkungen und die Notwendigkeit ihrer bewußten Ausnutzung durch die Gesellschaft.

Saint-Simon ging diese Aufgabe an, indem er die wissenschaftliche Leitung der Gesellschaft durch die dazu befähigten gebildeten Mitglieder der Gesellschaft forderte, die Kategorien Plan und Prognose und die Idee der Umwälzung des Gesellschaftssystems in das gesellschaftliche Denken einbrachte. Fourier betonte, daß die ländlichen Produktions- und Lebensassoziationen, gestützt auf die Erfordernisse der Wissenschaft vom gesellschaftlichen Menschen, das Leben organisieren und planen würden. Fourier prangerte den Raubbau des Kapitals an den Naturressourcen an. Im Zusammenhang mit der Zurückweisung der Anmaßung, einen „die Pacht und das Monopol der großen Industrie verkörpernden Zweig (der Assoziation) als angeblichen Höhepunkt der sozietären Bindung" anzusehen, der nur „als *Konzentration durch Aktiengesellschaften* zu bezeichnen ist", kritisiert Fourier derartige Irrtümer und bezichtigt die bürgerlichen „Wortverdreher", daß sie „sich für die Finsternis und Unbeweglichkeit aussprechen; darin liegt eine wirkliche Empörung gegen die Natur ... Daher befinden sich unsere Gesellschaften trotz der Vollkommenheits- und Unbeweglichkeitsfanatiker in einem vielfältigen Niedergang, nämlich dem *materiellen Niedergang* durch die wachsende Vernichtung der Wälder, Hänge und Quellen sowie die Beeinträchtigung des Klimas — und dem politischen Niedergang durch den raschen Verfall in die vierte Phase oder die Handelsfeudalität. So sehen die politischen Siege eines anmaßenden Jahrhunderts aus ..."[44]

Auf den Vorwurf des vom Kapital betriebenen Raubbaus an der natürlichen Umwelt des Menschen kommt Fourier immer wieder zurück. Auch in seinen den Saint-Simonisten der Enfantinschen Sekte gegebenen Erklärungen zu der „industriellen und sozietären Welt" (1829) zählt er zu den „offensichtlichsten Mißständen" der kapitalistischen Gesellschaft „die Vernichtung der Wälder und

[44] Ch. Fourier, Ökonomisch-philosophische Schriften, a. a. O., S. 37, 40.

der Quellen, die Freilegung der Abhänge und die Verschlechterung des Klimas durch den Fortschritt unseres zersplitterten Anbaus; hier ist eine selbstzerstörerische Industrie am Werk“[45].

In dem genannten Werk selbst geht Fourier noch auf andere sekundäre Folgen kapitalistischer Produktion ein: auf die gesundheitsschädigende Ernährung des Volkes durch minderwertige Nahrungsmittel und ihre durch Profit angereizte Verfälschung. Die Weinhändler (Wein ist in Frankreich ein Volksgetränk), die ihren Wein nach reichlicher Zutat von Wasser und Farbe an den Mann bringen, nennt er „unter dem Vorwand der Freiheit zum Gewerbe zu(ge)lassen(e) . . . verkleidete Gifthändler“. Er schneidet auch ein anderes Kapitel der „Zerstörungswut, die sie (die Philosophie — *L. Z.*) Freiheit nennt“ an, das kapitalistischer Profitwillkür überlassene Bauwesen: . . . „ungesunde Luft führt zum Tode, und dennoch rechtfertigen die Philosophen die Freiheit, gesundheitsschädigende Bauwerke zu errichten, solche, die in gewissen Pariser Stadtteilen sieben Achtel der Kleinkinder vom ersten Lebensjahr an umkommen lassen. Ein System der Garantie . . . würde solche todbringenden Behausungen verbieten und einen Architekturkodex in Kraft setzen, der für die Gesundheit und die Verschönerung Vorsorge trifft und sowohl die Gestaltung der Innenräume wie des äußeren Ansehens der Bauwerke beiden Zielsetzungen unterwerfen würde“. Es geht Fourier aber nicht nur um Kritik und Abwendung der Körper und Geist, Auge und Ohr schädigenden Folgen kapitalistischer Profitproduktion, sondern gleichzeitig um die Gestaltung assoziativer oder sozietärer, das heißt sozialistischer Gesellschaftsverhältnisse.

Statt um der individuellen Bereicherung willen „den Stadtteil und die Umgebung zu verunstalten und die Nachbarn zu belästigen“, verfehlte „der menschliche Geist . . . durch die Vernachlässigung harmonischer Bauwerke . . . die Erfindung von Formen der Annäherung an das sozietäre Zusammenleben“[46].

Bekanntlich entwarf Fourier nicht nur die Arbeits- und Lebensweise der Phalanx, sondern auch ein Bauprojekt. Es wurde 1848 von V. Considérant in Paris unter dem Titel veröffentlicht: „Beschreibung des Phalansteriums und soziale Betrachtungen über die Architektur“. Bemerkenswert ist, daß Le Corbusier, „Bahnbrecher der modernen bürgerlichen Architektur“, der „die wegweisende Bedeutung industrieller Bauweise verausgesehen und sich leidenschaftlich dafür eingesetzt hatte“, sich nach eigener Aussage von den Ideen und Vorstellungen Fouriers beeinflussen ließ.[47]

[45] Ebenda, S. 42.

[46] Ebenda, S. 238/239.

[47] Vgl. Meyers kleines Lexikon, Leipzig 1968; Lexikon der Kunst, Leipzig 1971; Le Corbusier, Manière de penser l'urbanisme, Paris 1945; ders. L' Unité d'Habitation de Marseille, Paris 1950; siehe P. Serenyi, Le Corbusier, Fourier and the Monastery of Ema, in: Art bulletin (New York), Bd. 49 (1967), S. 277—286.

Auf der Suche nach architektonischen und städtebaulichen Lösungen für die harmonische Befriedigung individueller und kollektiver Bedürfnisse griff Corbusier nach dem ersten Weltkrieg unter anderem Fouriers Idee der gemeinsamen Versorgung und Betätigung der Phalanxbewohner durch zum Wohnkomplex gehörende Einrichtungen auf, ferner dessen Idee der Trennung und Verbindung von Wohn- und Werkstätten durch einen Grünstreifen und nicht zuletzt dessen Idee der Harmonisierung differenzierter menschlicher Leidenschaften. Corbusier rechtfertigte seine kühnen Bauprojekte gegenüber Verunglimpfungen, indem er sich auf Fourier und die Lächerlichkeit der vom Publikum betriebenen Ablehnung seiner Ideen berief: „Schaut zurück. Denkt an Charles Fourier und seine ‚wilden' Ideen von Häusern, die mit gemeinsamen Dienstleistungen versehen sind. Vielleicht, so schrieb er, wird sogar Wasser eines Tages durch eiserne Rohre in jedes Haus geleitet. Das war um 1830, und Fourier wurde als Wahnsinniger abgekanzelt. Also laßt uns Ideen nicht fürchten".[48]

An dem Beispiel der von Fourier befürworteten harmonischen Baugestaltung für die Menschen sollte sein weit vorausschauendes Denken nachgewiesen werden. Was für Städte brauchen die Menschen der entwickelten sozialistischen Gesellschaft und jene, die im Kommunismus leben werden? Das ist z. B. eine der Fragen, die uns noch lange beschäftigen werden.

Wenn wir fragen, wie die utopischen Sozialisten das Gesetz faßten, welchen Reichtum an Beziehungen die von ihnen erahnten Gesetze, wie das Gesetz des Fortschritts, aufweisen, so zeigen sich zwischen den bürgerlichen Ökonomen und den utopischen Sozialisten signifikante Unterschiede in der Erkenntnis der Wirkung von Gesetzen.

Engels behandelt den Zusammenhang zwischen der Entwicklung der Gesellschaft und der Entwicklung der Wissenschaft. „Alle bisherigen Produktionsweisen sind nur auf Erzielung des nächsten, unmittelbarsten Nutzeffekts der Arbeit ausgegangen. Die weiteren erst in späterer Zeit eintretenden, durch allmähliche Wiederholung und Anhäufung wirksam werdenden Folgen blieben gänzlich vernachlässigt ... Die Sozialwissenschaft der Bourgeoisie, die klassische politische Ökonomie, beschäftigt sich vorwiegend nur mit den unmittelbar beabsichtigten gesellschaftlichen Wirkungen der auf Produktion und Austausch gerichteten menschlichen Handlungen. Dies entspricht ganz der gesellschaftlichen Organisation, deren theoretischer Ausdruck sie ist. Wo einzelne Kapitalisten um des unmittelbaren Profits willen produzieren und austauschen, können in erster Linie nur die nächsten, unmittelbarsten Resultate in Betracht kommen ... es kümmert ihn nicht, was nachher aus der Ware und deren Käufer wird. Ebenso mit den natürlichen Wirkungen derselben Handlungen. Die spanischen Pflanzer in Kuba, die die Wälder an den Abhängen niederbrannten und in der Asche Dünger genug für *eine* Generation höchst rentabler Kaffeebäume vorfanden

[48] Le Corbusier, The Marseilles Block, London 1953, S. 22, zitiert bei: P. Serenyi, Le Corbusier, Fourier and the Monastery of Ema, a. a. O., S. 277—286.

— was lag ihnen daran, daß nachher die tropischen Regengüsse die nun schutzlose Dammerde herabschwemmten und nur nackten Fels hinterließen? Gegenüber der Natur wie der Gesellschaft kommt bei der heutigen Produktionsweise vorwiegend nur der erste, handgreiflichste Erfolg in Betracht; und dann wundert man sich noch, daß die entfernteren Nachwirkungen der hierauf gerichteten Handlungen ganz andre, meist entgegengesetzte sind . . ."[49]

In genialer Einsicht und Voraussicht haben die utopischen Sozialisten weit in die Zukunft reichende Probleme gesellschaftlicher Umgestaltung und Aufgaben der Erhaltung und Wiederherstellung der natürlichen Umwelt der Menschen erkannt. Das von Engels im Zusammenhang mit der Erkenntnis und Beachtung sekundärer und weiter vermittelter Wirkungen genannte Gesetz der Konkurrenz und Anarchie der Produktion wurde von Fourier wie von Sismondi insoweit bereits erkannt, als seine fürchterlichen Wirkungen aufgezeigt wurden. Fourier erfaßte nicht die Gesamtheit der objektiven Wirkungsbedingungen, die die Konkurrenzbeziehungen zu einer Notwendigkeit machten, er glaubte in der Konkurrenz den Tatbestand der Unordnung, einen gottgewollter und natürlicher Ordnung zuwiderlaufenden Zustand zu sehen, aber er begriff tatsächlich dieses Gesetz im Hinblick auf seine weitreichenden Wirkungen und suchte sie durch ein anderes Gesetz, das Gesetz einer harmonischen Ordnung, durch einen anderen sozialen Wirkungsmechanismus, zu ersetzen.

Die bürgerlichen Ökonomen untersuchten spontan wirkende Gesetze und wollten das für ihre volle Durchsetzung und Wirksamkeit erforderliche bürgerlich-individuelle Bewußtsein stärken. Ihr ökonomischer und politischer Liberalismus brachte die Spontanität der im Kapitalismus wirkenden Gesetze zum Ausdruck.

Die utopischen Sozialisten suchten dagegen nach Gesetzen, welche Beziehungen der Menschlichkeit, der Gegenseitigkeit beinhalten und die Übereinstimmung individueller und kollektiver Interessen herzustellen vermögen, nach Gesetzen, welche die Menschen kennen und in ihrem Handeln bewußt nutzen, wie das Gesetz der Verteilung nach der Leistung im Gegensatz zum spontan wirksamen Lohngesetz mit seinen erbärmlichen Auswirkungen auf die arbeitenden Menschen. Dem Gesetz der Konkurrenz und Anarchie stellten sie das Gesetz der wissenschaftlichen planmäßigen Leitung der Gesellschaft gegenüber. Sie vermochten mit ihrer Verbindung von qualitativer und quantitativer Betrachtung den Reichtum mancher Gesetze besser auszuschöpfen als die Ökonomen, die sich des Bestehens ökonomischer Gesetze voll bewußt waren und die logische Struktur des Systems der ökonomischen Gesetze überzeugend nachwiesen. Die utopischen Sozialisten erkannten die den Gesetzen — wie dem Gesetz des Fortschritts — innewohnende dialektische Tendenz der Aufhebung einer Art von Eigentums-, Produktions-, Arbeits-, Austausch- und Verteilungsverhältnissen durch andere. Sie erhoben sich über den spontanen Charakter der in allen

[49] F. Engels, Dialektik der Natur, in: MEW, Bd. 20, Berlin 1962, S. 454, 455.

bisherigen Produktionsweisen und Gesellschaften wirkenden Gesetze, entwickelten prognostisches Denken und drangen geistig zu bewußter Nutzung erkannter Gesetze vor. Sie waren moderne Propheten und gehörten zu den ersten, die der Arbeiterklasse und der Menschheit einen Weg zu neuen Gefilden wiesen. Wie gesetzmäßig es allerorten zugeht, wie komplex die Gesetze werden, wie schwer zu erkennen und zu handhaben und wie blutig der Weg ist, konnten sie als erste Rufer in der Wüste nicht ahnen. Ihr Ruf aber verscholl nicht ungehört.

Kapitel 14

Von der ökonomisch-gesellschaftstheoretischen Kritik Saint-Simons und Fouriers zur ökonomisch-philosophischen Kritik von Marx und Engels

1. Rolle der Kategorie Fortschritt für die Herauslösung der Gesellschaftswissenschaft aus der Naturwissenschaft. Technisch-ökonomischer und historisch-gesellschaftlicher Fortschritt

Jahrtausendelang waren ökonomische und soziale Ideen in naturphilosophisches sowie moral- und rechtsphilosophisches Denken eingebunden. Stark religiös geprägt im feudalen Mittelalter, befreite das Denken sich nur sehr allmählich von religiös-theologischen Vorstellungen. Als Quelle aller Veränderungen innerhalb der als Teil der Natur begriffenen Gesellschaft sah die Aufklärung die dem Menschen von Gott verliehene Vernunft an, die Fähigkeit, die Natur zu beherrschen und gesellschaftliche Institutionen zu schaffen.

Die politische Ökonomie entstand, als sich mit der Entwicklung von Technik und Wissenschaft neue Produktivkräfte und ihnen entsprechende kapitalistische Produktionsverhältnisse herauszubilden begannen. Ökonomisches Denken löste sich von naturwissenschaftlichen Vorstellungen, indem die Methode der Beobachtung und Verallgemeinerung von Tatsachen — der Erfahrungen des bürgerlichen Geschäftslebens — auf die ökonomischen Beziehungen angewendet wurde, neue Zielvorstellungen gewonnen, spezifisch ökonomische Kategorien entwickelt, Gesetzmäßigkeiten (Kausalität, Analogie usw.) aufgedeckt und Kategorien und Gesetze in ein System gebracht wurden. Die Spuren des ökonomischen Denkens in Naturvorstellungen, die besonders stark den „Physio"kraten und ihrer dem Blutkreislauf entnommenen Vorstellung vom Kreislauf des (ökonomischen) Organismus anhaften, finden sich noch in der sprachlichen Ausdrucksweise von Marx, wenn er die „Physiologie" der bürgerlichen Gesellschaft, die „Naturgesetze ihrer Bewegung" oder „die Anatomie der bürgerlichen Gesellschaft in der politischen Ökonomie zu suchen" bestrebt ist.[1]

Selbst die Höhepunkte und Vollendung der bürgerlichen Ökonomiewissen-

[1] Vgl. K. Marx, Zur Kritik der Politischen Ökonomie (Rohentwurf) 1857—1858, Berlin 1953, S. 8.

schaft kennzeichnenden englischen Ökonomen der zweiten Hälfte des 18. und des beginnenden 19. Jahrhunderts, Adam Smith und David Ricardo, vermochten sich nicht vom Naturalismus, von der biologischen Betrachtung des Menschen, zu befreien. In den ökonomischen Beziehungen sahen sie keine Beziehungen sui generis, keine spezifischen, historisch entstandenen, sich entfaltenden und wieder vergehenden Beziehungen der Menschen, sondern natürliche Verhältnisse zwischen Individuen und sozialen Klassen. Mit diesem Naturalismus vermochten sie nur eine ahistorische politische Ökonomie zu entwickeln.

Auch die utopischen Sozialisten, ob in Frankreich oder in England, vermochten ihre geistige Herkunft aus der bürgerlichen Aufklärung mit deren naturalistischem Vernunftdenken nicht zu verleugnen. Obwohl und indem Saint-Simon eine vollkommenere Gesellschaft auf die menschliche Vernunft und Fourier dieselbe auf natürliche Triebe des Menschen gründete, lösten beide die Gesellschaftstheorie aus der Naturwissenschaft heraus und verhalfen ihr zur Eigenständigkeit. Als neben der Naturwissenschaft sich entwickelnde Gesellschaftswissenschaft ordnet sie sich in die Einheit und Erkennbarkeit der Welt als umfassenderes System ein und besitzt ihre Spezifik als Wissenschaft; sie hat nicht die Fortschritte der menschlichen Erkenntnis schlechthin — wie bei Bacon, Hobbes, Locke, Descartes, Condillac, Turgot und Condorcet — zu betrachten, sondern den Fortschritt der Gesellschaft.

Wie entwickelten englische Ökonomen und französische Sozialisten die Fortschrittsidee der Aufklärung weiter?

Die Idee vom Fortschritt der Wissenschaft interessierte die Ökonomen vor allem in ihrer Anwendung in der Produktion, als technischer und technologischer Fortschritt. Den Fortschritt der Gesellschaft sahen sie ganz spezifisch in dem ständigen Wachstum der Arbeitsproduktivität und den ihr zugrundeliegenden Veränderungen. Gewiß lag ein historisches Moment in Adam Smith' Unterscheidung eines ursprünglichen oder Anfangszustandes der Menschheit als Vorbereitung auf den späteren oder endgültigen Zustand, wobei diese Vorbereitung mehrere aufeinanderfolgende Entwicklungsstufen zu durchlaufen hatte; in der Aufeinanderfolge bildeten sich Jägervölker, Hirtenvölker, Ackerbau treibende und schließlich zur Manufakturindustrie und zum Handel übergehende Völker. Aber im Grunde reduzierte sich alle Geschichte bei Smith — und schon gar bei Ricardo — auf die Ausbildung eines ursprünglich angelegten Zustandes, auf die Verbesserung und Vervollkommnung der Beziehungen zwischen Mensch und Natur und zwischen verschiedenen Menschengruppen. Die Entwicklung erstreckte sich auf die Ausdehnung und Komplizierung der gesellschaftlichen und der betrieblichen Arbeitsteilung; sie ist ein quantitativ bestimmter Prozeß. Als der Boden noch frei und Kapital noch nicht angesammelt waren, erhielt nach Smith der Arbeiter den ganzen Ertrag der Arbeit, war er Arbeiter und Unternehmer in einer Person. Alle Elemente der kapitalistischen Produktionsweise sind für Smith bereits im Keime in den vorkapitalistischen Produktionsweisen enthalten. Und während Smith seine Darstellung des Wachstums der Arbeitsproduktivität und des Reichtums der Nation mit geschichtlichen Details anreichert, übersieht Ricardo geflissentlich jegliche Historizität.

Ricardo habe die Bestimmung des Werts der Ware durch die Arbeitszeit richtig und in reiner Form herausgearbeitet, bemerkte Marx. Jedoch „betrachtet Ricardo die bürgerliche Form der Arbeit als die ewige Naturform der gesellschaftlichen Arbeit. Den Urfischer und den Urjäger läßt er sofort als Warenbesitzer Fisch und Wild austauschen, im Verhältnis der in diesen Tauschwerten vergegenständlichten Arbeitszeit. Bei dieser Gelegenheit fällt er in den Anachronismus, daß Urfischer und Urjäger zur Berechnung ihrer Arbeitsinstrumente die 1817 auf der Londoner Börse gangbaren Annuitätentabellen zu Rate ziehen."[2]

Die Idee des Fortschritts wird von den klassischen bürgerlichen Ökonomen als bloßer Fortschritt von Wissenschaft und Technik erkannt, und ihr Interesse konzentriert sich auf seine ökonomischen Auswirkungen als Wachstum der Arbeitsproduktivität und des Kapitals, Ausdehnung der Produktion und des Handels, das heißt auf den Fortschritt in seinen quantitativen Wirkungsaspekten. Vereinzelt taucht auch die Idee eines moralischen Fortschritts auf, so z. B., wenn man es für wünschenswert hält, durch soziale Maßnahmen und Wohltätigkeit den negativen sozialen Auswirkungen des Produktionsfortschritts entgegenzuwirken.

Im Denken Saint-Simons hat der Fortschritt dagegen zumindest drei Dimensionen: Fortschritt der Wissenschaft, Fortschritt der Moral und Fortschritt der Produktion der Gesellschaft, der „Industrie". Für ihn besteht ein enger Zusammenhang zwischen allen drei Aspekten. Als Rationalist glaubt er, daß der wissenschaftliche Fortschritt den gesellschaftlichen Fortschritt im Zuge von Bildung und Erziehung durch die Vermittlung von Moral und Politik nach sich ziehen wird. Aber er verbleibt nicht in dieser idealistischen Vorstellung, sondern dringt ansatzweise zur Idee eines durch den objektiven Wandel der Form des Eigentums und der Art und Weise seiner Handhabung bedingten gesellschaftlichen Fortschritt vor. Wissenschaftlicher Fortschritt und gesellschaftlicher Fortschritt, der im wesentlichen als moralischer Fortschritt und politisch induzierter sozialökonomischer Fortschritt verstanden wird, sollen eine engere Verbindung miteinander eingehen.

Gestützt auf seine zur Selbstverständigung niedergeschriebene kurze Geschichte der Naturwissenschaften von 1807 rief Saint-Simon 1810 dazu auf, die nach alphabetischen Stichwörtern geordnete Enzyklopädie von Diderot und d'Alembert durch eine „Neue Enzyklopädie" zu ersetzen.[3] Es sei nunmehr an der Zeit, alle Erkenntnisse in ihrem wechselseitigen Zusammenhang darzustellen. 1813 forderte Saint-Simon in seiner „Abhandlung über die Wissenschaft vom Menschen", die in den Naturwissenschaften geläufigen Methoden auf eine dem Menschen als soziales Wesen betrachtende Wissenschaft, die er als „Physico-politische Wissenschaft" und als „Physizismus" bezeichnete, zu übertragen. Er forderte

[2] Ebenda, S. 46.

[3] Vgl. C.-H. de Saint-Simon, Ausgewählte Schriften, Berlin 1977, S. 78.

nachdrücklich, auch die Geschichte zu einer von Gesetzen bestimmten, das heißt einer positiven Wissenschaft zu machen und von allen theologischen Fesseln und spekulativen Rudimenten zu befreien.[4] Saint-Simon beschäftigte sich zu diesem Behuf mit den Methoden der Beobachtung, des Vergleichs von Faktenreihen, der Verallgemeinerung und Abstraktion, der Verbindung induktiven und deduktiven Vorgehens, wobei die Deduktion der auf induktivem Wege gewonnenen Erkenntnis zu dienen habe und umgekehrt.[5]

Fourier hingegen hielt den Fortschritten in den Naturwissenschaften die Stagnation der wissenschaftlichen Erkenntnis der Gesellschaft kritisch entgegen. So wie Saint-Simon will, daß die Geschichte, die Moral und die Politik als Wissenschaft von der Produktion positiv, das heißt durch eine wissenschaftliche Methodologie besser fundiert werden, so möchte Fourier die Philosophie, die Moral und Politiklehre und nicht zuletzt die politische Ökonomie überhaupt erst in eine Wissenschaft verwandelt sehen. Kriterium einer Wissenschaft ist für ihn — wie auch für Saint-Simon —, daß sie der Lösung der großen Gesellschaftsprobleme, der Lösung der sozialen Frage und des Verhältnisses zur Natur, kurz dem Fortschritt der Gesellschaft zu einer höheren Entwicklungsstufe dient. Fourier legte der Wissenschaft das Kriterium der Praxiswirksamkeit als Bewertungsmaßstab, als Kriterium gesicherter Wahrheit zugrunde. Damit brachte er wissenschaftlichen und gesellschaftlichen Fortschritt in noch größere Nähe zueinander, obgleich er ersteren aus dem letzteren nicht abzuleiten wußte, sondern umgekehrt, die Wissenschaft als Initiator gesellschaftlichen Fortschritts ansah und bei aller auch sozial und ökonomisch fundierten historischen Betrachtung Idealist blieb. Aber als Dialektiker war ihm die Wechselwirkung von gesellschaftlichem und wissenschaftlichem, von praktischem und theoretischem Fortschritt, von materieller und geistiger Tätigkeit als Grundlage gesellschaftlicher Entwicklung nicht fremd.

Aber lassen wir Fourier sprechen, der sich stärker noch als Saint-Simon zum Fortschritt artikuliert hat: „Der sozialen Bewegung ist jeder Stillstand zuwider, sie richtet sich auf den Fortschritt, sie braucht den unentwegten Kreislauf wie das Wasser und wie die Luft und würde durch den Stillstand zugrunde gehen . . . Unsere Bestimmung ist es voranzuschreiten. Jede Gesellschaftsperiode muß sich auf die nächsthöhere hinbewegen. Es liegt in der Absicht der Natur, daß die Barbarei zur Zivilisation führt und stufenweise dorthin gelangt, daß die Zivilisation zum Garantismus führt und der Garantismus zur einfachen Assoziation, und das gilt auch für die anderen Perioden".[6] Aber die Zivilisation „macht einen sehr begrenzten Gebrauch von der Vervollkommnung, indem sie die von den Barbaren begonnenen und weit vorangebrachten Untersuchungen nur in den drei Bahnen: Wissenschaft, Kunst,

[4] Vgl. ebenda, S. 128.
[5] Vgl. ebenda, S. 82.
[6] Ebenda, S. 218.

Industrie *fortsetzt*. Ist diese Aufgabe einmal erfüllt, bleibt der Zivilisation nichts anderes übrig als zu verschwinden und anderen Gesellschaften Platz zu machen, die das Ganze vervollkommenen . . ."[7] Fourier beklagt die Unfähigkeit der sogenannten philosophischen Wissenschaften (Moral, Ökonomie usw.), einen Beitrag zum sozialen Fortschritt zu leisten. „Unsere Wissenschaften, die es nicht im geringsten vermochten, uns so von Periode zu Periode aufsteigen zu lassen, waren nicht einmal imstande, uns innerhalb der Zivilisation voranzubringen, uns wenigstens von der dritten in die vierte Phase . . . aufsteigen zu lassen."[8]

Die utopischen Sozialisten haben die mechanistische Fortschrittsidee der Enzyklopädisten (Condorcet u. a.) aufgegriffen und ihr neue Dimensionen verliehen. Für erstere handelt es sich beim Fortschritt immer auch und wesentlich um einen Fortschritt *der* Gesellschaft und nicht nur *in* der Gesellschaft. Der Fortschritt hat in allen Formen historischen Charakter, er führt zur Herausbildung neuer und höherer Entwicklungsstufen im Denken und in der Gesellschaft. Der geistige Fortschritt wird durch den gesellschaftlichen Fortschritt gefördert — beide entwickeln sich in Wechselwirkung. Saint-Simon forderte die materielle Sicherung und moralische Unterstützung der Wissenschaftler und Künstler durch alle Klassen der Gesellschaft, damit sie durch ihr Wirken zur Entwicklung der Gesellschaft erfolgreich beitragen können. Fourier sagte der sozietären Gesellschaft das Aufblühen aller — nicht zuletzt der psychisch-geistigen — Kräfte der Menschen voraus. Beide visionären Denker sehen nicht nur den Einfluß des wissenschaftlichen Fortschritts auf den der Gesellschaft, sondern die große Bedeutung des historischen Voranschreitens der Gesellschaft von einer niederen zu einer höheren Stufe und für alle Tätigkeiten der Menschen in der geistigen wie in der materiellen Produktion.

Soweit der Fortschrittsbegriff bei den englischen Ökonomen überhaupt eine Rolle spielt, beinhaltet er Evolution, Entwicklung, Entfaltung, Vermehrung einmal angelegter Möglichkeiten. Er richtet sich gegen die Überbleibsel feudaler Strukturen, die die „natürliche" (sprich kapitalistische) Entwicklung hemmen, beschränken, hintertreiben. Dieser liberale Fortschrittsbegriff will die Entwicklung spontan wirkenden Kräften überlassen.

Hingegen handelt es sich bei dem Fortschrittsbegriff der utopischen Sozialisten um den historischen Fortschritt der Gesellschaften (im Sinne des später von Marx entwickelten Begriffs der Gesellschaftsformationen), *um die stufenweise Höherentwicklung von einer Form der Gesellschaft zu einer anderen*, von der antikenpolytheistischen zur militärisch-monotheistischen und schließlich zur friedlichen positiven, das heißt wissenschaftlichen Gesellschaftsstufe (Saint-Simon), von der Wildheit über das Patriarchat und die Barbarei zur „Zivilisation" im engeren Sinne oder bürgerlichen Gesellschaft (Fourier). Saint-Simon sieht das Wechselspiel politischer und wissenschaftlicher Revolutionen. „Wissenschaftliche Revo-

[7] Ebenda, S. 227.
[8] Ebenda, S. 67.

lutionen folgen den politischen Revolutionen auf dem Fuße ... Ich sehe eine große wissenschaftliche Revolution voraus".[9] Saint-Simon behandelt die Aufeinanderfolge von „Gesellschaftssystemen", hält Revolutionen für historisch notwendig und meint, „daß Systemänderungen plötzlich erfolgen", und „daß halbe Maßnahmen, mögen sie auch noch so zugkräftig sein, eine Systemänderung keineswegs bewirken können"[10].

Wie Saint-Simon verabscheut Fourier Gewalttätigkeit und erhofft eine gewaltlose Herbeiführung der sozietären Ordnung: „Les révolutions ne sont pas nécessaires pour sortir du chaos civilisé."[11] Indes handelt es sich bei dem von ihm vorgeschlagenen Sprung um den Übergang nicht von Chaos zu Ordnung, sondern von einer Gesellschaftsordnung zu einer anderen, höheren, das heißt um eine Gesellschaftsrevolution. So wie Saint-Simon kritische und organisierende Entwicklungsperioden unterscheidet („Die Philosophie des vorigen Jahrhunderts war revolutionär; die des 19. Jahrhunderts muß organisierenden Charakter haben."[12]) — die Saint-Simonisten bauten diesen Gedanken zu einer Lehre von Revolution und Evolution aus —, so unterschied auch Fourier eine auf- und eine absteigende Phase jeder Entwicklung. Er sprach von der „Dualität" der Bewegung in der Natur wie in der sozialen Bewegung, von einem zerstörenden, umstürzenden Aufschwung (essor subversif) und einem harmonischen, angleichenden Aufschwung (essor harmonique), von Schwung und Gegenschwung in der Einheit der Bewegung.[13]

Während die bürgerlichen politischen Revolutionen des 17. Jahrhunderts in England vergessene Vergangenheit für die Ökonomen bildeten und nur ihre Ergebnisse, die Befreiung von feudaler Herrschaft und Unterdrückung galten, durchzieht die Dialektik von Revolution und Evolution, von zerstörender Kritik und aufbauender Organisation einer Gesellschaftsordnung das Werk der Fortführer der bürgerlichen Aufklärung und Revolution in Frankreich, der Verkünder einer auf neuen Grundlagen beruhenden sozietären, harmonischen, assoziativen Gesellschaft.

Fassen wir zusammen: Die vergleichende Untersuchung der englischen klassischen bürgerlichen Ökonomie und des französischen utopischen Sozialismus deckt den Gegensatz zwischen der ahistorischen Auffassung des gesellschaftlichen Fortschritts bei den Ökonomen und der historisch-gesellschaftlichen Auffassung bei den Sozialisten auf. Dort die mechanistisch verstandene Kategorie des natürlichen kontinuierlichen Fortschritts und bloß quantitativen Wachstums — hier Fortschritt als in der Dialektik von Revolution und Evolution sich

[9] Ebenda, S. 40.

[10] Ebenda, S. 391.

[11] E. Silberling, Dictionnaire de Sociologie Phalanstérienne, Paris 1911, New York (Reprint) o. J., S. 381.

[12] C.-H. de Saint-Simon, Ausgewählte Schriften, a. a. O., S. 134.

[13] Vgl. E. Silberling, Dictionnaire de Sociologie Phalanstérienne, a. a. O., S. 165.

vollziehender Aufschwung der Gesellschaft von niederen zu höheren Entwicklungsstufen. Die Kategorie Fortschritt übt in der bürgerlichen politischen Ökonomie eine quantitätsbezogene Funktion aus — mehr Kapital und mehr Kapitalismus —, während die Kategorie Fortschritt im Denksystem der utopischen Sozialisten eine auf qualitative Veränderung gerichtete Funktion ausübt, indem sie den Übergang zu einer neuen Gesellschaftsorganisation vorbereiten hilft. Der gesellschaftliche Fortschritt bezieht sich bei den einen wie bei den anderen auf die Tätigkeit der Menschen, auf die durch Arbeit erreichte Beherrschung der Natur und Aneignung ihrer Kräfte. Im Denken der Ökonomen geht es dabei um die Herrschaft des Kapitals und seines Repräsentanten, der Kapitalistenklasse, um die wachsende Akkumulation von Kapital und die Stabilisierung der kapitalistischen Produktionsverhältnisse. Den utopischen Sozialisten geht es um die Herrschaft der Arbeit, das heißt der arbeitenden Menschen über die Natur und über ihre eigenen Beziehungen, um die Gestaltung dieser „neuen industriellen und sozietären Welt". Saint-Simon gab diesem Anliegen, die Herrschaft der Menschen durch die Verwaltung der Sachen abzulösen, Ausdruck, indem er allen Wohlergehen in Aussicht stellte, „wenn die Menschen damit aufhören würden, daß die einen den anderen befehlen, und sie sich organisieren würden, um ihre vereinten Anstrengungen auf die Natur zu richten, und wenn die Nationen untereinander das gleiche System anstrebten"[14]. Und an anderer Stelle faßte er seinen Gedanken so zusammen: „Im alten System wird die Gesellschaft im wesentlichen von Menschen, im neuen aber allein von Prinzipien regiert."[15]

Während die Kategorie Fortschritt — als natürlicher Fortschritt der Gesellschaft — von den Ökonomen auf den Fortschritt der Naturwissenschaften und ihre technologische Anwendung in der Produktion bezogen wird, wobei die Schlußfolgerungen der politisch-ökonomischen Lehren für Wirtschaftstätigkeit und -politik zu beachten seien, leiten die utopischen Sozialisten den gesellschaftlichen Fortschritt unmittelbar aus der Entwicklung von Moral und Politik ab, wobei der naturwissenschaftlich-technische Fortschritt durchaus bedeutungsvoll sei, aber nicht ausreiche und an und für sich schädliche Wirkungen zeitige. Saint-Simon und Fourier betonen die Notwendigkeit einer echten Wissenschaft von der Gesellschaft als Voraussetzung für den Fortgang der Gesellschaftsentwicklung, für den Vollzug der zu einer vollkommeneren Gesellschaftsordnung führenden Revolution.

Fortschritt als naturwissenschaftliche, technik- und ökonomiebezogene Evolution contra Fortschritt als umfassende gesellschaftliche Revolution im Wechsel mit evolutionären Phasen der Gesellschaftsentwicklung — von diesem Gegensatz sind die jeweiligen Erwartungen von Ökonomen und frühen Sozialisten hinsichtlich der Wissenschaft geprägt.

[14] C.-H. de Saint-Simon, Oeuvres de Claude Henri de Saint-Simon, Tome 2 (Vol. 1), éditions anthropos, Paris 1966, S. 194, 195.

[15] C.-H. de Saint-Simon, Ausgewählte Schriften, a. a. O., S. 282.

Zwischen der evolutionären Auffassung der Ökonomen vom „natürlichen Fortschritt der Gesellschaft“ und der Auffassung der utopischen Sozialisten vom „Fortschritt der Gesellschaften“ liegt ein Gegensatz, den Marx und Engels, sich auf die erklärende bürgerliche Ökonomie und die historisch gesonnene, moralisch fordernde utopisch-sozialistische Denkart und nicht zuletzt auf die Hegelsche Dialektik stützend, überwunden und in ihrer eigenen Lehre im doppelten Sinne — als Kritik und als Bewahrung — „aufgehoben“ haben.

2. Der spezifische Beitrag der Ökonomen und der utopischen Sozialisten zur Entwicklung der Gesellschaftswissenschaft

Da wir unsere Aufgabe in dem Nachweis des Beitrages des utopischen Sozialismus, insbesondere französischer Prägung, zur Vorbereitung der Marxschen Kritik der klassischen bürgerlichen politischen Ökonomie sehen, ist die Spezifik dieses Beitrages im Unterschied zu dem der bürgerlichen Ökonomie und auch der klassischen deutschen Philosophie kurz zu umreißen.

In der Lebens- und Wirkenszeit Ricardos und seiner sozialistischen Interpreten sowie Saint-Simons, Fouriers und ihrer ersten echten Schüler befreite sich die Gesellschaftstheorie dadurch von naturwissenschaftlicher Einengung, daß sie ihren eigenen Gegenstand sowie ihre eigene Struktur suchte und fand. Die drei bedeutenden Denkströmungen, die zu theoretischen Quellen des Marxismus wurden, fixierten ihr weltanschauliches und historisches Bezugssystem, entwickelten die vorgefundenen Kategorien nach Inhalt, Stellung und Funktion im Denken und Handeln weiter und leisteten, wie wir feststellten, einen spezifischen Beitrag insbesondere zu den Kategorien Arbeit, Gesetz und Fortschritt.

Der entscheidende, den utopischen Sozialismus von den beiden anderen Strömungen abhebende Unterschied des Beitrages zur Entwicklung der Gesellschaftswissenschaft beruhte auf der gegensätzlichen Klassenposition als Ausgangspunkt der Erkenntnis und der von ihr ausgeübten ideologischen Funktion.

Alle drei Ideenrichtungen hatten unterschiedliche Zielsetzungen im Hinblick auf die Veränderung der Gesellschaft. Wir haben sie für Ökonomen und Sozialisten als Evolution und Revolution der Gesellschaft gekennzeichnet, als Verständnis der Ökonomen für Gesellschaftsstrukturen, insbesondere die ökonomische Struktur, als Einsicht der Sozialisten hinsichtlich der Entwicklung unterschiedlicher Gesellschaftssysteme und ihrer Übergänge einschließenden Ablösung. Wir betonen, daß wir es in der vorliegenden Arbeit ganz bewußt unterlassen, die oft und gründlich behandelte ideenhistorische Stellung der klassischen deutschen Philosophie ausführlicher zu erörtern. Natürlich war die erste Kritik der Ökonomie von „marxistischer“ Seite die Kritik der Junghegelianer und Feuerbachverehrer Marx und Engels, die dabei waren, die philosophische Grundlage für ihre — 1844 beginnende — Kritik der Ökonomie zu gewinnen. Aber es geht uns nicht um dieses seit langem verfolgte Anliegen, sondern darum, das Verhältnis der Noch-nicht-Marxisten Marx und Engels zur bürgerlichen — noch lange nicht mit dem Beiwort „klassisch" bedachten — Ökonomie und zum sie sehr beeindruckenden „utopischen Sozialismus" zu kennzeichnen.

Die wesentliche Leistung der bürgerlichen klassischen Ökonomie lag darin, daß sie den ökonomischen Bereich der Beziehungen der Menschen in der Gesellschaft herauslöste und eine selbständige Wissenschaft des Ökonomischen erarbeitete, die dann von Marx und Engels *zu allem* Gesellschaftlichen in eine neue Beziehung gebracht werden konnte, nämlich als Grundlage aller gesellschaftlichen Entwicklung verstanden wurde.

Die kritisch-utopischen Sozialisten entnahmen der bürgerlichen politischen Ökonomie Leitideen über Arbeit, Arbeitsteilung, Kooperation usw., äußerten sich jedoch über sie abfällig, wie z. B. Fourier, oder negierten ihr Anliegen, wie Saint-Simon, mit seiner über ihr enges Klassenziel hinausgehenden Interpretation. Der entscheidende Beitrag des utopischen Sozialismus zu einer eigenständigen Lehre von der Gesellschaft, zum historischen Materialismus, also lag in ihrer historisch gesellschaftlichen Fortschrittsidee und der Gewinnung einzelner Aspekte, die das Gesetz der Übereinstimmung der Produktionsverhältnisse mit dem Charakter der Produktivkräfte und der Ablösung der Gesellschaftssysteme betrafen. Damit eröffneten sie dem Klassenkampf des Proletariats eine historische Perspektive, ein — von ihnen hauptsächlich moralisierend gewonnenes — Endziel. Sie bahnten einer *historischen* politischen Ökonomie den Weg.

Hier ist auch der entscheidende Beitrag von Hegel zur Entwicklung des historischen Materialismus, der dadurch ermöglichten eigenständigen Gesellschaftswissenschaft und historischen Ökonomielehre zu sehen. Hegel faßte bekanntlich den Fortschritt im aufklärerischen Sinne als Fortschritt der Erkenntnis, als Prozeß der Entwicklung des absoluten Geistes, als Prozeß der Entwicklung des Selbstbewußtseins, der Freiheit. Diese Selbstentwicklung des Weltgeistes und die Weltgeschichte waren ihm identisch. Im Unterschied zu den utopischen Sozialisten aber war seine träumerische Vision eine dem realen Geschichtsprozeß abgewandte Spekulation und vermochte die bürgerliche Gesellschaft nicht weiterzuführen. Sein abstrakter Humanismus stieß an die Klassenschranke bürgerlichen Denkens. Anders der utopische Sozialismus, der von der Arbeit und den Arbeitenden, nicht vom Weltgeist und einer abstrakt begriffenen Menschheit ausging. Der entscheidende Beitrag der klassischen bürgerlichen Philosophie von Rousseau über Herder, Kant, Fichte, Schelling bis zu Hegel und Feuerbach liegt im hier betrachteten Zusammenhang wohl in der Ausarbeitung des widerspruchsvollen Charakters des geschichtlichen Fortschritts. Auch diese, besonders tief von Hegel entwickelte Dialektik in der Fortbewegung der Menschheit verbindet Hegel mit Saint-Simon und Fourier.

Die Wissenschaft von der Gesellschaft müsse erklären *und* verändern helfen. Ganz unmittelbar bezogen die utopischen Sozialisten die Wissenschaft auf die

Gesellschaft und erwarteten von ihrem Appell an die gebildeten Menschen guten Willens die Umsetzung der von der Wissenschaft erkannten Notwendigkeit in die Wirklichkeit. Sie konnten im objektiven Geschehen die zur Weltveränderung befähigte, sich als Klasse erst konstituierende Gesellschaftskraft, das Proletariat, historisch noch gar nicht erkennen und erwarteten, daß einige wenige hervorragende Persönlichkeiten die Wissenschaft zur Revolutionierung der Gesellschaft und zum Aufbau sowie zur Leitung der neuen Gesellschaft nutzen würden. Saint-Simon entwarf das Bild einer von den geistig fähigsten Gebildeten wissenschaftlich und durch einen Plan geleiteten Gesellschaft. Fourier rief zugleich die Arbeitenden auf, sich zu ländlichen Assoziationen zu vereinigen und die Arbeit und die Verteilung auf der Grundlage der von ihm entwickelten individual- und sozialpsychologischen sowie arbeitsökonomischen Prinzipien zu organisieren.

„Die Wissenschaft war für Marx eine geschichtlich bewegende, eine revolutionäre Kraft", sagte Engels am Grabe von Karl Marx.[16] Saint-Simon und Fourier halfen, die Wissenschaft von der Gesellschaft zu dieser weltverändernden Kraft zu machen. Allerdings vermochten sie selbst kaum, vermittelnde Glieder zwischen Wissenschaft und Gesellschaftsveränderung zu erkennen. Hierin, beim Ausblick auf die Zukunft der Gesellschaft, kommt ihr philosophischer Idealismus voll zum Tragen im Gegensatz zu historisch-materialistischen Ansätzen bei der Erkenntnis der Vergangenheit der Gesellschaft, ihrer stufenweisen Entwicklung, der Ablösung ihrer Formen des Eigentums und der gesellschaftlichen Arbeitsorganisation, der sozialen Klassen, der politischen Aufgaben des Staates usw.

Die bürgerlichen Träume einer mit sich selbst vereinten Menschheit hingegen, der Selbstaufhebung der Entfremdung, zerbrachen an den ihnen entgegenstehenden Klasseninteressen eines auf Privateigentum, Konkurrenz aller gegen alle und Feindlichkeit der Einzelinteressen, auf Ausbeutung und Unterdrückung der wahren Produzenten gegründeten Gesellschaftssystems. Aber die größte Leistung Hegels, der Entwurf einer allumfassenden Dialektik, ging materialistisch und damit realistisch begriffen, in die welthistorische Emanzipation des Proletariats und die mit ihr verbundene Befreiung der Menschheit von den von Saint-Simon und Fourier und anderen angeprangerten Übeln ein. Was die utopischen Sozialisten aber mit der klassischen Philosophie verbindet, ist ihre Ausarbeitung des widerspruchsvollen Charakters geschichtlichen Fortschritts.

Die ökonomische Strukturanalyse der bürgerlichen Produktionsweise, die Konzeption der stufenweisen gesamtgesellschaftlichen Entwicklung und der sozialistischen Zukunftsgesellschaft sowie die komplexe Enthüllung der widerspruchsvoll vorwärtsschreitenden welthistorischen Bewegung — das sind, meinen wir, *die spezifischen Beiträge aus den drei theoretischen Quellen zur Lehre von Marx.*

Es ist heute zum dringenden gesellschaftlichen Entwicklungsbedürfnis geworden, die Gesetze der Entwicklung der Wissenschaft zu erforschen, um die gewonnenen Erkenntnisse für die Ausarbeitung von Wissenschaftsstrategien sowie für

[16] Vgl. F. Engels, Das Begräbnis von Karl Marx, in: MEW, Bd. 19, Berlin 1962, S. 336.

wissenschaftspolitische, -organisatorische und andere Maßnahmen zu nutzen. Die wachsende Bedeutung und Komplexität der Wissenschaft und ihre Verwandlung in eine unmittelbare Produktivkraft, die in ihr vor sich gehenden Prozesse der Differenzierung und Integration, das wachsende Interesse an der Geschichte jeder Wissenschaft und einer Art Weltgeschichte der Wissenschaft läßt es legitim erscheinen, das Problem der theoretischen Quellen des Marxismus und ihres „Zusammenflusses“ zu einem gewaltigen Strom zunächst im Lichte der allgemeinen Entwicklung der Wissenschaft zu betrachten.

Engels hat sich nicht nur mit der Problematik der theoretischen Quellen des wissenschaftlichen Sozialismus, sondern auch mit den Entwicklungsgesetzen der Wissenschaft befaßt und dabei eine sich immer mehr bestätigende Voraussicht bewiesen. Das Gesetz des exponentiellen Wachstums der Wissenschaft wurde von ihm schon in den „Umrissen“ gestreift: „Die Wissenschaft schreitet fort im Verhältnis zu der Masse der Erkenntnis, die ihr von der vorhergehenden Generation hinterlassen wurde.“[17] In diesem Zusammenhang interessiert uns besonders das von Engels ebenfalls aufgedeckte Gesetz des Übergangs von der empirischen zur theoretischen Erkenntnis.

Engels unterscheidet:

— die *Vorstufe* des wissenschaftlichen Erkenntnisprozesses; hier spricht er von „den genialen Intuitionen der Griechen und den sporadisch zusammenhanglosen Untersuchungen der Araber“[18],

— die *Entwicklungsstufen wissenschaftlicher Erkenntnis*, wobei „von Anfang an die Entstehung und Entwicklung der Wissenschaften durch die Produktion bedingt ist“[19]. Dabei sind zu unterscheiden, *erstens*, die *Periode der „sammelnden Wissenschaft“*, der „*Wissenschaft von fertigen Dingen*“, der Bewältigung der Tatsachen, des gegebenen Stoffes. Die eigentliche Wissenschaft entstand als Naturwissenschaft im 17. und 18. Jahrhundert. Es folgte, *zweitens*, die *Periode der „ordnenden Wissenschaft“*. Die „moderne Naturwissenschaft“, die bis dahin „Wissenschaft von fertigen Dingen“ war, „ist in unserem Jahrhundert wesentlich *ordnende* Wissenschaft, *Wissenschaft von den Vorgängen*, die diese Naturvorgänge zu einem großen Ganzen verknüpft“[20].

Wie Engels meinte, „sind wir jetzt so weit, den Zusammenhang zwischen den Vorgängen in der Natur nicht nur auf den einzelnen Gebieten, sondern auch den der einzelnen Gebiete unter sich im ganzen und großen nachweisen und so ein übersichtliches Bild des Naturzusammenhangs in annähernd systematischer Form, vermittelst der durch die empirische Naturwissenschaft selbst gelieferten

[17] F. Engels, Umrisse zu einer Kritik der Nationalökonomie, in: MEW, Bd. 1, Berlin 1956, S. 521; F. Engels, Dialektik der Natur, in: MEW, Bd. 20, Berlin 1962, S. 313.

[18] F. Engels, Notizen und Fragmente, in: MEW, Bd. 20, a. a. O., S. 464/465.

[19] Ebenda, S. 456.

[20] F. Engels, Ludwig Feuerbach und der Ausgang der klassischen deutschen Philosophie, in: MEW, Bd. 21, Berlin 1962, S. 295.

Tatsachen darstellen zu können. Das Gesamtbild zu liefern, war früher die Aufgabe der sogenannten Naturphilosophie". Und Engels überträgt diesen Gedanken, daß die Wissenschaft von der Stufe empirischer Erkenntnis, bloßer Sammlung von Fakten, zur ordnenden Bewältigung von Fakten, zu theoretischer Erkenntnis vorstoße, auch auf die Wissenschaften von der Gesellschaft: „... das gilt auch von der Geschichte der Gesellschaft in allen ihren Zweigen und von der Gesamtheit aller der Wissenschaften, die sich mit menschlichen (und göttlichen) Dingen beschäftigen." Die materialistische Geschichtsauffassung habe die Aufdeckung der wirklichen Zusammenhänge ermöglicht, „eine Aufgabe, die schließlich darauf hinausläuft, die allgemeinen Bewegungsgesetze zu entdecken, die sich in der Geschichte der menschlichen Gesellschaft als herrschende durchsetzen"[21]. Es gelte auch, die gesellschaftlichen Beziehungen und Prozesse „aus ihrem eignen, innern Zusammenhang zu erklären"[22].

Der Weg historischen Verständnisses der Geschichte der Gesellschaft, das heißt des Begreifens der historischen Entwicklungsgesetze, war lange Zeit durch die Verkennung der großen technischen Fortschritte des 14. und 15. Jahrhunderts und der Einsicht in die sozialen Wandlungen im Mittelalter, das als tausendjährige Barbarei gilt, verbaut. Saint-Simon gehörte zu denen, die als erste der Gesellschaft des Mittelalters soziale und fortwirkende Potenzen zuerkannten, was für ein historisches Weltbild unabdingbar war. „Kein Historiker", führte Saint-Simon aus, „hat noch einen allgemeinen Standpunkt bezogen; keiner verfaßte bisher eine Geschichte der Menschheit ... Sie alle haben die Jahrhunderte, die zwischen dem 9. und dem 15. Jahrhundert verflossen sind, als Jahrhunderte der Barbarei bezeichnet, die Wahrheit ist aber, daß es die Jahrhunderte sind, in denen sich alle Institutionen, die der europäischen Gesellschaft eine entscheidende politische Überlegenheit über alle vorhergehenden verschafft haben, im einzelnen entwickelt haben."[23] Die Geschichte „fristet noch die Existenz einer Sammlung von mehr oder minder bestätigten Tatsachen. Diese Tatsachen sind durch keine Theorie verbunden und nicht entsprechend ihren Wirkungsfolgen miteinander verknüpft. Daher ist die Geschichte für die Könige wie für ihre Untertanen noch ein unzulänglicher Wegweiser und gibt weder den einen noch den anderen Mittel an die Hand, um *aus dem, was geschehen ist*, zu schlußfolgern, was geschehen wird".[24]

Wiederholt kommt Saint-Simon darauf zurück, daß auch die Geschichte zu einer Wissenschaft werden müsse und erkennt die Volksmassen als aktive geschichtliche Kraft an. Die Geschichte als „Brevier der Völker und der Könige" wird „wirkliche Wissenschaft" erst, wenn man dahin gelangt, „Tatsachen zu ko-

[21] Ebenda, S. 295/296.
[22] Ebenda, S. 298.
[23] C.-H. de Saint-Simon, Ausgewählte Schriften, a. a. O., S. 129/130.
[24] Ebenda, S. 129.

ordinieren, um aus ihnen allgemeine Gesetze abzuleiten und Erwägungen anzustellen"[25].

Mit seiner Forderung, die Geschichte wie die Politik und die Moral zu einer Wissenschaft zu entwickeln, verband Saint-Simon die Vorstellung der Koordinierung und Verallgemeinerung von Beobachtungstatsachen, der Ableitung von Gesetzen und der daraus resultierenden Prognose. Daß er diese Zusammenhänge stark idealistisch sah, soll hier beiseite bleiben. Wichtig scheint uns, daß er ein tieferes Verständnis der Gesetze als Ausdruck historischer Entwicklungszusammenhänge und Grundlage gesellschaftlichen Handelns hatte. Die utopischen Sozialisten verbanden mit ihrem Sozialismusbild gewisse Einsichten in den gesetzmäßigen Gang der Menschheitsentwicklung, ja leiteten ihre Zukunftsvision ganz allgemein aus den Entwicklungstendenzen der Geschichte ab, wobei sie den realen Prozeß und die treibenden Kräfte nur vage und ganz unzulänglich erkannten. Darauf bezieht sich die Kritik von Marx und Engels im Kommunistischen Manifest. Hier soll gezeigt werden, daß der „utopische Sozialismus" natürlich kein „wissenschaftlicher Sozialismus" war, aber bereits gewisse, über die bürgerliche Erkenntnis hinausgehende Einsichten in das Wesen der Gesetze sich angeeignet hatte, Einsichten, auf denen die Klassiker der proletarischen Wissenschaft von der Gesellschaft fußen konnten.

Das zeigt sich bei Textvergleichen. Knüpfen wir an die Beurteilung des Mittelalters durch Saint-Simon und seine Forderung nach einer Geschichtswissenschaft an. Ist nicht Saint-Simons Einfluß auf Engels — wie der Fouriers in den „Umrissen zu einer Kritik der Nationalökonomie" — spürbar? Mit der Verkennung des Mittelalters, bemerkte z. B. Engels, „war aber eine rationelle Einsicht in den großen geschichtlichen Zusammenhang unmöglich gemacht, und die Geschichte diente höchstens als eine Sammlung von Beispielen und Illustrationen zum Gebrauch der Philosophen"[26]. Man könnte ergänzend auch solche Ökonomen wie Adam Smith nennen. Wenn er im Gegensatz zu Saint-Simon und Fourier auch nicht dazu beitrug, die politische Geschichte zu einer nicht nur sammelnden, sondern ordnenden Wissenschaft zu machen, den gesetzmäßigen Zusammenhang zwischen einer übergroßen Zahl von Fakten der Menschheitsgeschichte herzustellen, so trug er indes entscheidend dazu bei, daß die politische *Ökonomie*, eine ganz junge Wissenschaft, aus dem Stadium des Sammelns in das des Ordnens, der Tatsachenbewältigung eintrat und ein System von Zusammenhängen erkennbar wurde. Ricardo vollendete die Analyse des Systems der bürgerlichen Produktionsbeziehungen aus der Sicht der bürgerlichen Klassenposition. Diese Ökonomen überwanden die zunächst notwendige Beschränktheit der Erkenntnis auf die Erfassung des Ökonomischen als einen Komplex von fertigen Dingen: Waren, Geld, Zins usw. und begannen ihn als Komplex von Prozessen zu

[25] Ebenda, S. 130.

[26] F. Engels, Ludwig Feuerbach und der Ausgang der klassischen deutschen Philosophie, in: MEW, Bd. 21, a. a. O., S. 279.

erfassen, sahen aber die in ihnen waltende ständige Veränderung nicht als ein Werden und Vergehen, sondern als bloßes Wachstum, als Entfaltung ursprünglich gegebener Keime an. So wie die von Casper Friedrich Wolff über Lamarck bis Darwin ausgearbeitete biologische Entwicklungstheorie des 19. Jahrhunderts die metaphysische Präformationstheorie der Biologen des 17. und 18. Jahrhunderts überwand, so konnte die ahistorische und also undialektische klassische bürgerliche politische Ökonomie des 18. und Beginn des 19. Jahrhunderts erst von Marx und Engels überwunden werden, wobei die Vorleistungen der utopischen Sozialisten neben und im Verein mit Hegels Dialektik ins Gewicht fielen. Was Engels von der Naturanschauung des 19. Jahrhunderts in ihren Grundzügen sagte, galt für die Gesellschaftsanschauung ihrer sozialistischen Vorgänger: „Alles Starre war aufgelöst, alles Fixierte verflüchtigt, ... die ganze Natur (Gesellschaft — *L. Z.*) als in ewigem Fluß und Kreislauf sich bewegend nachgewiesen."[27]

Unter dem an zweiter Stelle von uns genannten Aspekt ordnender, das heißt gesetzerkennender, theoriebildender Wissenschaft weisen sowohl die Ökonomen als auch die Sozialisten anerkennenswerte Leistungen auf. Der ökonomische Formwandel wird nach der quantitativen Seite von den Vollendern der bürgerlichen Ökonomie beherrscht. Die utopischen Sozialisten sehen, wie sich unter gleich scheinenden Formen verschiedene Inhalte entwickeln. Das gilt für Saint-Simons Beschäftigung mit dem Eigentum, für Fouriers Unterscheidung der Assoziation der Arbeitenden von der sich unter dem Namen Aktiengesellschaft präsentierenden Assoziation der Kapitalisten. Und es gilt für die Untersuchung des Inhalts der Arbeit der ein anderer ist, wenn die Arbeit einerseits unter der Botmäßigkeit des Kapitals und andererseits innerhalb der freiwilligen Assoziation der Produzenten geleistet wird.

Die revolutionäre Dynamik des utopischen Sozialismus, seine Erkenntnis von Übergängen und Zusammenhängen innerhalb des Naturganzen und der es widerspiegelnden Wissenschaften haben Marx und Engels sehr beeindruckt. Auf Saint-Simons Versuch der Klassifizierung der Wissenschaften nach der Komplexität der untersuchten Bewegungsformen stützte Engels sich, das Nebeneinander bei Saint-Simon kritisch aufhebend.[28] An die historische Periodisierung besonders von Fourier vermochten Marx und Engels anzuknüpfen.[29]

Man möchte sagen, die utopischen Sozialisten stehen am Beginn einer umfassenden wissenschaftlichen Erkenntnis von Natur und Gesellschaft, aber so genial ihre Erkenntnis im dialektischen Ansatz, in der Komplexität der Betrachtung, in der Erfassung von Entwicklungstendenzen und der Prognose einer notwendigen Gesellschaft auch ist, so unzulänglich ist ihre Erfassung gesellschaft-

[27] F. Engels, Dialektik der Natur, in: MEW, Bd. 20, a. a. O., S. 320.

[28] Vgl. C.-H. de Saint-Simon, Ausgewählte Schriften, a. a. O., S. XLV/XLVI.

[29] Vgl. F. Engels, Die Entwicklung des Sozialismus von der Utopie zur Wissenschaft, in: MEW, Bd. 19, a. a. O., S. 196.

licher Beziehungen im einzelnen. Hierin sind ihnen die bürgerlichen Ökonomen als Vertreter einer Einzeldisziplin überlegen. Dies ist aber die Überlegenheit *bürgerlicher Einzelwissenschaft auf der Höhe ihrer Entwicklung*, während es sich bei den utopischen Sozialisten und der ihrem Denken immanenten Allgemeinheit, Universalität, Einheitlichkeit und Allseitigkeit um den *Beginn einer höheren Entwicklungsstufe* der geistigen Widerspiegelung sozialer Prozesse, um die *Begründung und Entwicklung* der komplexere Prozesse erfassenden Gesellschaftswissenschaft als Ganzes handelt. Das Denken dieser Mitbegründer der Wissenschaft von der Gesellschaft ist der Versuch einer Antizipation einer höheren Gesellschaftsordnung und damit erstes Zeugnis eines höheren Niveaus gesellschaftstheoretischer Ideenentwicklung, erste zaghafte Schritte auf dem Wege zum „Wissenschaftlichen Kommunismus".

Dem bürgerlichen Klassischen tritt das bruchstückhafte Naive der sich ankündigenden proletarischen Wissenschaft und der in ihr liegenden weltverändernden Kraft gegenüber. Ordnet sich die politische Ökonomie von Smith und Ricardo in die bürgerliche Revolution, sie abschließend, ein, so eröffnen Saint-Simon und Fourier mit ihrer theoretischen Widerspiegelung der Interessen der revolutionären plebejischen Volksmassen zur Zeit Robespierres bereits den Blick auf die kommende sozialistische Revolution, haben sie mit ihren Fragestellungen, mit ihrer prinzipiellen Gesellschaftskritik und Vorwegnahme eines vollkommeneren Gesellschaftssystems einen ersten theoretischen Beitrag geleistet.

Die klassische bürgerliche politische Ökonomie war wohl ein Höhepunkt im Erkenntnisprozeß der Bourgeoisie, aber die ersten theoretischen Regungen, denen die utopischen Sozialisten Ausdruck gaben, bildeten Anfangserkenntnisse einer eine höhere Entwicklungsstufe verkörpernden Klasse und einen ersten Durchbruch über die historische Erkenntnisschranke der Bourgeoisie als Ausbeuterklasse hinaus. Die logisch strukturierten, auf Quantität und Form ausgerichteten Erkenntnisse vom Smith und Ricardo und die dialektisch vorwärtstastenden Denkansätze Saint-Simons und Fouriers verschmolzen in der Einheit des Logischen und des Historischen im Denken von Marx und Engels. Die Bezeichnung der an die Klassengrenze bürgerlicher Erkenntnisfähigkeit gelangten politischen Ökonomie von Petty und Boisguilbert bis zu Smith, Ricardo und noch zu Sismondi als klassisch, trifft ganz so auf die bürgerliche idealistische Philosophie des Aufklärungszeitalters zu. Bis hierhin, aber nicht weiter konnte das Denken einer Ausbeuterklasse gelangen, wollte sie sich nicht ihre eigene soziale Existenzgrundlage nehmen, Ökonomie und Philosophie wurden auf den erreichbaren Höhepunkt der Erkenntnis geführt, und diese Strecke des Erkenntnisfortschritts der gegen feudalen Obskurantismus kämpfenden aufsteigenden Bourgeoisie verdient die Bezeichnung des Klassischen im Unterschied zu den ersten selbständigen Denkschritten des sich formierenden Proletariats. Der noch nicht wissenschaftlich, sondern erst utopisch-kritisch konzipierte Sozialismus aber gab bereits theoretische Grundlagen ab, auf denen es Marx und Engels gelingen konnte, den wissenschaftlichen Sozialismus und seine Vereinigung mit der kämpfenden Arbeiterklasse zu vollziehen und — nach ersten kritischen ökonomisch-philosophischen Betrachtungen — die Lehre der internationalen Arbeiterklasse mit der politischen Ökonomie als ihrem Herzstück zu entwickeln. Die Schöpfer von Weltanschauung und Theorie des Proletariats wurden, ebenso wie W. I. Lenin in der Ära des Imperialismus, Klassiker des Marxismus genannt.

So, wie der Begriff der Revolution in der Gesellschaft und im Denken sowie das Erbeverständnis von bürgerlich-ideologischer Verzerrung und Verfälschung befreit werden müssen, so auch der Begriff der Klassik. Die Bourgeoisie sucht heute den mit der Klassik verbundenen Optimismus einer aufsteigenden Klasse als eine Art Zweckoptimismus zu erhalten, wenn zum Beispiel bürgerliche Ökonomiehistoriker den Entwicklungsprozeß von der bürgerlichen Klassik zur Vulgärökonomie bis in die vom bürgerlichen Krisenbewußtsein getragene heutige Ökonomie — mit und ohne Keynes — homogenisieren und Vulgärökonomen zur Säule der Ökonomiegeschichte — J. S. Mill bei Marc Blauck — oder zu klassischen Ökonomen ernennen — Marshall und Cassel bei Stavenhagen.

Daher ist es von nicht zu unterschätzender Bedeutung, den Prozeß der sowohl kontinuierlichen wie diskontinuierlichen Entwicklung aufzuzeigen, der die Marxsche politische Ökonomie mit dem klassischen bürgerlichen Erbe sowohl verbindet als auch von ihm trennt.

3. Utopischer Sozialismus und Beginn der Kritik der Ökonomie bei Engels und Marx

Die Geschichte der politischen Ökonomie ist die Geschichte der Kritik der politischen Ökonomie. 1845 stellte Marx fest, daß „Proudhons Kritik (der Nationalökonomie — *L. Z.*) die Kritik des Merkantilsystems durch die Physiokraten, die der Physiokraten durch Adam Smith, die des Adam Smith durch Ricardo sowie die Arbeiten Fouriers und Saint-Simons zu Voraussetzungen hat . . ."[30]

Aber auch die Entwicklung der Kritik verläuft wie alle Prozesse nicht nur kontinuierlich, sondern auch sprunghaft ab, erreicht eine andere Qualität, bildet eine Antithese zu einer über längere Zeit vertretenen und ausgearbeiteten These. So zeichnen sich in der Geschichte der politischen Ökonomie als wirkliche Wissenschaft seit ihrer Entstehung bis zur Ausarbeitung der Marxschen politischen Ökonomie folgende drei Entwicklungsstufen ab:

Erstens. Die innerhalb der bürgerlichen Ökonomie geübte, ihre gesellschaftlichen Grundlagen axiomatisch akzeptierende immanente Kritik; sie sondierte Richtiges von Falschem, entwickelte die ökonomischen Kategorien bis zu der für die Bourgeoisie als Ausbeuterklasse gezogenen Erkenntnisgrenze.

[30] F. Engels/K. Marx, Die heilige Familie oder Kritik der kritischen Kritik. Gegen Bruno Bauer und Konsorten, in: MEW, Bd. 2, Berlin 1959, S. 32.

Die bürgerlichen Ökonomen drangen mit ihren Fragestellungen immer tiefer in das Wesen der ökonomischen Beziehungen der kapitalistischen Gesellschaft ein, deckten den Mechanismus ihrer ökonomischen Gesetze, die in ihr vor sich gehenden Bewegungen und Kreisläufe auf, gingen aber auf ihre für das Volk verderblichen negativen sozialen Folgen kaum ein oder nahmen sie als unvermeidlich hin.

Zweitens. Die die Grundlagen der bürgerlichen politischen Ökonomie infragestellende, ihren Rahmen sprengende, die Erkenntnisschranke der Bourgeoisie durchbrechende kleinbürgerliche sowie utopisch-sozialistische Kritik; sie bringt die Interessen der „durch die Bewegung des Privateigentums erzeugten Armut" ruinierter kleiner Warenproduzenten und bereits proletarisierter Schichten zum Ausdruck.[31] Die vorproletarischen theoretischen Kritiker der kapitalistischen Gesellschaft verurteilen in ihrer Kritik der politischen Ökonomie das ganze Theoriengebäude als falsche Widerspiegelung des Wirtschaftsgeschehens, nannten die Ökonomen Heuchler und bestenfalls in die Irre gehende Gelehrte. Fourier setzte ihnen seine — noch nicht in Einzelheiten ausgearbeitete — „Lehre vom Mechanismus der sozialen Garantien" entgegen.[32]

Nun ist die vorliegende Arbeit von dem Bestreben getragen, den widersprüchlichen Prozeß der Anknüpfung von Marx und Engels an vorgefundenes Gedankenmaterial und dessen kritische Nutzung zur Umwälzung bisheriger Erkenntnis zu zeigen.

Bemühten wir uns in den vorausgehenden Kapiteln, die unmittelbare Anknüpfung vor allem der französischen utopischen Sozialisten an das zeitgenössische ökonomische Denken aufzudecken, so wollen wir nunmehr nachweisen, daß und wie Friedrich Engels und Karl Marx ihre ersten Schritte auf dem Felde der politischen Ökonomie machten und dabei zunächst den Spuren der utopischen Sozialisten nachgingen, wobei besonders Marx sich von dem Weg Hegelscher Gedankengänge teils inspirieren, teils loszulösen suchte.

Nach der ersten internationalen zyklischen Überproduktionskrise von 1825/26 äußerte Fourier sich zu einem Streitgespräch zwischen Say und Sismondi: „Unsere Ökonomen, bestürzt über die Fortdauer der Armut, beginnen zu argwöhnen, das sich ihre Wissenschaft auf einem falschen Wege befindet." Fourier zufolge „ist die politische Ökonomie durch die Überproduktionskrise von 1826 an sich selbst irre geworden und sucht sich zu rechtfertigen"[33]. Richtig erkannte Fourier immer den das bürgerliche Klasseninteresse rechtfertigenden Charakter aller bürgerlichen Ökonomie, also ihre Parteilichkeit, hatte aber kein Verständnis für die wissenschaftliche Objektivität der bürgerlichen Klassik.

Fourier sah im „Industrialismus nur eine Domäne von Trugbildern", im Handel „eine unter der Maske der Gesetzlichkeit organisierte und legitimierte Räuber-

[31] Vgl. ebenda, S. 36.

[32] Vgl. Ch. Fourier, Ökonomisch-philosophische Schriften, Berlin 1980, S. 240/241.

[33] Ebenda, S. 61/62.

wirtschaft", in der Konsumtion, Zirkulation und in der Konkurrenz einen „verkehrten Mechanismus" und in der liberalen Ökonomie „Theorien von großer Beredsamkeit" und „akademische Hirngespinste".[34]

Im Februar 1844 veröffentlichte Friedrich Engels in den „Deutsch-Französischen Jahrbüchern" seine erste theoretische Analyse zur politischen Ökonomie. Die „Umrisse zu einer Kritik der Nationalökonomie", „einer genialen Skizze zur Kritik der ökonomischen Kategorien", wie Marx meinte, regten diesen nach eigener Aussage zur theoretischen Beschäftigung mit der Ökonomie an.[35]

Engels begann seine Umrisse mit den Worten: „Die Nationalökonomie entstand als eine natürliche Folge der Ausdehnung des Handels, und mit ihr trat an die Stelle des einfachen, unwissenschaftlichen Schachers ein ausgebildetes System des erlaubten Betrugs, eine komplette Bereicherungswissenschaft."[36] Diese Worte könnte Fourier geschrieben haben.

Engels knüpfte zunächst an die moralisierende Sozialkritik der politischen Ökonomie durch Fourier an. Konkurrenz und ewige Preisschwankung „entzieht dem Handel vollends die letzte Spur von Sittlichkeit. Von *Wert* ist keine Rede mehr . . ."[37] Engels verstand damals den Wertbegriff also nicht ökonomisch, sondern philosophisch-ethisch.

Engels hatte 1844 so wenig wie Marx den — Hegel ebenso wie Feuerbach, Saint-Simon ebenso wie Fourier als Betrachtungsgrundlage dienenden — Anthropologismus überwunden. Wie diese betrachtete Engels den Kapitalismus vom Standpunkt des Wesens des Menschen, seiner natürlichen Rechte, seines Anspruchs auf Gerechtigkeit. Er empörte sich gegen „die scheußliche Unsittlichkeit dieses Systems . . . und die Heuchelei des Ökonomen"[38]. Wie Marx setzte er der Bereicherungssucht böswilliger, verurteilenswerter Individuen einen unpolitischen Humanismus entgegen. „Die neue Ökonomie, das auf Adam Smith' „Wealth of Nations" gegründete System der Handelsfreiheit, erweist sich als Heuchelei, Inkonsequenz und Unsittlichkeit, die jetzt auf allen Gebieten der freien Menschlichkeit gegenübersteht."[39] Moralische Verdammung der Handelsfreiheit, Bezichtigung der Ökonomen, sie seien Heuchler; es scheint noch ganz wie bei Fourier zuzugehen, der sarkastisch „vom erhabenen Fluch der Industrie zur Vervollkommnungsfähigkeit" sprach und heuchlerisches Ideal und nackte Wirklichkeit einander gegenüberstellte: „. . . und indessen kriechen alljährlich ein Dutzend neue

[34] Vgl. ebenda, S. 62, 129, 242.
[35] Vgl. K. Marx, Zur Kritik der Politischen Ökonomie. Vorwort, in: MEW, Bd. 13, Berlin 1961, S. 10.
[36] F. Engels, Umrisse zu einer Kritik der Nationalökonomie, in: MEW, Bd. 1, a. a. O., S. 499.
[37] Ebenda, S. 515.
[38] Ebenda, S. 524.
[39] Ebenda, S. 501; vgl. auch S. 518.

Philosophien über den Reichtum der Nationen aus dem Ei: Wieviel Reichtum gibt es in den Büchern, wieviel Elend in den Hütten!"[40]

Engels geht aber in seinen „Umrissen zu einer Kritik der Nationalökonomie" über die moralisch-philosophische Kritik von Fourier hinaus. Unsittlichkeit, Heuchelei ja, aber bloßer Irrweg? Engels suchte nach der Entstehung des polaren Gegensatzes von Reichtum und Elend. Wie weit jedoch er und Marx 1844 noch von einer adäquaten Erkenntnis entfernt waren, zeigt allein schon ihre damalige Verwendung des von der Kameralistik und den Staatswissenschaften herkommenden, in Deutschland gebräuchlichen Begriffs Nationalökonomie an Stelle des Terminus politische Ökonomie; bei jener handelte es sich um Faktenbeschreibung der sich im nationalen Rahmen bewegenden kapitalistischen Wirtschaft, bei dieser um die theoretisch-analytische Widerspiegelung des über die Nationen hinausgreifenden internationalen Systems der kapitalistischen Ökonomik. Engels und Marx hatten aber 1844 bereits begonnen, die politische Ökonomie im Widerschein realer historisch-ökonomischer Prozesse zu sehen.

Engels knüpfte auch insofern an Fourier an, als er in der Konkurrenz die zentrale Kategorie der kapitalistischen Ökonomie sieht und die Dialektik von Konkurrenz und Monopol für höchst entwicklungsträchtig hielt. „Wir haben gesehen, daß am Ende alles auf die Konkurrenz hinausläuft, solange das Privateigentum besteht. Sie ist die Hauptkategorie des Ökonomen, seine liebste Tochter, die er in einem fort hätschelt und liebkost — und gebt acht, was für ein Medusengesicht da herauskommen wird."[41] Einerseits ist die Konkurrenz für Engels wie für Fourier die „Vollendung" der „Unsittlichkeit", aber Engels bringt mit dem Privateigentum und seiner Entwicklung im Zuge der Dialektik von Konkurrenzkampf und Monopolkonzentration die historische Entwicklung alles Ökonomischen hinein. Er stellt die Verbindung von gesellschaftlicher Grundlage und ökonomischem Gesetz her: „. . . die Konkurrenz setzt das Monopol schon voraus, nämlich das Monopol des Eigentums . . ."[42]

Die Konkurrenz ist die ökonomische Hauptkategorie, aber nur, „solange das Privateigentum besteht". Aber so wie Perseus, der Held der griechischen Sage, der Medusa, die jeden sie Anblickenden versteinerte, das Haupt abschlug, so wird das Anwachsen „der bloß von der Arbeit lebenden Klasse" und der Arbeitslosigkeit „endlich eine soziale Revolution herbeiführen, wie sie sich die Schulweisheit der Ökonomen nicht träumen läßt"[43].

Die Entwicklung der Privatökonomie betrachtete auch Marx in den „Ökonomisch-philosophischen Manuskripten" — und zwar durchgängig — als die Geschichte der Entwicklung und Aufhebung des Privateigentums und untersuchte die ökonomischen Beziehungen vor allem von Kapital und Arbeit. Bevor wir auf

[40] Ch. Fourier, Ökonomisch-philosophische Schriften, a. a. O., S. 59.

[41] F. Engels, Umrisse zu einer Kritik der Nationalökonomie, in: MEW, Bd. 1, a. a. O., S. 513.

[42] Ebenda, S. 514.

[43] Ebenda, S. 515.

diese Frage zurückkommen, sei die Stellung der „Ökonomisch-philosophischen Manuskripte“ im Werk von Marx und in der Entstehung des Marxismus angedeutet.

Wir sahen: keine chinesische Mauer trennt Engels' Kritik der Ökonomie des Jahres 1844 von der Kritik Fouriers vom Jahre 1829, ebensowenig, wie die ökonomisch-philosophische Kritik von Marx von Hegels Kritik der Rechts- und Staatsphilosophie zu trennen wäre.

Da die „Ökonomisch-philosphischen Manuskripte aus dem Jahre 1844“ bisher weitgehend nur als Auseinandersetzung von Marx mit der Philosophie Hegels und der Ökonomie von Smith und Ricardo gesehen wurden, soll hier vor allem der Einfluß der Ideen Saint-Simons und Fouriers in dieser Auseinandersetzung dargelegt werden. Die utopischen Sozialisten spielten eine über ihre einmalige ausdrückliche Nennung weit hinausreichende Rolle bei der Klärung der damaligen Position von Marx und Engels. *Der noch suchende Marx polemisierte auf der Grundlage utopisch-sozialistischer Ideen, die Dialektik und den Entfremdungsbegriff Hegels nutzend, gegen die bürgerliche klassische Ökonomie, wobei er ihr gewisse Erkenntnisse entnahm.* Man muß also feststellen, daß die drei theoretischen Quellen des Marxismus in keinem anderen Frühwerk von Marx so erkennbar zusammenzufließen beginnen, wie in den „Ökonomisch-philosophischen Manuskripten aus dem Jahre 1844“.

Von diesen Manuskripten des jungen Marx, auf dem Wege vom revolutionären Demokraten zum theoretisch fundierten Kommunisten, geht ein eigentümlicher Reiz aus; hier liegen erste Keime einer neuen, nach und nach die Menschheit durchdringenden Weltanschauung. Es sind erste Regungen, Wahrheit und Irrtum vermengen sich noch, aber schon treten die Konturen des revolutionierenden neuen Ideensystems hervor. Schon bald aber stellten sie einen überholten Stand in der Entwicklung von Marx dar und sind wohl auch deshalb lange Zeit nicht zur Veröffentlichung gelangt. Seit ihrer erstmaligen Veröffentlichung in den dreißiger Jahren unseres Jahrhunderts — also in der Periode der allgemeinen Krise des Kapitalismus und der beginnenden Durchsetzung des realen Sozialismus — bildeten die Manuskripte das Feld einer nicht enden wollenden Auseinandersetzung zwischen der bürgerlichen und der kommunistischen Ideologie. Die Vereinnahmung von Marx durch das um historische und gesellschaftliche Legitimation bemühte bürgerliche Denken erfolgte zu einem nicht geringen Maß durch die Berufung auf den jungen Marx als den angeblich „wahren“ Marx und auf seine Entfremdungstheorie als die angeblich alles durchdringende Philosophie von Marx. Keine Rede davon, daß die Manuskripte eine Entwicklungsstufe im Lebenswerk von Marx darstellen, einen wichtigen, zeitlich sehr kurzen Übergang dokumentieren, in dessen Verlauf aus einem philosophisch interessierten sich sozialen und ökonomischen Tagesfragen zuwendenden wißbegierigen jungen Mann ein am praktischen politischen Kampf teilnehmendes, das Wirken der Arbeiterklasse theoretisch begründendes Mitglied der revolutionären Arbeiterbewegung wurde.

Man könnte vielleicht sagen, so, wie die bürgerlichen Vulgärökonomen um 1830, als das bürgerliche Denken seine fortschrittlichen wissenschaftlich-schöpferischen Potenzen eingebüßt hatte, die exoterischen vulgärökonomischen Elemente vor allem bei Adam Smith herausklaubten, um die Ökonomie „zeitgemäß" fortzuentwickeln, so wurden, ein Jahrhundert später, bürgerliche Marxologen nicht müde, an die nichtmarxistischen Elemente in den „Ökonomisch-philosophischen Manuskripten aus dem Jahre 1844" anzuknüpfen. Auf diese Weise gingen und gehen sie bis heute daran, dem humanistisch-revolutionären Vorkämpfer der internationalen kommunistischen Arbeiterbewegung einen abstrakt humanistischen Anti-Marx entgegenzustellen.

Aus der Sicht des ideologischen Kampfes um die unverfälschte Entstehungsgeschichte des Marxismus kommt der Beschäftigung mit den ersten theoretischen Äußerungen von Marx und Engels zur ökonomischen Theorie große Bedeutung zu.

Wie Engels und Marx die Vorstellungen der kleinbürgerlichen und utopisch-sozialistischen Kritiker des Privateigentums und die Vision des Sozialismus mit der Übertragung des Hegelschen Entfremdungsbegriffs auf die ökonomischen Beziehungen in ihrer widerspruchsvollen Entwicklung zu einer historischen Betrachtung von politischer Ökonomie und Entwicklung der Gesellschaft zum Kommunismus verbinden, soll an einigen Beispielen näher betrachtet werden.

Als Grundlage der ökonomischen Beziehungen wird das Privateigentum erkannt. Erinnern wir daran, daß Saint-Simon die Grundlage der verschiedenen Gesellschaften in einer bestimmten Form des Eigentums erkannt und das Gesetz des Eigentums als das vom Gesetz des Fortschritts abgeleitete wichtigste Gesellschaftsgesetz erkannt hatte. Engels blieb nicht bei der Fourierschen Kritik der Handelsfreiheit, der ungehinderten Verfügung über das Privateigentum stehen, sondern erkannte, daß „das Smithsche System" historisch „ein notwendiger Fortschritt" über die frühere rein empirische und nicht systematische Untersuchung war. „Wir erkennen gern an, daß wir erst durch die Begründung und Ausführung der Handelsfreiheit in den Stand gesetzt sind, über die Ökonomie des Privateigentums hinauszugehen . . ."[44] Engels ersetzte also die einseitig negative Kritik Fouriers durch eine Kritik, die weiterzuführen vermochte. „Der einzig *positive* Fortschritt, den die liberale Ökonomie gemacht hat, ist die Entwicklung der Gesetze des Privateigentums. Diese sind allerdings in ihr enthalten, wenn auch noch nicht bis zur letzten Konsequenz entwickelt und klar ausgesprochen."[45] Das zu tun, sei die Aufgabe der Gegner des Privateigentums, womit die englischen ricardianischen Sozialisten bereits begonnen hätten. Sie hätten längst praktisch und theoretisch bewiesen, daß sie imstande sind, „. . . in ökonomischen Fragen auch ökonomisch richtiger zu entschei-

[44] Ebenda, S. 501.
[45] Ebenda, S. 502.

den . . ."[46] Die von ihnen gestellte Frage nach der Aneignung des Produkts der Arbeit und der Lösung der von ihnen aufgedeckten Widersprüche würde zu der erforderlichen „letzten Konsequenz" führen.

In den „Ökonomisch-philosphischen Manuskripten" geht auch Marx vom Privateigentum und der Konkurrenz aus und sucht die Widersprüche und Gesetze des Privateigentums, die seiner Meinung nach den Inhalt der politischen Ökonomie bilden, zu enthüllen. Nach Marxens Aussage in „Die heilige Familie" von 1844 hatte Proudhons Schrift „Was ist das Eigentum?" in seiner „epochemachenden" Kritik ihn stark beeindruckt.[47] 1847 aber unterzog Marx Proudhons am Wesen der ökonomischen Kategorien vorbeigehende Kritik der Ökonomie einer zerschmetternden Kritik in „Das Elend der Philosophie". Dazwischen lag die Selbstverständigung in den „Ökonomisch-philosophischen Manuskripten" und die Ausarbeitung des historischen Materialismus als Grundlage wissenschaftlicher Kritik der Ökonomie. Lehnte Marx 1844 die vom Wertgesetz ausgehenden ökonomischen Kategorien noch ab, weil in seiner damaligen These der entfremdeten Arbeit für sie kein Platz war, so hatte er sich inzwischen auf den Standpunkt der politischen Ökonomie, jedoch als historischer Wissenschaft, gestellt. Auch dieser Auffassungswandel erhellt die große Bedeutung der Manuskripte als erste Kritik der politischen Ökonomie.

Marx' Analyse der Widersprüche zwischen Kapital und Arbeit stützt sich auf Hegels Entfremdungsbegriff, aber auch auf Fouriers Aufdeckung des Gegensatzes der Lohn„sklaverei" als Zwangsarbeit und der Arbeit in der Assoziation der Produzenten als anziehender, freiwillig geleisteter, kreativer Arbeit. Marx faßte die „Bewegung des Privateigentums" unter der Form der entfremdeten Arbeit, der vom Kapital angeeigneten Arbeit von Lohnarbeitern, von Arbeit, die dem Arbeitenden entfremdet wird und ihm als Kapital, als entfremdete Arbeit, als Privateigentum entgegentritt. In der Theorie von der Entfremdung der Arbeit liegt der Keim zur späteren Mehrwerttheorie von Marx. Zu ihrer Entwicklung bedurfte es jedoch des Rückgriffs auf die von den Ökonomen entwickelten Kategorien. Noch aber traten Marx und Engels in heftige Konfrontation zu den bürgerlichen Ökonomen. Sie erkannten ihnen lediglich die Bedeutung einer Anstoß gebenden Kraft, eines Übergangs vom Nichtwissen zur Nutzung von Teilerkenntnissen zur Rechtfertigung von Unrecht zu. Je deutlicher die Widersprüche ans Licht traten, desto weiter würden die Ökonomen sich von der Ehrlichkeit entfernen, da sie nicht bereit seien, die Prämissen ihrer Lehre, die Unumstößlichkeit des Privateigentums, zu prüfen.[48] Die Widersprüche zwischen der ungeheuren Produktivität der Industrie — aus der Saint-Simon, auf einen humanistischen Begriff der Industrie sich stützend, seine Vision einer neuen Brüderlichkeit der Produzenten, die Konzeption einer sozialistischen Gesellschaft entwickelte — und

[46] Ebenda.
[47] Vgl. F. Engels/K. Marx, Die heilige Familie, in: MEW, Bd. 2, a. a. O., S. 33.
[48] Vgl. F. Engels, Umrisse zu einer Kritik der Nationalökonomie, in: MEW, Bd. 1, a. a. O., S. 500.

der Vergeudung menschlicher Potenzen und natürlicher Ressourcen durch das System der Handelsfreiheit oder des Kapitalismus — die von Fourier betonte Seite — wurden von Engels aufgegriffen. Diese sich in den Krisen äußernden Widersprüche zwischen Kapital und Arbeit würden an die Schranke des Privateigentums gelangen und die Weiterführung dieser „Privatökonomie" als Gesellschaftsökonomie nötig machen. „Wir sind . . . durch die Ökonomie, auf die Produktionskraft der Erde und der Menschheit aufmerksam geworden . . . Wir ziehen aus ihr die stärksten Argumente für eine soziale Umgestaltung . . ."[49] Es geht aber nicht nur um Gedankliches, sondern um die reale Entwicklung der Widersprüche. Marx arbeitet heraus, daß „. . . in der Bewegung des *Privateigentums*, eben der Ökonomie, die ganze revolutionäre Bewegung sowohl ihre empirische als ihre theoretische Basis findet . . ."[50]

Die realen Widersprüche, betonte Engels, würden zur Auflösung bestehender Beziehungen (Nationalität, Familie) führen. „Ist ein Prinzip einmal in Bewegung gesetzt, so arbeitet es sich von selbst durch alle seine Konsequenzen durch, die Ökonomen mögen Gefallen daran haben oder nicht. Aber der Ökonom weiß selbst nicht, welcher Sache er dient. Er weiß nicht, daß er mit all seinem egoistischen Räsonnement doch nur ein Glied in der Kette des allgemeinen Fortschritts der Menschheit bildet, . . . nur den Weg bahnt für den großen Umschwung, dem das Jahrhundert entgegengeht, der Versöhnung der Menschheit mit der Natur und mit sich selbst."[51]

Eine solche Versöhnung war das große Ziel der utopischen Sozialisten. Der Ökonomie erkannten sie dabei keine Funktion zu seiner Erreichung zu. Sie als Initialzündung — Smith umfunktionierend — nutzend, war Saint-Simon an ihr vorbeigegangen, während Fourier kein gutes Haar an ihr gelassen hatte. In ihrem Idealismus sahen sie in den Lehren der Ökonomie keine notwendige Widerspiegelung realer sozialökonomischer Entwicklungstendenzen. Die Erkenntnis von Marx und Engels, daß die Bewegung des Privateigentums auf Grund der ihm innewohnenden Widersprüche zur Aufhebung des Privateigentums, zur sozialen Revolution führen müsse, brachte das außerhalb der politischen Ökonomie und gegen sie statuierte Ziel des Sozialismus, der Produzentenassoziation, in unmittelbare Verbindung mit der politischen Ökonomie — nicht wie sie war — als bürgerliche Ökonomie —, sondern wie sie sein würde, wenn wir „. . . in den Stand gesetzt sind, über die Ökonomie des Privateigentums hinauszugehen" und zur „Aufhebung des Privateigentums" zu gelangen.[52]

Die Kritik der Ökonomie kann sich nicht auf ihre Entlarvung als Privatökonomie beschränken, sondern *muß* durch Analyse *bis zur Aufhebung der Entfremdung*

[49] Ebenda, S. 520.

[50] K. Marx, Ökonomisch-philosophische Manuskripte aus dem Jahre 1844, in: MEW, Ergbd., Tl. 1, Berlin 1968, S. 536.

[51] F. Engels, Umrisse zu einer Kritik der Nationalökonomie, in: MEW, Bd. 1, a. a. O., S. 505.

[52] Vgl. ebenda, S. 501.

vorangetrieben werden. „Wir werden also bei der Kritik der Nationalökonomie die Grundkategorien untersuchen, den durch das System der Handelsfreiheit hineingebrachten Widerspruch enthüllen und die Konsequenzen der beiden Seiten des Widerspruchs ziehen."[53] Im weiteren Verlauf der „Umrisse zu einer Kritik der Nationalökonomie" untersuchte Engels die ökonomischen Kategorien Nationalreichtum, Handel, Wert, Preis, Grundeigentum und Grundrente, Arbeit und Kapital, Konkurrenz und Monopol, Angebot und Nachfrage, ökonomisches Gesetz und Krise.

Arbeit und Kapital: „Die *Arbeit*, die Hauptsache bei der Produktion, die ‚Quelle des Reichtums', die freie menschliche Tätigkeit, kommt bei dem Ökonomen schlecht weg."[54] Engels knüpfte sichtlich an Fourier und die englischen ricardianischen Sozialisten an und gab mit seiner Feststellung von der „Entzweiung" der Arbeit[55] Marx das Stichwort, das ihn zu seiner Theorie der Entfremdung der Arbeit führte. Marx beruft sich ausdrücklich auf Saint-Simon und Fourier. Er analysiert aber, warum es den utopischen Sozialisten möglich war, den entfremdeten Charakter der Lohnarbeit zu erfassen. Marx hält der die Bewegung des Privateigentums untersuchenden Ökonomie vor, „daß sie nicht das unmittelbare Verhältnis zwischen dem Arbeiter (der Arbeit) und der Produktion betrachtet", daß sie in der Arbeit nur eine Erwerbstätigkeit, nur das Mittel zur Befriedigung elementarer Bedürfnisse, nicht aber die „freie bewußte Tätigkeit" sehe; sie offenbare die dem Privateigentum als entfremdete Arbeit eigene „Gleichgültigkeit der Arbeit gegen ihren Inhalt". Damit habe sie „nur die Gesetze der entfremdeten Arbeit ausgesprochen"[56].

Hier klingt noch moralischer Vorwurf an, aber es überwiegt die Anerkennung des von den Ökonomen Geleisteten. „Erst wird das *Privateigentum* nur in seiner objektiven Seite — aber doch die Arbeit als sein Wesen — betrachtet ... die *besondre Weise* der Arbeit ... wird als die Quelle der *Schädlichkeit* des Privateigentums und seines menschenentfremdeten Daseins gefaßt — *Fourier*, der den Physiokraten entsprechend auch wieder die *Landbauarbeit* wenigsten als die *ausgezeichnete* faßt, während *St. Simon* im Gegensatz die *Industriearbeit* als solche für das Wesen erklärt und nun auch die *alleinige* Herrschaft der Industriellen und die Verbesserung der Lage der Arbeiter begehrt."[57]

Die Ökonomen haben das Verdienst der Auffassung der Arbeit als allgemeine Arbeit, abstrahiert von der besonderen Form ihrer Verausgabung; später wird Marx von abstrakter Arbeit sprechen; die utopischen Sozialisten haben die Arbeit in ihrer Konkretheit, Nützlichkeit, gesellschaftsprägenden und den Menschen

[53] Ebenda, S. 502.
[54] Ebenda, S. 512.
[55] Vgl. ebenda, S. 511.
[56] K. Marx, Ökonomisch-philosophische Manuskripte aus dem Jahre 1844, in: MEW, Ergbd., Tl. 1, a. a. O., S. 477, 513, 516, 526, 520.
[57] Ebenda, S. 533/534.

formenden Gestalt erfaßt und die im Gegensatz zum Kapital stehende Arbeit als entfremdete Arbeit begriffen und die Möglichkeit der Überwindung der entfremdeten Arbeit gezeigt. Noch ist Marx von einer Synthese beider Auffassungen entfernt, da er wie Engels das Wertgesetz ablehnt. Seine Untersuchung der ökonomischen Kategorien kulminiert wie die Engelssche Analyse in der Ableitung des Kommunismus als des „vollendeten Humanismus" aus der Entwicklung der Widersprüche des Privateigentums oder der entfremdeten Arbeit. „Man sieht wie an die Stelle des nationalökonomischen *Reichtums* und *Elends* der *reiche Mensch* und das reiche *menschliche* Bedürfnis tritt. Der *reiche* Mensch ist zugleich der einer Totalität der menschlichen Lebensäußerung *bedürftige* Mensch . . ." Der Mensch wird „den größten Reichtum, den *andren* Menschen, als Bedürfnis empfinden . . . Die Herrschaft des gegenständlichen Wesens in mir, der sinnliche Ausbruch meiner Wesenstätigkeit ist die *Leidenschaft*, welche hier damit die *Tätigkeit* meines Wesens wird". Marx umriß mit seiner Neufassung des Begriffs des Reichtums „welche Bedeutung unter der Voraussetzung des Sozialismus die *Reichheit* der menschlichen Bedürfnisse und daher sowohl eine *neue Weise der Produktion* als auch ein neuer *Gegenstand* der Produktion hat".[58]

In diesen Worten klingen die Mahnungen utopisch sozialistischer Kritik an, wonach Arbeit und Bedürfnis miteinander unmittelbar zu verbinden seien, wonach der Reichtum der Gesellschaft im Arbeitsvermögen und der Arbeitstätigkeit und in der Entfaltung und Befriedigung von Bedürfnissen liege, in der Selbstentfaltung der Menschen und in der Entwicklung wahrhaft menschlicher Beziehungen. Saint-Simons „Neues Christentum", Fouriers „Trieblehre und Assoziationsidee" werden auf eine höhere Stufe der Erkenntnis gehoben.

Die angeführten Darlegungen von Marx zeigen, daß er den von Hegel und Feuerbach übernommenen Begriff der Entfremdung erstens im ökonomischen Sinne und zweitens im anthropologischen Sinne wie Feuerbach verwendet. Marx wendet den der Hegelschen Gedankenwelt entnommenen Begriff der Entfremdung auf die ökonomischen Beziehungen zwischen Kapital und Arbeit an, begreift ihn als Entfremdung des Arbeitsproduktes und der Arbeitstätigkeit, und darin liegt „die Entdeckung der entfremdeten Arbeit als einer historisch notwendigen und vergänglichen antagonistischen Form des sozialen Fortschritts"[59]. Auf der anderen Seite gebraucht Marx den „Begriff der Entfremdung auch im Feuerbachschen Sinne . . . zur Charakterisierung der *widernatürlichen* Lage der menschlichen Persönlichkeit, deren *natürliche* Bedürfnisse durch eine widernatürliche Gesellschaftsordnung unterdrückt werden, die ihr eine der menschlichen Natur nicht entsprechende Lebensweise aufzwingt"[60]. Marx begreift die Entzweiung des Menschen und seine Versöhnung mit sich selbst im Sinne eines abstrakten Humanismus wie Feuerbach und auch wie Fourier,

[58] Ebenda, S. 544.
[59] T. Oisermann, Die Entstehung der marxistischen Philosophie, Berlin 1980, S. 331.
[60] Ebenda, S. 332.

dessen Denken vom Widerspruch einer widernatürlichen Gesellschaft zur Natur des Menschen und seiner Bestimmung durchdrungen ist.

Engels und Marx hatten in ihren ersten theoretischen Arbeiten zur Kritik der Ökonomie begonnen, die von Hegel entwickelte Dialektik auf die politische Ökonomie anzuwenden und diese „Wissenschaft in ihrem eigenen, inneren Zusammenhang zu entwickeln". Sie waren auf dem Wege, „die Dialektik des Meisters" mit dem von Feuerbach entwickelten, für ihn selbst jedoch unfruchtbar bleibenden Materialismus zu verschmelzen. Daß „der gewaltige, durch Feuerbach gegebene Anstoß für ihn selbst so unfruchtbar auslief", beantwortet Engels später damit, „daß Feuerbach aus dem ihm selbst tödlich verhaßten Reich der Abstraktionen den Weg nicht finden kann zur lebendigen Wirklichkeit"[61]. Auch einen — obwohl geringeren Anstoß als Proudhon — gab Feuerbach Marx durch seine „positive humanistische und naturalistische Kritik", durch die sich stillschweigend auf den Materialismus Feuerbachs gründende „deutsche positive Kritik der Nationalökonomie".

Die „Ökonomisch-philosophischen Manuskripte" nehmen einen „Übergangscharakter" ein. Sie bewegen sich zwischen der Position des noch wesentlich Feuerbachschen Materialismus bei Marx und der Begründung des Kommunismus.

„Hegel entwickelte diese Kategorie (die Kategorie Entfremdung — *L. Z.*) vor allem bei seinem Versuch, eine idealistisch-dialektische Gesamtdarstellung des Geschichtsprozesses zu geben; bei Feuerbach steht die Kategorie der Entfremdung im Zusammenhang mit der Kritik der Religion."[62] Marx knüpft an die Kategorie der Entfremdung Hegels und Feuerbachs an, verbindet sie mit der Erkenntnis Saint-Simons und Fouriers von der kapitalistischen Lohnarbeit als entmenschlichende, dem Menschen widerwärtige, fremde, sein Wesen entäußernde Arbeit und gebraucht die so verändert begriffene Kategorie der Entfremdung der Arbeit als Waffe der Kritik gegen die Ökonomen. „Mit der Kategorie der Entfremdung der Arbeit, die sich weder bei Hegel noch bei Feuerbach findet, . . . untersucht Marx den ökonomischen Inhalt und weist den historischen Charakter dieser Entfremdung nach."[63]

1845 gingen Marx und Engels — nach ihrer ersten Kritik der Ökonomie — über zur „Kritik der neuesten deutschen Philosophie, in ihren Repräsentanten Feuerbach, B. Bauer und Stirner, und des deutschen Sozialismus in seinen verschiedenen Propheten". So lautet der Untertitel zu „Die deutsche Ideologie", einer Selbstverständigung von Marx und Engels, in der sie endgültig mit den genannten Ideologen abrechneten, den historischen Materialismus erarbeiteten und den utopischen Sozialismus Saint-Simons und Fouriers gegen den sich als

61 F. Engels, Ludwig Feuerbach und der Ausgang der klassischen deutschen Philosophie, in: MEW, Bd. 21, a. a. O., S. 289.

62 Vorwort des Instituts für Marxismus-Leninismus beim ZK der SED zu: MEW, Ergbd., Tl. 1, a. a. O., S. XIX.

63 Ebenda.

„wahren Sozialismus“ ausgebenden falschen oder Pseudosozialismus von Max Grün verteidigten. Für die spätere Weiterführung der Marxschen Kritik der politischen Ökonomie sind dabei die Hinweise auf die Bedeutung von Fouriers Kritik am Kapitalismus, seine Aufdeckung des „Gegensatzes von travail repugnant und travail attractif“, seine Ausführungen über die Einheit und die Widersprüche von Produktion und Konsumtion, über Erziehung in der sozialistischen Gesellschaft usw. wichtig und haben ihre Geschichte in der Marxschen politischen Ökonomie. 1845 bewegen Marx und Engels sich nicht mehr auf dem Boden der vorgefundenen utopisch-sozialistischen „französischen Kritik der Gesellschaft“, sondern erarbeiten mit dem historischen Materialismus ihre eigene philosophisch-gesellschaftswissenschaftliche Betrachtungsgrundlage und stoßen immer mehr vom utopischen zum wissenschaftlichen Sozialismus vor. Auf Feuerbach kommen sie nicht wieder zurück.[64]

Eine über die „Ökonomisch-philosophischen Manuskripte“ hinausgehende Betrachtung würde hier den Rahmen überschreiten. Deshalb beschränken wir uns darauf, kurz zu umreißen, wie utopischer Sozialismus und bürgerliche klassische politische Ökonomie mit der deutschen klassischen Philosophie in den „Ökonomisch-philosophischen Manuskripten“ eine von Marx und Engels erstmalig herbeigeführte Berührung hatten, wie die Quellen des Marxismus in ihren ersten Anfängen hier zusammenzufließen begannen.

Die Untersuchung der ökonomischen Kategorien erfolgt in den Schriften von 1844 ganz unter dem historischen Aspekt der Ablösung des Privateigentums oder der entfremdeten Arbeit durch eine Produktionsweise der geeinten Arbeit, der durch die Arbeit assoziierten Produzenten. So müsse, meinte Engels, das Gesetz der Konkurrenz, ein spontan wirkendes Naturgesetz, durch eine „der Menschheit würdige“ bewußt geregelte Beziehung der Produktionskraft zur Masse der Konsumenten abgelöst werden. „Die subjektive Konkurrenz, der Wettstreit von Kapital gegen Kapital, Arbeit gegen Arbeit usw., wird sich unter diesen Umständen auf den in der menschlichen Natur begründeten und bis jetzt nur von Fourier erträglich entwickelten Wetteifer reduzieren, der nach der Aufhebung der entgegengesetzten Interessen auf seine eigentümliche und vernünftige Sphäre beschränkt wird.“[65]

Auch später — bei der Erarbeitung ihrer eigenen ökonomischen Strukturanalyse des Kapitalismus — griffen Marx und Engels auf viele Ideen und Anregungen Fouriers zurück: auf die Wechselbeziehung von Konkurrenz und Monopol im Prozeß der ökonomischen Konzentration der Produktion, auf seine Idee der sozialistischen Assoziation und Verteilung, Planung und Leitung der Produktion, Verbindung von Produktion und Erziehung usw. Die spätere Rezeption von Ideen Saint-Simons und Fouriers könnte den lohnenden Gegenstand

[64] Vgl. F. Engels, Ludwig Feuerbach und der Ausgang der klassischen deutschen Philosophie, in: MEW, Bd. 21, a. a. O., S. 263.

[65] F. Engels, Umrisse zu einer Kritik der Nationalökonomie, in: MEW, Bd. 1, a. a. O., S. 516.

einer besonderen Untersuchung bilden, wobei auch Lenin (zum Beispiel sein Genossenschaftsplan) einzubeziehen wäre. Was den Niederschlag utopisch-sozialistischer Ökonomiekritik in den Schriften von 1844 von allen späteren namentlich oder stillschweigend gemachten Rückgriffen auf diese Vorläufer trennt, ist die im Kommunistischen Manifest dokumentierte grundsätzliche Auseinandersetzung mit dem kritisch-utopischen Sozialismus Saint-Simons, Fouriers und Owens. *Diese* Kritik, der es auf die Trennung von Ideen, welche die weitere Vorwärtsbewegung der Arbeiterklasse hemmten, ankam, überschattet eigentlich noch bis zur Gegenwart die vom utopischen Sozialismus geleisteten positiven Beiträge zur Entwicklung der marxistischen Lehren, vor allem den Beitrag der „Patriarchen des Sozialismus" zur Kritik der bürgerlichen Ökonomie und Vorbereitung der Herausarbeitung der marxistischen politischen Ökonomie.

Unsere Untersuchung bricht den Gedankenfaden dort ab, wo die drei theoretischen Hauptquellen Marxschen Denkens sich zu ersten Vorstellungen einer neuen, einer historischen politischen Ökonomie, der Ökonomie der Arbeiterklasse, vereinigen. Über die Ausarbeitung der Marxschen Ökonomie und ihre Entwicklungsperioden ist viel geforscht und veröffentlicht worden. Die neue MEGA öffnet weiteren Forschungen das Feld. Wir haben sowohl andere theoretische Quellen als die drei Hauptquellen — auf die Philosophie nur vorläufig eingehend — beiseite gelassen, wie wir ja auch innerhalb der Quellen eine engere Auswahl trafen, und haben uns vor allem nicht näher mit den sozialen Strömungen, vor allem mit der Arbeiterbewegung und ihren Kämpfen, befaßt, obwohl darin wesentliche soziale Quellen für die Herausarbeitung der marxistischen Ökonomie lagen.

Wir möchten betonen: *Das gesellschaftskritische und gesellschaftstheoretische Denken Saint-Simons und Fouriers war für den historischen Übergang von der bürgerlichen zur proletarischen marxistischen politischen Ökonomie von entscheidender Bedeutung.* Durch die Kritik des Kapitalismus und die Rechtfertigung seiner Gebrechen durch die bürgerlichen Ökonomen sowie durch die Vorstellung vom Sozialismus schufen die französischen utopischen Sozialisten ihrerseits die Voraussetzungen für die Umwälzung der politischen Ökonomie durch Marx und Engels. *Das Denken der das Kapital und die bürgerlichen Ökonomen angreifenden ricardianischen Sozialisten war für den logischen Übergang von Marx und Engels von der bürgerlichen zur proletarischen ökonomischen Theorie wichtig.*

Marx und Engels bewegten sich 1844 insofern noch auf der historisch-dialektischen Denklinie von Hegel und Feuerbach, von Saint-Simon und Fourier, als sie die Entwicklungsgesetze, besonders im Bereich des Ökonomischen, erkannten, aber ökonomische Strukturgesetze weitgehend ablehnten. Die Anerkennung nur des vom Privateigentum abgeleiteten, in der Zirkulation wirksamen Gesetzes der Konkurrenz, versperrte ihnen den Blick auf die von der bürgerlichen Ökonomie entdeckte widerspruchsvolle Struktur der kapitalistischen Produktionsweise und ließ das Wertgesetz als Mystifikation und den Wert als unreale Abstraktion erscheinen.[66] Marx sah die Vergegenständlichung der Arbeit allein im entfremdeten „natürlichen" Produkt der Arbeit des Menschen und nicht im Wert. Den Wertbegriff faßten sie im sittlichen Sinne, nur philosophisch auf. Die bereits entdeckten ökonomischen Strukturgesetze, wie das Wertgesetz, negierend, gelangten Marx und Engels zu historischen Entwicklungsgesetzen der Produktion. *Erst auf der Grundlage des dialektischen und historischen Materialismus vermochten sie, die ökonomischen Kategorien einer historischen politischen Ökonomie zu entwickeln.* Erst das historische Herangehen ermöglichte Marx viel später, das Wesen des Wertes, den Doppelcharakter der warenproduzierenden Arbeit und des kapitalistischen Produktions- und Mehrwerterzeugungsprozesses zu verstehen und die für die bürgerlichen klassischen Ökonomen unlösbaren Widersprüche der ökonomischen Beziehungen dialektisch aufzulösen.

Bei dieser Arbeit konnte Marx auf neue ökonomische Gedanken der ricardianischen Sozialisten zurückgreifen, während eher allgemeine Ideen der französischen utopischen Sozialisten ihn zu dieser oder jener Betrachtung anregten. Es ist kein Zufall, wenn Marx in den „Theorien über den Mehrwert" zwischen diesen und jenen im Hinblick auf die Ausarbeitung der Ökonomie einen grundlegenden Unterschied machte. Das 21. Kapitel leitet Marx mit den Worten ein: „In der R[icardoschen] Periode der politischen Ökonomie (entsteht) zugleich der Gegensatz, Kommunismus (Owen) und Sozialismus (Fourier, St.-Simon. Letzterer nur noch in its first beginnings). Unsrem Plan gemäß (haben) wir es hier jedoch nur zu tun mit dem Gegensatz, der selbst von den Voraussetzungen der Ökonomen ausgeht."[67]

Als Marx selbst an die Kritik der politischen Ökonomie „von den Voraussetzungen der Ökonomen" heranging, war der von Saint-Simon und Fourier wesentlich mit vorbereitete historische Übergang längst abgeschlossen und arbeitete Marx vertieft am logischen Übergang, für den nicht zuletzt auch die ricardianischen Sozialisten Bedeutung hatten.

Die noch einseitige, weitgehend ablehnende Antithese von 1844 zur These der Ökonomen ging in die Synthese, in die im „Kapital" von Marx verwirklichte Einheit von Historischem und Logischem ein. Wenn der Ökonom Marx auch den Philosophen Hegel und Feuerbach, den Ökonomen Smith und Ricardo viel zu verdanken hat, so aber auch den kritisch-utopischen Sozialisten der Ricardoschen Periode der politischen Ökonomie: Saint-Simon und Fourier.

66 Vgl. W. Tuchscheerer, Bevor „Das Kapital" entstand, Berlin 1968, S. 118.

67 K. Marx, Theorien über den Mehrwert. Dritter Teil, in: MEW, Bd. 26.3, Berlin 1968, S. 234.

Schlußbemerkungen

Unser Anliegen war, die Begegnung des französischen utopischen Sozialismus mit der englischen klassischen bürgerlichen politischen Ökonomie zu verfolgen und zu zeigen, wie es zu ihrer Verschmelzung in der ökonomischen Lehre von Marx und Engels kam. Diese Untersuchung versteht sich als ein Beitrag zur Geschichte der politischen Ökonomie, insbesondere zur Genesis der proletarischen politischen Ökonomie in ihren allerersten Anfängen.

Da aus marxistischer Sicht Theorien nur aus sich ändernder praktischer Tätigkeit, aus sich wandelnden sozialökonomischen Bedingungen, auf Grund von Interessen und Bedürfnissen gesellschaftlicher Klassen entstehen, war es notwendig, in gebotener Kürze auf die Entstehungsgeschichte der kapitalistischen Gesellschaft in Westeuropa, insbesondere auf die bürgerliche Revolution in England und in Frankreich, auf die besonderen Bedingungen der Entstehung der Hauptklassen der bürgerlichen Gesellschaft, auf national bedingte Konstellationen des Klassenkampfes und andere unterschiedliche Momente einzugehen, die es erklären, warum die politische Ökonomie wesentlich in England, der utopische Sozialismus wesentlich, jedoch nicht ausschließlich, in Frankreich entstand.

Das Schwergewicht aber legten wir auf das Zusammentreffen von Ideen und ihre Verarbeitung im Entwicklungsprozeß insbesondere des ökonomischen Denkens, den Betrachtungsschwerpunkt sahen wir in den Lehren Saint-Simons und Fouriers. Wir zeigten die Übergangsstellung dieser utopischen Sozialisten auf dem Wege der Entwicklung der als bürgerliche Lehre entstandenen politischen Ökonomie zu einer von der Klassenposition des Proletariats konzipierten politischen Ökonomie. Der utopische Sozialismus übte unter anderem, ebenso wie die klassische bürgerliche Philosophie, eine vermittelnde Funktion zwischen bürgerlichem und marxistischem Ökonomieverständnis aus. Diese Vermittlung erfolgte durch die Kritik an den bürgerlichen Ökonomen und die Entwicklung neuer Thesen, wodurch die utopischen Sozialisten zur Gewinnung der Grundlagen marxistischer Gesellschafts- und Ökonomietheorie wesentlich beitrugen.

Die utopisch-sozialistische Kritik der zeitgenössischen und die Vorbereitung einer künftigen Ökonomie zielte auf eine Vielzahl von Kategorien, Thesen und programmatischen Forderungen der Ökonomen, auf den Abgrund, der ihre Ideale und beschönigenden Feststellungen von der Wirklichkeit des Lebens der arbeitenden Menschen trennte, aber auch auf Einzeldarstellungen, aktuelle Polemiken usw. Kritik und Thesen wurden nicht systematisch entwickelt, wie die der bedeutendsten Vertreter der politischen Ökonomie Smith und Ricardo, sondern ad hoc, zu gewissen aktuellen Anlässen, und wurden in zumeist wenig geschlossener Form geäußert. Das mag das Schicksal neuer Ideen sein; sie kommen etwas amorph an das Tageslicht und erhalten im Laufe weiterer Selbstverständigung, Verbreitung, Schulenbildung, Rezeptionen ihr profiliertes Aussehen.

Die wichtigsten ökonomierelevanten kritischen oder weiterführenden Ideen, welche die utopischen Sozialisten aus ihrer Begegnung mit den Werken der Ökonomen gewannen, scheinen uns folgende zu sein:

Übernahme des Grundgedankens der politischen Ökonomie, wonach die Arbeit die Grundlage der Gesellschaft und das gesetzmäßige Wachstum der Arbeitsproduktivität die Voraussetzung ihrer Entwicklung ist.

Bejahung des Zusammenhanges zwischen Produktion und Distribution, Zirkulation und Konsumtion, wobei die Ökonomen den von ihnen als gesetzmäßig erachteten Zusammenhang untersuchten, die utopischen Sozialisten darin aber einen fehlerhaften, einen verkehrten Kreislauf erblickten, dessen Umkehr ihr Anliegen war.

Im Gegensatz zu der von den politischen Ökonomen eingenommenen Position des Eigentümerinteresses an der Vermehrung des „Reichtums der Nation" stellten die utopischen Sozialisten sich auf die Position der Arbeitenden. Unter diesem Aspekt des Interesses der arbeitenden Menschen an der Aneignung der Produkte ihrer Arbeit, an der Entfaltung ihrer produktiven Kräfte vermochten sie den in der kapitalistischen Gesellschaft bestehenden Antagonismus zwischen Produktion und Konsumtion, Gebrauchswert und Wert, Stadt und Land, körperlicher und geistiger Arbeit aufzudecken. Fourier entlarvte die Lohnarbeit als „Zwangsarbeit" und setzte ihr die nur in der Assoziation der Arbeitenden zu verwirklichende „attraktive Arbeit" entgegen. So bekämpften die utopischen Sozialisten den ökonomischen und politischen Liberalismus, den die politischen Ökonomen als Kampflosung ausgegeben hatten; Saint-Simon wollte ihn durch den „Industrialismus", durch ein auf der Grundlage der gesellschaftlichen Potenzen der Industrie errichtetes System harmonischer Beziehungen aller Arbeitenden ersetzen, Fourier durch die sozietäre Ordnung, Harmonie genannt.

Die bedeutsamsten eigenen Leistungen für die Entwicklung der marxistischen politischen Ökonomie erbrachten die utopischen Sozialisten durch ihre an die Idee des geistigen Fortschritts der Aufklärer anknüpfende Theorie des historischen Fortschritts der Gesellschaften. Saint-Simons entscheidende besondere Leistung lag in seiner Eigentumstheorie, Fouriers bedeutende Leistung in der Beschreibung und Anprangerung der Krisen, in der Erkenntnis der Wechselwirkung von Konkurrenz und Monopol, von Anarchie und Konzentration der Produktion. In diesen Erkenntnissen, wie in der Lehre vom gesellschaftsspezifischen Charakter der Arbeit, sind erste Spuren ökonomischer Gesetze zu entdecken, wie das Gesetz der Konkurrenz und Anarchie, das Gesetz der Konzentration der Produktion (der Akkumulation des Kapitals) und das von Marx zunächst als Theorie der Entfremdung gefaßte Mehrwertgesetz.

Saint-Simon und Fourier sahen in genialer Weise wichtige Züge in der Gestaltung der sozialistischen Gesellschaft voraus. Ausgehend von der Arbeit als Grundlage der Gesellschaft verkündeten sie das Recht auf Arbeit sowie die Pflicht zur Arbeit, entwarfen bis in Einzelheiten gehende Züge der genossenschaftlichen Organisation der Arbeit, der Rolle des Wetteifers der an der Produktion Teilhabenden, wobei individuelle Neigungen und sozialpsychologische Triebkräfte auszunutzen seien. Sie betonten den wissenschaftlichen Charakter der Planung und Leitung der Produktion und umrissen das sozialistische Leistungs- und Verteilungsprinzip. Sie legten eine besondere Betonung auf die Vermittlung von Bildung an die Arbeitenden, auf die Verbindung von Produktion, Erziehung und Bildung sowie auf die Mitbestimmung bei der Entscheidung aller die gemeinsame kooperative Arbeit betreffenden Fragen.

Die hier vorgenommene summarische Aufzählung der entscheidenden Aspekte in der Kritik der kapitalistischen Gesellschaft und dem Entwurf einer sozialistischen Ordnung schließt keineswegs das Bestehen von Unterschieden im Herangehen, in der Gegenstandswahl und in den Ergebnissen im Denken Saint-Simons und Fouriers aus.

Saint-Simons Wirken fällt in das erste Viertel des 19. Jahrhunderts, und das bedeutet, in die Phase der Ausreifung des Kapitalismus. Er beschäftigte sich mit Adam Smith, der im Manufakturkapitalismus eine Übergangsphase zum vollentwickelten Kapitalismus untersucht hatte. Fourier hingegen hat sein für die Entwicklung der politischen Ökonomie wichtigstes Werk nach Eintritt des Kapitalismus in seinen Krisenzyklus verfaßt und setzte sich vor allem mit Ricardo, mit dem ökonomischen Denken auf dem Höhepunkt seiner Entwicklung, auseinander.

Während Saint-Simon durch seine umfunktionierende Interpretation Smithscher Gedanken implizite Kritik am Liberalismus und Kapitalismus übte, finden wir bei Fourier eine höchst beredte, mit Nachdruck geäußerte und immer wiederholte Kritik an den Übeln der kapitalistischen Gesellschaft und ihren sie gutheißenden Verteidigern.

Es zeigte sich, daß die kritischen Äußerungen Saint-Simons und Fouriers sich ergänzende Aspekte gesellschaftstheoretischer Kritik darstellten. Das betraf das von Fourier betonte Recht auf Arbeit, die von Saint-Simon zu Beginn und am Ende seines Wirkens geforderte Pflicht zur Arbeit, die Betonung der Produktivkraftseite bei Saint-Simon, das stärkere Verweilen Fouriers bei der Gestaltung der Produktionsverhältnisse. Und das betraf nicht zuletzt den gesamtgesellschaftlichen Ausgangspunkt Saint-Simons, der die Beziehungen zwischen Gesellschaft und Individuum, die Herstellung ihrer Interessenübereinstimmung, die Frage von Gesellschaftsziel und Mittel der Verwirklichung untersuchte. Fourier machte in seiner

Trieb- und Assoziationslehre das Produktionskollektiv und die Stellung der Individuen, ihre Wechselbeziehungen in der Arbeit und im gemeinschaftlichen Leben der Gruppe zum Gegenstand seiner Betrachtung. So beschäftigten sich beide auch unter allgemeinen gesellschaftlichen bzw. gruppenrelevanten Aspekten mit der organisierenden Rolle der Banken bzw. des Handels. Der allgemeingesellschaftliche Ansatz Saint-Simons kommt auch in seiner Anknüpfung an die (Natur-)Wissenschaft als Ganzes und als Vorbild der noch zu schaffenden Gesellschaftswissenschaft zum Ausdruck, während Fourier eine mehr spezielle Kritik an der Ökonomie, Morallehre, Philosophie usw. übt. Die humanistische Sicht der Industrie in ihrer historisch-gesellschaftlichen Entwicklung läßt Saint-Simon an angebliche ideengeschichtliche Vorgänger hinsichtlich des von ihm geforderten Industriesystems, der gesamtgesellschaftlichen Produzentenassoziaziation, anknüpfen. Der von den Trieben der Menschen und der ländlichen Arbeit in Produktionsgenossenschaften vereinigter Produzenten ausgehende Fourier vermag keine ideengeschichtlichen Traditionen als Anknüpfungspunkt zu erkennen und vermeint, ab ovo, also von vorn und ganz neu beginnen zu müssen. (Vgl. Kapitel 7.)

So ergänzen sich der kritische Fortführer und der ablehnende Kritiker durch ihre unterschiedlichen Ausgangspunkte und Denklinien. Sicher gab Saint-Simons gesamtgesellschaftliches Herangehen einen gewissen Auftrieb für eine auf gesellschaftliche Gesamtsicht orientierte politische Partei der Arbeiterklasse, während Fouriers Verdienste um die Genossenschaftsbewegung nicht zu bestreiten sind. So naiv, tastend und unsicher die ersten Schritte der „Patriarchen des Sozialismus“ auch waren, ihre Ideen schlugen Wellen. Aus der sich ergänzenden Entwicklung neuer Ideen ging auch nicht zuletzt das in der sozialistischen Gesellschaft juristisch verankerte Recht auf Arbeit sowie die moralische Pflicht zur Arbeit wie auch das sozialistische Prinzip der Verteilung nach der Leistung hervor.

Der abschließend untersuchte Einfluß der utopischen Sozialisten auf die von Marx und Engels in ihren theoretisch-ökonomischen Untersuchungen im Jahre 1844 vorgenommene Auseinandersetzung mit der englischen politischen Ökonomie und der Philosophie Hegels machte folgende Charakterzüge deutlich:

Die noch in den Fußtapfen Fouriers nachvollzogene moralische Verurteilung der politischen Ökonomie als Bereicherungswissenschaft und ihre politische Ablehnung als eine die Gesetze des Privateigentums aufdeckende Lehre. Aber Engels und, von ihm angeregt, Marx, gingen damals zu eigener Analyse der ökonomischen Kategorien über, versuchten die Bewegung des Privateigentums unter historischem Aspekt zu verfolgen und ihre Gesetze, die in der Aufhebung des Privateigentums kulminieren, aufzudecken.

Die von Marx in den „Ökonomisch-philosophischen Manuskripten aus dem Jahre 1844“ entwickelte Theorie der Entfremdung bildete die Ausgangsthese der von der Position der Arbeiterklasse später konzipierten politischen Ökonomie. Nach 1848 knüpfte Marx sowohl an die Erkenntnisse der ricardianischen

Sozialisten wie vor allem an die auf der Arbeitswerttheorie beruhende bürgerliche politische Ökonomie an.

In unserer Untersuchung zeichneten sich gewisse Gesetzmäßigkeiten in der Entwicklung der Ideen und Theorien ab:

Die Dialektik der Anknüpfung an vorgefundenes Gedankenmaterial im Sinne eigenen Aspirationen dienender Interpretation, die stillschweigende Übernahme bestimmter Grundideen, die verbale oder faktische Ablehnung überkommener Vorstellungen und die Hervorbringung neuer Thesen im Prozeß der Auseinandersetzung mit vorgefundenem Gedankengut. In der absoluten oder relativen Negation überlieferter Ideen und Theorien verwirklicht sich die ideelle Umsetzung veränderter gesellschaftlicher Bedingungen und Klasseninteressen.

Zwischen Ricardo und Smith bestanden Beziehungen der Fortentwicklung. Der Ökonom des Industriekapitalismus kritisierte die theoretische Inkonsequenz des Ökonomen des Manufakturkapitalismus und vollendete dessen Werk wie das seiner Vorläufer. Zwischen Saint-Simon und Fourier bestanden kaum geistige Kontakte. Beide waren Außenseiter der bürgerlichen Gesellschaft. Beide wurden unter dem Einfluß der Französischen Revolution und deren Auswirkungen auf ihr eigenes Leben zu Kritikern der entstehenden kapitalistischen Gesellschaft. Erst durch die gegenseitige Ergänzung der von ihnen geübten partiellen Kritik am Kapitalismus und entworfenen besonderen Züge einer neuen Gesellschaft ergaben sich zusammen mit der Philosophie Hegels für Marx und Engels die Ausgangsgrundlagen für die Entwicklung eigener Ideen. Das Prinzip der ergänzenden Ideensynthese gilt für Denker einer Richtung wie für verschiedene Ideenströmungen, für die einzelne theoretische Quelle wie für den Zusammenfluß der Quellen im Werk von Marx und Engels. Dieses Prinzip beherrscht auch die Kategorienbildung. Sie erfolgt durch Ergänzung und Bereicherung des Kategorieninhalts. Auch die Entwicklung der Kritik der politischen Ökonomie erfolgte in drei Stufen: interne oder immanente positive Kritik der klassischen bürgerlichen politischen Ökonomie, externe negative Kritik der kleinbürgerlichen und der utopisch-sozialistischen Kritik der politischen Ökonomie und Marxsche Kritik der politischen Ökonomie als Synthese.

Das für die Entwicklung jeder Wissenschaft geltende Prinzip des Übergangs von der Faktensammlung und bloßen Darstellung zur analytischen Ordnung und Erklärung der Fakten setzte sich in der bürgerlichen Ökonomie früher als in der Gesellschaftstheorie durch. Marx konnte auf die logisch strukturierte klassische bürgerliche Ökonomie erst zurückgreifen, nachdem er die darstellende Gesellschaftskritik (zum Beispiel Fouriers Krisenbeschreibung) auf die Ebene wissenschaftlicher Explikation gehoben hatte. Erst nachdem er die von Hegel wie von Saint-Simon und Fourier aufgedeckten Entwicklungsgesetze der Gesellschaft materialistisch verarbeitet hatte, konnte Marx historische Entwicklungs- und ökonomische Strukturgesetze in ihrer dialektischen Einheit konzipieren und die politische Ökonomie der Arbeiterklasse erarbeiten. Hierin kommt zum Ausdruck, daß der Zusammenfluß der drei theoretischen Quellen im Marxschen Werk ein langwährender, sich stufenweise vollziehender Prozeß war. Eine Geschichte der politischen Ökonomie des Marxismus kann weder am Einfluß der klassischen deutschen Philosophie noch des utopischen Sozialismus vorübergehen.

Die vorliegende Untersuchung zeigt, wie die in verschiedenen Nationen auf Grund des unterschiedlichen Reifegrades der sozialökonomischen Entwicklung hervorgebrachten national geprägten Theorien internationalen Charakter annahmen, als der Kapitalismus sich zu einem die Welt überziehenden System zu entwickeln begann. Die Dialektik von nationaler Genesis und internationaler Wirkungsdimension von Ideen und Theorien stellt einen untersuchungswürdigen thematischen Aspekt wissenschaftsgeschichtlicher Betrachtung dar. Ein anderer sich aufdrängender thematischer Aspekt liegt im Zusammenhang einzelwissenschaftlicher und philosophischer Kategorienbildung. Damit kommen wir zur Bedeutung einer Untersuchung wie der vorliegenden für die gegenwärtige Ökonomiediskussion in der DDR.

In der Einleitung zu dieser Arbeit wurde die Bedeutung der Beschäftigung mit den theoretischen Quellen des Marxismus für die gegenwärtige ideologische Auseinandersetzung zwischen den beiden Weltsystemen — nicht zuletzt auch auf dem Boden der nach Wegen der Gesellschaftsgestaltung suchenden jungen Nationalstaaten — hervorgehoben. Das kulturelle, darunter das wissenschaftliche Erbe kann für die sozialistische Gesellschaft nicht nur Jahres-, Monats- oder Tagesdaten für Jubiläumsgedenkfeiern in Wort und Schrift, über Bildschirm und Bühne liefern. Erbe ohne Rezeption, ohne Rückgriff aus eigener innerer Notwendigkeit, hat keinen Bestand. Erbe kann nicht nur der Repräsentation und Legitimation dienen. Es muß dem Leben der Gesellschaft Anregungen zur Neugestaltung geben, Initialzündungen zum Neudurchdenken von Problemen und Konflikten auslösen, Ideenanstöße vermitteln, die kreatives Denken fördern.

Erhellt die vorliegende wissenschaftsgeschichtliche und -theoretische Untersuchung nicht den Prozeß der Herausbildung neuer Kategorien, Vertiefung der Erkenntnis von Gesetzen, Gewinnung neuer Theorien? Und sollten viele solcher monographischen Analysen nicht verallgemeinernde Feststellungen, die Erfassung von Gesetzmäßigkeiten in der Entwicklung des wissenschaftlichen Denkens ermöglichen?

Vielleicht macht unsere Untersuchung deutlicher, daß die Kategorien Arbeit, Reichtum und andere einen ärmeren Inhalt aufweisen, insoweit sie die kapitalistische Ökonomik widerspiegeln, als die Kategorien gleichen Namens, welche die Beziehungen der politischen Ökonomie des Sozialismus zum Ausdruck bringen. Marx setzte den ökonomischen Kategorien der kapitalistischen Warenproduktion, also der die Bewegung des Privateigentums verkörpernden Ökonomie, immer wieder den möglichen Reichtum der ihnen entsprechenden ökonomischen — ja umfassend gesellschaftlichen — Kategorien entgegen. Auf diese Weise schuf er die Grundlagen zu einer politischen Ökonomie des Sozialismus.

Die seit einiger Zeit gemeinsam von Ökonomen und Philosophen in der DDR geführte Diskussion um das Wesen von Grundbegriffen des historischen Materialismus und der politischen Ökonomie des Sozialismus läßt das Bemühen um die Erschließung des unendlich viel reicheren Inhalts, der Komplexität der Beziehungen der Kategorien der politischen Ökonomie des Sozialismus erkennen. Das gilt z. B. für die Diskussion um das Eigentumsverhältnis als grundlegendes Produktionsverhältnis wie für die Dialektik zwischen Gesellschaft und Individuum.

Es könnte vielleicht anregend sein, bei der von einer Vertiefung der Erkenntnisgrundlagen ausgehenden Betrachtung zur Lösung aktueller Probleme sich nicht nur von den Ideen Lenins, Marx' und Engels' oder auch Vargas anregen zu lassen, sondern ebenfalls von Fourier mit seiner Lehre von der genossenschaftlichen Organisation der Arbeit und des auf seiner Trieblehre beruhenden Wetteiferns, von seinen Überlegungen über den Sozialismus und die Menschen, die ihn ausmachen, ferner über ihre natürliche Umwelt, sowie von den genialen Vorausahnungen im Werk Fouriers und Saint-Simons. Den größten Einfluß übt frühes wissenschaftliches Denken dadurch aus, daß es nicht bloß rezipiert, sondern durch die Forschung in seinen wissenschaftsgenetischen und -theoretischen Aspekten erschlossen wird. Uns scheint die Weiterentwicklung und Vertiefung der Lehre von den theoretischen und historischen Quellen des Marxismus-Leninismus ein weites und wichtiges Feld nicht nur der ideologischen Auseinandersetzung zu sein, sondern auch ein Gewinn bei der Gestaltung der entwickelten sozialistischen Gesellschaft.

Personenregister